V. S. NAIPAUL

DAS RÄTSEL DER ANKUNFT

V. S. NAIPAUL

DAS RÄTSEL DER ANKUNFT

ROMAN IN FÜNF KAPITELN

AUS DEM ENGLISCHEN
VON KARIN GRAF

KIEPENHEUER & WITSCH

Titel der Originalausgabe *The Enigma of Arrival*

Aus dem Englischen von Karin Graf

Umschlaggestaltung: Kalle Giese, Overath
Umschlagmotiv: Giorgio de Chirico
Satz: Kalle Giese Grafik, Overath
Druck und Bindearbeiten: Pustet, Regensburg
ISBN 3-462-02284-9

In liebender Erinnerung
an meinen Bruder Shiva Naipaul

25. Februar 1945, Port of Spain
13. August, 1985, London

INHALT

1. *Jacks Garten*

Die ersten vier Tage regnete es. Ich konnte kaum erkennen, wo ich war. Dann hörte es auf zu regnen, und hinter dem Rasen und den Nebengebäuden vor meinem Häuschen sah ich Felder, begrenzt von kahlen Bäumen; und in der Ferne, je nach Lichteinfall, das Glitzern eines kleinen Flusses, ein Glitzern, das merkwürdigerweise manchmal über dem Land zu liegen schien.

Der Fluß hieß Avon; es war aber nicht Shakespeares Avon. Später – als das Land mehr Bedeutung für mich hatte, mehr von meinem Leben aufgesogen hatte als die tropische Straße, in der ich aufgewachsen war – konnte ich an die flachen, nassen Felder mit den Gräben als »Flußwiesen« oder »Naßwiesen« denken und an die niedrigen, glatten Kreidehügel im Hintergrund, hinter dem Fluß, als »Downs«. Doch damals, nach dem Regen, waren – obwohl ich seit zwanzig Jahren in England lebte – flache Felder und ein schmaler Fluß das einzige, was ich erkennen konnte.

Es war Winter. Die Vorstellung von Winter und Schnee hatte mich immer erregt; doch in England hatte das Wort etwas von seiner Romantik für mich verloren, denn die Winter, die ich in England erlebte, waren selten so extrem, wie ich sie mir auf meiner weit entfernten tropischen Insel vorgestellt hatte. Extremes Wetter hatte ich an anderen Orten kennengelernt – im Januar in Spanien, in einem Skigebiet bei Madrid; im Dezember in Indien in Simla und im August hoch im Himalaya. Doch in England schien es so ein Wetter selten zu geben. In England trug ich das ganze Jahr über die gleiche Kleidung; trug selten einen Pullover, brauchte kaum einen Mantel.

Und obwohl ich wußte, daß die Sommer sonnig waren und die Bäume im Winter kahl und gestrüppähnlich wurden, wie in den Aquarellen von Rowland Hilder, war mir das Jahr verschwommen – was Vegetation und selbst Temperatur anbetraf. Es fiel mir schwer, eine Saison oder eine Jahreszeit von der anderen zu unterscheiden; ich verband Blumen oder das Laub der Bäume nicht mit einem bestimmten Monat. Und doch schaute ich gerne hin; ich bemerkte alles und war angerührt von der Schönheit der Bäume, Blumen, frühen sonnigen Morgen und späten hellen Abende. Winter war für mich hauptsächlich eine Zeit, in der die Tage kurz waren und zur Arbeitszeit überall das elektrische Licht brannte und Schnee fallen konnte.

Wenn ich sage, daß Winter war, als ich in jenem Haus im Flußtal ankam, dann, weil ich mich an den Nebel erinnere, die vier Tage mit Regen und Nebel, die meine Umgebung vor mir verbargen und meiner Unsicherheit zu der Zeit entsprachen, Unsicherheit in bezug auf meine Arbeit und diesen Umzug an einen neuen Ort, ein weiterer Umzug nach den vielen, die ich in England hinter mir hatte.

Es war Winter, denn ich machte mir auch Sorgen um die Heizkosten. In dem Häuschen gab es nur Strom – teurer als Gas oder Öl. Und es war schwer zu heizen. Es war lang und schmal; es war nicht weit entfernt von den Flußwiesen und dem Fluß; der Betonfußboden war nur knapp dreißig Zentimeter über dem Erdboden.

Und dann begann es eines Nachmittags zu schneien. Schnee bestäubte den Rasen vor meinem Häuschen, bestäubte die kahlen Äste der Bäume; hob nicht beachtete Dinge hervor, hob die leeren, alt aussehenden Gebäude um den Rasen hervor, die ich noch nicht oder nicht richtig wahrgenommen oder auf mich wirken lassen hatte; so daß nach und nach, während ich den fallenden Schnee betrachtete, ein ungefähres Bild meiner Umgebung entstand.

Kaninchen kamen hervor, um auf dem Schnee zu spielen oder zu fressen. Eine Kaninchenmutter hockte mit drei oder vier ihrer Jungen da. Sie hatten auf dem Schnee eine andere, schmutzige Farbe. Und dieses Bild der Kaninchen oder genauer gesagt ihrer neuen Farbe weckt oder schafft die anderen Einzelheiten dieses Wintertages: das Schneelicht am Spätnachmittag; die fremden, leeren Häuser um den Rasen, weiß und deutlich und wichtig. Es weckt auch die Erinnerung an den Wald, den ich hinter der weiß werdenden Hecke, vor der die Kaninchen fraßen, zu sehen meinte. Der weiße Rasen; die leeren Häuser um ihn herum; die Hecke an einer Seite des Rasens, die Lücke in der Hecke, ein Pfad; der Wald dahinter. Ich sah einen Wald. Aber es war eigentlich kein Wald; es war nur der alte Obstgarten hinter dem großen Haus, auf dessen Grund mein Häuschen stand.

Was ich sah, sah ich sehr deutlich. Aber ich wußte nicht, was ich anschaute. Ich hatte nichts, in das ich es einordnen konnte. Ich befand mich noch im Zustand der Ungewißheit, auch wenn ich gewisse Dinge wußte oder kannte. Ich kannte den Namen der Stadt, in die ich mit dem Zug gekommen war. Salisbury. Es war eigentlich die erste englische Stadt, die ich kennengelernt hatte. Die erste, von der ich eine Vorstellung bekommen hatte, weil Constables Bild der Kathedrale von Salisbury in meinem Lesebuch der dritten Klasse abgedruckt war. Auf meiner weit entfernten tropischen Insel, als ich noch keine zehn war. Ein Vierfarbdruck, den ich für das schönste Bild hielt, das ich je gesehen hatte. Ich wußte, daß das Haus, in das ich gezogen war, in einem der Flußtäler bei Salisbury lag.

Abgesehen von dem romantischen Gefühl für den Constable-Druck brachte ich nur linguistisches Wissen in meine neue Umgebung mit. Ich wußte, daß »Avon« ursprünglich bloß Fluß bedeutete, so wie »hound« ursprünglich bloß Hund, jede Art Hund bedeutete. Und ich wußte, daß beide Elemente des Wortes Waldenshaw – Name des Dorfes und Herrenhauses, auf dessen Grund ich mich befand –, daß sowohl »walden« als auch »shaw«

Holz bedeuteten. Ein weiterer Grund dafür, daß ich, abgesehen von der märchenhaften Atmosphäre des Schnees und der Kaninchen, meinte, einen Wald zu sehen.

Ich wußte auch, daß das Haus in der Nähe von Stonehenge war. Ich wußte, daß es einen Spazierweg gab, der in die Nähe des Steinkreises führte; ich wußte, daß es irgendwo oben auf diesem Weg einen Aussichtspunkt gab. Und als nach jenen ersten vier Tagen der Regen aufhörte und der Nebel sich hob, ging ich eines Nachmittags hinaus, um den Spazierweg und die Aussicht zu suchen.

Das Dorf war so klein, es war nicht der Rede wert. Ich war froh darüber. Es hätte mich nervös gemacht, wenn ich Menschen getroffen hätte. Nach all der Zeit in England war ich an einem neuen Ort immer noch nervös, reagierte immer noch empfindlich, hatte immer noch das Gefühl, im Land des anderen, fremd, einsam zu sein. Und jeder Ausflug in eine neue Gegend des Landes – der für andere ein Abenteuer hätte sein können – war für mich, als reiße man eine verschorfte Wunde auf.

Die schmale öffentliche Straße verlief neben dem dunklen, von Eiben gesäumten Grundstück des Herrensitzes. Direkt hinter der Straße und dem Drahtzaun und dem Gestrüpp am Straßenrand führte der Hügel steil nach oben. Stonehenge und der Spazierweg lagen in dieser Richtung. Ein Weg oder ein Pfad zweigte wohl von der öffentlichen Straße ab. Mußte ich, um diesen Weg oder Pfad zu finden, nach links oder rechts abbiegen? Es war eigentlich kein Problem. Man kam zu einem Weg, wenn man links abbog; man kam zu einem anderen Weg, wenn man rechts abbog. Diese beiden Wege trafen sich bei Jacks Häuschen oder dem alten Wirtschaftshof, wo Jacks Häuschen stand, in dem Tal jenseits des Hügels.

Zwei Wege zu dem Häuschen. Unterschiedliche Wege: Einer war sehr alt, und einer war neu. Der alte Weg war länger, flacher; er folgte einem alten, breiten, sich windenden Flußbett; er war wohl früher von Karren benutzt worden. Der neue Weg – für Maschinen gedacht – war steiler, führte den Hügel hinauf und dann direkt wieder herunter.

Zu dem alten Weg kam man, wenn man sich auf der öffentlichen Straße links hielt. Dieser Abschnitt der Straße war von Buchen überschattet. Er verlief auf einem Gesims im Hügel direkt oberhalb des Flusses; und dann senkte die Straße sich beinahe auf Flußebene. Dort gab es eine kleine Siedlung, bloß ein paar Häuser. Ich bemerkte: ein winziges altes Haus aus Ziegel- und Flintstein mit einem schönen überdachten Eingang; und am Flußufer, ganz dicht am Wasser, ein flaches, weißgekalktes, strohgedecktes Häuschen, das »renoviert« wurde. (Jahre später wurde das Häuschen immer noch renoviert; durch die verstaubten Fenster waren immer noch halbvolle Zementsäcke zu sehen.) Hier, in dieser Siedlung, bog man in den alten Weg zu Jacks Häuschen ein.

Ein asphaltierter Weg führte an einem halben Dutzend gewöhnlicher kleiner Häuser vorbei, von denen zwei oder drei – als einzige Verzierung – das kunstvoll gestaltete Monogramm des Besitzers oder Erbauers oder Architekten trugen, mit Datum, überraschenderweise einem Datum aus dem Krieg: 1944. Der Asphaltbelag endete, der schmale Weg wurde steinig; dann, als er in ein Tal führte, breit, mit vielen steinigen Radfurchen und unebenen Streifen mit hartem büscheligem Gras dazwischen. Das Tal vermittelte das Gefühl, daß es alt war. Zur Linken verhinderte der steile Abhang jeden weiteren Ausblick. Dieser Abhang war kahl, ohne Bäume oder Büsche; unter seiner glatten dünnen Grasdecke konnte man Linien und Streifen wie Striemen sehen, die andeuteten, daß vor langer Zeit hier viele Jahre hintereinander gepflügt worden war, die aber auch andeuteten, daß es hier Befestigungsanlagen gegeben hatte. Der breite Weg wand sich; das breite Tal (möglicherweise ein uralter Flußlauf), vom Weg ganz ausgefüllt, führte dann lange geradeaus, war in der Ferne von niedrigen Downs begrenzt. Jacks Häuschen und der Wirtschaftshof befanden sich am Ende dieses geraden Weges, dort, wo er einen Bogen machte.

Der andere Weg zu dem Häuschen, der kürzere, steilere, neuere, von der Hauptstraße aus hinauf und dann ins Tal und zum Wirtschaftshof hinunter, war auf der nördlichen Seite von einem Windschutz gesäumt, jungen Buchen, die von höheren Kiefern geschützt wurden. Oben auf dem Abhang stand eine moderne Scheune mit Metallwänden; nur eine kurzes Stück auf der anderen Seite hinunter war eine Lücke im Windschutz. Das war der Aussichtspunkt für Stonehenge: weit entfernt, klein, nicht leicht zu erkennen, nicht so leicht wie die leuchtendroten oder orangefarbenen Zielscheiben des Truppenübungsplatzes. Und unten am Abhang, den felsigen, unebenen Weg neben dem Windschutz hinunter, waren die verfallenen Wirtschaftsgebäude und die noch bewohnte Reihe von Bauernhäuschen. In einem von ihnen wohnte Jack.

Die Downs rundherum waren steinig und trocken, weißlichbraun, weißlich-grün. Doch auf dem breiten Weg unten, um die Wirtschaftsgebäude herum, war der Boden schlammig und schwarz. Die Traktorreifen hatten unregelmäßige längliche Pfützen in den schwarzen Schlamm gegraben.

Als ich am ersten Nachmittag den steilen Weg neben dem Windschutz hinunterging, mußte ich, als ich die Wirtschaftsgebäude erreichte, nach dem Weg nach Stonehenge fragen. Von dem Aussichtspunkt oben hatte es klar und deutlich ausgesehen. Aber von jenem Punkt aus hatten sich die Hügel und die Abhänge voneinander abgehoben, Senken und Pfade waren verborgen gewesen; und unten, wo Schlamm und lange Pfützen das Gehen erschwerten und die Abstände größer aussehen ließen und es viele Pfade zu geben schien, von denen manche von dem breiten Talweg wegführten, war ich verwirrt. Dabei war es in dieser verlassenen Landschaft eine so simple Erkundigung; und ich vergaß nie, daß ich an jenem ersten Tag jemanden nach dem Weg fragte. War es Jack? Ich nahm die Person nicht wahr; ich war mehr mit der Fremdheit des Spazierwegs beschäftigt, meiner eigenen Fremdheit und der Absurdität meiner Erkundigung.

Mir wurde gesagt, ich solle um die Wirtschaftsgebäude herum

und nach rechts gehen, mich an den breiten Hauptweg halten und all die verlockenden trockenen Pfade ignorieren, die vom Hauptweg ins Gehölz abzweigten, das auf jeder Seite wuchs, junges Gehölz, das fälschlicherweise tiefes Land, beginnenden Wald andeutete.

Deshalb ging ich am Schlamm um die Häuschen und den Wirtschaftshof, an dem Durcheinander von altem Bauholz und verknäueltem alten Stacheldraht und offenbar ausrangierten Landwirtschaftsmaschinen vorbei und bog nach rechts ein. Der breite, schlammige Weg war da mit Gras bewachsen - langem, nassem Gras. Und bald, nachdem ich die Wirtschaftsgebäude hinter mir gelassen und das Gefühl hatte, in einem breiten, leeren, alten Flußbett zu gehen, wurde das Gefühl von Weite überwältigend.

Der grasbewachsene Weg, das alte Flußbett (dafür hielt ich es jedenfalls) führten aufwärts, so daß das Auge zum mittleren Himmel gelenkt wurde; und zu jeder Seite waren die Abhänge der Downs, die sich verbreiterten und zum Himmel hin ausdehnten. Auf einer Seite weidete Vieh; auf der anderen Seite, hinter einer Weide, einer großen leeren Fläche, wuchsen junge Kiefern, ein kleiner Wald. Die Szene wirkte antik; man hatte den Eindruck von Raum und Platz, nicht besiedeltem Land, dem Anfang der Dinge. Es waren keine Häuser zu sehen, nur der breite, grasbewachsene Weg, der Himmel darüber und die ausgedehnten Abhänge zu jeder Seite.

Auf diesem Abschnitt konnte man an der Vorstellung von Verlassenheit festhalten. Doch als ich den Gipfel des grasbewachsenen Weges erreichte und auf einer Höhe mit den Hügelgräbern und Tumuli war, mit denen die Downs rundherum übersät waren, und auf Stonehenge hinunterschaute, sah ich auch den Truppenübungsplatz in der Ebene von Salisbury und die vielen kleinen ordentlichen Häuser von West Amesbury. Die Verlassenheit, die Weite, durch die zu gehen ich das Gefühl gehabt hatte, war genauso eine Illusion wie die Vorstellung von Wald hinter den jungen Kiefern. Rundherum - und nicht weit entfernt - waren Straßen und Autobahnen mit knallig bunten Spielzeuglastern und -autos. Stonehenge, alte Hügelgräber und Tumuli abgehoben gegen den Himmel; der Truppenübungsplatz, West Amesbury. Das Alte und das Neue; und aus einer anderen, einer dazwischenliegenden Zeit, der Wirtschaftshof mit Jacks Häuschen im Grund des Tals.

Viele der Wirtschaftsgebäude wurden nicht mehr benutzt. Die Scheunen und Pferche – rote Ziegelmauern, Dächer aus Schiefer oder Tonziegeln – um den schlammigen Hof verfielen; und in den Pferchen war nur gelegentlich Vieh, krankes Vieh, schwächliche Kälber, von der Herde isoliert. Heruntergefallene Ziegel, löchrige Dächer, rostiges Wellblech, verbogenes Metall, durchdringende Feuchtigkeit, die vorherrschenden Farben Rost und Braun und Schwarz, schillerndes oder stumpfgrünes Moos auf dem zertrampelten, von Dung aufgeweichten Schlamm des Pferchs: die Verlorenheit der Tiere in dieser Umgebung, wie Dinge, die selbst gleich ausrangiert werden sollten, war schrecklich.

Einst wurde dort Vieh gehalten, das unter irgendeiner Mißbildung gelitten hatte. Die Viehzucht war so mechanisch geworden, daß die Mißbildung ebenfalls automatisch schien, wie Fehler in einem Industrieprozeß. Den Tieren waren an verschiedenen Stellen merkwürdige zusätzliche Fleischwülste gewachsen, als seien sie in eine Form gegossen worden, eine in zwei Hälften unterteilte Form, und als sei beim Zusammenschluß der Formen die Viehsubstanz, die Mischung, aus der das Vieh gegossen wurde, ausgelaufen und fest geworden, sei zu Fleisch gereift und habe dann Fell mit dem schwarz-weißen Friesenmuster des übrigen Viehs entwickelt. Dort, in dem kaputten, verlassenen, kotigen, moosigen Wirtschaftshof, in dem nur ihr eigener Kot frisch war, hatten die Tiere gestanden, merkwürdig belastet mit dieser zusätzlichen Viehsubstanz, die in ihrer Mitte herunterhing wie die Wamme eines Bullen, wie schwere Vorhänge, und darauf gewartet, zum Schlachthof in der Stadt gebracht zu werden.

Abseits der alten Wirtschaftsgebäude, den breiten ebenen Weg hinunter, den ich für die alte Straße zur Farm und zu Jacks Häuschen hielt, waren andere Reste und Ruinen, Relikte anderer Mühen oder Leben. Am Ende des breiten Wegs standen seitlich davon im hohen Gras in zwei Reihen flache, niedrige Kisten, die grau gestrichen waren. Mir wurde später erzählt, daß es Bienenstöcke waren oder gewesen waren. Mir wurde aber nie gesagt, wer die Bienen gehalten hatte. War es ein Landarbeiter, jemand aus den Häuschen, oder war es jemand mit mehr Freizeit, der es mit einem kleinen Geschäft versucht und dann aufgegeben und vergessen hatte? Nun standen die grauen Kisten, die wegzuschaffen sich niemand die Zeit nahm, verlassen und unerklärlich, ein wenig geheimnisvoll in der zaunlosen Landschaft.

Auf der anderen Seite des breiten Triftwegs, dessen große Kurve um die Wirtschaftsgebäude hier gerade begann, stand im Schutz junger Bäume und Büsche ein alter Planwagen, grün und gelb und rot und in gutem Zustand, ein bunt gestrichener Zigeunerwagen von früher (dachte ich), der aussah, als seien die Pferde vor nicht langer Zeit ausgespannt worden. Noch ein Geheimnis; noch ein sorgfältig hergestelltes Gerät, das ausrangiert worden war; noch ein Stück der Vergangenheit, das nicht mehr benutzt, aber auch nicht weggeworfen wurde. Wie die veralteten, überflüssigen Landwirtschaftsmaschinen, die bei den Wirtschaftsgebäuden verrosteten.

Ein gutes Stück den geraden breiten Weg hinunter, weit hinter den Bienenstöcken und dem Planwagen, stand ein alter Heuschober. Die Heuballen waren in Form eines Häuschens gestapelt und mit einer alten schwarzen Plastikplane zugedeckt. Das Heu war alt geworden; aus seiner Schwärze sproß Grün; das Heu, das in einem Sommer sorgfältig geschnitten und aufgeschichtet und gelagert worden war, verfaulte, verwandelte sich in Dünger. Das Heu der Farm wurde nun in einem modernen offenen Schuppen gelagert, einer fertig gekauften Konstruktion, die direkt unter dem Dachfirst den Namen des Herstellers aufgedruckt trug. Der Schuppen war direkt hinter dem Durcheinander des alten Wirtschaftshofs errichtet worden – als würde es immer genug Platz geben und müsse nie etwas Altes überbaut werden. Das Heu in diesem Schuppen war neu und roch süß und warm; und die Ballen waren zu goldenen, sauberen, warm riechenden Stufen gestapelt, die mich an die Geschichte, in der Stroh zu Gold gesponnen wurde, und die in europäischen Büchern oft erwähnten Männer denken ließ, die auf Stroh in Scheunen schliefen. Das hatte ich in Trinidad nie begreifen können, wo Gras für das Vieh immer frisch geschnitten wurde, immer grün war und nie braun wurde. Nun im Winter, im Grund dieses feuchten Tals: hoch aufgestapelte goldene Heuballen, warme goldene Stufen neben verrottetem schwarzen Schlamm.

Nicht weit von dem verfallenden Schober, der wie eine Hütte oder ein Häuschen geformt war, waren die Überbleibsel eines richtigen Hauses, eines Hauses, dessen Mauern aus Flintstein und Beton hätten sein können. Ein einfaches Haus, dessen Mauern vielleicht kein Fundament gehabt hatten und das jetzt ganz preisgegeben war. Zerstörte Mauern ohne Dach umgaben nackte Erde – kein Anzeichen von einem Stein- oder Betonfußboden. Wie feucht es hier war! Um das Grundstück herum waren die Grenzbäume – Platanen oder Buchen oder Eichen – hoch gewachsen und ließen das Haus kleiner erscheinen. Früher waren sie wahrscheinlich kaum aufgefallen, die Bäume, die weiterlebten, während das Haus längst nicht mehr bestand, und nun die Erde kühl und moosig und schwarz und in ständigem Schatten hielten. Auf kleinere Häuser entlang der öffentlichen Straßen, die im letzten Jahrhundert hauptsächlich von Landarbeitern illegal gebaut worden waren, waren für die Erbauer und ihre Nachfahren später Besitzrechte eingetragen worden. Doch hier, neben dem grasbewachsenen Triftweg, inmitten der Downs und der Felder und der Einsamkeit, hatte der Besitzer oder Erbauer des Hauses nichts hinterlassen; nichts war eingetragen worden. Nur die Bäume, die er gepflanzt hatte, wuchsen weiter.

Vielleicht war das Haus bloß ein Unterstand für einen Hirten gewesen. Doch das war nur eine Vermutung. Hirtenhütten wären kleiner gewesen; und die Bäume um das Grundstück sprachen gegen eine Hirtenhütte, sprachen gegen einen Mann, der dort immer nur ein paar Nächte verbrachte.

Schafe waren nicht mehr das wichtigste Vieh in der Ebene. Eine Schafschur sah ich nur einmal. Ein großer Mann, ein Australier, nahm sie vor, wurde mir gesagt, und geschoren wurde in einem der alten Gebäude - Holzwände und ein Schieferdach - neben der Häuschenreihe, in der Jack wohnte. Ich sah die Schur zufällig; ich hatte nichts davon gehört; sie fand bloß gerade zur Zeit meines nachmittäglichen Spaziergangs statt. Doch offenbar hatte manch einer von der Schur erfahren; die Leute von der Farm und auch von anderswo hatten sich zum Zusehen versammelt. Eine Zurschaustellung von Kraft und Geschwindigkeit; das filzige Tier wurde zugleich hochgehoben und geschoren (manchmal geschnitten) und dann, merkwürdig nackt, wieder laufengelassen - die Zeremonie war wie aus einem alten Roman, vielleicht von Hardy oder aus einem viktorianischen Tagebuch vom Lande. Es war, als seien wir dadurch nicht von den Truppenübungsplätzen der Salisbury Plain, den Kondensstreifen der Militärflugzeuge am Himmel, den Armeeunterkünften und den dröhnenden Autobahnen umgeben. Als sei an diesem kleinen Flecken bei den Wirtschaftsgebäuden und Jacks Häuschen die Zeit stehengeblieben und für eine kleine Weile alles noch so, wie es immer gewesen war. Doch die Schafschur gehörte der Vergangenheit an. Wie die alten Wirtschaftsgebäude. Wie der Planwagen, der nie mehr fahren würde. Wie die Scheune, in der kein Getreide mehr gelagert wurde.

Diese Scheune hatte ein hohes Fenster, aus dem eine Metallhalterung hervorschaute. Vielleicht waren ein Flaschenzug und eine Kette oder ein Seil an dieser Metallhalterung befestigt gewesen, um von den Karren und Wagen Ballen zu heben und schwungvoll durch das hohe offene Fenster in die Scheune zu befördern. Eine ähnlich altertümliche Vorrichtung gab es in der Stadt Salisbury selbst, am oberen Stockwerk eines früher wohlbekannten alten Krämerladens. Die Vorrichtung hatte überlebt oder durfte als etwas Altertümliches weiterleben, als Wahrzeichen, etwas, das zu einer alten Stadt paßte, die auf ihre Vergangenheit bedacht war. Doch was in der Stadt etwas Altertümliches war, war am Fuß des Hügels wertloses Zeug. Es war Teil einer Scheune, die mit jedem Winter mehr zerfiel – die Scheune und die anderen verfallenen Wirtschaftsgebäude durften zweifelsohne überleben, weil die Bestimmungen in diesem Landschaftsschutzgebiet den Bau neuer Gebäude nur da zuließen, wo bereits Gebäude existierten.

Und so wie der moderne Fertigschuppen den alten verrottenden Heuschober ersetzt hatte, so war die richtige Scheune nun oben auf dem Hügel, neben dem Windschutz, weit weg, nicht einfach ein Anbau der alten Farm. Sie hatte Blechwände; sie war sicherlich rattensicher. Wegen der Maschinen mußte alles dorthin; und die schweren Lastwagen (nicht mehr die Wagen, die wahrscheinlich den flachen Triftweg zur alten Scheune im Talgrund benutzt hatten) fuhren den felsigen Weg von der öffentlichen Straße hoch und bogen in den betonierten Hof der Scheune ein, und aus der Schütte der Scheune ergoß sich das staubige Getreide in die tiefen Ladepritschen der Lastwagen.

Das Stroh war golden, warm; das Getreide war golden; doch der Staub, der überall herabsank – auf den Betonhof, den felsigen Weg, die Kiefern und jungen Buchen des Windschutzes –, nachdem das Getreide sich auf die Ladepritschen der Lastwagen ergossen hatte, war grau. Neben der Scheune mit den Metallwänden und unter einer Metallschütte war ein kegelförmiger Staubhügel, der durch irgendeine mechanische Kraft von den größeren, kegelförmigen Getreidehügeln in der Scheune dorthin getrieben worden war. Dieser Staub – der Kegel war unten ganz fest und oben wundervoll weich – war sehr fein und grau, ohne ein Körnchen Gold.

Diese Scheune mit all ihren mechanischen Vorrichtungen war neu. Aber direkt daneben, auf der anderen Seite eines ungepflasterten schlammigen Wegs stand eine weitere Ruine: ein Bunker aus dem Krieg, ein Hügel, zur Tarnung mit Platanen bepflanzt, aus dem nun zwischen den Stämmen der hochgewachsenen Bäume ein merkwürdiger Metallventilator herausragte. Die Platanen waren vor mindestens fünfundzwanzig Jahren gesetzt worden; doch sie waren dicht zusammen gesetzt worden, und sie sahen immer noch jung aus.

Jack lebte zwischen Ruinen, zwischen ausrangierten Dingen. Doch zu dieser Auffassung kam ich erst später, komme ich jetzt beim Schreiben um so nachdrücklicher. Der Gedanke kam mir nicht, als ich anfangs dort spazierenging.

Die Vorstellung von Ruin und Verfall, von Fehl-am-Platz-Sein, war etwas, was ich bei mir selbst verspürte, mit mir selbst verband: ein Mann aus einer anderen Hemisphäre, mit einem anderen Hintergrund, der in der Mitte seines Lebens in einem Häuschen auf einem halb vernachlässigten Landgut zur Ruhe kam, einem Landgut, bei dem vieles an die edwardianische Vergangenheit erinnerte und weniges mit der Gegenwart zu tun hatte. Eine Kuriosität zwischen den Landgütern und Herrenhäusern des Tales, und ich eine weitere Kuriosität auf seinem Grund und Boden. Ich fühlte mich haltlos und fremd. Alles, was ich in jenen ersten Tagen sah, als ich die Umgebung in mich aufnahm, alles, was ich auf meinem täglichen Spaziergang sah, entlang des Windschutzes oder über den breiten grasbewachsenen Weg, verstärkte dieses Gefühl noch. Ich hatte das Gefühl, daß meine Anwesenheit in jenem alten Tal zu einem Umbruch gehörte, einem Kurswechsel im Lauf der Geschichte des Landes.

Jack selbst jedoch gehörte für mich zur Aussicht. Sein Leben empfand ich als ursprünglich, verwurzelt, passend: ein Mann, der in die Landschaft paßte. Ich sah ihn als Überbleibsel der Vergangenheit (deren Auflösung durch meine Anwesenheit beschleunigt wurde). Als ich anfangs spazierenging und nur die Aussicht wahrnahm, das, was ich sah, als Gegenstände auf diesem Spaziergang sah, Dinge, die man eben in der Landschaft um Salisbury sah, unvordenkliche, angemessene Dinge, damals fiel mir nicht ein, daß Jack inmitten von Schrott lebte, inmitten der Ruinen beinahe eines Jahrhunderts; daß die Vergangenheit um sein Häuschen vielleicht nicht die seine war; daß er irgendwann einmal vielleicht selbst ein Neuankömmling in diesem Tal gewesen war; daß sein Lebensstil vielleicht frei gewählt, ein bewußter Akt war; daß er aus dem kleinen Stück Land, das er mit seinem Landarbeiterhäuschen (einem in einer Reihe von drei) bekommen hatte, etwas Besonderes für sich geschaffen hatte, einen Garten, in dem er sein Leben (obwohl umgeben von Ruinen, von Erinnerungen an verschwundene Leben) mehr als zufrieden beenden würde und in dem er, wie in einem Stundenbuch, die Jahreszeiten feierte.

Ich sah ihn als Relikt. Nicht weit weg, zwischen den antiken Grabhügeln und Tumuli waren die Schießstände und Truppenübungsplätze der Ebene von Salisbury. Man erzählte, daß in der Ebene, gerade weil es in diesem Militärgebiet keine Menschen gab, gerade weil das Land so lange rein militärischen Zwecken gedient hatte, ganz im Gegensatz zu dem, was man nach den Explosionen und Kriegsspielen erwarten würde, Schmetterlingsarten überlebt hatten, die in dichter besiedelten Gebieten verschwunden waren. Und ich dachte, daß Jack an dem breiten Triftweg im Grund des Tals, zufällig von Menschen, Verkehr und dem Militär verschont geblieben, ähnlich überlebt hatte wie die Schmetterlinge.

Ich sah die Dinge allmählich; sie traten allmählich hervor. Nicht Jack hatte ich zuerst auf meinen Spaziergängen bemerkt, sondern Jacks Schwiegervater. Und es war der Schwiegervater, der – mehr als Jack – eine literarische Gestalt in dieser urtümlichen Landschaft zu sein schien. Er schien eine Gestalt von Wordsworth zu sein: Gebeugt, übertrieben gebeugt ging er, wie in der ungeheuren Einsamkeit des Lake District, ernst seinen bäuerlichen Aufgaben nach.

Er ging sehr langsam, dieser gebeugte alte Mann; er tat alles sehr bedächtig. Er hatte sich seine eigenen Wege über die Downs gesucht, und er hielt sich daran. Seine Pfade konnte man sogar über Stacheldrahtzäune verfolgen, mit Hilfe der blauen Plastiksäcke (ursprünglich enthielten sie Kunstdünger), die der alte Mann um den Stacheldraht gewickelt und dann mit roter Nylonschnur festgezurrt hatte, so gründlich, wie es seinem Tempo und der Bedächtigkeit entsprach, mit der er diese sicheren gepolsterten Stellen geschaffen hatte, wo er unter dem Stacheldraht durchkriechen oder darüber hinwegklettern konnte.

Der alte Mann also zuerst. Und danach der Garten, der Garten inmitten der ausrangierten Geräte. Denn durch Jacks Garten war ich zuerst auf Jack aufmerksam geworden – die Leute in den anderen Häuschen lernte ich nie kennen, konnte sie nie auseinanderhalten, wußte nie, wann sie ein- oder auszogen. Doch es dauerte eine Weile, bis man den Garten sah. So viele Wochen, so viele Spaziergänge durch die weißlichen Kreide- und Flinthügel bis zur Höhe der Hügelgräber, um auf Stonehenge hinabzuschauen, so viele Spaziergänge nur auf der Ausschau nach Hasen – es dauerte eine Weile, bis ich, mit meiner beginnenden neuen Wahrnehmung der Jahreszeiten, den Garten bemerkte. Bis dahin war er einfach da gewesen, etwas auf dem Spazierweg, ein Erkennungszeichen, das man nicht extra bemerkte. Und dabei mochte ich doch Landschaft, Bäume, Blumen, Wolken und war empfänglich für Veränderungen von Licht und Temperatur.

Die Hecke fiel mir zuerst auf. Sie war gut geschnitten, in der Mitte fest, aber unten am Boden stellenweise schartig. Vom Schnitt her hatte ich das Gefühl, daß der Gärtner die Hecke gern überall ganz fest gehabt hätte, damit sie so undurchdringlich wäre wie eine Wand aus Ziegelstein oder Holz oder einem von Menschen hergestellten Material. Die Hecke markierte die Grenze zwischen Jacks Obst- und Blumengarten und dem Triftweg, der hier sehr breit war, wie nackte Erde um die Häuschen und die Wirtschaftsgebäude wirkte, und beinahe immer feucht oder schlammig war. Im Winter spiegelte sich der Himmel in den länglichen Pfützen inmitten des schwarzen, vom Traktor gezeichneten Schlamms. Im Sommer trocknete der schwarze Schlamm für ein paar Tage, wurde hart und weiß und staubig. Deshalb war die Hecke, die über die ganze Länge des Gartens führte, der zu Jacks Häuschen gehörte, im Sommer gut einen Fuß breit über dem Boden ein paar Tage lang weiß von Kreidestaub; im Winter war sie mit Schlamm bespritzt, der beim Trocknen weiß oder grau wurde.

Die Hecke verbarg nichts. Wenn man am Windschutz vorbei den Hügel herunterkam, konnte man alles sehen. Die alten rostfarbenen und schwarzen Wirtschaftsgebäude im Hintergrund, die grau verputzten Häuschen davor, die Grundstücke oder Gärten vor den Häuschen, die Leere oder das Niemandsland davor. Und neben Jacks Garten, Jacks Hecke: eine kleine Wand aus schlammbespritztem Grün, plötzlich in dem offenen Triftweg wie ein Zeichen, eine Erinnerung an eine andere Art Haus und Garten und Straße, ein Andenken an etwas Vollständigeres, Idealeres.

Theoretisch lagen die Gärten vor den Häuschen. In Wirklichkeit war die Rückseite der Häuschen durch lange Gewohnheit zur Vorderseite geworden; und die Vorgärten waren in Wirklichkeit Hintergärten geworden. Doch mit demselben Instinkt, der ihn die Hecke neben dem Triftweg hochziehen und sorgfältig schneiden (und auch plötzlich enden) ließ, behandelte Jack seinen Garten wie einen Vorgarten. Ein gepflasterter Weg mit einer Art Randstein führte von der vorderen Tür bis zur Mitte des Gartens. Er hätte zu einem Tor, einem Bürgersteig, einer Straße führen müssen. Es gab zwar ein Tor; doch dieses Tor, in einen großmaschigen Drahtzaun eingelassen, führte nur zu einem drahtumzäunten Fleckchen Erde, das jedes Jahr umgegraben wurde. Hier pflanzte Jack seine Sommerblumen aus. Davor war die leere Fläche, das Niemandsland zwischen Triftweg und dem Beginn des bestellten Hügels. Jacks Enten und Gänse hatten ihre Schuppen auf diesem Stück, das von Dung und Federn verschmutzt war. Obwohl die Enten und Gänse nicht eingesperrt waren, liefen sie nie weit weg; sie spazierten bloß über den Triftweg hin und her.

Hecke, Garten, Saatbeet für Sommerblumen, eine Parzelle für Enten und Gänse und dahinter, hinter der für die beiden anderen Häuschen reservierten Fläche, da, wo das Land bis zu den mit Maschinen bestellten Feldern der Farm anzusteigen begann, war das Stück, wo Jack sein Gemüse zog.

Jedes Stück Land war separat. Jack sah sein Gelände nicht als Ganzes. Aber er sah die einzelnen Teile, aus denen es bestand, sehr deutlich; und alles, was er hegte, entsprach einer bestimmten Vorstellung, die er von dieser Sache hatte. Die Hecke wurde regelmäßig geschnitten, der Garten war schön und sauber und voll wechselnder Farben; und der Gänseauslauf war schmutzig, mit grob gezimmerten Schuppen und Emailbecken und Schüsseln und ausrangierten irdenen Trögen. Die verschiedenen Teile des Gartens, den Jack bei den alten Wirtschaftsgebäuden angelegt hatte, waren wie ein mittelalterliches Miniaturdorf. Das war Jacks Stil, und das vermittelte mir (irrtümlicherweise, wie ich bald wissen würde) den Eindruck eines Überbleibsels von altem Bauerntum, das hier wie die Schmetterlinge zwischen den Explosionen der Ebene von Salisbury überlebte, irgendwie die industrielle Revolution, aufgegebene Dörfer, Eisenbahnen und den Aufbau der großen landwirtschaftlichen Güter im Tal überlebte.

Vieles davon sah ich mit literarischem Blick oder mit Hilfe der Literatur. Ein Fremder hier, mit der Empfindlichkeit des Fremden und doch mit Kenntnis der Sprache und der Geschichte der Sprache und der Literatur, konnte ich in dem, was ich sah, eine besondere Vergangenheit finden; mit einem Teil des Verstandes konnte ich die Phantasie zulassen.

Eines Morgens hörte ich im Radio, daß im Römischen Reich die Gänse von der Provinz Gallien bis nach Rom auf den Markt getrieben wurden. Danach entwickelten die Gänse – Jacks Gänse –, die mit hocherhobenem Kopf und Kot absondernd über den schlammigen, zerfurchten Weg im Grund des Tals stolzierten und manchmal recht aggressiv sein konnten, so etwas wie ein historisches Leben für mich, etwas, das über die Vorstellung von mittelalterlichem Bauerntum, altem überlieferten englischen Landleben und die Gänsezeichnungen in Kinderbüchern hinausging. Und als ich mich eines Tages, weil ich mich nach Shakespeare sehnte, danach sehnte, mit der frühen Sprache in Berührung zu kommen, zum ersten Mal seit über zwanzig Jahren wieder *König Lear* zuwandte und in Kents wahnsinniger Rede las »Gans, hätt' ich dich auf Sarums ebner Flur, ich trieb dich gakkernd heim nach Camelot«, waren mir die Worte ganz klar. Die Ebene von Sarum, die Ebene von Salisbury; Camelot, Winchester – bloß zwanzig Meilen entfernt. Und ich hatte das Gefühl, daß ich mit Hilfe von Jacks Gänsen – Geschöpfen, die auf dem Gelände des Triftwegs vielleicht viel älter waren, als Jack es je erraten hätte – zum Verständnis einer Stelle in *König Lear* gekommen war, die die Kommentatoren nach Aussage des Herausgebers des Textes, den ich las, dunkel gefunden hatten.

Die Einsamkeit des Spazierwegs, die Leere dieses Stücks der Downs versetzte mich in die Lage, meiner Auffassung nachzugeben, in meinen sprachlichen oder historischen Phantasien zu schwelgen; und versetzte mich gleichzeitig in die Lage, die starke Empfindung, fremd in England zu sein, zu überwinden. Zufall – die Form der Felder vielleicht, die Ausrichtung der Pfade und modernen Straßen, die Bedürfnisse der Armee – hatten dieses kleine Gebiet isoliert; und ich hatte diesen historischen Teil Englands für mich allein, wenn ich spazierenging.

Täglich ging ich auf dem breiten Grasweg zwischen den steinigen Abhängen spazieren, an den mit weißem Geröll übersäten Kreidetälern vorbei, die manchmal aussahen wie ein Himalayatal, das mitten im Sommer mit altem, grittigem Schnee bedeckt ist. Täglich sah ich die Grabhügel, die vor so vielen Jahrhunderten aufgeworfen worden waren. Wie viele es waren! Es gab sie überall. Von einer gewissen Höhe betrachtet, zeichneten sie sich gegen den Himmel ab und sahen wie Pusteln auf dem Land aus. Anfangs lief ich gern über die Hügel, die mehr oder weniger an meinem Weg lagen. Das Gras auf diesen Hügeln war grob; es hatte lange, fahle Halme, die in Büscheln oder Ballen wuchsen, über die man leicht stolperte. Die Bäume, wenn es überhaupt welche gab, waren windzerzaust und verkrüppelt.

Ich umkreiste jeden Grabhügel; in jenen ersten Tagen wollte ich keinen mir zugänglichen Hügel unbeachtet lassen und hatte das Gefühl, daß ich, wenn ich nur genau und lang genug hinschaute, zwar nicht zu einem Verständnis des religiösen Geheimnisses, aber doch zu einer Wertschätzung der Arbeit kommen konnte.

Täglich ging ich auf dem breiten Grasweg – früher vielleicht einmal ein Prozessionsweg. Täglich stieg ich vom Grund des Tals zum Aussichtspunkt: die Steinkreise direkt vor mir, etwas tiefer gelegen, aber immer noch weit weg: Grau gegen Grün und manchmal von der Sonne angestrahlt. Wenn ich den Grasweg hochging, stellte ich mir (auch wenn ich bereit war, einzuräumen, daß der eigentliche Prozessionsweg vielleicht anderswo gewesen war) jedesmal vor, daß ich ein Mensch jener vergangenen Zeit war, der hinaufstieg, um die Bestätigung zu erlangen, daß es gut stand mit der Welt.

An jeder Seite von Stonehenge war eine Autobahn. Auf diesen beiden Straßen wirkten die Last- und Lieferwagen, die Autos wie Spielzeuge. Am Fuß von Stonehenge war immer eine Schar Touristen – nicht sehr auffällig, nicht so auffällig, wie man aus der Kirmesplatzatmosphäre um die Steine hätte schließen können, wenn man wirklich hinging. Die Touristen waren aus dieser Entfernung nur auffällig, weil einige Frauen ein rotes Kleid oder eine rote Jacke trugen. Die Farbe Rot bei den Besuchern von Stonehenge fiel mir jedesmal auf; immer trug jemand unter den kleinen Gestalten Rot.

Und trotz der vielen Menschen und der Autobahnen und der

Schießplätze (mit ihren fluoreszierenden oder schwach leuchtenden Zielscheiben) hatte ich immer das Gefühl von Antike, das Gefühl für das Alter der Erde und die lange Zeit, in der der Mensch sie schon in Besitz hatte. Eine riesige heilige Begräbnisstätte, eingegrenzt vom Himmel – von was für einer Aktivität diese Hügelgräber und Tumuli zeugten, von wie vielen Menschen, von was für einer Organisation, was für einer Geschäftigkeit in diesen nun im Grunde verlassenen Downs! Das Gefühl von Antike gab den Aktivitäten um einen herum eine andere Bedeutung. Doch gleichzeitig hatte man – aus dieser Höhe und mit diesem weiten Blick – ein Gefühl von Kontinuität.

So umschlossen die Vorstellung von Antike, die die gegenwärtigen Aktivitäten der Menschen zugleich herabsetzte und erhöhte, und die Vorstellungen aus der Literatur diese Welt, die – auch wenn sie von Autobahnen und Armeekasernen umgeben war und die Wolken am Himmel manchmal von Kondensstreifen aufdringlicher Militärflugzeuge geriffelt waren – mir eine willkommene Entdeckung in der Einsamkeit war, in der ich mich an vielen Nachmittagen befand.

Larkhill, Lerchenhügel, war der Name der Artillerieschule der Armee. In meinem ersten oder zweiten Jahr gab es dort so etwas wie einen Tag der offenen Tür, an dem im Beisein der Soldatenfamilien Gewehre abgefeuert wurden. Doch der Lerchenhügel, den ich auf meinem Spaziergang suchte, war der Hügel mit antiken Hügelgräbern, wo tatsächlich Lerchen brüteten und sich wie die Lerchen in der Dichtung verhielten. »Und oben wird, in tiefes Blau getaucht, die Lerche dort zum unsichtbaren Sänger.« Es stimmte: Die Vögel stiegen in beinahe senkrechtem Flug immer höher auf. Sicher hatte ich schon vorher Lerchen gehört. Doch dies waren die ersten Lerchen, die mir auffielen, die ersten, denen ich zusah und lauschte. Sie waren eine weitere willkommene Entdeckung in meiner Einsamkeit, ein weiteres unerwartetes Geschenk.

Und das entsprach meiner Stimmung. Als ich allmählich die

wilden Rosen und den Weißdorn auf meinem Spaziergang wahrnahm, sah ich den Windschutz, neben dem sie wuchsen, nicht als Manifestation der Großgrundbesitzer, die der Einsamkeit ihren Stempel aufgedrückt hatten, sie bewahrt hatten, an manchen Stellen den Wald angelegt hatten (in Nachahmung, hieß es, der Stellungen der Schlacht von Trafalgar – oder war es Waterloo?), ich dachte gar nicht an die Grundbesitzer. Meine Stimmung war reiner: Ich dachte an diese ungefüllten Rosen mit der süß riechenden Blüte neben der Straße als wild wachsende und natürliche Büsche.

Eines Tages im Herbst – die Tage wurden kürzer und erfüllten mich mit Gedanken an Winterfreuden, Kaminfeuer und Lampen am Abend und Bücher – verspürte ich so etwas wie den Wunsch, in *Sir Gawain and the Green Knight* vom Winter zu lesen, einem Gedicht, das ich vor über zwanzig Jahren im mittelenglischen Seminar in Oxford gelesen hatte. Die Hagebutten und Weißdornbeeren neben dem Windschutz, die roten Beeren dieser erloschenen, aber warmen Jahreszeit erweckten in mir den Wunsch, noch einmal über die Winterreise in diesem alten Gedicht zu lesen. Und ich las das Gedicht im Bus zurück von Salisbury, wohin ich gefahren war, um es zu kaufen. In dieser Einsamkeit war ich so zum ersten Mal in England in Einklang mit der Landschaft.

Jack und sein Garten und seine Gänse und sein Häuschen und sein Schwiegervater schienen Ergebnis der Literatur und der Antike und der Landschaft zu sein.

Sein Schwiegervater fiel mir zuerst auf. Und seinen Schwiegervater traf ich auch zuerst. Ich traf ihn recht früh, als ich noch alles erkundete, ehe ich mich auf eine feste tägliche Route festlegte. Ich ging oder suchte mir einen Weg über wenig benutzte Seitenpfade auf den Hügelabhängen, Pfade, die tief verschlammt oder mit hohem Gras überwachsen oder von Bäumen überwölbt waren. In jenen ersten Tagen ging ich über Wege oder Pfade, die ich nie wieder nehmen sollte. Und auf einem dieser Erkundungsgänge, auf einem Seitenpfad, der die steile, felsige Straße neben dem Windschutz mit dem breiteren, flacheren Weg verband, auf einer dieser wenig benutzten, halb verborgenen Pfade traf ich den Schwiegervater.

Er war grotesk, absurd vornübergebeugt, als sei sein Rücken für das Tragen von Lasten geschaffen worden. Ein merkwürdiges Krächzen entwich ihm, als er mich ansprach. Es war verwunderlich, daß er, da er so sprach, überhaupt versuchte, einen Fremden anzusprechen. Aber noch verwunderlicher waren seine Augen, die Augen dieses gebeugten Mannes: Sie waren strahlend und lebhaft und mutwillig. In seinem ausgemergelten Gesicht von merkwürdiger Farbe, einer grauen Farbe, einer dunklen Tönung, die mich an die Abstammung von Zigeunern denken ließ, in diesem ausgemergelten Gesicht mit einem Stoppelbart, beinah einem weißen Flaum auf Wange und Kinn, waren diese Augen ein Wunder und eine Beteuerung: daß die Persönlichkeit dieses Mannes trotz des Unfalls, der sein Rückgrat auf immer beschädigt hatte, intakt geblieben war.

Er krächzte. »Hunde? Hunde?« So klang das Krächzen jedenfalls. Er hielt inne, hob den Kopf wie eine Schildkröte. Er krächzte; er hob autoritär einen Finger. Er schien zu sagen: »Hunde? Hunde?« Und es bedurfte nur eines Echos von mir – »Hunde?« –, damit er aufhörte, wieder ein gebeugter alter Mann war, der sich nur um seinen eigenen Kram kümmerte. Seine Augen verschleierten sich; der Kopf sank herab. »Hunde«, murmelte er, das Wort in der Kehle erstickend. »Beißen Fasanen tot.«

Neben dem Weg im Schutz der Bäume standen heckenhohe Käfige mit Fasanen. Es war mir neu, daß diese offenbar doch wilden Geschöpfe in Wirklichkeit eher wie Hühner im Hinterhof gezogen wurden. Es war mir auch neu, daß all die Wälder um mich herum und all die Rosen- und Weißdornbüsche neben dem Windschutz aus Buchen und Kiefern tatsächlich gepflanzt worden waren.

Auf dem versteckten Weg ein leichte Regung von Autorität, sogar der Einschüchterung gegenüber jemandem, der fremd und, was Zigeunerhaftigkeit anging, zwanzigmal so dunkel war. Aber es war nur eine sehr flüchtige Regung in dem Alten; und vielleicht war es auch eine gesellschaftliche Regung, der Wunsch, mit einem, der neu war, Worte zu tauschen, der Wunsch, der Handvoll menschlicher Wesen, der er begegnet war, ein weiteres hinzuzufügen.

Er ging in sich; das Strahlende in seinen Augen verlosch. Und ich hörte ihn nie wieder sprechen.

Unsere Wege kreuzten sich eigentlich nie. Gelegentlich sah ich ihn in der Ferne. Einmal sah ich ihn tatsächlich mit einem Bündel Holz auf dem gebeugten Rücken: wie bei Wordsworth, Gegenstand eines Gedichtes, das Wordsworth »Der Feuerholzsammler« hätte nennen können. Er ging sehr langsam; doch in dieser Langsamkeit, dieser Bedächtigkeit, lag Überzeugung: Er hatte sich eine Aufgabe gestellt, die er auf jeden Fall zu Ende bringen wollte. Sein Verhalten hatte etwas Animalisches. Wie eine Ratte schien er eine »feste Strecke« zu haben, auch wenn mir nie klar war, was er (abgesehen davon, daß er die Fasanen versorgte, was vielleicht nicht einmal stimmte) auf dem Gelände machte.

Der Triftweg, der Weg im Grund des uralten Flußtals, war sehr breit. Anfangs, als ich dort spazierenging, war er nicht eingezäunt. In meinem ersten oder zweiten Jahr dort wurde er verschmälert. Ein Stacheldrahtzaun wurde hochgezogen. Er verlief mitten auf dem Weg, wo er lange geradeaus führte; und die stabilen grünen Zaunpfosten (die dickeren mit kräftigen Stützpfeilern) und der straff gespannte Stacheldraht gaben mir, obwohl das Leben des Tals für mich erst begann, das Gefühl, daß ich in gewisser Weise auch am Ende dessen war, worauf ich gestoßen war.

Wie traurig es war, das Gefühl von Weite und Raum zu verlieren! Er schmerzte mich. Doch ich hatte mich bereits daran gewöhnt, mit der Vorstellung zu leben, daß die Dinge sich änderten; ich lebte bereits mit der Vorstellung von Vergänglichkeit.

(Mit dieser Vorstellung hatte ich immer gelebt. Sie war wie mein Fluch: diese Vorstellung, die ich sogar als Kind in Trinidad gehabt hatte, daß ich in eine Welt gekommen war, die ihren Zenit überschritten hatte.) Ich lebte bereits mit der Vorstellung von Tod, der Vorstellung, die ein junger Mensch unmöglich haben, im Herzen tragen kann, daß die Zeit auf Erden, das Leben, etwas Kurzes war. Diese Vorstellung von einer vergänglichen Welt, einer Welt, die ständiger Veränderung unterworfen ist, und die Vorstellung von der Kürze des menschlichen Lebens machten vieles erträglich.

Später offenbarten sich in dem Triftweg auch noch ältere Eingriffe. Als ich eines Sommers von dem Hügel der Lerchen auf Stonehenge hinunterschaute, sah ich an der Farbveränderung in den Feldern mit reifendem Getreide neben dem Triftweg etwas, was die Furchen alter Karren- oder Kutschenräder gewesen sein mußte. Denn dieser Weg war die alte Kutschen- oder Karrenstraße von Stonehenge nach Salisbury gewesen, eine Straße, die wegen des Schlamms viel breiter sein mußte als eine gepflasterte Straße. Nun war etwas von der Breite der alten Straße in den Feldern aufgegangen und lag hinter Stacheldraht.

Dieses Einzäunen eines wichtigen uralten Weges, diese private Inbesitznahme eines uralten breiten Flußbettes, das den alten Stämmen zweifelsohne heilig gewesen war (und an einem Ende des breiten Tals, hinter den Bienenstöcken, dem Planwagen, dem alten Heuschober und dem verfallenen Haus mit den großen Platanen, an jenem Ende waren an der westlichen Böschung unter dem dünnen Gras entweder die Spuren von uralten Furchen oder Befestigungen), diese Hervorhebung von Privatbesitz hätte mich an die Gegenwart denken lassen müssen, die großen Landsitze, von denen ich umgeben war, das Überbleibsel des Landsitzes, auf dem ich lebte.

Ich sah den Farmer oder Farmmanager seine Runden in einem Landrover machen. Ich sah den modernen Getreidespeicher oben auf dem Hügel. Ich sah den Windschutz, der den Hügel hinauf- und herunterführte, und sah, daß er erst vor kurzem gepflanzt worden war, daß die Kiefern schneller wuchsen als die Buchen, die sie schützen sollten (und bereits etwas wie einen Streifen Waldland schufen, mit einer richtigen Waldstreu aus abgebrochenen Zweigen und totem Holz). Ich sah das Eingreifen des Menschen, nahm es aber nicht genügend wahr, weil ich lieber sah, was ich sehen wollte: die großartige Ebene mit den Downs und dem alten Flußtal, weit weg vom Lauf des heutigen, kleineren Flusses. Ich sah das Alte; ich sah den Abfall des alten Wirtschaftshofs.

In der Art, nur das zu sehen, was ich sehen wollte, ähnelte ich damals ein wenig Jacks Schwiegervater, der den neuen Zaun ignorierte, der an vielen Stellen Teile seiner »festen Strecke« über den Triftweg durchschnitt. Der Schwiegervater ignorierte die neuen Tore (es gab nur wenige) und hielt sich an seine Strecke, schuf Tritte und Stufen und gepolsterte Übergänge über und durch den Stacheldraht, arbeitete auf seine gewohnte Art, rollte blaue Plastiksäcke um den Stacheldraht und band sie dann mit einer Rolle rotgelben Hanfs oder Nylons nach der anderen zusammen.

Das merkwürdige Zickzack der Strecke des alten Mannes zeigte sich nun in ihrem gesamten Verlauf: von den Fasanenkäfigen an dem schlammigen, schattigen Weg auf der anderen Seite des Hügels mit der neuen Scheune den Weg hinunter, über den Triftweg, hinauf zu einem von Gestrüpp gesäumten Feld und bis zu dem alten Wald am nördlichen Abhang. An einem Gatter dort sah ich eines Tages in meinem ersten Sommer eine Reihe von Krähen, die mit ausgespreizten Flügeln angenagelt waren; manche waren erst wenig verwest, manche mehr, manche nur noch fedrige Hüllen. Es war merkwürdig, diesen gewalttätigen Akt mit dem gebeugten alten Mann, der sich so langsam bewegte, in Verbindung zu bringen; doch als ich mir seine mutwilligen Augen ins Gedächtnis rief, seine dunkle Zigeunerhaut, sein entschlossenes, verschlagenes Gesicht, paßte er zu ihm.

Ein ganzes Leben, eine ganze, beharrliche Persönlichkeit kam in dieser »festen Strecke« zum Ausdruck. Und so stark waren die Erinnerungen an die Gegenwart des alten Mannes, so viel von seinem Geist schien über seiner Strecke zu hängen, über seinen Zaunübergängen und Stufen und diesen an merkwürdigen Stellen zusammengerollten Plastiksäcken, sogar denen, die er vor langer Zeit zusammengerollt und -gebunden hatte und die nun zerfielen, Plastik ohne Glanz, Blau, das zu Weiß wurde, so sehr zeugte all dies von dem alten Mann, der langsam auf seinen Besorgungsgängen hin- und herging, daß es eine ganze Weile dauerte, ehe mir auffiel, daß ich ihn schon eine Zeitlang nicht mehr gesehen hatte. Und dann begriff ich, daß, was ich in den vergangenen Wochen, den vergangenen Monaten, gesehen hatte, Andenken an ihn waren.

Er war gestorben. Niemand hatte die Tatsache öffentlich festgehalten, die Nachricht weitergegeben. Und noch lange danach bleichten und zerfielen diese Plastikhüllen oder -polster an den Zäunen, die selbst älter wurden. Waren immer noch da, wie der andere Abfall im Grund des Tals – die dachlosen Mauern des zerfallenen Hauses, die veralteten Landwirtschaftsmaschinen unter den jungen Silberbirken, die anderen Maschinen und das weggeworfene Bauholz und Metall unter den Buchen hinter den alten Wirtschaftsgebäuden, die Metallhalterung in der Ladeluke der aufgegebenen, zerfallenden Scheune.

Und erst eine ganze Weile später erfuhr ich, daß der alte Mann in Jacks Haus gewohnt hatte und gestorben war und daß er Jacks Schwiegervater gewesen war.

Doch ehe ich Jack kennenlernte, lernte ich den Farmmanager kennen. Ich vermute (da Jack in einem der Landarbeiterhäuschen wohnte, die zur Farm gehörten), daß der Farmmanager Jacks Chef war. In dieser Beziehung dachte ich jedoch nie an sie. Ich dachte an sie als einzelne Menschen.

Der Farmmanager machte seine Runden in einem Landrover.

Er hatte einen Hund bei sich, der manchmal auf dem Sitz neben ihm saß, manchmal hinten aus dem Wagen schaute.

Wir trafen uns auf dem steinigen Weg, der vom Grund des Tals, wo die alten Wirtschaftsgebäude und Häuschen standen, zu der neuen Scheune oben auf dem Hügel hinaufführte. Das war die steilste Steigung des Spazierwegs, und ich betrachtete sie als Gymnastik. Sie kam gerade an der richtigen Stelle, gegen Ende, und sie war gerade lang und anstrengend genug, daß ich meine Beinmuskeln spürte und tief Luft schöpfen mußte. Auf diesem Hügel hielt der Farmmanager eines Nachmittags an, um ein paar freundliche Worte zu wechseln – gutgelaunt bot er vielleicht an, mich die letzten fünfzig Meter mitzunehmen. Er war ein Mann mittleren Alters mit Brille.

Der Weg war schmal; an mehr als einem Nachmittag hatte ich beiseite treten müssen, um ihn vorbeifahren zu lassen. Zuerst hatte ich immer nur den Landrover, das Fahrzeug gesehen. Dann hatte ich den Mann darin gesehen, seine Züge und das eher zufriedene denn wachsame Aussehen seines Hundes waren mir vertraut geworden. Ich hatte angenommen, daß er der Farmer, der Besitzer oder Pächter dieser wohlbestellten Äcker sei, und ich hatte ihm dementsprechend den »Gang eines Farmers« gegeben, wenn er an der Scheune aus dem Landrover stieg und hineinging, um nachzusehen, wie das Getreide trocknete oder was auch immer. Ich hatte ihm eine besondere Autorität verliehen, eine besondere Haltung zu dem Land um uns herum. Doch dann erfuhr ich von dem Mann selbst, daß er nicht der Grundbesitzer war. Und ich mußte meine Einstellung zu ihm revidieren: Er war nur der Farmmanager, ein Angestellter.

Seine Inspektionsfahrten entsprachen Teilen meines Spazierwegs. Der Weg neben dem Windschutz führte zur öffentlichen Straße hinunter. In der Senke auf der anderen Seite der Straße war die Milchwirtschaftsabteilung der Farm. Hinter den Kuhställen waren die Flußwiesen und in der Ferne die Weiden und andere Bäume am Flußufer. Neben der Straße, am Eingang zum Wirtschaftshof, stand eine etwas über einen Meter hohe Plattform aus Holz. Darauf wurden die Milchkannen gestellt, damit der Molkereiwagen sie mitnahm. Danach führte die öffentliche Straße an einem strohgedeckten Häuschen mit rosa Wänden und einigen einfacheren Häusern aus Flintstein und Ziegeln vorbei. Dann kamen die Eiben und Buchen des Herrenhauses. Dort endete mein Spazierweg: eine breite Einfahrt in dunkelgrünem Dämmer und dann der saftiggrüne Rasen vor meinem Häuschen.

Dieser Teil der öffentlichen Straße hatte mich, als ich nach jenen ersten vier Regentagen hinaustrat, vor ein Rätsel gestellt: ob ich mich rechts oder links halten sollte. Nun wußte ich, wenn der Landrover des Managers mich überholte, wohin er fuhr. An den Eiben vorbei über die von Buchen überwölbte Straße hoch über dem Fluß und dann hinunter zu der kleinen Siedlung auf Flußhöhe, wo das strohgedeckte Häuschen mit den weißen Wänden gerade renoviert wurde und wo ein immer mehr zerberstender Asphaltweg vorbei an einer Reihe kleiner Häuser, von denen einige erhabene Monogramme hatten, zu dem breiten, unasphaltierten Triftweg führte.

Mein Gefühl für diesen breiten grasbewachsenen Weg hatte zugenommen. Ich sah ihn als das frühere Bett eines uralten Flusses, beinahe als etwas aus einem anderen geologischen Zeitalter; ich sah ihn als den Weg, über den vielleicht einst Gänse von der Ebene von Salisbury nach Camelot-Winchester getrieben worden waren; ich sah ihn als die alte Postkutschenstraße.

Aber dort in der Nähe – die Gegenwart überlagerte ständig mehr als bloß die Vergangenheit, überlagerte das Antike, geheiligten Boden –, dort zwischen den kleinen Häusern, denen ich nicht viel Aufmerksamkeit geschenkt hatte, auf einem kleinen, ordentlich eingezäunten Grundstück mit einer gepflasterten Auffahrt, einem flachen kleinen Bungalow und einem verschwenderischen, zu dicht bepflanzten Garten voller großer Blumen und Zwergkoniferen und riesiger Ziersträucher, dort, auf der gepflasterten Auffahrt sah ich immer wieder einmal den Landrover.

Hier also wohnte der Manager, und hier endeten seine Inspektionsfahrten: in etwas Vorstädtischem am Rande des Althergebrachten. Doch ich hatte das Haus als selbstverständlich hingenommen; da das Land erst allmählich um mich herum Gestalt annahm, hatte das ordentliche Haus länger gebraucht, um mir aufzufallen, von mir wahrgenommen zu werden. Das Antike – so viel vager, so viel mehr eine Sache von Mutmaßungen – hatte eher einen Eindruck hinterlassen: Ich war dafür bereit gewesen.

Wenn der Manager seine Runde über die Farm begann, fuhr er fast sofort den tief ausgefahrenen Triftweg entlang der beinahe kahlen Böschung hinunter, die mit uralten Furchen gestriemt war. In Gedanken zweifelsohne bei Wald, Feld, Feldfrucht und Vieh, den Blick auf andere Dinge gerichtet als ich, fuhr er wohl das gerade Stück des Triftwegs hinunter, nun von dem Stacheldrahtzaun, den er selbst errichtet hatte oder hatte errichten lassen, in zwei Hälften geteilt; vorbei an dem Steinhaus ohne Dach und den hohen Platanen, dem alten Heuschober, der wie eine Hütte geformt und mit schwarzen Plastikplanen zugedeckt war; vorbei an dem Planwagen im Schatten des Gestrüpps und der Bäume auf der einen Seite und den zwei Reihen Bienenkörben auf der anderen, die nun in die Stacheldrahtumfriedung aufgenommen waren; vorbei an den alten Wirtschaftsgebäuden (doch mit dem neuen Heuschober) und den Häuschen, von denen eines Jack gehörte; vorbei an Jacks Garten und Gänsegehege bis zu der neuen Scheune mit den Metallwänden.

Das war die Strecke des Managers, beinahe kreisförmig. Es war auch Jacks Strecke und zum Teil meine.

Ich hatte Jack in seinem Gemüsegarten arbeiten sehen, der Parzelle hinter den Vorgärten der Häuschen, am Fuß des Abhangs, der zu den bestellten Feldern der Farm führte. Mir war die merkwürdige Eleganz seines gestutzten Spitzbartes aufgefallen. Und obwohl seine Persönlichkeit in seinem Garten sofort klarer hervortrat als die der anderen Landarbeiter (deren Persönlichkeit sich mindestens zur Hälfte durch ihre Traktoren oder die Aufgaben ihrer Traktoren ausdrückte, die stetig, Bahn um Bahn, die Farbe oder Struktur eines riesigen Feldes veränderten), war Jack für mich anfangs einfach eine Gestalt in der Landschaft gewesen, nicht mehr. Wie ich es zweifelsohne auch für ihn war: ein Fremder, ein Spaziergänger, jemand der ein altes öffentliches Wegerecht in jetzt privatem Land in Anspruch nahm.

Doch nach einer Weile, nach vielen Wochen, als er vielleicht das Gefühl hatte, daß die Mühe nicht vergeblich sein würde, akzeptierte er mich. Und aus großer Ferne brüllte er, sobald er mich sah, einen Gruß, der nicht so sehr wie ein deutliches Wort an mein Ohr drang, sondern eher als absichtlich hervorgebrachter Lärm in der Stille.

Klarer sah ich ihn, wenn er in dem Garten vor (oder hinter) seinem Häuschen arbeitete, und am allerklarsten überhaupt, wenn er in seinem drahtumzäunten Saatbeet arbeitete, die weiche, dunkle, oft gesiebte Erde unter dem alten Weißdorn umgrub. Das weckte alte Erinnerungen in mir, an Trinidad, an ein kleines Haus, das mein Vater einst auf einem Hügel gebaut, und an einen Garten, den er in einem Stück gerodeten Buschlands anzulegen versucht hatte: alte Erinnerungen an dunkle, feuchte, warme Erde und wachsendes Grün, alte Instinkte, alte Freuden. Und ich empfand ein tiefes Gefühl für Jack, für die Kraft und merkwürdige Zartheit seiner Bewegungen beim Graben und Sieben, die Harmonie von Hand und Fuß. Als die Monate vergingen, bemerkte ich auch die besondere, übertriebene Art, mit der er sich kleidete: Beim ersten Anzeichen von Sonne im Sommer hatte er einen bloßen Rücken, war warm eingehüllt, sowie die Jahreszeit wechselte. Ich gewöhnte mir an, seine Kleidung als Symbol für die jeweilige Jahreszeit zu sehen: wie etwas aus einem modernen Stundenbuch.

Dann hielt er eines Tages, wie der Farmmanager in seinem Landrover, mit dem Auto auf dem steilen Hügel an, der von den Wirtschaftsgebäuden neben dem Windschutz zur Scheune hochführte. Jack und die anderen Häuschenbewohner hatten Autos;

ohne Autos hätten sie nicht so ohne weiteres in diesen Häuschen leben können, die zu weit von der öffentlichen Straße und viele Meilen von Geschäften entfernt waren - ich glaube, der Briefträger kam nur einmal in der Woche.

Ich hatte das Auto gehört und war beiseite getreten. Das mußte man auf diesem schmalen Farmweg tun. (Wenn man sich verbergen wollte, konnte man sich in den Windschutz selbst, zwischen die Buchen und Kiefern stellen, ins Halbdunkel, in die Waldstreu aus abgefallenen Ästen.) Ich hatte die Landarbeiter kennengelernt, wenn ich so beiseite trat und sie in ihren Autos oder Traktoren vorbeifahren sah. Und sie waren nach der Einsamkeit der Traktorkabinen und der Downs stets zu einem Winken und Lächeln aufgelegt. Das war das Äußerste an Kommunikation; dem Winken, dem Lächeln, der Wahrnehmung des Menschen war eigentlich nichts mehr hinzuzufügen.

Genauso war es jetzt mit Jack, obwohl es etwas Besonderes war, daß er in seiner freien Zeit sein Auto anhielt. Wir schauten einander an, sahen uns prüfend an, gaben eher Geräusche von uns, als daß wir redeten.

Sein Spitzbart war mir immer aufgefallen. Als ich Jack aus der Ferne sah, hatte ich den Bart für Teil des Schicks eines jungen Mannes gehalten. Als ich ihn graben sah, hatte ich ihn aufgrund seiner Größe, seines Brustumfangs, der kräftigen Beine, des aufrechten, freien Gangs für einen jungen Mann gehalten. Doch nun sah ich, daß sein Bart beinahe grau war; Jack war vielleicht Ende Vierzig.

Seine Augen waren abwesend. Es waren seine Augen, merkwürdig unstet, merkwürdig sprunghaft, die ihn verrieten, die zum Ausdruck brachten, daß er letzten Endes eben doch ein Landarbeiter war, daß er in einer anderen Umgebung, an einem beengteren oder mehr auf Konkurrenz ausgerichteten Ort untergehen könnte. Und diese Entdeckung brachte mich ein wenig aus der Fassung, denn ich hatte (nachdem ich die Idee verworfen hatte, daß er ein Nachfahre alter Bauern war) in seinem Bart und seiner Haltung, seinem aufrechten, freien, eleganten Gang die Attribute eines Mannes mit einer hohen Vorstellung von sich selbst gesehen, eines Mannes, der sich aus Prinzip von anderen Lebensstilen abgewandt hatte.

Wir hatten einander wenig zu sagen, doch war zwischen uns damit ein nachbarschaftliches Verhältnis begründet, das sich auch weiterhin in diesem Ruf von fern ausdrückte.

Sein Garten lehrte mich alles über die Jahreszeiten, und ich lernte auf eine neue Art Dinge kennen, die ich viele Male zuvor gesehen haben mußte. Ich sah, wie seine gut geschnittenen Apfelbäume zu blühen begannen, lernte die Farbe der Blüte erkennen, behielt sie im Gedächtnis (und konnte sie mir deshalb immer ins Gedächtnis rufen), verband sie mit einer bestimmten Jahreszeit, sah, wie sich die kleinen Früchte bildeten, grün wurden, wie alles übrige im Garten heranwuchs und dann Farbe annahm.

Ich sah die Fruchtbarkeit, die mir auf diesem kreidigen, steinigen Boden, der im Sommer weiß aussehen konnte, erst unmöglich erschienen war. In England gärtnerte ich nicht und hatte mich nicht sehr für die kleinen Vorgärten interessiert, die ich gesehen hatte (und selbst jetzt noch sah, wenn ich mit dem Bus nach Salisbury fuhr). Wenn ich diese Gärten anschaute, sah ich nur Farben und war kaum in der Lage, eine Pflanze von der anderen zu unterscheiden. Doch Nachmittag um Nachmittag betrachtete ich Jacks Garten, nahm seine Arbeit wahr und schaute hin, um zu sehen, was seine Arbeit hervorbrachte.

Ich schaute mit freudigen Augen. Doch Wissen erlangte ich nur langsam. Es war nicht das beinahe instinktive Wissen über die Pflanzen und Blumen Trinidads, das ich als Kind erworben hatte; es war, als erlernte ich eine zweite Sprache. Hätte ich damals gewußt, was ich jetzt weiß, könnte ich die Jahreszeiten von Jacks Garten oder Gärten rekonstruieren. Aber ich kann mich nur an einfache Dinge wie die Zwiebelpflanzen im Frühling erinnern, das Auspflanzen von Sommerblumen wie Ringelblumen und Petunien, den Rittersporn und die Lupinen des Hochsommers und Blumen wie die Gladiolen, die zu meiner Freude sowohl im englischen als auch im tropischen Klima Trinidads gediehen. Es gab auch Rosen, die an hohen, kräftigen Stöcken hochgezogen wurden, mit Hunderten von Blüten; und dann, an jenen kleinen Apfelbäumen, die immer heruntergeschnitten wurden und wie die kleinen Apfelbäume in einem Kinderbuch oder einem Schulbuch aussahen, das man vor langer Zeit einmal gesehen hatte, das Wunder der Frucht, die im Herbst dick wurde und in jener kühlen Jahreszeit einen Hauch warmer Farbe hatte.

Hinter seinem Häuschen - an der Rückseite, wo jetzt eigentlich die Vorderseite war, der eigentliche Eingang vom Triftweg - stand ein Gewächshaus. Es sah aus wie die Gewächshäuser, für die in Zeitungen und Zeitschriften geworben wurde, und stammte wahrscheinlich aus einem Versandhaus. In diesem Gewächshaus, das auf einem Betonfundament ruhte, merkwürdig gerade und neu und steif in dem offenen, vollgestellten Gelände zwischen dem alten Wirtschaftshof und den Häuschen, vollgestellt sowohl mit Kram der Bewohner als auch mit ausrangiertem Farmgerät von Jahren und nicht weit von den kaputten, alten Pferchen, wo man manchmal kranke Kühe und Kälber hielt, die ihren Kot in die moosbedeckte schwarze Erde trampelten, in diesem Gewächshaus mit seinen geraden Linien, dem neuen Holz und klaren Glas, zog Jack die überkultivierten Blumen und Pflanzen des englischen Gewächshauses - beispielsweise die außergewöhnlichen Fuchsien, die man für so hübsch hielt.

So viele Dinge, die versorgt werden mußten! So viele Dinge, die zu verschiedenen Zeiten gepflanzt werden mußten! Jack, schien es, suchte Arbeit, suchte Aufgaben, suchte sich zu beschäftigen. Und dann dämmerte mir, daß mehr als Beschäftigung, das Ausfüllen des Tages, dahintersteckte und mehr als Geld, das Extrageld, das Jack vielleicht mit dem Verkauf seiner Pflanzen und Gemüse verdiente. Es schien, daß Jack auf diesem Fleck Erde Erfüllung gefunden hatte, inmitten der verfallenen Gebäude einer überkommenen Art von Landwirtschaft (weniger und nicht so effiziente Maschinen, viel zuviel Menschenkraft in der Grafschaft Wiltshire, die seit dem letzten Jahrhundert für die Armut ihrer Landarbeiter bekannt war).

Mein Staunen über die Befriedigungen seines Lebens – ein Mann in seiner ureigenen Umgebung, wie ich dachte (für mich ein besonders glücklicher Umstand), ein Mann in Einklang mit den Jahreszeiten und der Landschaft – verwandelte sich eines Sonntagnachmittags in Neid, als ich nach dem Mittagessen meinen Spaziergang machte und Jacks kleines Auto über den breiten, zerfurchten Triftweg auf sein Häuschen zuholpern sah, anstatt wie üblich den asphaltierten Weg neben dem Windschutz herunterzufahren. Er war im Pub gewesen. Sein Gesicht war gerötet. Sein Ruf, als er mich sah – und er schien sich dabei aus dem Autofenster zu lehnen –, war wunderbar herzlich.

Sonntag! Aber warum hatte er es vorgezogen, in den grasbewachsenen Triftweg abzubiegen? Warum war er nicht die gute halbe Meile weiter den üblichen Weg hinaufgefahren, auf dem asphaltierten (wenn auch geborstenen) Weg, der leichter für sein Auto war und geradewegs den Hügel hinauf zu der neuen Scheune und dann direkt zum Häuschen herunterführte? War es Trunkenheit? War es sein Wunsch, auf dem Triftweg herumzuholpern? Oder war es Furcht vor der schmalen Straße, die sich über ein Gesims über dem steilen Abhang zum Fluß wand, mit zwei oder drei nicht einsehbaren Kurven? Seiner Vorstellung nach war es wahrscheinlich einfach seine Sonntagsfahrt, der Höhepunkt der verlängerten Ausschankzeit. Die Freuden des Biers am Sonntag! Sie glichen den Freuden der Arbeit als freier Mann in seinem Garten.

Hier war eine unveränderliche Welt – so mußte es dem Fremden vorkommen. So kam es mir vor, als ich ihrer erstmals gewahr wurde: das Landleben, der langsame Ablauf der Zeit, das abgestorbene Leben, das private Leben, das Leben, das in Häusern geführt wurde, die völlig voneinander abgeschlossen waren.

Doch diese Vorstellung eines unveränderlichen Lebens war falsch. Die Veränderung war allgegenwärtig. Menschen starben; Menschen wurden alt; Menschen zogen um; Häuser wurden zum Verkauf geboten. Das war eine Art von Veränderung. Meine eigene Anwesenheit im Tal, in dem Häuschen im Park des Herrenhauses, war eine andere Art von Veränderung. Der Stacheldrahtzaun mitten über den geraden Abschnitt des Triftwegs – auch das war Veränderung. Jeder wurde älter; alles wurde erneuert oder weggeworfen.

Nicht lange, nachdem ich die Strecke des Managers kennengelernt hatte, begann diese Welt sich zu ändern. Das ältere Paar in dem strohgedeckten Häuschen an der öffentlichen Straße, einem Häuschen mit einer üppigen Rosenhecke, zog weg. Statt seiner kamen Fremde, eine ganze Familie. Leute aus der Stadt, hörte ich. Der Mann wollte als Stallknecht oder Schweizer auf der Farm arbeiten. Schweizer – deren Arbeit beständig und unveränderlich war; sie mußten tagtäglich zweimal eine große Anzahl Kühe durch die Melkmaschinen bugsieren – waren die eigenwilligsten Farmarbeiter; manche von ihnen waren sogar Wanderarbeiter, nicht seßhaft.

Der neue Schweizer war ein häßlicher Mann. Seine Frau war ebenfalls häßlich. Und die Häßlichkeit der beiden hatte etwas Pathetisches. Häßlichkeit hatte sich um der gegenseitigen Unterstützung willen zu Häßlichkeit gesellt, doch das Ergebnis hatte wenig Trost gebracht.

Mit der Veränderung war es merkwürdig. Es gab sehr wenige Häuser in den beiden Ansiedlungen, aus denen das Dorf oder der Weiler bestand; aber weil die Menschen nicht über die Straße liefen, weil das Leben so sehr in Häusern gelebt wurde, weil die Leute in den Städten der Umgebung einkauften, Salisbury, Amesbury, Wilton, und weil es keine Gemeindewiese und keinen Treffpunkt und keine festgelegte Gemeinschaft gab, dauerte es eine ganze Weile, bis Veränderung, so groß sie auch sein mochte, bemerkt wurde. Die hohen Buchen, die Eichen und Kastanien, die

Biegungen und Schatten in der schmalen Straße, die nicht einsehbaren Kurven – gerade das, was die Schönheit des Landes ausmachte, brachte auch so etwas wie Heimlichtuerei mit sich. (Dieses Gefühl, zurückgezogen und unbeobachtet zu leben, hatte mich zur Zeit meiner eigenen Ankunft auf Fragen von Leuten falsch antworten lassen, die ich später als Farmarbeiter oder Gemeindearbeiter erkannte. Sie waren freundlich, interessiert gewesen; sie wollten wissen, in welchem Haus ich wohnte. Ich log; ich erfand ein Haus. Es kam mir nicht in den Sinn, daß sie alle Häuser kannten.)

Das ältere Paar, das in dem strohgedeckten Häuschen gewohnt hatte, hatte ich kaum kennengelernt. Ihr Häuschen kannte ich besser; es war mir als malerisch aufgefallen. Es war schmal und hatte rosa Wände. Das Stroh wurde von Maschendraht festgehalten, ein Teil des Strohs unterhalb des Giebelfensters war leuchtend grün von Moos; und auf dem First des Daches war die drahtgestützte Figur eines Schilf- oder Strohfasans, etwas, was ich (ursprünglich Phantasiegebilde des Dachdeckers, nun eine eher allgemeine Dekoration) auf vielen Häusern in der Umgebung sah. Mit seinem Liguster und der Rosenhecke (Hunderten von rosa Röslein) hatte das rosafarbene Häuschen wie der Inbegriff eines kleinen Landhauses ausgesehen.

Erst jetzt, nachdem das alte Paar fortgezogen war, begriff ich, daß die Wirkung ihres Häuschens und besonders die von Hecke und Garten, ihre Arbeit, ihr Geschmack, das Ergebnis ihrer ständigen Bemühungen gewesen war. Ganz schnell, innerhalb von Monaten, wurde der Garten vernachlässigt. Der Liguster blieb dicht, doch die Rosenhecke, ungeschnitten und ohne Halt, wucherte wild.

Von der neuen Familie in dem Häuschen hieß es – wie ich durch gewisse Dinge mitbekam, die Bray, der Mann mit der Autovermietung und ihr nächster Nachbar, erzählte; durch andere Dinge, die die Leute erzählten, die das Herrenhaus versorgten; und durch Worte, die gelegentlich im Bus fielen, mit dem man nachmittags zum Einkaufen nach Salisbury fuhr –, von dem neuen Schweizer und seiner Familie hieß es, daß sie in irgendeiner Stadt eine schwere Zeit mitgemacht hatten und durch ihren Umzug in das Tal »gerettet« worden seien.

Der Mann war groß, jung, mit langem Kopf und dünnem Haar; seine Züge waren eher schwermütig als ungehobelt. Er hatte das Gesicht eines Mannes, der Kränkungen hatte ertragen müssen. Aber es war immer noch ein junges Gesicht. Seine Frau sah gealtert aus; was immer es war, was die Familie ertragen hatte, hatte ihr Gesicht gezeichnet. Sie hätte seine Mutter sein können. Sein Gesicht und Kopf waren lang, während ihres vierschrötig war; und ihr vierschrötiges Gesicht war zerknautscht, zerknittert. Sie trug eine randlose Brille (ein unerwarteter Versuch, stilvoll zu sein). Sie war in sich gekehrt. Mit der Zeit glitt manchmal ein Lächeln über das Gesicht ihres Mannes. Aber sie sah ich nie lächeln.

Welche Schrecken es in der Stadt für sie gegeben haben mußte! Wie konnten solche Menschen, die ihre Gefühle und Leidenschaften nicht mit Worten ausdrücken konnten, zurechtkommen? Sie konnten im besten Fall nur dumpf leiden. Ihre Schmerzen und Demütigungen würden sich allein in ihrem Charakter auswirken: wie böse Geister, die in einen Leib fuhren, damit der Leib selbst für seine Untaten unschuldig dastehen konnte.

Dieses Paar hatte zwei Kinder, Jungen. Der Ältere hatte etwas von dem gekränkten, gequälten Aussehen des Vaters; aber dazu kam bei ihm etwas Gewalttätiges, Hinterhältiges, unbewußt Boshaftes. Der Jüngere glich mehr seiner Mutter. Obwohl er in seiner grauen Schuluniform aus Flanell sehr klein und ordentlich war, hatte er bereits etwas von dem entrückten, in sich gekehrten Wesen seiner Mutter.

Ein Bus, der am frühen Nachmittag in Salisbury abfuhr, diente den kleinen Städten und Dörfern nördlich davon als Schulbus. Er nahm die kleinen Kinder aus den Vorschulen in der einen Richtung mit und auf dem Rückweg die größeren Kinder aus den weiterführenden Schulen. Beide Söhne des Schweizers fuhren mit dem Bus. Manchmal fuhr auch ich mit dem Bus. So wie das Leben im Tal nun einmal war, gestattete mir dies am ehesten einen Blick auf die Jungen. Und ich bekam das Gefühl, daß das Leben der Stadt immer noch auf den Jungen lastete, auch wenn sie, wie die Leute sagten, durch das Tal »gerettet« worden waren.

Die älteren Kinder waren zwar laut, aber im allgemeinen gut erzogen. Wenn der Bus voll war, standen sie gewöhnlich auf und boten ihren Platz einem Erwachsenen an; Aufsässigkeit ging bei ihnen höchstens so weit, diese Geste hinauszuzögern. Der ältere Sohn des Schweizers brachte eine neue Stimmung oder einen neuen Ton in den Schulbus. Aus Lärmen wurde Unflätigkeit; und eines Tages sah ich, daß er sich nicht nur weigerte, aufzustehen, sondern auch noch die Füße auf dem Sitz neben sich ließ. Er wurde verlegen, als ich einstieg – ich war ein Nachbar, ich kannte sein Haus und seine Eltern. Aber er war auch unter seinen Freunden, und er konnte nicht das Gesicht verlieren.

Der Bus setzte uns beide im Schatten der großen Eiben am Herrenhaus ab, in der Nähe seines und meines Hauses.

Ich sagte: »Peter.«

Er nahm Habachtstellung an, wie ein Kadett oder ein Junge in einer Besserungsanstalt, warf den Kopf zurück und sagte: »Sir!« Als erwarte er zumindest eine Ohrfeige, habe aber gleichzeitig nicht wirklich vor, sich zu entschuldigen oder respektvoll zu sein. In dieser Reaktion, die mich nervös machte, meinte ich, etwas von seiner Vergangenheit zu sehen, und erkannte auch sein Bedürfnis, aggressiv zu sein, für ihn die einzige Form der Selbstbehauptung. Ich wußte nicht, wie ich weiter mit ihm umgehen sollte; ich wollte es im Grunde auch nicht. Ich sagte nichts mehr.

Im Bus war er ein Außenseiter und im Dorf wie ein Eindringling. In der Tat gab es in der Nähe keine anderen Jungen seines Alters; Leute mit größer werdenden Familien zogen meistens weg. Und obwohl es eine Reihe kleiner Kinder gab, war auch der jüngere Sohn des Schweizers ein wenig auffällig. Mit den Kindern aus der Vorschule nahm der Schulbus auf seiner Route auch zwei oder drei beinahe schwachsinnige Kinder mit. Der jüngere Sohn des Schweizers, zart und klein, schloß sich einem von diesen an: einem dicken kleinen Jungen mit blöden Gesichtszügen und einem schweren runden Kopf, einem Jungen, der in auffallende Farben gekleidet war, einmal knallrot, ein andermal knallgelb, mit hellblonden Wimpern und Brauen, die merkwürdigerweise auf jemanden mit schlechten Augen hindeuteten. Das dicke Kind war im Bus rastlos. Es ging von Platz zu Platz und – als wisse es, daß die Zwänge der Schule vorüber waren – stieß durch seine dicken nassen Lippen beiläufig Beleidigungen gegen die Leute im Bus aus, sprach unschuldig Obszönitäten aus, in einem Tonfall, aus dem man die ältere Person heraushören konnte, von der es die Worte aufgeschnappt hatte. Das war der Freund des jüngeren Sohns des Schweizers.

Sie waren durch die Arbeit, das Leben im Tal, in dem so viele Leute gern gelebt hätten, gerettet worden. Aber sie fielen auf. Und sie ruinierten den Garten des hübschen rosafarbenen Häuschens, das sie übernommen hatten. Es war nicht (wie bei Peter im Bus) der Wunsch, Anstoß zu erregen; sie wußten nicht, sie ahnten nicht, sie konnten sich auch nicht ansatzweise vorstellen, daß die Art, wie sie zu Hause lebten, irgend jemanden interessieren könnte. Zu ihrer neuen Freiheit gehörte die Heimlichtuerei auf dem Land, die Freiheit, unbeobachtet zu sein, die sie (wie ich am Anfang) in der dunklen leeren Straße und den weiten leeren Feldern gefunden zu haben meinten.

Aus dieser Freiheit, dieser neuen, ahnungslosen Freude am Landleben, entwickelte sich bei dem Schweizer ein merkwürdiger Zigeuner- oder Pferdehändlerinstinkt. Er kaufte ein klappriges weißes Pferd und hielt es auf einem kleinen Feld neben der öffentlichen Straße. Das Tier war ein armseliges Geschöpf, und seine Einsamkeit machte es jetzt noch armseliger; bald hatte es das Gras seines kleinen Feldes völlig abgefressen. Es war phlegmatisch, unbeschäftigt; die Leute im Bus machten Bemerkungen über seinen Zustand.

Und dann passierte noch etwas, was zu Gerede über den Schweizer führte. Eines Abends brachen seine Kühe aus. Sie liefen über die Straße, trampelten über die Felder, ein paar Gärten und den Rasen des Herrenhauses vor meinem Häuschen.

Und dann leitete eines Tages der Schweizer, wieder vorbei an meinem Häuschen, ein braun-weißes Pony mit dichtem Fell, kräftigen Beinen und kräftigem Hals über den Pfad auf der anderen Seite des Rasens auf die dahinterliegende Koppel. Und dort verschnitten und verstümmelten der Schweizer und sein Sohn Peter eines Nachmittags (nach der Schule) das Pony und führten dann das blutende Tier wieder an den Fenstern meines Häuschens vorbei durch das breite weiße Tor, am Friedhof vorbei, auf den dunklen Weg unter den Eiben und dann auf die öffentliche Straße. Wußten sie, was sie taten? Hatte man es ihnen beigebracht? Oder hatte man ihnen bloß gesagt, Kastrieren müsse sein?

Es kam mir nie wirklich zu Ohren, aber ich glaube, das Pony starb. Das war die Grausamkeit eines Mannes, der Tiere versorgte. Nicht absolute Grausamkeit; eher eine Beiläufigkeit, die Haltung eines Mannes, der geringere, abhängige Lebewesen versorgte und über ihren gesamten Lebenszyklus herrschte; zur Zärtlichkeit fähig, doch auch ohne weiteres mit dem Wissen lebend, daß eine Kuh, ganz gleich wie viele Kälber sie hervorgebracht und wieviel Milch sie gegeben hatte, eines Tages in einem geschlossenen Laster zum Schlachthaus gebracht werden mußte.

Kühe und Gras und Bäume: hübsche ländliche Ansichten – davon war ich umgeben. Obwohl ich solche Ansichten vorher nie wirklich genossen, geschweige denn damit gelebt hatte, hatte ich das Gefühl, sie immer gekannt zu haben. Bei meinem Nachmittagsspaziergang über die Downs ergab sich manchmal ein Ausblick auf einen bestimmten Abhang mit schwarzen und weißen Kühen, die sich gegen den Himmel abhoben. Dieser Blick entsprach genau dem Etikett auf der Kondensmilch, die ich als Kind in Trinidad gekannt hatte, wo so prächtige Kühe wie diese nicht zu sehen waren, es überhaupt sehr wenig frische Milch gab und die meisten Leute importierte Kondensmilch oder Trockenmilch nahmen.

Jetzt ereignete sich nicht weit von diesem Ausblick diese intime grausame Tat. Die Erinnerung an das verstümmelte, blutende Pony, das, gereizt Kopf und Mähne schüttelnd, von den beiden Männern mit den großen Köpfen, Vater und Sohn, durch das weiße Tor unter den Eiben geführt wurde, blieb mir lange im Gedächtnis haften.

Sie war »gerettet« worden, diese Familie aus der Stadt. (Kam sie aus Bristol? Oder Swindon? Wie furchterregend diese Städte der arbeitenden Bevölkerung hier erschienen! Und auch mir, wenn auch aus anderen Gründen.) Doch ihr Leben auf dem Lande war nicht so geheim oder unbeobachtet, wie sie hätte meinen können. Sie wurde jetzt vielleicht schärfer gerichtet als in der Stadt. Und das Gefühl nahm zu – ich hörte Bemerkungen im Bus, und noch mehr wurden mir von dem Paar, das das Herrenhaus versorgte, zugetragen –, daß es für die Familie, so auffällig, auf so vielerlei Arten anstoßerregend, an der Zeit sei, wegzugehen.

Von Bray, dem Mann mit der Autovermietung, ihrem nächsten Nachbarn, der sich selbst gern ein wenig als Außenseiter gab, hörte ich als einzigem etwas Gutes über sie. Bray kam eines Abends, um einen Star zu retten, der sich in den Speicher meines Häuschens verirrt hatte und nicht mehr herausfand. Bray erledigte das im Handumdrehen. Dann sprach er von seinen Nachbarn und sagte über den älteren Jungen des Schweizers: »Er kann sehr gut mit Vögeln umgehen, wissen Sie.«

Bray hielt beide Hände um den verängstigten, glänzenden, blau-schwarzen Vogel, den er heruntergebracht hatte; er hielt die schweren Hände zusammen, so daß der Vogel auf seinen dicken Fingern ruhte und sein Kopf aus dem Kreis hervorschaute, den Zeigefinger und Daumen bildeten. Die beiden Hände hätten den Vogel mit einer einzigen leichten Bewegung zerdrücken können; doch nur Brays Daumen bewegten sich und streichelten den Kopf des Vogels, langsam, ein Daumen nach dem anderen, bis der Vogel sich wieder orientieren zu können schien. Bray war – obwohl er die Fläche vor seinem Haus in eine Kraftfahrzeugwerkstatt verwandelt hatte – ein Mann vom Lande. Was er über Vögel und ihre Gewohnheiten sagte, schien er aus seiner Kindheit zu wissen – beinahe aus einer anderen Zeit. Und ich fragte mich, wie der Sohn des Schweizers zu einem Verständnis für Vögel kam wie Bray.

An die Stelle des weiß- und rotbraunen Ponys kam ein sehr großes, elegantes Pferd auf die Koppel. Es war ein berühmtes altes Rennpferd, hörte ich. Ich glaube nicht, daß sein Auftauchen auf der Koppel etwas mit dem Schweizer zu tun hatte. Ein örtlicher Grundbesitzer – vielleicht sogar der Mann, der hinter der Entlassung des Schweizers stehen sollte – war dafür verantwortlich.

Den Namen des Tiers und seinen großen Ruhm kannte ich nicht. Auch konnte ich vom bloßen Anschauen her nicht sein hohes Alter nennen. Aber es war sehr alt; es hatte nur noch ein paar Monate oder Wochen zu leben; es war zum Sterben ins Tal gekommen. Für mich sah es noch muskulös und glänzend aus; es glich gewissen Sportlern oder Athleten, die selbst im hohen Alter, wenn Kraft und Beweglichkeit vergangen sind, noch etwas von der Eleganz des Körpers bewahren, den sie so lange trainiert haben.

Und je mehr ich vom Ruhm dieses Tieres hörte, seinen Triumphen und großen Leistungen, desto öfter ertappte ich mich dabei, daß ich mich anthropomorphischen Fragen hingab, wenn ich es auf der Koppel betrachtete. Wußte es, wer es war? Wußte es, wo es war? Machte es ihm etwas aus? Vermißte es die Zuschauermassen?

Eines Tages ging ich bis zur Grenze des Anwesens, um mir das Pferd anzuschauen, vorbei an dem hohen Gras, der großen Fläche zusammengerechter nasser Buchenblätter, die sich langsam zu Kompost verwandelten, den mit Moos und Mehltau überzogenen Apfelbäumen, den Rand des waldartigen Obstgartens zu einer Seite gerade noch im Blick. Das alte Rennpferd drehte mir neugierig den Kopf zu. Und dann sah ich, schmerzlich berührt und betroffen, daß es auf dem linken Auge blind war. Als ich näher kam, mußte es den Kopf herumdrehen, um mich mit seinem blanken und vertrauensvollen rechten Auge anzuschauen, das mir immer noch ganz und gar nicht wie ein altes Auge vorkam.

Wie groß es war! Und erst jetzt, aus der Nähe, sah ich, daß sein Fell früher glänzender und ebenmäßiger gewesen war, daß seine Muskeln fester gewesen waren. Dieses Tier hatte sich an die Aufmerksamkeit und Freundlichkeit von Menschen gewöhnt. Es war ganz ruhig bei ihnen. Um so schmerzlicher war es dann, die blinde Seite seines Kopfes zu sehen. Das Auge war ganz herausgenommen worden, und über die Augenhöhle war Haut gewachsen. Die Haut dort war ganz, so daß der Kopf des Pferdes auf der blinden Seite wie eine Skulptur wirkte.

Vom Wohnzimmer meines Häuschens blickte ich schräg über die Koppel und die Flußwiesen dahinter. Die Flußwiesen waren nun Weidegebiet für die Kühe, und zweimal am Tag kamen die Kühe nach dem Melken dorthin, schwankten schwerfällig durch die nassen Felder (und gingen manchmal lieber in den Gräben). Zwei- oder viermal am Tag, wenn er die Kühe hereinholte und sie wieder hinaustrieb, sah der Schweizer also das alte Pferd.

Der Anblick des Pferdes, edel, berühmt, halb blind, das allein dort stand, verfehlte nicht seine Wirkung auf ihn. Und er, der ein lebhaftes junges Pony auf derselben Koppel verstümmelt hatte – er, über den in Kürze der Stab gebrochen werden sollte: er und seine Familie würden bald in die Stadt zurückmüssen, aus der er errettet worden war –, er, dessen Leben so unerquicklich war, wurde ganz hysterisch wegen des (wie er es sah) verlassenen Pferdes, das dem Tod so nah war.

Eines Sonntagabends kam er zu meinem Häuschen. Er war nie zuvor dorthin gekommen.

Ein paar Freunde hätten ihn besucht, erzählte er; und sie hätten über das Pferd und die Tragödie seiner letzten Tage gesprochen. So berühmt, so verwöhnt, hätte es einst so viel Geld verdient und stehe jetzt ganz allein auf einer kleinen, lieblos eingezäunten Koppel und warte auf den Tod, ohne Zuschauer oder Beifall. Es sei nicht fair, sagte der Schweizer. Es sei schrecklich für ihn, das jeden Tag zu sehen.

Wer waren diese Freunde, mit denen er geredet hatte? Was für Leute waren es? Waren es auch Freunde seiner Frau? Waren sie aus jener »Stadt« gekommen, wo für den Schweizer alles so schiefgelaufen war? Wußten die Freunde, daß ihr Freund bald entlassen würde, und waren sie gekommen, um ihn zu bemitleiden? Oder waren sie bloß gekommen, um einen Tag auf dem Land zu verbringen?

Der Schweizer, am Ende des Sonntagnachmittags mit seinen Freunden beinahe in Tränen aufgelöst, bat jedenfalls darum, daß ich helfen sollte, »ein Buch auf die Beine zu stellen« über das alte Rennpferd, um dem alten Tier Gerechtigkeit widerfahren zu lassen.

Ich ermutigte ihn nicht. Seine Sentimentalität erschreckte mich. Es war die Sentimentalität eines Mannes, der sich die besten aller Gründe einreden konnte, um merkwürdige Dinge zu tun.

Binnen kurzer Zeit war das Pferd nicht mehr auf der Koppel. Es war gestorben. Wie so viele Todesfälle hier in diesem kleinen Dorf, wie so viele große Ereignisse schien das hinter den Kulissen geschehen zu sein.

Der Winter wurde unerwartet mild. Die Sonne brach hervor, die ersten Blüten brachen auf.

Als ich spazierenging, traf ich den Schweizer, der von der Scheune den Hügel herunterkam. Er lächelte breit – er hatte das Pferd vergessen. Er drehte sich um und machte eine ausholende Geste über den Hügelabhang. Er sagte: »Mai im Februar!«

Er meinte nicht den Monat Mai; er meinte Lenz, weil der Weißdorn blühte. Es war die letzte freudige Äußerung über etwas Ländliches, die ich von ihm hörte. Er hatte etwas von einem Schauspieler; er war wie ein Mann, der versuchte, eine Rolle auszufüllen, die ihm übertragen worden war.

Er irrte sich. Was oben auf dem Hügel zum Vorschein gekommen war, war nicht der Weißdorn, sondern der Schwarzdorn. Auf dem Hügelkamm, an einem langen Nebenweg, der von dem asphaltierten Farmweg und dem Windschutz unterbrochen wurde, gab es eine Reihe dieser Bäume. (Auf einem Abschnitt dieses Weges hatte ich während meiner ersten Tage Jacks Schwiegervater getroffen und die einzigen Worte mit ihm gewechselt, die ich überhaupt je mit ihm wechselte.) Die Morgensonne schien an der Seite, die man sah, wenn man von der öffentlichen Straße her den Hügel hochkam, voll auf diese Bäume. Und in dem plötzlich warmen Wetter waren die Bäume über dem schwarzen Winterschlamm und den Pfützen von den Traktorreifen weiß von Blüten geworden.

Der Schweizer und seine Familie zogen fort, unauffällig, still. In der einen Woche waren sie da, auffällig, in vollem Besitz des Hauses und des Gartens; in der nächsten Woche wirkte das Haus leer, wurde einfach wieder ein Haus und schien wieder etwas vom Charakter eines kleinen Landhauses anzunehmen.

Und es gab größere Veränderungen. Der Farmmanager ging in Rente; man sah ihn nicht mehr seine Runden mit dem Hund im Landrover machen. Die Farm ging in andere Hände über. Und bald gab es neue Aktivitäten: mehr Traktoren, mehr Landwirtschaftsmaschinen, größere Geschäftigkeit.

Der Winter, der in jenem Jahr so früh zu Ende gegangen zu sein schien, kehrte wieder. Endlich kam der wahre Frühling. Er erreichte Jacks Garten. Aber obwohl rundherum Geschäftigkeit herrschte, auf den Downs und dem Triftweg und Feldweg, mit neuen Traktormodellen in leuchtenderen Farben, gab es auf Jacks Grundstück keine Feier, nichts von den Ritualen, die ich mittlerweile erwartete.

Die schlammbespritzte, im Herbst geschnittene Hecke erwachte zum Leben, und die Apfelbäume und die Sträucher und die Rosenbüsche ebenfalls; aber keine kontrollierende Hand griff nun ein. Nichts wurde zurückgeschnitten und hochgebunden; nichts gejätet; nichts im Gewächshaus getan. Keine Arbeit im Gemüsebeet: Hier und da wuchs Grün von vereinzelten Wurzeln und Samen. Die Erde im Saatbeet unter dem alten Weißdornbaum wurde nicht umgegraben. Aus dem Schornstein von Jacks Häuschen stieg Rauch, während der Garten verwilderte. Nur die Gänse und Enten wurden weiterhin versorgt.

Ringsherum gab es Geschäftigkeit und Veränderung. In dem rosa Häuschen wohnte ein anderes Paar, junge Leute, in den Zwanzigern. Der Mann arbeitete nicht in der Meierei. Er war eher ein Landarbeiter, der alles machte, und er glich den anderen Arbeitern, die das neue Management herangezogen hatte. Es waren junge Leute, diese neuen Landarbeiter, bis zu einem gewissen Grad ausgebildet, manche von ihnen vielleicht mit einem Diplom. Sie kleideten sich sorgfältig; Kleidung, modische Kleidung, war ihnen wichtig. Sie waren nicht besonders freundlich. Sie spiegelten vielleicht die Ernsthaftigkeit und Modernität des neuen Managements wider; oder sie legten vielleicht Wert darauf, festzustellen, daß sie, obwohl sie den Job eines Landarbeiters verrichteten, eigentlich nicht diese Art Mensch waren.

Der Mann in dem rosa Häuschen hatte einen neuen oder fast neuen Wagen. An schönen Nachmittagen nahm seine Frau Sonnenbäder in dem zerstörten Garten, zeigte anscheinend bedenkenlos ihre Brüste. Sie war eine kleine Frau mit dicken Schenkeln. Die aktuelle Mode, der sie folgte, schmeichelte ihrer Figur nicht; sie ließ sie dick, unproportioniert, ein wenig absurd aussehen. Doch eines Tages sah ich, wie die langen Kleider einer früheren Epoche, mit hohen, schmalen Taillen und weit geschnittenen Hüften absolut zu ihr gepaßt, sie sinnlich gemacht hätten. Und ich hatte das Gefühl, daß sie sich so sah, unendlich begehrenswert, und daß sie meinte, dieses Sonnenbaden in dem ruinierten Garten, die Pflege dessen, was mir zuerst als teigiger, dicker Körper vorgekommen war, sei etwas, was sie ihrer Schönheit schuldig war. Der neue Wagen, die sorgfältig ausgewählte Kleidung ihres Mannes – das waren weitere Tribute.

Neue Leute, ebenfalls jung, übernahmen die beiden anderen Häuschen in Jacks Reihe im Grunde des Tals. Neue Besen dort unten, in beiden Häuschen; sie fegten sauber. Sie gruben aus, was in beiden Gärten zurückgelassen worden war, ebneten den Boden und säten Gras.

Jacks Garten war verwildert.

Eines Tages sah ich Jacks Frau vor dem Häuschen. Sie machte keine Geste, die sie hätte verraten können, als sie über ihre neuen Nachbarn sagte: »Haben Sie das gesehen? Alles Rasen, mein Lieber.«

Die Formulierung, die Ironie, war eine Überraschung. Ich hatte Jacks Frau solcher Dinge nie für fähig gehalten; aber schließlich dachte ich an sie – und sie schien es zufrieden zu sein – immer nur als Anhängsel von Jack.

»Und die Pferde«, sagte sie.

Die Leute in dem mittleren Häuschen hatten ein Pferd.

Ich sagte: »Wie geht's Jack?«

»Es geht ihm ganz gut, wissen Sie. Er arbeitet wieder.«

»Es wartet eine Menge Gartenarbeit auf ihn.«

Sie sagte: »Meinen Sie?«

Als hätte ich etwas Unwahres gesagt. Warum wollte sie leugnen, was so offensichtlich war? Wir standen vor dem Garten. Hatte ich etwas erwähnt, was ich ihrer Meinung nach nicht hätte erwähnen dürfen? Belegte ich den kranken Mann mit einem Fluch?

Denn Jack war krank. Obwohl sie sagte, daß er wieder arbeitete, ging es ihm nicht gut. Und mit Unterbrechungen stieg den ganzen Sommer über, manchmal zwei oder drei Wochen lang hintereinander, selbst an sonnigen Tagen, die Jack in den vergangenen Jahren gefeiert hätte, indem er mit bloßem Rücken im Garten arbeitete, Rauch aus einem der Schornsteine des Häuschens, wie ein Symbol seiner Krankheit, wie ein Zeichen der Kälte, die der kranke Mann in seinem Zimmer spürte. Während die neuen Landarbeiter, junge Männer mit jungen Frauen, in ihren neuen

Traktoren auf den großen Feldern auf und ab fuhren und nach der Arbeit in ihren neuen oder fast neuen Autos Ausflüge machten.

Jacks Frau kommentierte die Veränderungen nett, ironisch. Doch sie schien immer mehr zu akzeptieren, daß Jack den Zugriff auf seine Arbeit, sein Häuschen und seinen Garten verlor und ihre eigene Zeit dort zu Ende ging.

Eines Tages hielt sein Auto neben mir. Ich sah ihn zum ersten Mal seit dem vergangenen Herbst. Sein Gesicht war wächsern. Ich kannte das Wort aus Büchern. Aber erst jetzt, als ich auf einem weißen Gesicht sah, was das Wort besagte, begriff ich es wirklich. Die ganze Bräune, die ganze Sonne, der er sich in seinem Garten ausgesetzt hatte, war aus Jacks Gesicht verschwunden. Seine Haut war weiß und glatt, und sie schien die Beschaffenheit und falsche Farbe von Wachsfrüchten zu haben; es war, als bedecke ein Belag, wie auf einer Pflaume, die lebendige Haut. Sein Bart war getrimmt und ordentlich. Doch selbst der sah wächsern, sogar gewachst aus. Nicht viele Worte; ruhige Worte des Grußes, der Freundschaft, der Beruhigung. Auch seine unsteten Augen waren ruhig. Wachs. Und der Rauch stieg im Herbst und im Winter aus dem Schornstein seines Häuschens; und dann hörte er auf.

Der Weg, der den Hügel hinauf zur neuen Scheune und dann hinunter zu den Häuschen und alten Wirtschaftsgebäuden führte, der Weg neben dem Windschutz aus Buchen und Kiefern und der zusätzlichen Hecke aus Heckenrosen und Weißdorn, war mittlerweile uneben und rissig. Man hätte sich dort leicht den Knöchel verrenken können. Das neue Farmmanagement begann im Frühjahr, diesen Weg ausbessern zu lassen.

Irgendwann einmal unter der Woche kamen Männer und Maschinen, und rasch, in wenigen Tagen, wurde eine gleichmäßige schwarze Decke aus einer Asphalt- und Kiesmischung gelegt. Die schwarze Farbe und der Maschinenbelag sahen neben den Grasbüscheln am Rand neu und unnatürlich aus. Doch die

Decke, die so schnell gelegt worden war, sollte halten: Wie um das zu verbürgen, wurde direkt vor dem Weg auf der öffentlichen Straße das gelbe Schild der Straßenbaufirma aufgestellt, und ein Ende des Schilds wurde zum Pfeil eines Wegweisers geschnitten.

Ich mochte die Veränderung nicht. Ich empfand als bedroht, was ich gerade erst gefunden und begonnen hatte, in Besitz zu nehmen. Ich mochte die neue Geschäftigkeit nicht, die neuen Maschinen, den Maschinenschnitt des Weißdorns und der wilden Rosen, nach dem sie beschädigt aussahen. Und ich wollte nicht, daß der neue Belag auf dem Farmweg hielt.

Ich suchte nach Rissen und Fehlern darin und hoffte, daß die kleinen Aufrauhungen und Erosionen, die ich bemerkte, sich ausbreiten und es den Maschinen – die Phantasie überwand die Logik – unmöglich machen würden, ein neues Asphaltgemisch aufzulegen. Natürlich wußte ich, daß meine Phantasie Phantasie war: Auch wenn die Farm zwischen vielerlei Ruinen stand, Erinnerungen an die Vergänglichkeit des menschlichen Tuns, hatte die menschliche Arbeit doch noch eine andere Seite. Menschen kamen zurück, Menschen machten weiter, Menschen schufen immer wieder von vorne. Wie klein waren die Karavellen, die den Atlantik überquert hatten und in die Gleichförmigkeit der Geschichte auf der anderen Seite eingedrungen waren; wie wenige Männer waren auf jenen kleinen Schiffen, wie begrenzt waren ihre Mittel; wie wenig wurden sie beachtet. Doch sie kehrten zurück. Sie änderten die Welt in jenem Teil für immer.

Obwohl also hier und da Traktorräder Furchen in die neue Asphaltdecke drückten; und obwohl der Regen, der den Hügel herunterlief, unweigerlich jede Schwachstelle und jeden Riß in den Furchen fand und winzige Asphaltstückchen zwischen kleinen Steinen herausbrach und dann tiefer in die gelockerte Oberfläche eindrang und die unregelmäßige Kante des Belags von Wasser unterhöhlt wurde, das in kleinen Rinnsalen (Miniaturen der größeren Stromrinnen, von denen unser Tal zeugte) zwischen der harten schwarzen Kruste und der weichen, grasbedeckten Erde entlanglief, obwohl also diese Dinge mir das Gefühl gaben, daß der Weg wieder in den steinigen, unebenen Zustand zurückversetzt werden könnte, in dem ich ihn vorgefunden hatte, war er doch fest und wurde noch einmal befestigt und hielt dem Winter stand, der in jenem Jahr mit Macht kam.

Weihnachten gab es einen Schneesturm mit scharfem Nordwestwind. Als ich am frühen Nachmittag hinausging, merkte ich, daß der Schnee im Windschutz zu einer Wehe aufgetürmt war. Eine Schneebank lag nun neben dem Weg; und im Windschatten jedes Baumstammes, jedes kräftigen Zweigs, jedes Hindernisses war eine steile Anhäufung, die die Windrichtung angab.

Die Form und Beschaffenheit dieser Schneewehe erinnerten mich an ein ganz anderes Klima: an einen Strand in Trinidad, an dem seichte Bäche – Süßwasser vermischt mit Salzwasser, wobei der Salzgehalt je nach den Gezeiten mehr oder weniger stark war – aus einem tropischen Waldstück ins Meer führten. Diese Bäche stiegen und fielen mit den Gezeiten. Einmal floß Wasser aus dem Meer in die Flußbecken im Wald, ein andermal umgekehrt. Bei jeder Ebbe schnitten die Bäche frische Rinnen in den frisch geglätteten Sand und schufen frische Sandklippen, die, wenn die Flut wieder stieg, säuberlich Abschnitt um Abschnitt in die leicht bewegte Strömung stürzten: Geographieunterricht im kleinen. Als Kind mußte ich bei diesen Bächen immer an den Anfang der Welt denken, die Welt, wie sie vor den Menschen, vor der Besiedlung gewesen war. (Romantik und Ignoranz: Denn wenn es auch keine Urbevölkerung mehr auf der Insel gab, war sie doch seit Jahrtausenden bevölkert.)

Die Beschaffenheit und die Formen und Muster des Schnees hier auf den Downs im Windschutz und dessen Windschatten erschienen so wie eine geographische Darstellung großer Länder im kleinen. Wie die kleinen Bäche, die zwischen der steilen Grasböschung und dem neuen Asphaltbelag des Wegs verliefen. Und diese geographische Darstellung im kleinen war, wie ich dachte oder gern dachte, in eine umfassendere eingebettet. Das Tal des Triftwegs zwischen den sanften, niedrigen Hügeln zeugte von riesigen Flüssen, Hunderte von Metern breit, die hier in einem nun unvorstellbar entlegenen Zeitalter geflossen waren: ein Maßstab, der die Anwesenheit von Menschen unmöglich machte. Sicher hatte ein großer, breiter Fluß oder Strom von Stonehenge (und der Ebene dahinter) bis zu Jacks Häuschen und dann über den Triftweg mit den Bienenstöcken und dem Planwagen und dem Steingerippe eines Hauses und dem Bungalow des Farmmanagers und seinem Garten im vorstädtischen Stil geführt; alles hier war sicher von einem Fluß überschwemmt gewesen, einem flachen grauen Strom, der sich in das Bett des heutigen Flusses ergoß oder es füllte, ein Relikt, klein, menschlich, an dem ich manchmal spazierenging und in dem Leute nun Forellen angelten, die Wildhüter ausgesetzt hatten. In der umfassenden geographischen Darstellung, hervorgerufen von der Miniaturlandschaft und der Phantasievorstellung vom Triftweg als Flußbett, gab es keinen Platz für Menschen; die Vision war eine Vision von der Welt, wie sie vor den Menschen gewesen war.

Unterhalb des Hügelkamms ging ein scharfer Wind; der Hügel oder der Windschutz hielten ihn nicht mehr ab. Ein bleifarbener grauer Himmel, grau, aber schmuddelig grau, hing über der großen Ebene, auf der die Hügelgräber wie Pusteln wirkten: Die Steinkreise waren im Schnee verschwunden, der die Sicht am Rand verwischte, die farbigen Zielscheiben der Artillerie nicht zu sehen. Am Fuße des Hügels, zwischen den Wirtschaftsgebäuden (monumental durch den Schneefall), stand ausgestorben Jacks Häuschen: Schnee lag auf dem Boden (wo der Triftweg normalerweise so schlammig und schwarz war) wie eine große saubere Decke, wie eine neuerschaffene Welt.

Der Schnee machte das Gehen schwer. Doch ein solches Wetter in dem gewöhnlich so milden Tal weckte in mir aufs neue den Wunsch nach Extremen, auch wenn Kälte und Feuchtigkeit und Nässe Jack hinweggerafft hatten. Seine kranken Lungen hatten es ihm in dem feuchten Talgrund sogar im Sommer nicht warm werden lassen. (Natürlich hätte ihn, wenn es nicht die Kälte oder Feuchtigkeit gewesen wäre, etwas anderes hinweggerafft.)

Auf meinen ersten Spaziergängen hatte ich, nachdem ich mich an Stonehenge und den Grabhügeln satt gesehen hatte, auf einem Abhang nach Hasen Ausschau gehalten. Dann hatte ich auf einem anderen Hügel, zu einer anderen Jahreszeit nach Lerchen Ausschau gehalten und versucht, sie im Auge zu behalten, wenn sie immer höher stiegen, Drehung um Drehung, und sie beobachtet, wenn sie herunterkamen. Nun hielt ich nach Rehen Ausschau. Eine Familie von drei war im Tal aufgetaucht, niemand wußte woher, und überlebte in unserem acker- und weidenreichen Tal, das über weite Strecken wegen der Schießerei des Militärs gefährlich und an manchen Stellen von vielbefahrenen Autostraßen durchzogen war, überlebte unter uns, niemand wußte wie.

Auch die Rehe hatten ihre feste Strecke. Und in der Hoffnung, sie zu sehen – die zu meiner Erregung über den Schnee und den Wind hinzukam –, wanderte ich um die Wirtschaftsgebäude herum und den Triftweg hinauf bis zu der Stelle, von der man einen Blick über den Wald und den ungepflügten freien Abhang hatte, wo die Rehe manchmal ästen. Und unglaublich – mein Weihnachtsgeschenk! –, da waren sie, im Schnee. Gewöhnlich waren die Rehe vor dem Hintergrund des Waldes schwer zu sehen; tiefer unten hoben sie sich rötlichbraun, warm von dem kreidigen Grün und Braun des kahlen Abhangs ab, mußten aber gesucht werden. Nun sahen die Rehe (wie die Kaninchen in meiner ersten Woche, die zum Fressen auf den Rasen vor meinem Häuschen gekommen waren) schmutzig aus, grau, dunkel auf dem Schnee, leichte Zielscheiben für jeden, der sie abknallen wollte.

Ich wünschte mir, daß die Rehe überlebten. Und sie überlebten. Gegen Ende des Winters entdeckte ich eines in der Wildnis hinter meinem Häuschen, im Sumpf am Fluß. Es war ein junges Reh, und ich erblickte es eines Morgens, wie es ganz wachsam zwischen dem flachliegenden braunen Schilf stand. Und dort sah ich das Reh viele Morgen nacheinander. Ich stand auf der verfallenden Brücke über dem schwarzen Bach und schaute zu ihm hin. Das Geheimnis, es zu sehen, es da zu halten, wo es war, bestand darin, ihm in die Augen zu blicken und selbst ganz still zu sein. Solange man hinschaute, schaute es auch; sowie man sich bewegte oder eine Bewegung machte, war es weg, lief zuerst durch das Schilf und hohe Gras und setzte dann zu dem herrlichen Sprung an, der es ungehindert über Zäune und Hecken tragen konnte.

Der Frühling kam. Der neue Belag des Wegs hügelaufwärts hielt. Das neue Leben der Farm ging weiter. Und Jacks Häuschen und Garten war nun schon im zweiten Jahr außerhalb jeglicher Aktivität. Sein Tod, seine Beerdigung schienen – wie der Tod und die Beerdigung seines Schwiegervaters ein paar Jahre zuvor – im Geheimen geschehen zu sein: eine Folge des Landlebens, der dunklen Straße, der weit auseinanderliegenden Häuser, der weiten Aussichten. Sein Gemüsebeet, von Unkraut überwuchert, war kaum noch zu sehen. Sein Obst- und Blumengarten verwilderte immer mehr, die Hecke und die Rosensträucher wuchsen in alle Richtungen. Sein Gewächshaus hinter (eigentlich vor) dem Häuschen leerte sich.

So vieles, was traditionell, natürlich, als Resultat der Landschaft gewirkt hatte, wie Dinge eben, die Menschen auf dem Lande taten – das Auspflanzen der Sommerblumen, die Aufzucht der Gänse, das Schneiden der Hecken, das Veredeln der Obstbäume –, erwies sich nun als alles andere als traditionell oder natürlich, sondern als Jacks Eigenart. Wenn er nicht da war, um diese Dinge zu tun, wurden sie nicht getan; alles verfiel. Die neuen Bewohner der anderen Häuschen taten nicht, was er getan hatte. Sie schienen ihr kleines Stück Land um das Häuschen wenig zu schätzen. Oder sie sahen es anders, oder sie hatten eine andere Vorstellung von ihrem Leben.

Im ersten Jahr von Jacks Krankheit hatte Jacks Frau so getan, als habe sich nichts geändert; als sei Jacks Garten immer noch ein Garten. Nun tat sie nicht mehr so. Sie bereitete ihren Auszug vor.

Und sie machte das ganz sachlich. Als habe sie letzten Endes, trotz des äußeren Anscheins, trotz der überlieferten Gebräuche ihres Vaters, trotz Jacks wenig in das Häuschen, das Leben, das dazugehörte, und jene Jahre mit dem Garten investiert.

Sie hatte nun nichts mehr mit der Farm oder dem Land zu tun. Der Gemeinderat würde ihr ein Haus oder eine Wohnung in einer Siedlung im Tal oder einer nahe gelegenen Stadt, Amesbury, Salisbury, Shrewton, Great Wishford oder sonstwo beschaffen. Dort würde sie Leute treffen; sie würde näher an den Geschäften sein. Sie freute sich auf den Umzug. Das »traditionelle« Leben im Grunde des Tals, in dem Schlamm und der Feuchtigkeit um die Farm, weit entfernt von Menschen, wo man abends eingeschlossen war, wenn man kein Auto hatte, dieses traditionelle Leben war nicht nach ihrem Geschmack gewesen.

Trotzdem meinte sie, daß Jack ein gutes Leben gehabt habe.

Sie sagte: »Am Heiligabend stand er auf und fuhr ins Pub, wissen Sie. Er wußte, daß er sterben würde, und er wußte, daß es die letzte Gelegenheit für ihn war.«

Sie sprach ganz beiläufig, als sie mir diese Neuigkeit mitteilte, die nun über ein Jahr alt war. Sie unterhielt sich eben.

Sie sagte: »Er wollte zum letzten Mal mit seinen Freunden zusammensein.«

Mit seinen Freunden zusammensein, das letzte Glas genießen, die letzte Süße des Lebens, wie er es kannte, kosten. Was für eine Anstrengung das gekostet haben mußte! Diese Eisblöcke als Lungen zu haben, nicht mehr warm werden zu können, müde und schwach zu sein; nichts weiter mehr zu wollen, als sich hinzulegen und die Augen zu schließen und in die Phantasien hinüberzugleiten, die einen heimsuchten. Und doch hatte er sich aufgerafft und die Energie gefunden, sich anzukleiden und ins Pub zu fahren, um vor seinem Tod noch einmal den Feiertag zu begehen.

Fuhr er den Weg neben dem Windschutz hinauf und herunter? Oder fuhr er, weil er dort weniger aufpassen mußte, über den breiten, zerfurchten Triftweg? Die Strecke über den Triftweg hätte ihn eher zum Pub und zurück gebracht. Aber sie hätte ihn schrecklich durchgerüttelt - wie ich ihn, in einer anderen Stimmung, an einem Frühlings- oder Sommernachmittag, gesehen hatte, als sein Gruß bierselig gewesen war. Dieser letzte Ausflug ins Pub diente keinem anderen Zweck als dem des Lebens; doch bei ihm erschien er heroisch, poetisch.

Auf der anderen Seite des Rasens vor meinem Häuschen stand ein kleines altes Gebäude aus Flintstein. Es war mit Efeu bewachsen, und der Efeu war so dicht und fest, daß Tauben darin nisteten. Das Gebäude hatte einen quadratischen Grundriß und ein pyramidenförmiges Dach. Dieses Dach schien oben im First offen zu sein, und darüber befand sich auf vier Stelzen ein zweites, winziges Dach in der gleichen Pyramidenform. Man erzählte mir, das Gebäude sei ein Getreidelager oder -speicher gewesen und ein paar hundert Jahre alt. Jetzt wurde es nicht mehr benutzt; ich sah nie jemanden hineingehen. Es wurde erhalten, weil es so schön und etwas aus der Vergangenheit war.

Nicht weit davon, immer noch auf der gegenüberliegenden Seite des Rasens, stand ein Gebäude, das so aussah, als sei es ein primitives altes Bauernhaus. Seine Mauern waren aus Ziegelbröckchen, Steinen und Flintsteinen, die Mischung ließ auf Geröll schließen, das, was Bauern auflasen. Es war ungefähr fünfzig Jahre alt und als Ergänzung zum Herrenhaus errichtet worden: eine Wandball- oder Squashhalle, die jedoch so »malerisch« gebaut worden war, damit sie zur Anlage paßte. Vielleicht war das Gebäude eine Zeitlang zum Squashspielen benutzt worden. Aber jetzt - seine »Eingangstür« war für immer geschlossen, das Wellblechdach an verschiedenen Stellen eingebrochen, ein paar Glasscheiben der Fenster waren herausgefallen - hatte es keine Funktion mehr, hatte seit Jahren keine mehr gehabt. Wie das Bootshaus am Flußufer, wie das zweistöckige runde Kinderhaus mit dem Kegeldach aus Stroh im überwucherten Obstgarten.

Das Leben auf dem Herrensitz hatte sich geändert; der Betrieb war kleiner geworden. Bedürfnisse, die sich einst vervielfältigt hatten, wie um dem Angebot und dem Betrieb des großen Hauses zu entsprechen, waren nicht von Dauer gewesen. Auch der Herrensitz hatte seine Ruinen.

Zwischen dem Getreidespeicher und dem nachgemachten Bauernhaus und hinter der Mauer, die den Herrensitz umgab, war die Kirche. Für mich war am Anfang eine Kirche eine Kirche, ein in einem besonderen Stil erbautes Gebäude, mit Fenstern in einer besonderen Form: Vorstellungen, die mir die viktorianischen, neugotischen Kirchen vermittelt hatten, die ich in Trinidad gesehen hatte. Doch diese Dorfkirche hatte ich jeden Tag vor Augen, und ziemlich schnell – denn in meiner glücklichen Einsamkeit nahm diese neue Welt um mich herum Gestalt an – sah ich, daß die Kirche restauriert und architektonisch genauso künstlich war wie das Bauernhaus. Nachdem ich das erkannt hatte, sah ich es immer; die Kirche verbreitete eine eigene Stimmung, die Stimmung ihrer Restauratoren aus der viktorianisch-edwardianischen Ära. Ich sah die Kirche nicht als »Kirche«, sondern als Teil des Reichtums und der Sicherheit dieser Zeit. Sie war wie der Herrensitz, zu dem mein Häuschen gehörte; sie war wie viele andere große Häuser in der Gegend.

Die Kirche stand auf einer vormittelalterlichen Stätte; das wurde jedenfalls erzählt. Doch an der Kirche, wie sie jetzt war, stammte wenig aus jener Zeit. Kein einziger Flintstein; nicht eine der behauenen Steinplatten, die die gotischen Fenster umrahmten. Und vielleicht war nicht einmal der Glaube alt.

So, wie es schwerfiel, sich das Leben und die religiösen Antriebskräfte der Menschen vorzustellen, die mit ungeheurer Mühsal diese Ebene in eine Begräbnisstätte verwandelt und sie über Jahrhunderte heiliggehalten hatten, so fiel es auch schwer, obwohl man auf genau der Stelle stand und genau dem gleichen Wetter ausgesetzt war (die Sonnenauf- oder -untergänge aber nicht mehr die gleichen waren: ständig waren die Kondensstreifen der Flugzeuge da), sich in den Geist, die Schrecken und das Bedürfnis nach Erlösung der Menschen hineinzuversetzen, die vor tausend Jahren in der ersten christlichen Kirche ganz in meiner Nähe auf dieser Stätte gebetet hatten – bloß auf der anderen Seite des Rasens und hinter dem zum Zeitvertreib erbauten Bauernhaus.

Bauernhaus zum Zeitvertreib, renovierte Kirche. War auch die Religion der renovierten Kirche eine Art Zeitvertreib gewesen? Teilten die Restauratoren noch die alten Schrecken? Oder war dieser Glaube etwas ganz anderes, etwas, das beeinflußt war vom Sinn für Geschichte, der Zusicherung von Kontinuität, dem Sinn für etwas, das man sich schuldig war?

Wenn man vom Aussichtspunkt im Windschutz oben auf dem Hügel auf die Ebene hinabsah, konnte man im Westen Stonehenge und im Osten die Ausläufer der Stadt Amesbury sehen. Der Fluß Avon führte durch Amesbury. Auch hier gab es am Fluß, der an dieser Stelle breit und seicht war, Kapellen und Abteien. Amesbury – jetzt eine Militärstadt mit kleinen modernen Häusern und Geschäften und Autowerkstätten – war ein alter Ort. In ein Nonnenkloster in Amesbury hatte sich Guinevere, Artus' Königin, die Lanzelot liebte, zurückgezogen, als die Tafelrunde aus Camelot, nur zwanzig Meilen von Winchester entfernt, verschwunden war. Ein Schild an der Straße von Stonehenge, kurz ehe man nach Amesbury kam, rühmte das Alter der Stadt mit einem Wappen und einem Datum, 979 A. D.

Das Gefühl für Geschichte, das zum Aufstellen dieses Schildes geführt hatte, hatte sowohl zur Restaurierung der Kapellen und Abteien von Amesbury als auch der Kirche geführt, die auf der anderen Seite des Rasens vor meinem Häuschen stand: Geschichte, wie Religion oder wie eine erweiterte Religion, als Vorstellung von der eigenen Erlösung und vom eigenen Ruhm.

Doch vor der Gründung der Stadt Amesbury im Jahre 979 A. D., wie das Schild sie festhielt, gab es eine nichtgerühmte Dunkelheit. Über fünfhundert Jahre vorher hatte die römische Armee Britannien verlassen. Und lange ehe die Römer gekommen waren, war Stonehenge erbaut worden und wieder verfallen und hatte die riesige Begräbnisstätte ihre Heiligkeit verloren. So daß die Geschichte hier, wo es so viele Ruinen und restaurierte Gebäude gab, aus Hochebenen von Licht zu bestehen schien, die zwischendurch in Dunkelheit versanken oder verschwanden.

Wir lebten noch auf solch einer Hochebene historischen Lichts. Amesbury, gegründet 979 A. D., Geschichte, Ruhm, Religion als Wunsch, aus eigener Kraft das Rechte zu tun – diese Vorstellung hegten manche Leute in den Tälern der Umgebung noch, obwohl der persönliche Ruhm etwas bescheidener geworden war und die neuen Häuser und Gärten wie der Abklatsch der großen Landsitze des letzten Jahrhunderts und vom Anfang dieses Jahrhunderts wirkten. Diese Menschen hegten – obwohl viele von ihnen von anderswoher kamen – noch die Vorstellung, Nachfahren und Erben zu sein. Weil sie diese Vorstellung von historischem Erbe und Nachkommenschaft hatten, gingen viele Neuzugezogene in unserem Tal in die restaurierte Kirche. Die Kirche war für Leute wie sie restauriert worden; sie entsprach ihren Bedürfnissen.

Darin unterschieden sie sich von Bray, dem Mann mit der Autovermietung, der sein Leben lang im Tal gelebt hatte. Bray ging nie zur Kirche und verachtete die Motive derjenigen, die es taten. Und die Kirchgänger unterschieden sich auch von Jack, der die schönsten Jahre seines Lebens in dem Häuschen hinter dem Hügel verbracht und, solange er bei Kräften war, die Jahreszeiten mit eigenen Ritualen gefeiert hatte. Sonntags arbeitete Jack morgens im Garten und ging mittags ins Pub; nachmittags arbeitete er wieder in seinem Garten.

Die Kirche stand auf einer alten Stätte. Das konnte ich glauben. Hinter der Kirche – und von der Kirche, der alten Kirchhofmauer aus Flintstein und Bäumen auf der anderen Seite mehr oder weniger verdeckt – waren die Schuppen und Gebäude der Meierei. Standen auch sie auf einer alten Stätte? Auch das zu glauben fiel mir nicht schwer. Denn die Welt ist – an Orten wie diesen – nie wirklich neu; immer war vorher schon irgend etwas da. Ein Tempel oder eine heilige Stätte vor der Kirche, ein Bauernhof vor dem Bauernhof, an der Stelle einer alten Furt im Wald, erst »walden«, dann »shaw«, dann Waldenshaw. Ein Weiler zwischen den Flußwiesen und den mit Flintsteinen übersäten Downs; ein Weiler unter vielen an einer Landstraße am Fluß.

Neu im Tal, überwältigt vom Glück der beinahe völligen Einsamkeit, die ich in diesem historischen Teil Englands gefunden hatte, der Einsamkeit, die mich von den blank liegenden Nerven des Fremden befreit hatte, hatte ich alles als so gut wie vollkommen, als vollkommen entwickelt gesehen. Dabei hatte ich kaum zu schauen begonnen, Land und Leben dort hatten kaum begonnen, um mich herum Gestalt anzunehmen, als die Dinge begannen, sich zu verändern. Und ich hatte auf alte Vorstellungen zurückgegriffen, nun nicht so sehr auf Vorstellungen von Verfall wie von dauerndem Wandel und der Beständigkeit von Veränderung, um den Kummer zu bekämpfen, den ich bei allem – einem Todesfall, einem Zaun, einem Weggang – empfand, was die Vollkommenheit, die ich gefunden hatte, aufhob oder veränderte oder bedrohte.

Man hätte sagen können, daß der Herrensitz, in dessen Park ich wohnte, vor vierzig oder fünfzig Jahren seine Vollkommenheit erreicht hatte, als das edwardianische Haus noch ziemlich neu war, sein Familienleben ausgeprägter, die Nebengebäude noch eine Funktion hatten und der Garten gepflegt war. Doch in dieser Vollkommenheit, die zur Zeit des britischen Empire existierte, hätte es keinen Platz für mich gegeben. Der Erbauer des Hauses und der Gestalter des Gartens hätten sich mit ihrer Weltsicht nicht vorstellen können, daß später einmal jemand wie ich sich dort aufhalten und daß ich das Gefühl haben würde, das Anwesen – das Häuschen, die leeren malerischen Häuser um den Rasen, das ganze Gelände, die wild wuchernden Gärten – in seiner Blütezeit zu erleben, weil ich in einer nicht geplanten Schönheit wohnte. Ich mochte den Verfall, so wie er war. Er gab mir nicht den Wunsch ein, etwas zu veredeln oder zu jäten oder in Ordnung zu bringen oder neu zu machen. Es konnte nicht dauern, natürlich. Doch solange es dauerte, war es vollkommen.

Die mögliche, ja, die sichere Zerstörung sogar im Augenblick der Erschaffung zu sehen, das war mein Naturell. Die Sensibilität dafür hatte ich als Kind in Trinidad zum Teil durch unsere familiären Umstände erworben: die halb zerfallenen oder zusammengebrochenen Häuser, in denen wir wohnten, unsere vielen Umzüge, unsere allgemeine Unsicherheit. Möglicherweise ging diese Veranlagung auch noch tiefer und war ein Erbe meiner Vorfahren, das mit der historischen Entfremdung zusammenhing, die mich hervorgebracht hatte: Nicht nur Indien mit seinen Vorstellungen von einer Welt außerhalb menschlicher Kontrolle, sondern auch die Plantagen oder Güter im kolonialen Trinidad, auf die meine verarmten indischen Vorfahren im letzten Jahrhundert geschickt worden waren – Güter, deren Vorbild dieser Herrensitz in Wiltshire, wo ich nun lebte, gewesen war.

Vor fünfzig Jahren hätte es für mich keinen Platz auf dem Landgut gegeben; und selbst jetzt war meine Anwesenheit ein wenig überraschend. Doch mehr als bloßer Zufall hatte mich hergebracht. Oder besser gesagt, in der Kette von Zufällen, die mich in das Häuschen beim Herrenhaus mit Blick auf die restaurierte Kirche gebracht hatte, gab es eine deutliche historische Abfolge. Die Migration im britischen Empire von Indien nach Trinidad hatte mir Englisch als Sprache und eine bestimmte Erziehung vermittelt. Zum Teil hatte dies in mir den Wunsch geweckt, eine bestimmte Art von Schriftsteller zu werden, und mich auf die literarische Laufbahn festgelegt, die ich nun seit zwanzig Jahren in England verfolgte.

Durch die historische Entwicklung, die ich in mir trug, und das Bewußtsein meiner selbst, das mit meiner Erziehung und meinem Ehrgeiz einhergekommen war, war ich mit dem Gefühl, daß Ruhm nicht mehr zu erlangen sei, in die Welt geschickt worden und hatte in England die blank liegenden Nerven des Fremden bekommen. Nun, da ich ironischer- – oder passenderweise – auf dem immer kleiner gewordenen Landgut lebte und meine Spaziergänge machte, beruhigten sich meine Nerven, und in dem verwilderten Garten und dem Obstgarten neben den Flußwiesen fand ich eine sinnliche Schönheit, die vollkommen zu meinem Naturell paßte und außerdem jeder angenehmen Vorstellung entsprach, die ich in Trinidad als Kind von der sinnlichen Erscheinung Englands je hätte haben können.

Der Gutsbesitz war riesig gewesen, wurde mir gesagt. Er war zum Teil durch den Reichtum des Empire entstanden. Doch dann war er nach und nach veräußert worden. Die Familie mit ihren vielen Nebenlinien florierte an anderen Orten. Hier im Tal lebte nun nur noch mein Vermieter, ein älterer Junggeselle, mit Leuten, die ihn versorgten. Gewisse körperliche Unzulänglichkeiten waren zu dem Gebrechen gekommen, das ihn vor Jahren befallen hatte, ein Gebrechen, von dem ich nichts Genaues wußte, das ich aber als so etwas wie Acedia deutete, die Mönchsacedia oder Krankheit des Mittelalters – so hatten ihn seine große Sicherheit, seine übergroßen weltlichen Segnungen eingeholt. Die Acedia hatte ihn in einen Einsiedler verwandelt, zu dem nur seine engsten Freunde Zugang hatten. Deshalb genoß ich sowohl auf dem Herrensitz selbst wie auch auf meinen Spaziergängen in den Downs so etwas wie Einsamkeit.

Ich hatte großes Mitgefühl mit meinem Vermieter. Ich hatte das Gefühl, ich könne sein Gebrechen verstehen; ich sah es als die andere Seite meines eigenen Unbehagens. Ich sah meinen Vermieter nicht als Versager. Worte wie Versagen und Erfolg trafen nicht zu. Nur ein besonderer Mann oder ein Mann mit einer besonderen Wertvorstellung von sich als Mensch konnte den hohen finanziellen Wert dieses Besitzes ignorieren und sich damit zufriedengeben, auf einem halb verfallenen Anwesen zu leben. Auf dem Herrensitz galten meine Überlegungen nicht dem Niedergang des Empire. Ich dachte eher über den historischen Ablauf nach, der uns zusammengebracht hatte – er in seinem Haus, ich in seinem Häuschen, der verwilderte Garten nach seinem Geschmack (wie mir berichtet wurde) und auch nach meinem.

Ich wußte, daß ich nur vorübergehend auf dem Herrensitz lebte, daß ich nicht bleiben konnte. Die Zukunft war leicht vorauszusehen: Ein Hotel oder eine Schule oder Stiftung würde das große Haus übernehmen und das heruntergekommene Anwesen wiederherstellen, auf dem ich nun mit solcher Freude spazierenging und auf dem ich mich zum ersten Mal in meinem Erwachsenenleben, und das um so mehr, je mehr mein Wissen wuchs, in Einklang mit der Natur fühlte. Ich fürchtete mich vor Veränderung sowohl hier als auch auf dem Triftweg; und deshalb hegte ich, um dem Kummer etwas entgegenzusetzen, alte, vielleicht von den Vorfahren überlieferte Gefühle, ein Verhalten, als sei Ruhm nicht mehr zu erlangen, und hielt an der Vorstellung von einer Welt in dauerndem Wandel fest: die Trommel der Schöpfung in der rechten Hand des Gottes, die Flamme der Zerstörung in seiner linken.

Eine Woche oder länger schwankte ich zwischen diesen beiden Empfindungen – Ängstlichkeit, der Vorstellung von dauerndem Wandel –, als hinter der Kirche und dem Kirchhof der Lärm eines Bulldozers oder etwas Ähnliches hervordrang. Der Lärm kam in Schwingungen durch den Boden; kein Fenster konnte den Lärm abhalten.

Die Kuhställe und Meiereigebäude hinter dem Kirchhof wurden abgerissen – Gebäude aus Tonziegeln und roten Backsteinen, die so sehr zum Gesamtbild gehört hatten, wenn ich am Ende meines Spaziergangs den Hügel herunterkam, so natürlich und richtig gewesen waren, daß ich ihnen nicht viel Aufmerksamkeit geschenkt hatte. Nun, da die Ställe verschwunden waren, sah das Gelände nackt und gewöhnlich aus, und die Flußwiesen dahinter und die Bäume am Flußufer lagen frei da. Die Tonziegel des Dachs wurden aufgestapelt; die Dachbalken wurden aufgestapelt (und wie neu sie aussahen, obwohl die Gebäude mir so alt vorgekommen waren). Und dann wurde die freie Sicht sehr schnell wieder zugebaut, mit einem breiten Stall in Fertigbauweise; die Wände waren aus Holzlatten, der Name des Herstellers stand gedruckt auf einem Brett oder einer Metallplakette direkt unter dem Dachfirst. (Ein solcher Schuppen, aber ohne die Lattenwände, war ein oder zwei Besitzer oder Manager vorher am Rand des alten Wirtschaftshofs hinter dem Hügel, nicht weit von Jacks Häuschen, aufgestellt worden, um dort Heu zu lagern und den mit einer schwarzen Plastikplane abgedeckten hüttenförmigen Heuschober am Triftweg zu ersetzen – jener Heuschober verfiel nun, das schwarze Plastikmaterial war verwittert, ohne Glanz und Spannung, und knisterte nicht mehr, wenn es im Wind flatterte, seine Oberfläche nun eher der Haut sehr alter Leute, einem verblühten Rosenblatt vergleichbar).

Veränderung! Neue Ideen, neues Leistungsbewußtsein. Früher hatte es beim Eingang zur Meierei am Straßenrand eine hölzerne Plattform gegeben, auf der die Milchkannen abgestellt wurden – sie standen genau auf der Höhe, daß sie vom Milchwagen leicht mitgenommen werden konnten. Jetzt gab es keine Kannen mehr. Es gab gekühlte Tanks, und die Milch wurde von einem Tanklastwagen abgeholt.

Neben der Scheune mit Metallwänden oben auf dem Hügel wurde ein weiterer Kuhstall aus Fertigbauteilen errichtet und daneben ein modernes Melkgebäude. Dieses Melkgebäude oder der Melk»stand« (ein kurioses Wort) war eine technisch aussehende Angelegenheit. Sein Betonboden, in ein abschüssiges Feld eingelassen, sah aus wie eine Betonbühne. Er hatte Röhren und Zählwerke und Meßgeräte; und die Männer, die in dem Melkstand arbeiteten, die das kotbefleckte Vieh in die Boxen oder Gänge trieben, hatten etwas von der Grimmigkeit von Fabrikarbeitern.

Sie fuhren in leuchtend bunten Autos vor dem Melkstand vor (die Farben hoben sich hier oben von den weichen Farben der Downs ab, Grün und Braun und Kreide, und von der verschwommenen Dunkelheit kahler Bäume im Winter). Diese Autos trugen auf dem Parkplatz dazu bei, daß Melkstand, Scheune und neuer Stall aus Fertigbauteilen oben auf dem Hügel wie eine kleine Fabrik aussahen.

Aus dem Stand zischte es mechanisch, elektrisch. Doch der neue Stall aus Fertigbauteilen verbreitete einen Geruch nach Mist. Ein Teil der für das Fundament des Stands ausgehobenen Erde war zwischen dem Gebäude und dem gepflasterten Weg abgeladen worden; auf dieser Fläche, Brachland, wuchs dicht und grün Gras, das mit Unkraut und vereinzeltem Weizen durchzogen war.

Die leuchtend bunten Autos, das Summen und Zischen der Melkmaschine (die Kühe waren samt ihrem Kot zu maschinell gehandhabten Gegenständen degradiert worden), die angespannten jungen Männer, die sich ihres Stils, ihrer Jeans und Hemden, ihrer Schnurrbärte und Autos so bewußt waren – sie waren Erscheinungsformen all des Neuen, Übertriebenen, das über uns gekommen war.

Zweimal am Tag kam knirschend der Milchtankwagen über den neugepflasterten Weg den Hügel hinauf, um die gekühlten Milchtanks des neuen Melkstands zu leeren. Mit den Traktoren der Farm und den Autos der neuen Arbeiter glich mein Spaziergang auf dem Weg entlang des Windschutzes manchmal einem Gang über eine öffentliche Straße; ich mußte auf den Verkehr achtgeben.

An der öffentlichen Straße verlor das strohgedeckte Häuschen mit den rosa Mauern und dem Strohfasan auf dem Dachfirst noch ein bißchen mehr von seinem ursprünglichen Charakter. So hübsch, ganz wie das Bild auf einer Postkarte, als ich es zuerst gesehen hatte, mit der Rosenhecke und den kleinen, blankgeputzten Fenstern, ganz wie etwas, das man immer gekannt hatte. Auch der Schweizer hatte es geliebt, dessen bin ich mir sicher; doch wie ich zu Anfang hatte er seine Schönheit wahrscheinlich als natürliche Eigenschaft der ländlichen Umgebung gesehen, und er hatte in dem Haus gelebt, wie er wahrscheinlich in einem Haus in der Stadt gelebt hätte, aus der er gekommen war, ohne Gefühl dafür, daß er dem Haus, in dem er mit seiner Familie lebte, etwas schuldig war; er hatte sicher sein Leben lang alle Häuser, selbst die, in denen er wohnte, als Besitz anderer Menschen betrachtet. Schüsseln und Töpfe und Pfannen und Papierfetzen und Büchsen und leere Schachteln waren einfach im Garten liegengelassen worden; und manche dieser Dinge blieben sogar dort liegen, nachdem der Schweizer und seine Familie ausgezogen waren.

Nun wurden die Hecke und der Drahtzaun zum Teil abgerissen, damit das neue Paar sein Auto nicht auf der öffentlichen Straße parken mußte. Das Auto war den neuen Leuten wichtig, wichtiger als das Haus. Es waren junge Leute, kinderlos, und sie gingen mit dem Haus ganz anders um. Es war eine Unterkunft, nicht mehr: vorübergehende Unterkunft für einen vorübergehenden Job. Die Frau lag, wann immer sie konnte, im Vorgarten in der Sonne; und das war vielleicht der Grund dafür, daß die Haustür so oft aufstand. Diese offene Haustür war sehr störend.

Das Haus als Unterkunft, nicht als Ort, auf den man Gefühle oder Hoffnungen übertragen (oder es überhaupt wagen) konnte – diese Haltung des neuen Paares dem strohgedeckten Haus gegenüber schien zu der allgemeinen neuen Haltung dem Land gegenüber zu passen. Das Land war für die neuen Arbeiter bloß etwas, das man zu bearbeiten hatte. Und sie bearbeiteten es mit ihren Maschinen, als hätten sie vor, alle Unregelmäßigkeiten der Natur in gerade Linien oder begradigte Kurven zu verwandeln.

Eines Tages sah ich, wie ein Traktor eine schwere, breite Walze über ein Feld mit jungem Gras zog, das aber bereits recht hoch war und saftig aussah. Die Walze schien die Grasstengel abzubrechen und wie von Geisterhand den Effekt eines gestreiften, zweifarbigen Rasens zu erzielen. Wozu sollte das gut sein? Der junge Mann, den ich fragte, wirkte verwirrt. Vielleicht hatte er nicht verstanden, was ich gesagt hatte. Er murmelte etwas, was ich nicht verstehen konnte – sein ganzer Stil war in dem Augenblick dahin, als er zu sprechen anfing (und ließ mich an die verstümmelte Sprache, die kehligen Laute von Jacks Schwiegervater zurückdenken: »Hunde? Hunde. Beißen Fasanen tot.«) Sogar als mir klargemacht wurde, was der junge Mann sagte, ergab es keinen Sinn. Die Stengel würden zermalmt, sagte er, um kräftigeres Wachstum zu erzeugen.

An einem anderen Tag sagte ein anderer Mann, der Zweck der Walze sei, die »Wiltshire-Flintsteine« in die Erde zu pressen, damit das Gras, wenn es soweit war, ohne die Maschine zu beschädigen, gemäht werden könne. »Ein einziger Wiltshire-Flintstein«, sagte er – und die Flintsteine Wiltshires, die ich auf meinem täglichen Spaziergang in den Downs sah, bekamen eine Bedeutung und Bösartigkeit, die ich ihnen nie zugeschrieben hatte – »könnte an einer dieser Maschinen einen Schaden in Höhe von Tausenden von Pfund verursachen.«

Besonders eine neue Maschine fiel mir auf. Sie machte aus Heu große Rollen, sozusagen große Biskuitrollen aus Heu. Diese Rollen, zu groß, um von einem Menschen hochgehoben oder auseinandergerollt zu werden, wurden von einer weiteren beeindruckenden Maschine bewegt, einer Maschine, deren Eisengreifer wie riesige Skorpionschwänze aussahen. Ein Vorratslager von diesen Rollen – in zwei Lagen, wie ein Heuvorrat gegen einen epischen Winter – wurde weit weg von den alten Wirtschaftsgebäuden angelegt, in einem nicht eingezäunten, mit Flintkieseln übersäten Tal neben dem Triftweg, direkt unterhalb des Hügels mit den Lerchen und Grabhügeln, von dessen Höhe aus man einen überraschenden, unmittelbaren Ausblick auf Stonehenge hatte.

Es gab also drei Heuvorratslager an verschiedenen Stellen: die Biskuitrollen hier, die goldenen rechteckigen Ballen in dem neuen Schuppen am Rand des alten Wirtschaftshofes und der verrottende Heuschober, ebenfalls mit rechteckigen Ballen, auf halber Strecke des geraden Abschnitts des Triftwegs. Was war der Zweck der Biskuitrollen? Hatten sie einen Vorteil vor den traditionellen Ballen? Ich erfuhr es erst Jahre später, als dieser Abschnitt meines Lebens abgeschlossen war. Die Ballen, von den Bindern fest zusammengebunden, mußten von Hand aufgebrochen und dann für das Vieh ausgebreitet werden. Die großen Rollen mußten einfach auseinandergerollt werden; eine Maschine erledigte das innerhalb von Minuten.

Solche Vervollkommnung! Aber vielleicht war der Maßstab – für die Landwirtschaft – falsch. Vielleicht sollte, Tag für Tag gesehen, Zeit nie so wertvoll sein. Vielleicht konnten Arbeitsabläufe, wenn sie so festgelegt waren, zu leicht schiefgehen. Eine unterbrochene Verbindung, und bei menschlichen Unternehmungen passierten immer Fehler, konnte den ganzen Ablauf durcheinanderbringen.

Alles, was auf der neuen Farm in Angriff genommen wurde, geschah im großen Maßstab. Eine sehr große Futtergrube wurde am Fuß des Hügels direkt hinter dem Weg am Windschutz und nicht weit von den Häuschen ausgehoben. Diese Futtergrube hatte nur einen einzigen altmodischen Zug. Sie war von schwarzen Plastikplanen bedeckt, und die Plastikplanen wurde von etwas straff und fest gehalten, das meiner Erfahrung nach schon immer für diesen Zweck benutzt worden war: alten Autoreifen. Sie wurden in riesiger Zahl gekauft. Dutzende von ihnen wurden gebraucht; und Dutzende von ihnen lagen im Grund des Tals herum, auf dem Triftweg, direkt gegenüber von Jacks ehemaligem Gänsehof.

Diese Reifen und die tiefe neue Futtergrube mit ihren Wandverstrebungen aus Holzplanken, die Geröllböschungen vom Ausheben der Grube und der dunkelbraune Silierzusatz, der unten herauströpfelte, ließen diesen Teil des Triftwegs, wo zu Jacks Lebzeiten Gänse und Enten herumspaziert waren, ein wenig wie eine Müllhalde aussehen.

Bei den alten Landarbeitern folgte der anfänglichen abschätzenden Vorsicht Fremden gegenüber eine stumme Freundlichkeit, die Geselligkeit von Menschen auf dem Lande, die Stunden alleine auf ihren Traktoren auf dem Feld verbrachten. Die neuen

Arbeiter, die wie Städter auf dem Lande, Städter an einem größeren Arbeitsplatz waren, besaßen diese Freundlichkeit nicht. Sie waren nicht ins Tal gekommen, um zu bleiben. Sie sahen sich als Menschen mit einer neuen Art von Arbeit und Qualifikation; sie waren beinahe wie landwirtschaftliche Wanderarbeiter; sie waren Menschen in Bewegung. Ziemlich viele kamen und gingen.

Nie bekam ich ein Lächeln von den Leuten geschenkt, die in Jacks Haus zogen, nachdem Jacks Frau weggezogen war. Über die, die zuerst ihre neuen Nachbarn wurden, hatte sie gesagt, es seien »Snobs«, die sich mehr für den Rasen und Pferde interessierten als für altmodische Vorgärten. Nach einigem Kommen und Gehen ließen sich Leute, auf die diese Beschreibung genau paßte, auch in Jacks Häuschen nieder.

Sein Gewächshaus, das anscheinend nach einem Katalog bestellt und einst von Hängepflanzen begrünt gewesen war, stand leer, das Glas war trübe von Staub und Regen, der Holzrahmen verwittert. Eines Tages wurde es abgerissen, und das Betonfundament oder der -fußboden kam zum Vorschein. Der kunstvoll angelegte Garten mit all seinen zeitaufwendigen Aufgaben wurde eingeebnet. Was übrigblieb, verlangte nicht viel Aufmerksamkeit. Jetzt wurde nichts mehr ausgepflanzt; der Boden unter dem Weißdornbaum wurde nicht umgegraben; im Sommer gab es keinen Rittersporn. Der Garten wurde eingeebnet bis auf zwei oder drei Rosensträucher und zwei oder drei Apfelbäume, die Jack so geschnitten hatte, daß sie über einem dicken geraden Stamm eine breite Krone bildeten. Und der Boden wuchs mit Gras zu. Die Hecke, einst oben fest und unten schlammbespritzt und schartig, eine halb- oder viertelhohe Abgrenzung zwischen Garten und furchendurchzogenem Farmweg, wuchs sich langsam zu Bäumen aus.

Nun schienen die Häuschen mehr denn je weder Vorder- noch Rückseite zu haben und in einer Art Brachland zu stehen. Das paßte zu den Leuten und ihrer Haltung dem Ort gegenüber. Es paßte zu der neuen Art, Landwirtschaft zu betreiben, bei der die Logik zu weit getrieben und die Erde schließlich ihrer Heiligkeit beraubt wurde – so wie das strohgedeckte rosa Häuschen an der öffentlichen Straße, einst so hübsch mit seiner Rosenhecke, seiner heimeligen Atmosphäre durch die Leute beraubt wurde, die es nur als Unterkunft sahen.

Aber so sah vielleicht nur ich es. Ich hatte – kurze Zeit – die gerade Strecke des Triftwegs offen und ohne Zaun gekannt. Der Weg war in meinem ersten Jahr mit einem Zaun versehen worden und so geblieben; aber ich trug das frühere Bild im Gedächtnis. Mein Gefühl für die Jahreszeiten hatte ich bekommen, indem ich Jacks Garten anschaute und die Geschehnisse am Fluß und am Flußufer des Herrensitzes dem hinzufügte, was ich in Jacks Garten sah. Aber man konnte es auch anders sehen. Jack selbst, der seine ganze Aufmerksamkeit einer bedeutungslosen Hecke schenkte – einer Hecke, die über die ganze Länge seines Gartens führte und dann plötzlich aufhörte –, sah sicherlich etwas anderes.

Und die kleinen Kinder der neuen Leute in Jacks Häuschen sahen vielleicht noch etwas anderes. Sie besuchten eine Grundschule in Salisbury. Der Nachmittagsbus, der sie zurückbrachte, setzte sie an der öffentlichen Straße ab; ihre Mutter holte sie dort mit dem Auto ab. Bei meinem Nachmittagsspaziergang mußte ich auf dem gepflasterten Weg beiseitetreten, um das Auto der Mutter vorbeifahren zu lassen. Sie nahm das nie zur Kenntnis; sie benahm sich, als sei der Weg eine öffentliche Straße und habe sie jedes Recht, dort mit dem Auto zu fahren. Und auch ich erkannte oder bemerkte nie wirklich, wie sie aussah. Ihre Persönlichkeit drückte sich für mich nur in der Form und Farbe ihres Autos aus, das den Hügel hinauf- oder herunterjagte, wenn sie die Kinder holte oder mit ihnen zurückkam.

Ich bezweifle, ob Kinder in diesen Landarbeiterhäuschen je so am Schulbus abgeholt worden waren. Welche Bilder von ihrer Zeit im Grunde des Tals – auch wenn diese Zeit kurz sein sollte – würden ihnen bleiben! Welch ungeheuren Ausblicke, welch eine Erinnerung an Verlassenheit, den breiten Triftweg herunter und über die steinigen Abhänge der Downs!

Am Fuße des gepflasterten Wegs den Hügel herunter, auf der anderen Seite der Futtergrube, war ein schmaler, wenig benutzter Feldweg; er war überwuchert, kaum als Feldweg erkennbar und führte durch eine Senke in den Downs zu einem kleinen verlassenen Wirtschaftsgebäude, das, verwittert, nicht sehr auffällig, vielleicht aus dem letzten Jahrhundert stammte. Auf diesem Feldweg sah ich eines Samstagnachmittags, als sie nicht in die Schule und den Bus mußten, die Kinder aus Jacks altem Häuschen spielen. Wie prähistorische Kinder, in großer Einsamkeit. Aber sie befanden sich zwischen den übriggebliebenen Reifen von der Futtergrube (einzelne darunter waren ihr Spielzeug, ihre vorgeblichen Paddelflöße), den weiß werdenden Halden und Hügeln aus Abraum, aus dem hier und da Unkraut wuchs, hellgrün mit leuchtend gelben Blüten, und den Betonblöcken, die vom Bauen übriggeblieben waren.

Freundschaft geht seltsame Wege. Ich hatte das Paar, das das Herrenhaus versorgte, Mr. und Mrs. Phillips, beide in den Vierzigern, für rigide und selbstgenügsam gehalten, verschlossen und zufrieden mit ihrer Arbeit im Herrenhaus und einem privaten und weniger rigiden Leben in ihrer Freizeit mit alten Freunden irgendwo in einer Stadt. Doch dann schlossen sie am Ort Freundschaft, und eine Zeitlang hatte ich das Gefühl, daß diese Freundschaft mein eigenes Leben auf dem Herrensitz bedrohte.

Auf der anderen Seite des Rasens vor meinem Häuschen, vor der »Bauernhaus«mauer der Squashhalle, die weder Bauernhaus noch Squashhalle war, vor dieser Mauer mit ihrer gekünstelten Mischung aus Flintsteinen, roten Ziegel- und Steinbrocken wuchsen drei alte Birnbäume. Sie waren früher sorgfältig ausgeputzt und am Spalier hochgezogen worden; und selbst jetzt wirkten die Hauptäste, immer noch an der Wand festgebunden, bewußt gestaltet und ließen die Bäume wie große Kandelaber aussehen. Die Jahreszeiten schmückten diese Zweige auf verschiedene Art, und der Anblick von meinem Häuschen aus war immer üppig. Die Bäume trugen Früchte. Das war immer wieder überraschend, immer wieder scheinbar unerwartet. Aber für mich waren es keine Früchte zum Essen, und das lag nur teilweise daran, daß sie zum Herrenhaus gehörten: Sie gehörten einfach zum Bild.

In der großen Zeit des Herrensitzes pflegten sechzehn Gärtner das Landgut und den Obstgarten und den ummauerten Gemüsegarten. So wurde es mir erzählt. Sechzehn! Wie konnte jemand, der nicht gerade eine Baumschule hatte, heutzutage sechzehn Gärtner finden oder bezahlen? Wie anders mußten die Dörfer und Weiler in der Umgebung damals ausgesehen haben, wie viele Arbeiter mußten in den kleinen Häusern gewohnt haben!

Das Häuschen, in dem ich lebte, war früher das Gartenbüro gewesen. Jetzt lebte ich, der nichts auf dem Herrensitz zu tun hatte, dort. Und es gab nur einen Gärtner. Er hatte ein System. Er benutzte einen fahrbaren Rasenmäher, um den Rasen hinter und neben dem Herrenhaus und vor meinem Häuschen zu mähen, zwei- oder dreimal im Sommer, nachdem er ihn zu Beginn des Frühjahrs sehr kurz geschoren hatte. Zu Beginn des Frühjahrs streute er auch Unkrautvernichtungsmittel auf die Auffahrt und den alten Kiespfad um den Rasen vor dem Häuschen und alle Pfade, die nicht dem Gras überlassen worden waren. Einmal im Jahr, Ende August, schnitt er das hohe Gras und hochaufgeschossene Unkraut im alten Obstgarten, wo in den hohlen Astknoten ungepflegter Bäume im Frühjahr Nestlinge zwitscherten und die Bäume von selbst weiterwuchsen, zur rechten Zeit blühten, Frucht trugen, Frucht abwarfen und Wespen anzogen. Im Herbst gab es ein großes Blättersammeln. Doch seine Hauptarbeit galt das Jahr über dem Gemüse- und Blumengarten, der durch eine hohe Mauer vom Pfad hinter meinem Häuschen getrennt war. Das System funktionierte. Der Garten hatte seine verwilderten Teile, die Flußwiesen waren Marschland; doch anderswo ließ die Pflege des Gärtners, geringfügig, aber regelmäßig und methodisch, die eingreifende Hand erkennen.

Der Gärtner hieß Pitton. Ich nannte ihn am Anfang Mr. Pitton und nannte ihn bis zum Ende so.

Es war Pitton, der mir in einem Jahr, als er von den Birnbäumen vor der »Bauernhaus«mauer sprach, einen neuen Sinn der Präposition »ein« vermittelte. Die Birnen waren reif. Die Vögel pickten daran. Ich erwähnte es Pitton gegenüber, weil ich dachte, daß er es bei all den Dingen, die er zu tun hatte, vielleicht nicht bemerkt hätte. Aber er sagte, er habe es bemerkt; die Birnen beschäftigten ihn sehr, er habe jeden Tag vor, sie »einzupflücken«. Die Birnen *ein*zupflücken – dieses *ein* gefiel mir. Ich spielte damit, wiederholte es; und obwohl ich nicht glaube, daß ich es Pitton noch einmal sagen hörte, assoziierte ich es für immer mit ihm.

Dann (wie der Leser später genauer erfahren wird) mußte Pitton gehen. Das Herrenhaus konnte ihn sich nicht leisten. Und es gab keinen fest angestellten Gärtner mehr, wo es einmal sechzehn gegeben hatte. Niemanden mehr, der nach dem Gemüse in dem ummauerten Garten schaute oder das Gras schnitt oder das Unkraut auf der Auffahrt und den Pfaden vernichtete oder die Birnen einpflückte oder die Äste des Birnbaumes an der Wand der Squashhalle befestigte.

Der Wind riß die oberen Äste eines Baumes von der Wand los. Der Hauptstamm sank nach vorne und hinterließ auf der Mauer einen geisterhaften Umriß in Grünschwarz; die Äste hingen vornüber, der Baum schien beinahe durchzubrechen. Doch er brach nicht durch. Der Baum blühte; und am Fuß der Mauer wuchsen neben dem Pfad, auf dem Pitton früher das Unkraut vernichtet hatte, im Sommer hohe Unkräuter, die um ihrer malerischen Wirkung hätten ausgewählt sein können: verschiedene Schattierungen von Grün, verschiedene Grade der Transparenz, verschieden große Blätter. Darüber verwandelten sich schließlich die zarten weißen Birnblüten in schwere Früchte. Die Vögel interessierten sich dafür. Niemand hatte mehr den Auftrag, die Birnen einzupflücken.

Doch dann sah ich eines Sonntags aus meinem Schlafzimmerfenster einen merkwürdig gekleideten Mann, der die Birnbäume abschätzend anschaute und dann zaghaft die Birnen an den unteren Ästen abpflückte.

Fremde kamen zu verschiedenen Zeiten auf das Grundstück des Herrensitzes. Pitton hatte, als er noch dagewesen war, bestimmte Leute hereingelassen. Die Phillips, das Paar im Herrenhaus, hatten eigene Freunde und Besucher; und sie stellten bestimmte Gelegenheitsarbeiter an. Und ganz selten gab es Leute, die mit meinem Vermieter zu tun hatten. Der merkwürdig gekleidete Mann war ungewöhnlich. Aber ich konnte wirklich nicht wissen, ob er ein Plünderer war, einer, der einfach die Birnen pflückte, oder ob er befugt war, sie für das Herrenhaus einzupflücken oder für Leute, die vom Herrenhaus gebilligt wurden.

Er war merkwürdig gekleidet. Militärischer Tarnanzug, Hose, Rock, Hut mit runder Krempe. Die Kleider sahen nicht nach Armeeausschuß aus oder zumindest nicht wie das Zeug in den Fenstern der Militaryshops. Der Schnitt, das Tarnmuster und die gedeckten Farben wirkten stutzerhaft; und dieses Herausgeputzte wirkte merkwürdigerweise wie eine Verkleidung, was den Mann gefährlich, wie einen Eindringling aussehen ließ.

Während er die Bäume betrachtete und mit den Händen zaghaft an den unteren Birnen rupfte, wandte er sich von Zeit zu Zeit zur Seite (das Gesicht immer noch von Kragen und Hut verborgen) in Richtung des Herrenhaushofes, wie ein Mann, der Angst hat, beobachtet zu werden. Doch dann holte er die Leiter aus dem Gartenschuppen neben der Squashhalle, dem Schuppen, der früher Pitton gehört hatte, lehnte sie an die Wand, fing oben an, und sich methodisch, umsichtig nach unten vorarbeitend, ohne etwas für die Vögel überzulassen, pflückte der Mann in der Armeekluft Eimer um Eimer die Birnen. Und es wurde deutlich, daß er sie *ein*pflückte, daß er die Birnen von den alten Bäumen pflückte, weil er den Segen von Mr. und Mrs. Phillips im Herrenhaus hatte.

Am Anfang hatte er fahrig gewirkt, unsicher, als erwarte er, daß jemand hinter ihm auftauche. Die Person, nach der er Ausschau gehalten haben mußte, tauchte auf, als er auf der Leiter stand; denn dann hatte er sich offensichtlich zufrieden auf die Birnen konzentriert.

Die Person, die aufgetaucht war, war ein Mädchen oder eher eine junge Frau; und sie kam mir irgendwie bekannt vor. Sie ging über den Rasen und direkt vor meinen Fenstern entlang. Die Phillips gingen nie an meinen Fenstern vorbei; sie ließen mir meine Zurückgezogenheit hinter dem offen daliegenden Rasen; sie achteten darauf, über den Pfad auf der anderen Seite, neben der Squashhalle und den Birnbäumen zu gehen. Diese Frau ging nirgendwohin; sie war aus dem Herrenhaus gekommen, um über den Rasen zu schlendern. Sie war klein und breithüftig; ihre engen Jeans betonten noch, wie langsam und klein ihre Schritte waren. Sie wirkte wie jemand, der freien Zutritt zu dem Gelände erhalten hatte und gerade in diesem Augenblick begann, die neue Freiheit auszukosten.

Auch sie war ungewöhnlich gekleidet. Die Extravaganz lag in ihrer Bluse: ein Hemd, dessen Schöße vorne, direkt unter den Brüsten geknotet waren und ihren Bauch nackt ließen - nicht ganz passend für diese Jahreszeit.

Sie war mir irgendwie bekannt vorgekommen. Jetzt erkannte ich sie. Es war die Frau, die ich in dem ruinierten Garten des strohgedeckten Häuschens beim Sonnenbaden gesehen hatte. Sie war für mich so mit ihrem Häuschen und dem Garten und Auto und der offenen Haustür verbunden, daß ihr Anblick in einer anderen, offeneren Umgebung und in meiner Nähe wie der Anblick einer neuen Person war. Und der Mann in dem Tarnanzug auf der Leiter war ihr Mann, der Landarbeiter.

Hier waren sie an einem Sonntagnachmittag auf dem Grund des Herrensitzes; sie spazierte über den Rasen, die Hüften in steife Jeans gezwängt, die sich waagerecht, und beinahe in gerader Linie, hintereinander zu Wülsten falteten; ihr Mann pflückte Birnen, reife Früchte von alten Bäumen, die vielleicht von dem

Mann, der die Mauer entworfen hatte, davor gepflanzt worden waren, Bäume, die früher sorgfältig gepflegt worden waren und auch jetzt, nach Jahren der Vernachlässigung, noch Zeichen dieser anfänglichen Pflege erkennen ließen.

Die Frau mit dem nackten Bauch und der Mann in dem militärisch gestylten Tarnanzug mußten irgendwie anziehend auf die Phillips gewirkt haben. Vielleicht hatten die Frauen sich gut verstanden; vielleicht hatten die Männer sich gut verstanden; vielleicht – die Phillips waren zehn bis fünfzehn Jahre älter – hatte es eine Anziehung über Kreuz gegeben. Die Frau mit dem nackten Bauch war sicherlich wichtig für die Beziehung; sicherlich hätte die Beziehung zwischen den vieren nicht ohne ihre Unterstützung oder Ermutigung bestehen können.

Ich hatte mir bereits über diese Frau Gedanken gemacht. Hauptsächlich wegen der flüchtigen Blicke, die ich von ihr in dem ruinierten Garten erhascht hatte, wo sie auf einem billigen Liegestuhl mit Aluminiumrahmen lag. Sie hatte in mir einen Eindruck erweckt, als sei sie der Mittelpunkt von Leidenschaft, die Ursache von Schmerz; eine Frau, deren Schönheit dem Mann Schmerz verursachte, der sie zu jener Zeit besitzen durfte; eine Frau, die das wußte.

Dieser Eindruck, zu dem ich von fern gekommen war, verstärkte sich jetzt durch den deutlicheren und vollständigeren Anblick, den ich von ihr auf dem Rasen hatte. Zu der schmalen Taille, den vollen Lippen, den festen Schenkeln und Oberarmen, den Brüsten, Fleisch ohne Muskeln, halb entblößt, halb flachgedrückt durch ihr Sonnentop, zu dieser Üppigkeit kamen nun der starre Blick (mehr als das Feuer) ihrer unsteten hellen Augen, die Gier, die sich in ihrem Mund mit der anscheinend geschwollenen Unterlippe und der deutlichen Lücke zwischen den Schneidezähnen ausdrückte. Ihre Sexualität war ihr kostbar, kostbarer als alles andere.

Und hier war sie auf dem herrschaftlichen Anwesen. Und sie verhielt sich wie jemand im eigenen Park, als habe sie, bloß ein paar Schritte von dem Durcheinander und der Beengtheit des strohgedeckten Häuschens, an das sie durch die landwirtschaftliche Arbeit ihres Mannes gekommen war (und das sie deshalb nicht als echtes Haus ansehen konnte) einen Zufluchtsort gefunden, der besser zu ihrem Stil paßte.

Sie ging langsam auf dem Rasen auf und ab, als mache sie sich mit einem neuen Vergnügen vertraut. Und der Mann in dem militärischen Tarnanzug stand auf der Leiter und pflückte mit dem Rücken zu ihr die Birnen, ohne sich umzudrehen, um sie anzuschauen, als sei er jetzt zufrieden, da seine Frau da war, bei ihm war.

Vielleicht hatten sie und die Phillips sich als »Städter« gefunden, die auf dem Lande arbeiteten, aber mit dem Leben der Landbewohner nichts zu tun hatten. Städter, aber Bedienstete, alle vier, mit ihrem besonderen Stil und Stolz, die jetzt das Gelände und die Privilegien des Herrenhauses teilten, Gastfreundschaft boten und erwiderten.

Wer von den vier am meisten von der Beziehung profitierte, konnte ich nicht sagen. Der, der am meisten riskierte, war Les, der Landarbeiter, der Stunden fern von seiner Frau verbrachte, in seiner Einsamkeit, in seiner Traktorkabine, und die Langeweile einer bestimmten Arbeit greifbar in der Ausdehnung eines großen Hügelrückens, vielleicht ohne Bäume oder Windschutz, vor sich sah, wenn er sich langsam vor- und zurückbewegte und seine Gedanken zweifelsohne oft zu der Frau in dem strohgedeckten Häuschen zurückwanderten.

Die Pracht des Herrensitzes, des Geländes, des Gartens, des Flusses – das war wie etwas, das er ihr jetzt präsentieren konnte, eine andere Seite dessen, was auf dem Land zu finden war, eine kleine Belohnung für die Trostlosigkeit ihres Lebens in jenem Tal, das andere schön fanden, und in jenem strohgedeckten Häuschen, das andere malerisch fanden, das aber nur für Leute mit einem anderen Leben malerisch war, mit anderen Mitteln, einer anderen Vorstellung von dem, was ihnen gebührte.

Brenda machte mich nervös. Sie schenkte mir keine besondere Beachtung. Sie hatte ihre eigene Vorstellung von dem, was achtbar war; und die Art, wie ich lebte – ein Mann mittleren Alters in einem kleinen Häuschen –, und die Arbeit, die ich tat (falls sie es herausgefunden hatte), paßten nicht in diese Vorstellung. Darin unterschied sie sich von den Phillips, die mich als »Künstler« sahen, eine Spielart ihres Arbeitgebers, und mir gegenüber immer fürsorglich waren. Das war der Generationsunterschied. Doch es war gerade dieser Unterschied, der (abgesehen von den gemeinsamen Interessen) den Kern der Beziehung zwischen den vieren bildete: Die älteren Leute sonnten sich im Glanz des Stils und der Kühnheit der jüngeren.

Brenda wurde beigebracht, im Herrenhaus auszuhelfen, wenn die Phillips in Urlaub waren oder einen Tag freinehmen wollten. Sie hatten schon länger eine passende Person gesucht, eine, die sich einfügte, eine Freundin, die jedoch keine Bedrohung darstellte. Und die Aussicht auf eine leichte Teilzeitarbeit im Herrenhaus für Brenda, die Aussicht, auf dem kleinen verwilderten Grundbesitz, in den Gärten, im Obstgarten, auf den Wegen am Flußufer frei herumzuspazieren, all das band die jüngeren Leute an die Phillips.

Es fiel allerdings schwer zu verstehen, daß Leute wie Brenda und Les, die so leidenschaftlich waren, so beschäftigt mit ihrer Individualität, ihrem Stil, dem Aussehen ihrer Haut und ihres Haars, daß Leute, die in einer Hinsicht so flott und stolz waren, in einem anderen Winkel ihres Herzens oder ihrer Seele oder ihres Bewußtseins bereit sein sollten, mehrere Stufen hinabzusteigen und Bedienstete zu sein. Sie waren Bedienstete, alle vier. Im Rahmen dieser Bedingung (die sie eigentlich hätte geschlechtslos machen sollen) wurden alle ihre Leidenschaften ausgespielt. Aber das war vielleicht auch nur mein besonderes Vorurteil, waren meine blank liegenden Nerven. Ich kam aus einer Kolonie, einer ehemaligen Plantagengesellschaft, wo Knechtschaft eine verzweifeltere Lebensbedingung war.

Les stand unter Druck. Durch seine Arbeit auf der Farm und seine Unsicherheit, was aus diesem riesengroßen Unternehmen werden würde; wenn es fehlschlug, würde er weiterziehen, eine andere Stellung finden müssen. Durch seine Besessenheit mit Brenda, deren Schönheit ihn so offensichtlich quälte: Besitz der Frau war nicht genug, weil sie ihn ständig daran erinnerte, was er verlieren könnte. Und auch Druck durch seine zunehmende Abhängigkeit von den Phillips.

Er wollte die sichere Position nicht verlieren, die er im Herrenhaus gewonnen hatte; er wollte, daß Brenda – für die das wichtig war – weiterhin freien Zutritt zu dem Anwesen genoß. Um das zu schaffen, mußte er sich in mancher Hinsicht in die Macht der Phillips begeben; mußte nach seiner knechtischen Arbeit bis zu einem gewissen Maße ihnen dienen.

Er mähte das Gras auf den verschiedenen Rasenflächen, viel Arbeit. Er werkelte an Samstagen und Sonntagen mit Hammer und Säge herum, reparierte in den Flußwiesen Brücken über die Bäche (schwarz von verfaulenden Blättern), hielt einen Pfad zum Flußufer frei. Er versuchte sogar, ein paar Gemüsebeete in dem ummauerten Garten neu anzulegen – zwischen den Pfaden war jetzt in der alten gesiebten Erde, die viele Male geharkt und gedüngt worden war, eine Unkrautwildnis, doch der Garten als Ganzes ließ in beträchtlichem Maße noch seine ursprüngliche Anlage erkennen und hatte (wie die Birnbäume) nach den vielen Jahren der Pflege noch etwas von seiner künstlichen Gestaltung bewahrt, trotz des Maschendrahts und des Hühnerauslaufs und der groben Zimmermannsarbeit und der Tröge, all der aufgegebenen guten Vorsätze der verschiedenen Gelegenheitsarbeiter, die nach Pittons Weggang im Garten und auf dem Gelände gearbeitet hatten.

Les arbeitete abends auf den Gemüsebeeten, nach seiner Arbeit auf der Farm. Welch eine Energie! Doch seine späte Arbeit im Gemüsegarten wurde für mich zum Ärgernis. Er benutzte dann den Rasensprenger; und der Wasserfluß dort versetzte die alten Metallrohre, die durch mein Häuschen führten, in schrill pfeifende Schwingungen, so daß mein Häuschen zischte und brummte, während der Sprenger in Betrieb war.

Pitton und seine Nachfolger hatten den Gartenschlauch oder Sprenger tagsüber benutzt; doch dann war der Lärm von den Geräuschen des Tages gedämpft worden. In der Stille des Abends – der alten Stille des Landes (trotz des Schimmers von elektrischem Licht am Himmel der Städte in der Umgebung), einer so tiefen Stille, daß ich manchmal die Züge, die in den sechs oder sieben Meilen entfernten Bahnhof von Salisbury einfuhren oder ihn verließen, hören konnte, wenn ich vor die Tür meines Häuschens trat –, waren diese zischenden Rohre deutlich zu hören und nicht zu ignorieren.

Ich tat etwas, was ich noch nie getan hatte. Ich rief Mrs. Phillips im Herrenhaus an, um mich zu beschweren. Ich rechnete damit, daß sie sich kampfbereit vor ihre Freunde stellen würde. Zu meiner Überraschung machte sie kein Aufhebens. Sie akzeptierte, was ich über das besondere Ärgernis der zischenden Rohre abends sagte, und sagte, sie werde selbst hingehen und den Sprenger abstellen. Sie tat es; und die jähe Stille im Häuschen – die wie ein Grillenzirpen zuerst in den Ohren oder im Kopf widerhallte – war wie ein Segen.

Welche Zufälle hatten mir mein Leben in dem Häuschen geschenkt! Welche Zufälle beschützten es! Wie wenig wäre nötig gewesen, um die ganze Atmosphäre des Ortes zu ändern und mich zu vertreiben! Eine Störung wie der Sprenger spät am Abend; oder Brenda, die zu oft an meinem Fenster vorbeiging; oder zu viele Fremde, die sich auf dem Rasen davor breitmachten; oder zu viele Partys und Besucher in der Personalwohnung des Herrenhauses.

Mrs. Phillips war entgegenkommend gewesen. Doch danach rechnete ich damit, daß es zwischen uns eine gewisse Verlegenheit geben würde und eine noch stärker ausgeprägte Verlegenheit – die sich seit langem angebahnt hatte – zwischen Brenda, Les und mir. Und ich war auf die Unvermeidlichkeit von Veränderung eingestimmt, so auf die Vorstellung eingestellt, daß die Dinge nur so lange hielten, wie es ihrer Zeit entsprach, so dazu erzogen, mir selbst zu sagen: »Na ja, wenigstens habe ich es ein Jahr gehabt« und »Wenigstens habe ich es zwei Jahre gehabt«, daß ich halb auf das Gefühl vorbereitet war, daß mein Leben auf dem Gut sich endgültig geändert habe.

Aber es gab keine Verlegenheit zwischen Mrs. Phillips oder Mr. Phillips und mir. Und überhaupt keine Verlegenheit zwischen Les und mir. Tatsächlich machte Les, mit dem ich bis jetzt wenig zu tun gehabt hatte, mir gegenüber eine freundliche Geste. Und das bereits am nächsten Tag.

Zu der Zeit, da der Sprenger hätte angestellt werden können – von meiner Küchentür hätte ich den Bogen oder Fächer der parallelen Wasserstrahlen sehen können, die hypnotisierend auftauchten und verschwanden, zu- und abnahmen vor dem späten südlichen Himmel über der hohen Mauer des Gemüsegartens, der Mauer, die an dem kleinen Weg hinter meinem Häuschen entlangführte –, klopfte Les an meine Küchentür. Eigentlich war es eine Hintertür; aber es war die einzige Tür, durch die ich mein Häuschen betrat und verließ.

Ich sah ihn durch die hohen Glasscheiben der Tür. Er war barhäuptig, als ich öffnete. Seinen Tarnhut (ein Überbleibsel des Tarnanzugs) hielt er in der Hand, und in einer Schüssel bot er mir Gemüse an. Die Geste des Anbietens war anmutig, klassisch; und er lächelte. Das Bild blieb mir haften: das magere, gebräunte Gesicht mit den eingefallenen Wangen; der Hut in einer Hand, die Schüssel mit dem Gemüse, die er mit beiden Händen hielt; das Lächeln.

Doch was auch an ihm auffiel, war seine mangelnde Schönheit. Und sie fiel jetzt auf, weil ich von seinem Körperbau, seiner Haltung, seiner Kleidung her einen gutaussehenden Mann erwartet hatte. Sein Kinn war wuchtig; die Zähne waren schlecht, sie machten sein Lächeln zur Karikatur; seine Haut war pockennarbig. Und doch hatte er hart an seinem Aussehen gearbeitet. Sein Haar war modisch geschnitten, weich, frisch gewaschen. Ich begriff nun, warum er immer ungewöhnliche oder elegante Hüte trug. Sie waren hilfreich; aus der Ferne sah er mit Hüten gut aus. Ich begriff auch ein wenig von der Ängstlichkeit, die ich bei ihm wegen Brenda gespürt hatte, auch ein wenig mehr von Brendas Verhalten, dem Verhalten einer Frau, die noch viel zu erwarten hatte.

Als die Phillips in Urlaub fuhren, übernahm Brenda die Arbeit im Herrenhaus. Sie zog in die Wohnung der Phillips. Les blieb in dem strohgedeckten Häuschen.

Ich mußte in dieser Zeit ein paar Tage wegfahren. Am Morgen nach meiner Rückkehr ging ich zum Herrenhaus, um meine Briefe zu holen. Wenn ich weg war, wurden meine Briefe dort aufbewahrt; das war mit den Phillips so abgemacht.

Ich klingelte an der Küchentür im Hof des Herrenhauses. Von drinnen hörte ich Musik. Es dauerte lange, bis Brenda kam.

Sie mußte weit hinten in der Wohnung der Phillips gewesen sein. Sie hatten elegante Räume. Sie hatten ein Wohnzimmer mit einer Steinterrasse, die auf den hinteren Rasen führte; er war vor über fünfzig Jahren angelegt worden und hatte große Bäume, Blumenrabatten, alte Rosenbüsche und alte Gartenstatuen: in der Ferne das Marschland der Flußwiesen, der Fluß und am anderen Ufer Wiesen und Downs. Die Phillips hatten der Steinterrasse draußen Vogelhäuschen und Futterglocken hinzugefügt, an denen Meisen und andere Vögel pickten.

Brenda war sorgfältig zurechtgemacht. Jeans und Bluse; die vollen Lippen waren geschminkt, sie hatte irgend etwas mit den Wimpern angestellt, was den starren Blick ihrer beunruhigend blauen Augen betonte; zugleich deutete ihr Aussehen ungeheuren Müßiggang in der Wohnung der Phillips an. In Diensten stehend und doch nicht bedienstet; und jetzt mir gegenüber nicht besonders aufmerksam. Sie sagte, sie habe keine Briefe gesehen.

Hinter ihrem Rücken war die große Küche des Herrenhauses,

die die Phillips (nach dem, was sie mir erzählt hatten) renoviert hatten oder hatten renovieren lassen. Eine warme, einladende Küche mit einem großen Herd und vielen Schränken; mit dicken Mauern, kleinen Fenstern, in tiefe Leibungen eingelassen, das elektrische Licht brannte; ein Eindruck von Geräumigkeit und Schutz, von Türen, die sich auf Korridore öffneten, und nebeneinanderliegenden großen Zimmern.

Kurz nach ihrer Rückkehr rief Mrs. Phillips mich an, um mitzuteilen, daß viele Briefe für mich im Herrenhaus lägen. Als ich zu ihrer Küche ging, um sie zu holen, erzählte ich ihr, daß Brenda mir gesagte habe, es seien keine da. Mrs. Phillips schien nicht unerfreut, das zu hören. Keine Erklärung, kein Kommentar; nur ein andeutungsweises Nicken. Sie war wie jemand, der eine Nachricht verarbeitete und sie dem hinzufügte, was sie bereits wußte.

Und ich hatte das Gefühl, daß Mrs. Phillips ihre Meinung über Brenda geändert hatte; daß Mrs. Phillips wieder einmal – wie schon zuvor bei anderen, die sie als Ferienvertretung ausprobiert hatte – einen Grund gefunden hatte, davon abzusehen eine Fremde in ihre Küche und ihre Räume aufzunehmen. Am Beginn der Beziehung zwischen den vier war Brenda vielleicht der Mittelpunkt gewesen. Doch nun war Mrs. Phillips wichtiger.

Ich war also nicht überrascht, als Brenda nicht mehr im Herrenhaus auftauchte. Aber ich war nicht auf die Neuigkeit vorbereitet, die Mrs. Phillips mir eines Tages mitteilte.

»Sie ist mit Michael Allen nach Italien durchgebrannt«, sagte sie.

Michael Allen war Heizungsfachmann. Er war ein junger Mann mit einem relativ neuen Geschäft. Er hatte von der altmodischen Art der älteren Heizungs- und Sanitärfirmen profitiert, die an große Häuser gewöhnt waren, einen guten Ruf hatten, aber belastet durch die teuren Geschäftslokale in der Innenstadt und die große Belegschaft vergangener Zeiten waren.

Ich hatte Michael Allen kennengelernt, als er ins Herrenhaus gekommen war, um einen geplatzten Heizkessel zu reparieren.

Ich fragte ihn nach den zischenden Rohren in meinem Häuschen. Er sagte auf seine forsche Art, das einzige Rezept dafür wie auch für andere Dinge im Herrenhaus sei, das gesamte Leitungssystem, all diese überalterten Metallrohre hinauszuwerfen. Ich erinnerte mich an sein Selbstvertrauen, die Art, wie er ging, wie er in mein Häuschen kam: Im Grunde genommen stolzierte er. Er war ein Mann vom Lande und ein Prahlhans. In der kurzen Zeit, in der wir uns unterhielten, prahlte er mit vielen Dingen; er wollte nichts von mir wissen. Er habe sechs Angestellte, sagte er; er habe vor, sich mit Vierzig aus dem Geschäftsleben zurückzuziehen.

In einer größeren Stadt, beispielsweise London, sind Leute wie Michael Allen nicht wirklich eine Persönlichkeit: Ihre Persönlichkeit hinterläßt selten einen Eindruck und spielt keine Rolle. Sie oder ihre Angestellten kommen von der Straße herein, tun ihre Arbeit und kehren auf die Straße zurück. Sie verschwinden; sie sind kaum Namen; sie sind eher Telefonnummern und Rechnungen. In einer Gegend wie dem Tal ist es schon eher eine gesellschaftliche Angelegenheit, wenn ein solcher Mensch das Haus betritt. Er kommt mit leichter lesbaren Eigenschaften, und es gibt viel mehr Berührungspunkte: sein Dorf oder die kleine Stadt, manchmal seine Nachbarn, seine Schulausbildung, sein Hintergrund, die Häuser und Menschen, denen er seine Dienste angeboten hat, und die Dienstleistungsbetriebe und Geschäfte, die er seinerseits mit einem teilt.

Michael Allen prahlte. Er betrachtete sich als Mann mit Energie und Ehrgeiz und aus diesem Grunde nicht von der Rezession betroffen, über die andere klagten. Er betrachtete sich als unternehmungslustig, mehrere Stufen über dem Durchschnitt der Leute, die nicht den Mut oder Elan hatten, selbst ein Geschäft aufzumachen, sondern sich damit zufriedengaben, bei anderen angestellt zu sein. Er sah passabel aus; er hatte einen Schnurrbart, wie es gerade Mode war. Doch nach diesem Treffen erinnerte ich mich mehr an seinen absurden Stolz und seine Prahlerei und die Art, wie er – sozusagen mit den Händen in der

Tasche – in das Häuschen stolziert kam, als tue er dem Haus und mir einen Gefallen.

Manchmal sah ich seinen Lieferwagen in Salisbury. Ein- oder zweimal sah ich ihn und seinen Lieferwagen vor dem Safeway-Supermarkt. Das mochte Michael nicht: wenn man sah, daß er seinen Lieferwagen als Privatwagen benutzte. Ich sah seinen Lieferwagen vor Brendas und Leslies Häuschen und im Hof des Herrenhauses. Aber das war nicht überraschend. Ich war daran gewohnt, seinen Lieferwagen (wie auch die Lieferwagen gewisser Bauunternehmer des Ortes) überall im Tal zu sehen; manche Geschäftsleute waren nie müßig.

Aber Italien! Was für eine altmodische Vorstellung von Romantik hatte Michael und Brenda dorthin fahren lassen? Welcher Film oder welche Fernsehshow? Oder hatte Michael, ganz einfach, schon einmal eine Pauschalreise dorthin gemacht und fühlte sich sicherer, weil er es kannte? Aber war dieses Ins-Ausland-Gehen nicht schon an sich ein Zeichen für die Kurzlebigkeit der Leidenschaft? Wie konnte Michael seine sechs Angestellten aufgeben, seinen guten Namen am Ort, seinen Lieferwagen, auf den an den Seiten und hinten sein Name gemalt war? Wie lang würde es dauern, bis er zurückkehren wollte, nicht nur zu diesem Ruhm und seiner Karriere, sondern auch zu seinem alten Leben?

Und so kam es.

Brenda tauchte wieder auf. Nicht im Herrenhaus. Dieses Zwischenspiel war vorüber. Schon bevor Brenda weggegangen war, war Les nicht mehr ins Herrenhaus gekommen, hatte den Gemüsegarten aufgegeben, das Hämmern an Wochenenden, die Gelegenheitsarbeiten auf dem Anwesen. Diese ganze Anstrengung, Dinge in Ordnung zu bringen, dieser ganze Einsatz von Herz und Hand war vergeudet gewesen, war im Herrenhaus untergegangen. Vergeudet; doch das Herrenhaus hatte auch etwas gegeben, Freude, viele Wochen lang freien Zugang für Les zu dem verwilderten Anwesen. Genauso wie das Landleben und seine scheinbare Diskretion dem Schweizer aus der Stadt, ehe Les und Brenda in das strohgedeckte Häuschen gezogen waren, eine wahrhaft neue Vorstellung von der Schönheit der Tage gegeben hatte.

Nun gehörte das Herrenhaus der Vergangenheit an, und Les hatte sich in sein strohgedecktes Häuschen zurückgezogen – das für ihn nie romantisch gewesen und nun zweifelsohne der elendste aller Orte für ihn war; hatte sich in die Einsamkeit und den Lärm seiner Traktorenkabine zurückgezogen, fuhr die ungeheuren Hänge der Downs hinauf und herunter und betrachtete Erde und Staub, nun schwarz, nun braun, nun weiß, und die Trostlosigkeit seiner Felder. Ich hatte ihn in einem seiner besten Augenblikke erlebt: als er mit seinem Gemüse an der Tür auftauchte und es mit jener klassischen Geste und einem Lächeln reinster Freundlichkeit anbot, dem Lächeln eines Mannes, der zu jener Zeit ein bißchen Liebe von der von ihm geliebten Person empfing und ein wenig davon an die Leute in seiner Umgebung zurückgab.

Für Brenda mußte diese Rückkehr, nicht bloß aus Italien, sondern aus Italien in das Häuschen, schrecklich gewesen sein. Nachdem sie auf dem Gelände des Herrenhauses schon halb Königin gespielt und in der Wohnung der Phillips mit dieser großartigen Aussicht vom Wohnzimmer über den Rasen und die Statuen und die alten Bäume und den Fluß volle zwei Wochen Königin gespielt hatte. Sie hatte für ihre Schönheit so viel gefordert; so viel, und dann hatte sie wieder so viel gefordert.

Über Brenda sagte Mrs. Phillips: »Michael hat sie rausgeschmissen.« Und das war alles.

Michael! Der Gebrauch des Vornamens wies auf eine neue Neigung von Mrs. Phillips hin, eine neue – oder alte – Sympathie, etwas, das aus jenem »städtischen« Leben – Pub, Club oder Hotelbar – entstanden war, das sie vielleicht einmal alle geteilt hatten, Mr. und Mrs. Phillips, Brenda und Les und Michael Allen.

Es war gut, daß der Herbst weit vorangeschritten war. Es konnte keine Rede davon sein, daß Brenda sich nun jemandem zeigen mußte, um zu beweisen, daß sie nicht beschämt war und das Leben weiterging. Sie konnte die Haustür zumachen und drin bleiben; so wie Les seinen Traktor herausholen und sich hinter dem getönten Plastik der Fahrerkabine verbergen konnte.

Mit dem Landwirtschaftsunternehmen, das diese Städter ins Tal gebracht hatte (die auf ihre Weise Teile des Tals neu geschaffen hatten), ging es bergab, aus mir unbekannten Gründen. Mit solchen Unternehmungen war es wie mit den Militärmanövern auf dem Boden oder in der Luft, die uns so oft belästigten: Man sah viel, aber begriff wenig.

Les, hieß es, suche eine andere Arbeitsstelle. Drei- oder viermal sah ich Brenda und Les in ihrem kleinen dunkelroten Auto auf der Straße. Sie hatten Teile des Zauns und der Hecke abgerissen, um im Garten Platz für das Auto zu schaffen. Und das strohgedeckte Häuschen war in der Tat nicht mehr als eine vorübergehende Unterkunft gewesen. Emotional mehr in es zu investieren wäre Vergeudung gewesen, mehr als Les' Arbeit an den Abenden und Wochenenden auf dem Herrensitz.

Als ich sie das erste Mal in ihrem Auto sah, nachdem sie nicht mehr ins Herrenhaus kamen, machte Les so etwas wie ein Zeichen des Erkennens. Brenda reagierte nicht. Vielleicht hatte es mit Mrs. Phillips Ärger wegen meiner Briefe gegeben – vielleicht waren die Briefe von ihr als Grund vorgeschoben worden –, und Brenda hatte mir nicht verziehen. Wenn ich sie später sah, reagierten beide gar nicht mehr. Unsere kurze Bekanntschaft war vorüber.

Und ich sah einen Lieferwagen, den von Michael Allen, der wichtigtuerisch wegen seiner Heizungsreparaturen herumfuhr. Erfolg in einer Stadt auf dem Land! Michael hatte mir einen Einblick in diese Seite der Dinge hier gewährt. Doch Italien! Wer hätte etwas Romantisches mit diesem Lieferwagen und dem Namen in Verbindung gebracht, der an drei Stellen, und zwar auf die Seiten und die Rücktür des Wagens, gemalt war. Immer, wenn ich den Lieferwagen sah, dachte ich an Mrs. Phillips' Worte: »Michael hat sie rausgeschmissen.« Wie schwer mußte es für Les und Brenda gewesen sein, mit diesen Worten zu leben, die auch andere gehört haben mußten!

Die Tage wurden kürzer. Der Weg, der von der öffentlichen Straße unter den Eiben zur Auffahrt des Herrenhauses und zu meinem Häuschen führte, war um vier Uhr nachmittags so dunkel, daß ich, wenn ich mit dem Nachmittagsbus zum Einkaufen nach Salisbury fuhr, für den kurzen Rückweg von der Bushaltestelle eine Taschenlampe mitnehmen mußte.

Dunkelheit auf dem Lande! Schwerwiegende Dinge konnten beinahe heimlich geschehen. Und etwas Schwerwiegendes ereignete sich in dem strohgedeckten Häuschen mit dem Strohfasan auf dem Dach.

Mrs. Phillips teilte mir die Neuigkeit mit.

Zwei Tage nach dem Ereignis sagte sie: »Brenda ist tot.«

Scheinbar ruhig fügte sie hinzu: »Les hat sie ermordet.«

»Ermordet«, das offizielle Wort anstatt »umgebracht«. Wenn die Ereignisse schwerwiegend sind, benutzen wir offizielle Worte, selbst wenn sie Worthülsen sind.

Ich dachte daran, wie sie beide zum Birnenpflücken auf dem Rasen aufgetaucht waren – zwei Vögel in buntem Federkleid. Ich dachte an das Gesicht des zufriedenen Liebhabers, der mir Gemüse an der Küchentür anbot, das Geschenk des glücklichen Mannes. Dann dachte ich an Italien und den Lieferwagen von Michael Allen, der herumfuhr, um Geld zu verdienen und den Namen bekannt zu machen – während Les in seinem roten Auto herumfuhr und eine neue Arbeit suchte.

Die Tat an sich, der Schauplatz, die Endgültigkeit, die Leiche, alles nur ein paar hundert Meter entfernt, waren schwer zu vergegenwärtigen. Ich überlegte, was für eine möglichst unaufdringliche Frage ich stellen könnte. »Wo hat er sie umgebracht?«

»Direkt im Häuschen. Am Samstagabend.«

Samstagabend! War es ein Abend mit Alkohol und Wut? Das verband ich eigentlich nicht mit ihnen.

Mrs. Phillips sagte: »Sie hat ihn verhöhnt.«

Und »verhöhnt« empfand ich auch als Fachausdruck, genauso wie »ermordet«. Es hatte sexuelle Konnotationen. Sie, die nach

Italien durchgebrannt war, hatte ihn sexuell verhöhnt. Sie war nicht beschämt zurückgekommen. Sie hatte gehöhnt, hatte gestichelt. Wie oft mußte sie ihn als Strafe für ihren italienischen Mißerfolg »verhöhnt« haben! Und das Gefühl, daß sie eine Vorstellung davon gehabt haben mußte, was sie da provozierte, ließ sich kaum unterdrücken. Und wie mußte er, nachdem er einmal mit seinem Werk der Vernichtung begonnen hatte – er hatte ein Küchenmesser gebraucht – und nicht mehr zurück konnte, auch wenn er in einem Winkel seines Gehirns gewünscht haben mochte, es sei alles nicht geschehen, wieder gut, wie mußte er zugestochen haben, bis der Wahnsinn und das Leben vorüber waren! All das in dem kleinen strohgedeckten Häuschen mit dem ruinierten Garten.

Arbeitsbienen arbeiten, bis sie sterben. Wenn sie sterben, säubern andere Bienen den Bienenstock und schaffen die Leichen weg. Denn Bienen arbeiten und sind sauber. Und so wurde das Häuschen ohne Aufhebens, ohne daß viele Leute es überhaupt wußten, sogar die Leute im Bus nicht, gesäubert und von seinem einst kostbaren Leben, seinen einst kostbaren Leidenschaften gereinigt.

Sie »verhöhnte« ihn – so lautete es im Urteil. Und alle Herzen schlugen für den Lebenden, den Überlebenden, den Mann; so wie sie, wäre es andersherum gewesen, für die Frau geschlagen hätten.

Die Polizei war diskret, kaum zu sehen, beinahe so heimlich wie das Ereignis selbst. Von der lokalen Wochenzeitung war mehr Information zu bekommen als von den unmittelbaren Nachbarn. Sie hatten sehr wenig gesehen und wollten einem Partner nicht mehr Schuld zuschieben als dem anderen: Jeder fühlte sich in diesem Augenblick Brenda und Les nahe, versuchte, sich an sie zu erinnern, und reagierte auf dieses nahegehende Ereignis beinahe wie auf eine Familientragödie.

Eine an den Ort gebundene Formalität blieb. Brendas »Sachen« mußten geholt werden. Und ein paar Wochen später, ehe der

Winter mit Frühlingsstürmen zum Frühjahr wurde, kam Brendas Schwester, um Brendas Sachen aus dem unbewohnten Häuschen zu holen, wo kein dunkelrotes Auto mehr stand.

Die Sachen der Toten zu holen – das schien zu einer vergangenen Welt zu gehören, zur Vorstellung von etwas Heiligem, zu einer anständigen Beerdigung, zur Ehrung der Toten; und es schien ein Ritual zu verlangen. Doch es gab keins. Die Sachen der toten Frau wurden beiläufig abgeholt. Ich hätte nichts davon gewußt, wäre ich nicht in der Küche des Herrenhauses gewesen, um eine kleine Rechnung bei Mrs. Phillips zu begleichen, als Brendas Schwester vorbeikam.

Mrs. Phillips kannte Brendas Schwester. Das war ein weiterer Hinweis auf das »städtische« Leben der Phillips, ihr Leben außerhalb von Herrenhaus und Dorf. Mrs. Phillips wurde viel ernster, als Brendas Schwester sagte, warum sie gekommen sei. Ich war selbst gerührt. Und nachdem wir einander vorgestellt worden waren, gingen wir alle in Mrs. Phillips' Wohnzimmer mit dem Blick über die Downs und den Fluß, die Flußwiesen und die großen Espen im Garten, die alte Steinterrasse, die Urnen, das Moos, den gesprenkelten Stein, die Futterglocken für die Vögel, die Wäscheleinen – diese Mischung aus Herrenhausgarten und Hinterhofbehaglichkeit, die ich (durch Regen und Nebel) an meinem ersten Tag auf dem Anwesen gesehen hatte, als ich, kaum wissend, wo ich war, oder begreifend, was ich sah, bei den Phillips einen Besuch gemacht hatte. Danach hatte ich diese Aussicht nur Weihnachten (in den Jahren, in denen ich nicht im Ausland war) gesehen, wenn ich die Phillips besucht hatte, um ihnen meine Geschenke zu überreichen.

Brendas Schwester sah Brenda auf den ersten Blick nicht sehr ähnlich. Sie war älter, dicker. Ihr dickes aufgedunsenes Aussehen ließ eher auf Krankheit, einen krankhaften Zustand denn auf Fettleibigkeit schließen. Brendas üppige Hüften und Schenkel waren anders gewesen; sie hatten auf eine verwöhnte Frau hingedeutet, eine, die das Gefühl hatte, daß ihre Schönheit sie zu Luxusgefühlen berechtigte, und gleichzeitig das Gefühl hatte, daß ihrer Schönheit ein gewisses Maß an Genußsucht zustehe. Doch dann sah ich nach und nach Brendas volle Lippen und wilde Augen im Gesicht ihrer Schwester, sah diese Züge, die sich in aufgedunsenem Fleisch verloren oder geändert hatten; sah auch die glatte Haut und den reinen Teint, die dem Mädchen, als es ein Mädchen war, wohl eine hohe Vorstellung von sich und den eigenen Fähigkeiten gegeben hatten, nun aber Teil des schwer atmenden Wracks waren, zu dem sie geworden war. Das Leben war nicht gut verlaufen für diese Schwestern; das Geschenk der Schönheit hatte sich auf unterschiedliche Weise als Qual für sie herausgestellt.

Brendas Schwester lebte in einer kleinen, ziemlich neuen Stadt im Süden, zwischen Salisbury und Bournemouth, die weder Stadt noch Land war, sondern ein öder Ort, von dem sie nicht geglaubt hätte, daß sie dort landen würde.

Im Wohnzimmer der Phillips sah es eine Weile so aus, als sei der Besuch von Brendas Schwester ein reiner Höflichkeitsbesuch. Doch dann schien sie sich plötzlich zu erinnern, was sie hergeführt hatte.

Sie sagte: »Man will alles verwahren. Und dann will man alles wegwerfen.« Ihre Stimme brach; ihre Augen wurden feucht. »Sie hat so wenig hinterlassen. Ihre Kleider.« Sie versuchte zu lächeln. »Sie war so heikel mit ihren Kleidern. Aber was kann ich mit ihren Kleidern machen?«

Sie wünschte niemandem Böses, hatte keine Wut, keine Rachegelüste.

Sie sagte: »Sie hat ihn überfordert. Er konnte nicht mit ihr fertig werden.«

Mrs. Phillips ließ Brendas Schwester weiterreden.

Brendas Schwester sagte: »Sie hat ihn sogar für schwul gehalten. Wußten Sie das? Sie hat mir erzählt, daß er sich jeden Morgen die Haare wusch. Nicht abends nach der Arbeit, weil er nicht auf den nassen Haaren schlafen wollte. Sondern morgens. Er ist wie mein Sohn Raymond. Ich hoffe, niemand hält ihn für schwul, weil er das tut. Raymond tut es für die Mädchen in seiner Schule.«

Ich hatte immer angenommen, Brenda hätte Les ermutigt, sich herauszustaffieren, und geglaubt, sie hätte die Sachen für ihn ausgewählt. Diese Geschichte mit dem Haarewaschen deutete auf einen einsameren und verzweifelteren Mann hin.

Brendas Schwester sagte: »Sie hat so viel vom Leben erwartet. Meine Mutter hat uns immer eingetrichtert, wie sehr sie vor dem Krieg gelitten hatte, als sie in einem kleinen Armeehaus wohnte und hoffte, daß sich bei meinem Vater etwas Großes täte. Aber mehr hat sich nie bei uns getan. Wir wohnten in einem kleinen Armeehaus.«

Sie erzählte uns die Geschichte von ihrem Vater, einem einfachen Soldaten, mit ein wenig Fabrikerfahrung, der zu Beginn des Krieges einen flüchtigen Augenblick der Inspiration gehabt hatte. Er war auf eine neue Möglichkeit gestoßen, Geschütze im Heck eines Flugzeugs zu montieren; und die Behörden hatten den einfachen Soldaten ein paar Monate lang in Anspruch genommen. Er war jedoch nicht allein; es gab viele wie ihn, Männer mit Ideen.

»Immer war er auf dem Weg ins Verteidigungsministerium. Verteidigungsministerium, Verteidigungsministerium, das hörte ich ständig. Wenn ich heute die Anzeigen in der Zeitung sehe und diese Worte wiedersehe, fällt mir alles wieder ein.«

Ich war sicher, daß sie sich das nicht einbildete. Die Art, wie sie das Wort »Verteidigungsministerium« ohne bestimmten Artikel benutzte – der Durchschnitt der Leute hätte wahrscheinlich ein »das« davorgesetzt –, war überzeugend; es ließ darauf schließen, daß sie das Wort so gut kannte, wie sie gesagt hatte.

Aber nichts hatte sich bei ihrem Vater getan. Geschütze wurden ausgetauscht; Flugzeuge umgebaut oder durch neue ersetzt; und der einfache Soldat war wieder ins Glied getreten. Aber von ihrer Mutter hatten die Töchter einen Traum von Ruhm geerbt, einen Traum, der einherging mit allgemeinem Pessimismus, dem Wunsch zu hoffen und gleichzeitig der Angst zu hoffen. Das führte zu Unausgeglichenheit, Frustration, Selbstzerstörung. Anscheinend tragen wir alle die Nachwirkungen der Zufälle, die unseren Vorfahren widerfuhren, in uns, sind wir in vieler Hinsicht vor der Geburt vorprogrammiert, ist unser Leben bereits halb vorgezeichnet.

Brendas Schwester sagte: »Ich darf nichts sagen. Ich habe es auch nicht gerade zu etwas gebracht.«

Sie hatte einen kleinen Bauunternehmer geheiratet, der – als sie endlich in die Welt hinausgekommen, aus dem kleinen Armeehaus herausgekommen war – ihr unendlich wohlhabend und schick erschienen war, doch das dann immer weniger war; der in Bedrängnis geriet und dem es noch schlechter ging, als er, um das Blatt noch einmal zu wenden, ein Unternehmen in Deutschland gegründet hatte; und der dann mit einer jüngeren Frau fremdgegangen war, die von seiner Ausstrahlung so bezaubert war wie einst Brendas Schwester. Schließlich war er auf und davon, hatte Frau und Kind verlassen.

Eine alte Geschichte – das sagte Brendas Schwester; und so erzählte sie es auch, spielte das Drama herunter. »Wie üblich war Muggins die letzte, die es erfuhr.« Jetzt sorgte sie nur noch für ihren Sohn; ihm allein galt ihr Interesse, darauf hatte sich bei ihr alles beschränkt.

Es gab also ein Muster in ihrem Leben, obwohl sie selbst das nicht zum Ausdruck brachte. Der Vater war durch den Ehemann ersetzt worden, und der Ehemann durch den Sohn. Ihr Leben hatte sich wiederholt; sie hatte dasselbe Leben oder Spielarten desselben Lebens durchlebt. Oder, wenn man es anders betrachtete, ihr anderes, leidenschaftliches Leben war, kaum daß es begonnen hatte, gleich wieder zu Ende gegangen – so wie es für ihren Vater, ihre Mutter und wahrscheinlich für Generationen ihrer Vorfahren zu Ende gegangen war.

Alles, was Brendas Schwester über sich erzählte, sagte sie unaufgefordert; und ihre Hysterie machte sich bemerkbar. So war es möglich, Brendas Schwester, nachdem sie anfänglich ruhig, sogar steif gewesen war, in Mrs. Phillips' Wohnzimmer mit dem großartigen Blick als kranken Menschen zu sehen, jemand, der mehr als Brenda gebrandmarkt war von der Vergangenheit der Familie, der Vergangenheit, in der es im Grunde kein großes Ereignis gegeben hatte. Und gleichzeitig war es möglich, bei ihr nicht nur immer mehr Anklänge an Brendas Aussehen zu finden, sondern auch so etwas wie die andere Seite von Brendas Leidenschaften. So unterschiedliche Leidenschaften, so viele Wurzeln, so wenig verstanden, selbst von den Menschen, die Opfer dieser Leidenschaften geworden waren.

Dann erinnerte sich die hysterische Frau mit der immer noch glatten Haut, dem immer noch makellosen Teint an ihre Umgangsformen. Der Besuch war vorüber. Sie mußte tun, weshalb sie gekommen war: mußte die Sachen ihrer Schwester, die so wenig hinterlassen hatte, holen.

Wir verließen das Wohnzimmer. Ein Korridor, dicke Mauern, steinerne Mittelpfosten im Fenster, eine Tür zur großen Küche. Und dort unter dem Vordach verabschiedete sich Mrs. Phillips.

Als wir den Hof des Herrenhauses verlassen hatten und uns auf der unebenen, steinigen Auffahrt befanden, sagte Brendas Schwester, und es kam überraschend, nachdem sie sich im Wohnzimmer so vertrauensvoll gezeigt hatte: »Ich glaube, ich werde Mrs. Phillips nie vergeben.«

Sie war verstört. Ich ging nun mit ihr zur Straße. Als wir unter den alten Eiben entlanggingen, erzählte sie mir von Brendas Flucht nach Italien.

Michael Allen war geflogen. Brenda war mit dem Zug gefahren. Auf der Reise – als sie so wenig Englisch hörte und so wenig mit Menschen sprach – hatte sie viel darüber nachgedacht, was sie da tat, und Angst bekommen. Als sie in Rom ankam, hatte sie beschlossen, nicht zu Michael zu gehen. Sie wollte in einem Hotel bleiben und Leslie eine Botschaft zukommen lassen, sogar nach ihm schicken lassen. Sie hatte ein wenig Geld, das für ein paar Tage langte. Sie stieg in einem Hotel am Bahnhof ab. Zu Hause, in dem strohgedeckten Häuschen, gab es kein Telefon. Deshalb rief sie im Herrenhaus an und bat, Leslie etwas auszurichten.

Nichts passierte; kein Wort von Leslie. Dann hatte Brenda ihren Stolz heruntergeschluckt (denn es hatte irgendeinen Streit zwischen ihnen gegeben) und die Leute in Jacks altem Häuschen angerufen – die Frau, die immer so schnell im Auto den Hügel hinauffuhr, um jeden Werktagnachmittag ihre Kinder am Schulbus abzuholen, und die mir nie zugelächelt hatte; die Frau, die Jacks Garten dem Erdboden gleichgemacht hatte. Aber immer noch kam keine Nachricht von Leslie. Mittlerweile war Brenda das Geld ausgegangen. Da hatte sie getan, was sie eigentlich nicht hatte tun wollen. Sie war letzten Endes doch zu Michael Allen gegangen und bei ihm geblieben, bis er sie, wie man uns allen erzählt hatte, hinausgeschmissen hatte.

Sie war gekränkt, wütend zurückgekommen, in der Stimmung, den Mann zu verhöhnen, den sie angeblich für einen Schwulen, keinen richtigen Mann hielt. Sie fühlte sich von dem romantischen Impuls genarrt, der sie in Rom in dem Hotel am Bahnhof eine Weile erregt und aufrechterhalten hatte: das Mädchen in Not, das Mädchen in Gefahr, am anderen Ende der beflissene Liebhaber. Leslie hätte alles tun, alles verkaufen müssen, um zu ihr zu kommen. Aber von Leslie kam kein Wort.

Brendas Schwester sagte: »Mrs. Phillips hat die Nachricht nie an Leslie weitergegeben. Erst vier oder fünf Tage später, als Brenda das Hotel verlassen hatte und bei Michael war. Sie sagte, sie hätte es vergessen. Sie sagte, andere Dinge wären dazwischengekommen. Sie sagte, sie hätte es nicht für so wichtig gehalten. Aber ich glaube, es war Absicht.«

Von der Frau, die in Jacks altem Häuschen lebte, sagte Brendas Schwester, hätte sie nichts erwartet. Aber diese Geschichte charakterisierte die Frau – und die Form und Farbe ihres Autos –, die den Hügel hinaufraste, um ihre kleinen Kinder nachmittags am Schulbus abzuholen, ganz neu.

Eines Tages, später im Sommer, als ich an den alten Wirtschaftsgebäuden und Jacks ehemaligem Häuschen und Garten vorbeiging – dem Schrott und den Ruinen, die nicht zu Jacks Vorstellung von einer sich ständig erneuernden Welt gehört hatten, Ruinen, zu denen jetzt auf der anderen Seite des Triftwegs in dem kreidigen Boden zum Verbrennen von, wie es aussah, Industriemüll eine Grube hinzugekommen war, deren Feuer gelegentlich die Silberbuchen versengte, die vor Jahren gepflanzt worden waren, um den alten Flecken Brachland abzuschirmen – eines Tages also, als ich an der Farm und ihrem sich immer weiter ausbreitenden Abfall vorbei und bis dahin hinaufging, wo die Biskuitrollen aus Heu gestapelt worden waren und nun bereits schwarz wurden und leuchtend grüne neue Grastriebe hervorbrachten, hörte ich ein großes Feuer hinter dem jungen Wald – und dieser Wald war nicht mehr wirklich jung.

Ich hörte das Geräusch hinter den Bäumen; sah den Rauch und zwischen dem Schwarz der Baumstämme die Flammen auf dem Feld dahinter. Die von der Hitze flirrende Luft verzerrte die Sicht wie eine altmodische Glasscheibe, ich spürte die Hitze und wurde dann schnell von dem Geräusch eingeschlossen, das sich rasch zu einem erstaunlichen Rauschen steigerte. Und ich dachte an ein anderes Geräusch, das ich vor über fünfundzwanzig Jahren im Hochland des nordöstlichen Südamerika gehört hatte: das Geräusch eines großen Wasserfalls. Wasser, Feuer – im Aufruhr machten sie das gleiche Geräusch. Und als ich in diesem überwältigenden Lärm über die Downs ging, kam es mir vorübergehend so vor, als sei alle Materie eins geworden.

Auf dem Rückweg – das Feuer war schnell ausgebrannt, erloschen, Asche auf dem Feld hinter dem Wald – von meinem Spaziergang, damals und auch später, schien das dicke Moospolster unter der Gaube im Strohdach des leeren Hauses, ein glänzendes, unnatürliches Grün, das einst Teil der Schönheit des Strohdaches ausgemacht hatte, für mehr zu stehen als bloß pflanzliche Materie.

So still war das strohgedeckte Haus nun; so endgültig ruiniert war der kleine Garten nun, der einst mit seiner Hecke und den Dutzenden kleiner Rosen im Sommer so hübsch gewesen war.

Und so still waren auf der anderen Seite des Hügels, im Grund des Tals, wo ein alter, grasbewachsener Feldweg zu einem kleinen, verlassenen Wirtschaftsgebäude führte, das ganz schwarz und rostig in einer kleinen Mulde lag, so still waren die Kinder aus Jacks ehemaligem Häuschen, wenn ich sie an einem Samstag- oder Sonntagnachmittag in der Stille der menschenleeren Downs mitten im Abraum (der weiß wurde und einige wenige Unkräuter mit gelben Blumen hervorbrachte) mit den Reifen der Futtergrube spielen sah.

Dort konnte vielleicht Jacks Vorstellung vom Tal als Gesamtheit weiterbestehen; eine Vorstellung ohne den Niedergang, den ich vor Augen hatte; eine Vorstellung von Kindheit, die sich im Kopf des Erwachsenen fortsetzte.

Andere sahen das Tal und den Triftweg als Ort ohne Verfall. Als ich eines Tages an den alten Wirtschaftsgebäuden, an den frisch gefallenen Blättern unter den Buchen, dem Feuer in der Kreidegrube vorbeiging und mich dann nach oben in Richtung des jungen Waldes wandte, sah ich in der Ferne eine Gestalt.

Ich war Einsamkeit auf meinem Spazierweg gewöhnt. Der Anblick von jemand in der Ferne und die Aussicht auf eine Begegnung in zehn oder fünfzehn Minuten konnte den ganzen dazwischenliegenden Weg und auch den Rückweg verderben (weil dann derjenige, dem man begegnet war, wahrscheinlich selbst zurückging, gewöhnlich zu einem geparkten Wagen am anderen Ende des Triftwegs, wo dieser auf eine Autostraße stieß). Wenn mir also jemand entgegenkam, gab ich lieber den Spaziergang auf und kehrte um.

Dieses Mal tat ich das jedoch nicht. Wie sich herausstellte, ging ich auf eine Frau mittleren Alters zu. Sie war ziemlich klein. Aus der Ferne, besonders gegen den Himmel gesehen, war sie mir körperlich imposant vorgekommen; Leute wirkten überwältigend in der Verlassenheit. Ihr Gruß, kurz ehe wir aneinander vorbeigingen, war unbefangen, offen; wir blieben stehen und sprachen miteinander. Sie war eine Arbeiterfrau aus Shrewton. Als sie noch in Amesbury gewohnt habe, sagte sie, sei sie regelmäßig den Weg gegangen, den wir nun beide gingen. Sie war jetzt hergekommen, um nach dem Rotwild Ausschau zu halten. Also hatten wir auch das gemeinsam. Sie sagte, sie habe den regelmäßigen Weg der Rehe herausgefunden; sie wußte ungefähr, wo sie die öffentliche Straße überquerten. Und es war außergewöhnlich, das Überleben dieser Rotwildfamilie auf einem Stück Land, das an drei Seiten von vielbefahrenen Landstraßen begrenzt war und auf einer Seite noch zusätzlich durch den Truppenübungsplatz.

Die Frau sah keinen Verfall. Downs, Spaziergänge, Rehe: Das Wunder der Natur war so vorhanden, wie es immer vorhanden gewesen war.

Und auch für den alten Farmmanager gab es keinen Verfall. Ich sah ihn eines Tages zu Pferd auf dem ansteigenden Stück des Triftwegs zwischen dem Wald auf der einen und einem baumlosen Feld oder einer Weide auf der anderen Seite, vor dem Hügel mit den Lerchen und den Hügelgräbern auf dem Hügelkamm. Auf seinen Inspektionsrunden mit dem Landrover war er früher selten so weit gekommen. Aber nun war er pensioniert und konnte umherstreifen; und er war zu Pferd, ein weiteres Zeichen des Müßiggangs.

Es war ein großes Pferd, von schöner Farbe, weiß oder grau, rotbraun gefleckt oder gesprenkelt. Es sei ein schwieriges Pferd, sagte er. Es war ein Geschenk seiner Tochter, die geheiratet hatte und nach Gloucestershire gezogen war. Und davon redete er: von seiner Tochter (die so gut im Umgang mit Pferden war) und dem geschenkten Pferd (das kein Problem für sie war, dieses Tier).

Sein vorstädtisches Haus am Rande des uralten Triftwegs; sein ordentlicher Garten; seine Tochter, die erwachsen war und fortgezogen; und nun die unausgefüllten Tage. Wie schnell seine

Zeit vergangen war! Wie schnell die Zeit eines jeden Menschen verging! In der Tat so schnell, daß man innerhalb einer normalen Lebensspanne zwei oder drei aktive Lebenszyklen nacheinander miterleben und verstehen konnte.

Darüber dachte ich nicht nach, als ich ihn traf. Als ich ihn auf dem Pferd traf, das er so schwierig fand – er stieg ab, einigermaßen erleichtert, um sich mit mir zu unterhalten –, dachte ich erst nur, daß es stimmte, was manche Leute sagten: daß Menschen, die nach einem aktiven oder anstrengenden Leben in den Ruhestand gingen, schnell alterten. Er war gealtert; er war krumm; sein Gang (den ich, als ich den Manager das erste Mal sah und für einen typischen Farmer hielt, für den Gang eines Farmers hielt) war steif.

Der Gedanke, wie kurz der aktive Lebenszyklus eines Menschen, seine tätige Periode ist, kam mir später, als ich das Herrenhaus und mein Häuschen verlassen hatte, als dieser Abschnitt meines Lebens abgeschlossen war und ich selbst zu spüren bekam, daß Energie und Tatkraft meinem Befehl nicht mehr völlig gehorchten, daß jeder sein besonderes Maß an Energie mitbekam und daß es, wenn es aufgebraucht war, aufgebraucht war. Diese Gedanken kamen mir wenige Jahre, nachdem ich den Manager auf seinem schwierigen Pferd gesehen und den Unterschied in Alter und Energie und Erwartung zwischen uns gesehen hatte. Doch das mittlere Alter oder der Verfall, der damit einhergeht, überfällt manche plötzlich; und das mittlere Alter hatte mich so plötzlich überfallen, wie das hohe Alter meinem Eindruck nach den alten Manager überfallen hatte.

Ich hätte von dem alten Manager gern etwas über die neuen Leute auf der Farm gehört. Ich hätte ihm dann – eher, weil ich ihm als jemanden aus meiner Vergangenheit Anerkennung zollen wollte, denn weil ich begriff, was ich von der Landwirtschaft um mich herum sah – gesagt, wieviel lieber mir seine Art war. Aber er interessierte sich nicht dafür. So kam es nicht zu dieser Bekundung von Verbundenheit. Und es spielte auch keine Rolle. Denn schließlich machte das neue Unternehmen unerklärlicherweise (wenigstens für mich) bankrott, nach zwei heißen, trockenen Sommern, Sommern, die so heiß waren, daß das alte Orangenbäumchen vor meinem Häuschen einging.

Während einer dieser Dürreperioden hörte ich in Gesprächen – im Bus und von Bray, dem Mann mit der Autovermietung –, daß dem Vieh kein Wasser mehr gebracht werden sollte, sondern daß das Vieh zum Wasser, vielleicht bis nach Wales, transportiert werden sollte! Das waren Maßstab und Stil und Ruf des neuen Unternehmens. Ich weiß nicht, ob so etwas tatsächlich geschah oder ob es bloß aufgeregter Lokalklatsch war. Bald jedoch spielte es keine Rolle mehr. Das Unternehmen ging bankrott. Und selbst dieser Bankrott – so groß er auch war und so viele Leute er betraf, letztlich sogar das Erscheinungsbild so vieler Morgen Land – schien sich in der Stille zu vollziehen.

Es dauerte eine ganze Zeit, ehe mir auffiel, daß es zum Bankrott gekommen war. Die Maschinen waren da, die Kühe waren da, die Männer fuhren in ihren Autos herum; die großen Laster kamen, um das Getreide aus der Scheune mit den Metallwänden abzuholen. Doch dann wurde der Bankrott, der Abbau im Zentrum allmählich sichtbar.

Der Kuhstall in Fertigbauweise neben der Scheune wurde vorne und hinten geöffnet und von Mist und Stroh gesäubert; und er blieb offen und sauber (wenn auch fleckig) und leer; die Boxen, der Betonboden mit den Abflußrinnen, die Holzlatten der Wände brachen das Sonnenlicht, reflektierten es in vielen Streifen und verliehen dem Stall von innen Glanz. Das neue Melkgebäude oder der Melkstand wurde abgerissen. Gerade neu errichtet sah seine Betonplattform – das einzige, was blieb – immer noch neu und wie eine Wunde auf dem Hügel aus. Es war wie mit Jacks Gewächshaus; von dem war ebenfalls nur ein Betonboden geblieben.

Auch hier war wieder in zu großem Maßstab gebaut worden, einem für Menschen zu großen Maßstab. Bedürfnisse waren übertrieben worden, hatten sich vervielfältigt und eine Ruine hinterlassen. Einen leeren Kuhstall, der mit der Zeit vielleicht abgetragen und verkauft werden würde; eine Melkmaschinerie, die zweifelsohne bereits verkauft worden war und von der nur ein Betonboden zurückblieb. Offen daliegend war dieser Fußboden jetzt so klein, wo früher die Melkmaschinen gesummt und gezischt hatten und auf Skalen dieses und jenes kontrolliert worden war, während die mistbefleckten Kühe, zu bestimmten Zeiten in mit Eisengitter abgeteilte Gänge gesperrt, merkwürdig ruhig darauf gewartet hatten, den Maschinen Milch zu geben, nachdem sie unter den Rufen des Kuhhirten (dem einzigen Menschen, der von dem ganzen Melkritual übriggeblieben war) den Hügel hochgetrieben worden waren.

Schließlich verschwanden auch die Kühe. Manche waren sicher verkauft worden; doch ob verkauft oder nicht, sicher war mit ihnen geschehen, was immer mit Kühen geschah, wenn man ihre Zeit für gekommen hielt: Ganze Gruppen wurden regelmäßig in geschlossenen Lastern ins Schlachthaus gebracht.

Ich hatte die Kühe gegen den Himmel auf den Hügelhängen gesehen, wo sie mit gesenkten Köpfen grasten oder mit furchtsamem Interesse den vorbeigehenden Menschen ansahen. Und sie waren mir wie die Kühe vorgekommen, die ich in Trinidad als Kind auf dem Büchsenmilchetikett gekannt hatte: Diese hatten folglich für mich das tiefste Wesen der Romantik ausgemacht, die Phantasievorstellung eines Kindes von dem schönen, dem anderen Ort, und es war, als hätte ich die Kühe, wenn ich sie auf den Downs sah, immer gekannt. Ich hatte die großen Augen gesehen, das gelegentliche sanftmütige Losgaloppieren der Kühe, wenn sie auf der Weide dem Spaziergänger gefolgt waren, weil sie dachten, er habe ihnen etwas Leckeres gebracht oder würde sie zu etwas führen, das zu mögen man ihnen beigebracht hatten. Ich hatte die großen, nassen, schwarzen Nasen gesehen, das Fliegenmittel in den Clips in den Ohren, die sie wie schwere Fächer bewegten. Man sieht, was man sieht. Was man nicht sieht, ist schwerer vorstellbar, unwirklich.

Ich hatte eine ganze Weile gebraucht, bis ich merkte, daß, obwohl die Milch von Kühen kam, die gekalbt hatten, kein Kalb zu sehen war, nur sehr kränkliche Tiere: kleine, scheinbar feuchte schwarz-weiße oder braun-weiße Säcke auf Stroh, Geschöpfe, die scheinbar gerade aus dem Mutterleib gekommen waren. Und keine Kuh mit ihrem Kalb. Keine blökende Herde, die hier über die Auen galoppierte, wie in Grays »Elegie«; und keines »treuen Rindes Blöken nach den Jungen« wie in »Der Wanderer und das verlassene Dorf«.

Einst Bilder von besonderer Schönheit, paßten diese Verse zu der Vorstellung von den Kühen auf den Büchsenmilchetiketten. Von besonderer Schönheit, weil wir (auch wenn ich dieses »treu« gut kannte – ein schönes, angemessenes Wort – und auch das Ritual kannte, mit dem das Vieh nachts mit Streu versorgt wurde) solche Herden auf meiner Insel nicht hatten. Wir hatten weder das Klima dafür, noch die Weiden; die Insel war für den Anbau von Zuckerrohr erschlossen worden. Aber es gab Vieh. Wie andere Leute auf dem Lande hielten auch manche Mitglieder meiner Familie ein oder zwei Kühe wegen der Milch, aus Freude oder religiösen Gründen.

Wir waren am Endpunkt der alten arischen Verehrung für die Kuh, die Milch spendete, ohne die das Leben der Menschen schwerer und in manchen Klimazonen und Ländern unmöglich gewesen wäre. Diese Verehrung hatten unsere Vorväter aus dem bäuerlichen Indien mitgebracht; als ich ein Kind war, hielten wir die Vorstellung sowohl noch um ihrer selbst willen in Ehren als auch um ihrer Verbindung zur unvordenklichen Vergangenheit willen. Bei uns war die frische Milch einer Kuh, die gerade gekalbt hatte, beinahe heilig. Eine besondere Süßspeise wurde aus dieser sehr fetten Milch gemacht und vom Besitzer der Kuh wie die geweihte Opfergabe bei einem religiösen Ritus in ganz kleinen Portionen an Freunde und Verwandte geschickt.

Unsere wenigen Kühe waren (vielleicht wie die Herden von Gray oder Goldsmith) jämmerliche Geschöpfe verglichen mit den gesunden, großen Tieren auf den Downs. Aber diese Tiere auf den Downs hatten trotz ihrer Schönheit nichts Heiliges, genossen nicht die ständige Aufmerksamkeit von Menschen, nach der sich, wie ich als Kind meinte, die Kühe sehnten. Diesen Kühen auf den eingezäunten Weiden oder Wiesen waren Nummern ins Hinterteil gebrannt worden. Nichts Heiliges bei der Geburt oder beim Tod; nur der geschlossene Lastwagen. Und manchmal erinnerte, wie früher in dem verfallenen, moosbewachsenen Hof hinter Jacks Häuschen, etwas an eine mißlungene künstliche Besamung oder Befruchtung: wenn für einige Tage, isoliert von den Tieren, die gesund geboren worden waren, merkwürdig geratene Rinder hier eingepfercht waren, denen ein extra Stück Fleisch und Fell (mit schwarzweißem Friesenmuster) in der Mitte herunterhing, als sei aus den zwei Hälften der Kuhform Kuhsubstanz ausgelaufen.

Und nun kam mit dem Verschwinden des Viehs ein Augenblick des Stillstands, der Schwebe über die alten und neuen Wege und Pfade der Downs um die Farm (deren Leben dem Besucher unverändert und ritualisiert vorkommen mochte). Große Geschäftigkeit hatte hier geherrscht; nun gab es mehr Ruinen denn je.

Der Herrensitz, in dessen Park ich wohnte und in dem so viele Räume verschlossen waren; die Gärten des Herrensitzes; der waldartige Obstgarten; das Kinderhaus dort mit dem kegelförmigen Strohdach, das an manchen Stellen verfaulte und dem ein dikkes Bündel feuchter Riedhalme aus dem Maschendraht gerutscht war, so daß es von unten aussah wie quer durchgeschnitten; die Squashhalle, die weder Squashhalle noch Farmhaus war; der alte Getreidespeicher mit dem doppelten pyramidenförmigen Dach.

Die alten Wirtschaftsgebäude hinter der renovierten Kirche waren abgerissen und durch den Fertigbauschuppen ersetzt worden, der jetzt leer stand; die silbrigen runden Konvexspiegel an der Einfahrt zum Viehhof erinnerten nur noch an den Verkehr, den es hier einst gegeben hatte. Der Garten des rosa Hauses mit dem grüngefleckten Strohdach und dem zerfledderten Strohfasan auf dem Dach lag nun brach. Die neue Scheune und der neue, zur Hälfte aus Latten bestehende Kuhstall oben auf dem Hügel mit dem Windschutz aus Kiefern und Buchen, Bäumen, die mächtig gewachsen waren, seit ich sie zum ersten Mal gesehen hatte. Am Fuße jenes Hügels die Futtergrube, deren Wände mit dicken Holzplanken gegen den ausgehobenen Hang abgestützt waren; die mit Kreosot imprägnierten Holzplanken; die Reifen zur Abdeckung, in so großer Anzahl bei Leuten gekauft, die mit solchen Dingen handelten; Reifen, die von vielen Meilen auf vielen Straßen abgenutzt waren; und der Abraum, hügelig und kreidig weiß und voller Gras und Unkraut.

Und all das stand inmitten älterer Ruinen. Der kleinen alten Wirtschaftsgebäude, aus dem letzten Jahrhundert vielleicht, ganz rechts am Ende des überwachsenen Pfads am Fuß des Hügels und der anderen alten oder sehr alten Wirtschaftsgebäude hinter Jacks Häuschen. Entlang des Triftwegs: die Bienenstöcke, der alte Heuschober in Form eines Hauses, das alte Steinhaus, freistehende eingefallene Mauern inmitten von Bäumen, die bereits groß gewesen waren und die Ruine überschattet hatten, als ich sie zum ersten Mal sah, und die nun zehn Jahre älter waren: die Natur bewegte sich, Stein war statisch.

Und wenn ich in die andere Richtung ging, mich von der alten Landrover»strecke« des alten Managers entfernte: Die großen Biskuitrollen aus Heu lagen immer noch gestapelt auf der Fläche zwischen dem Wald – wie groß war er geworden! – und dem Lerchenhügel mit den uralten Hügelgräbern oben, die wie Pusteln auf den Downs waren, wenn man diese gegen den Himmel sah. Jene Heurollen waren nun so schwarz und erdähnlich wie die älteren Ballen, die am anderen Ende des Triftwegs unter ihrer zerrissenen Plastikplane tatsächlich zu Erde geworden waren. Gras zu Heu zu Erde.

Meine eigene Zeit hier ging zu Ende, meine Zeit in dem Häuschen des Herrensitzes und in diesem besonderen Teil des Tals, meine zweite Kindheit mit Sehen und Lernen, mein zweites Leben, so fern von meinem ersten.

Ich hatte beinahe von Anfang an versucht, mich auf dieses Ende einzustellen. Nach der Pracht und der Überraschung des ersten Frühlings am Flußufer – das neue Schilf, das Wasser, das kristallklar wurde (»auffrischte«, wie ich zu sagen lernte), dabei aber grün und dunkel mit olivblauen Anspielungen und von illusorischer Tiefe war, wo es den dichten, strotzenden Pflanzenwuchs am Ufer und besonders unter Bäumen widerspiegelte –, sagte ich: »Zumindest hatte ich einen Frühling hier.« Und dann sagte ich: »Zumindest hatte ich einen Frühling und einen Sommer hier.« Und: »Zumindest hatte ich ein Jahr hier.« Und so ging es weiter, während die Jahre vergingen. Bis die Zeit sich zusammenzuschieben und die Erfahrung selbst sich zu ändern begann: Die neue Jahreszeit war nun nicht mehr wirklich neu, brachte weniger neue Erfahrungen denn Erinnerungen an die vergangene. Man hatte begonnen, die Jahre wegzustapeln, sie zu zählen, Vergnügen am Zählen, an der Anhäufung zu finden.

Eines Herbstnachmittags hatte ich einen leichten Erstickungsanfall, als ich an Jacks altem Häuschen und dem verkommenen alten Wirtschaftshof vorbeiging. Der Anfall war vorüber, bis ich um die Ecke gebogen war, den Wirtschaftshof überquert und den Schrott und verknäulten Draht und Holzabfall unter den Buchen hinter mir gelassen hatte. (Nicht die Birken an der Verbrennungsgrube; die standen auf der anderen Seite des Wegs. Am Rand des Wirtschaftshofes standen Buchen, große Bäume im besten Alter, die untersten Zweige waren sehr niedrig, spendeten im Sommer wunderbaren, tiefen, umfassenden Schatten, der mich an George Borrow und seine Wanderungen in *Romany Rye* und *Lavengro* denken ließ.) Hinter den Buchen und der Farm, in der vertrauten Einsamkeit des grasbewachsenen Wegs begann ich wieder leichter zu atmen. Irgendeine Reizung, etwas in der Luft über dem Wirtschaftshof, eine vorübergehende Allergie, dachte ich und unternahm nichts deswegen, als ich nach Hause kam. Am Abend kehrte der Anfall wieder. Er war wie eine Fortsetzung des Augenblicks bei Jacks Häuschen; doch diesmal ging der Anfall nicht vorüber, und innerhalb von zwei oder drei Stunden war ich ernstlich krank.

Das war die Krankheit, die alles, was mir an Jugendlichkeit geblieben war (und es war mir viel geblieben) zerstörte, meine Energie verminderte und mich während der Rekonvalenszenz Woche um Woche, Monat um Monat ins mittlere Alter hineinstieß.

Diese Krankheit bedeutete für mich auch das Ende im Häuschen auf dem Herrensitz. Die Downs, das höher gelegene Land, der Fluß und seine Ufer – die geographische Gestalt war hier einfach. Wasser floß von den Downs zum Fluß ab. Wenn es geregnet hatte, gab es auf dem asphaltierten Weg neben dem Windschutz kieselige Bächlein, bei denen ich genau beobachtet hatte, wie sie zwischen der Asphaltkante und dem Grasrand zur öffentlichen Straße hinunter und dann über die Straßenoberfläche oder durch Abzugskanäle in Richtung Fluß rannen. Solche Bächlein, die jedoch mal frische, mal alte Buchmast mit sich führten, flossen nach dem Regen an meiner Küchentür vorbei und ließen überall am Weg angeschwemmtem Seetang ähnlich Buchmast zurück. Mein Häuschen war kalt. Die soliden Stein- und Flintsteinmauern, die ich liebte – besonders wegen der warmen Farbe des Steins – hielten die Kälte fest. Die Buchen, die das Häuschen überragten, hielten auch die Sonne fern. Selbst im Sommer wurde es nicht warm; selbst während der Dürre im Sommer, bei der das alte Orangenbäumchen eingegangen war, mußte ich nachts heizen.

Die Schönheit des Ortes, die große Liebe, die ich dafür entwikkelt hatte, größer als für irgendeinen Ort, den ich gekannt hatte, hatten mich zu lange dort festgehalten. Meine Gesundheit hatte gelitten. Aber ich konnte damals nicht und kann auch jetzt nicht sagen, daß es mir etwas ausmachte. Es gibt immer so etwas wie einen Gegenwert. Für mich, für die Begabung und Freiheit des Schriftstellers, die Mühen und Enttäuschungen des Lebens als Schriftsteller und das Fernsein von zu Hause, für diesen Verlust, dafür, daß ich keinen angestammten Ort hatte, gab es dieses Geschenk des zweiten Lebens in Wiltshire, sozusagen die zweite, glücklichere Kindheit, die zweite Ankunft (doch mit der Wahrnehmung des Erwachsenen) mit dem Wissen um die Natur und zugleich die Erfüllung des Kindertraums vom sicheren Haus im Wald. Doch es gab auch die Kälte des Häuschens und die Feuchtigkeit und den Nebel des prachtvollen Flußufers; und die Krankheiten, die Menschen befallen, die sich schwache Lungen zugezogen oder sie geerbt haben.

Es dauerte eine ganze Weile, ehe ich wieder spazierenging. Ich arbeitete an einem großen Buch. In einem gewissen Stadium dieser Art von Arbeit wird alle Energie ein Ganzes: Geistige Energie, körperliche Energie, die Inanspruchnahme der einen erschöpft die andere. Und als ich mich genügend erholt hatte, verwandte ich den größten Teil meiner Energie auf mein Buch.

Traurig bereitete ich mich auch darauf vor, wegzugehen. Nur ein paar Meilen entfernt, auf einem der trockenen Downs, baute ich zwei verfallene Landarbeiterhäuschen zu einem Haus um. Diese Häuschen waren vor rund achtzig Jahren auf der Stelle eines alten Bauernweilers mit einem sehr alten Namen gebaut worden. Der alte Weiler war verschwunden; nichts war davon geblieben außer ein paar eingeebneten Flächen, dicht beieinanderliegenden kleinen grünen Plattformen oder Terrassen auf bestimmten Wiesen. Im Verlauf der Bauarbeiten wurden alte Ziegelmauern und -fundamente aus dem letzten Jahrhundert und die schwarze Erde alter Latrinen ausgegraben, wo ich – angesichts der glatten grünen Abhänge – nur Kreide erwartet hatte.

Die Mauern und Fundamente von Arbeiterhäusern: Generationen von Landarbeitern hatten an der Stelle gelebt. Und selbst in den beiden Häuschen, die ich renovierte, die Anfang des Jahrhunderts auf den Fundamenten und dem Schutt des alten Weilers gebaut worden waren, hatten viele Generationen von Arbeitern oder viele verschiedene Menschen gelebt. Nun änderte ich, ein Außenseiter, das Aussehen des Landes ein wenig, tat, was ich bei anderen erlebt hatte, schuf eine potentielle Ruine.

(Und später, nachdem ich eingezogen war, schämte ich mich, wenn alte Menschen kamen, um sich die Häuschen anzuschauen, in denen sie einmal gewohnt hatten oder zu Besuch gewesen waren. Und einmal - als eine sehr alte Dame, dem Tode nahe, von ihrem Enkelsohn gebracht wurde, um sich das Häuschen anzuschauen, in dem sie als Mädchen einen Sommer mit ihrem Großvater, einem Schafhirten, verbracht hatte, und von dem völlig veränderten Häuschen, das sie vorfand, so verwirrt war, daß sie meinte, sie sei ins falsche Haus gekommen - einmal tat ich sogar so, als wohne ich gar nicht da.)

Ich hätte einen glatten Schlußstrich ziehen, anderswohin ziehen sollen. Doch nachdem ich mich von meinem ersten Leben völlig gelöst und zwanzig Jahre nach dieser Ablösung unerwartet das Glück gehabt hatte, ein zweites Leben zu finden, war ich nicht willens, weit wegzuziehen. Ich wollte in der Nähe dessen bleiben, was ich gefunden hatte. Ich wollte, soweit es möglich war, neu schaffen, was ich in dem Häuschen des Herrensitzes gefunden hatte.

Eines Tages, vielleicht neun oder zehn Monate nach meiner Krankheit, machte ich meinen alten Spaziergang. Neue Assoziationen fügten sich nun zu den alten. Und passend zu meiner Stimmung sah ich, als ich begann, den Hügel neben dem Windschutz hinabzugehen, im Grund des Tals eine größere Veränderung, als ich sie bisher erlebt hatte.

Wo einst die Reihe der drei Farmhäuschen gewesen war, von denen eins Jack gehört hatte, wurde ein einziges großes Haus gebaut. Die grundlegenden Arbeiten waren bereits gemacht. Die drei Häuschen, so sah es jedenfalls von außen aus, waren in ein großes Wohnzimmer verwandelt worden; neue Räume oder Zimmer waren an diesen großen zentralen Raum angebaut worden. Gerade wurde das Dach des Hauses errichtet: neue, rotgelbliche Balken. Der Plan des Hauses war nicht elegant. Aber es würde geräumig und bequem sein; und jedes Fenster würde einen atemberaubenden grünen Ausblick auf den Triftweg oder die Abhänge der Downs gewähren, auf die Birken- und Buchenwälder oder die Schwarzdorn- und Weißdornhecken an den Feldwegen.

Die meisten alten Farmgebäude waren verschwunden. Doch hinter dem Haus standen noch einige, darunter die alte Scheune mit dem hohen Ladefenster und der herausragenden Metallhalterung, wo einst wohl ein Flaschenzug und ein Seil dazu gedient hatten, Säcke oder Ballen von beladenen Wagen ins Innere zu befördern.

Die Bauarbeiter arbeiteten am Dach, befestigten schnell die Schieferplatten. Der Wagen mit dem Namen des Bauunternehmens stand auf dem Triftweg, wo einst Jacks Gänse herumgelaufen waren. Irgendwo in dem unfertigen, hohlen, hallenden Gebäude spielte laut ein Radio. Die Bauarbeiter, Städter, waren noch unfreundlicher, als die Landarbeiter aus der Stadt es gewesen waren.

Wie preisgegeben ein Haus aussieht, wenn es zur Baustelle wird, wenn es seines Heiligseins beraubt wird, wenn ein Zimmer, einst so vertraut, zum umbauten Raum wird! Jacks Häuschen (dessen Inneres ich bis jetzt nie gesehen hatte) war – ohne Innenwände oder Zwischengeschosse – auf reinen Bauraum reduziert und in diesem Stadium der Bauarbeiten immer noch nichts als Raum, wie der Raum in dem eingefallenen Steinhaus mit den großen Platanen weiter unten am Triftweg. Irgendwo in diesem Raum hatte Jack seine kühnste Entscheidung getroffen, sein Totenbett zu verlassen, für ein letztes Weihnachtsfest mit seinen Freunden in dem ziemlich gewöhnlichen Wirtshaus nicht weit vom Ende des Triftwegs. Und in diesen Raum war er – mit welcher Krankheit auch immer, delirierend, resigniert, vielleicht aber auch ausgesöhnt – zum Sterben zurückgekehrt.

Ich sah, wie dieses neue Gebäude im Sommer in weißen Kreidestaub hochgezogen wurde. Doch im Winter war die Stelle, das wußte ich, voller Schlamm und Wasser gewesen, die sich im Grund des Tals absetzten. Schlamm und Wasser waren viele Zentimeter tief. Das war die Quelle der Feuchtigkeit, die Jacks Bronchitis und Lungenentzündung verursacht hatte. Doch nun hatte man gegen diese Nässe und Feuchtigkeit Vorsorge getroffen. Die ganze Fläche, die Jacks Garten und Gänsehof gewesen war, und alle Gärten oder Rasen der anderen Häuschen waren zubetoniert worden, um einen Vorplatz für das große Haus zu schaffen.

Der Betonboden von Jacks Gewächshaus hinten war nicht mehr zu sehen; diese Fläche war in dem neuen Wohnraum des großen Hauses aufgegangen.

So war schließlich, genau wie Jacks Leben und Tod aus dem Haus entfernt worden war, auch der Garten, den er bestellt hatte, endgültig verschwunden. Aber unter all diesem Beton über seinem Garten überlebte sicherlich ein Same, eine Wurzel; und eines Tages, wenn der Beton aufgerissen würde (wie er sicherlich eines Tages aufgerissen werden würde, da wenige Wohnorte ewig sind), eines Tages würde vielleicht irgendeine Erinnerung an Jack, die in einem Busch oder einer Blume oder einer Ranke bewahrt worden war, wieder zum Leben erwachen.

Mit dem Bau eines großen Hauses, wo einst, vielleicht jahrhundertelang, die Häuschen oder Wohnungen von Knechten oder Landarbeitern gestanden hatten, hatte sich ein Kreis geschlossen.

Einst mochte es hier viele Weiler gegeben haben, Siedlungen von Landarbeitern und Schafhirten in der Nähe der Furten entlang des Flusses. Diese Weiler waren dahingeschwunden; mit dem Aufkommen der Maschinen waren sie rasch dahingeschwunden. Man brauchte weniger Arbeitskräfte; und dann, als keine Schafe mehr gehalten wurden, brauchte man auch keine Hirten mehr.

Der Garten des Herrenhauses, der waldähnliche Obstgarten, befand sich zum Teil auf der Stelle eines solchen verschwundenen Weilers. Sicherlich war hier schon oftmals gebaut worden.

Der zusammengesetzte Name des Weilers oder Dorfes, Waldenshaw – dasselbe Wort (für Wald) in zwei Stammessprachen, die beide längst in anderen Sprachen aufgegangen waren –, allein der Name zeugte schon von Eindringlingen von jenseits des Meeres und uralten Kriegen und Vertreibungen entlang des malerischen Flusses und der Naßwiesen.

Diese Geschichte hatte sich wiederholt, sich sozusagen nach außen verbreitet: Viel vom Reichtum des Herrensitzes, der Gärten und Nebengebäude aus der Zeit Victorias und Edwards stammte aus dem britischen Empire, von Geschäftsunternehmungen im Ausland. Einst hatte sich der Gutsbesitz über viele Morgen meines nachmittäglichen Spazierwegs erstreckt. Doch seine Herrlichkeit hatte nur eine Generation vorgehalten. Die Familie war weggezogen; der Besitz bestand nur noch aus dem Herrensitz und seinem Park; die Farmen und das Land waren veräußert worden. Andere hatten das Land übernommen und neue große Häuser in Dörfern oder an der Stelle von Weilern, die einst voll arbeitender Menschen gewesen waren, gebaut. Und nun war das letzte der Bauernhäuschen entlang des Triftwegs übernommen worden. Was einst nur als Platz für Landarbeiterhäuschen in Frage gekommen war – neben einer Farm, weit weg von Straßen und Versorgungsdiensten –, war erstrebenswert geworden. Die Farm war nicht mehr da; allein die Entfernung von der öffentlichen Straße war ein Segen. Und so wurde mit den sich verändernden Qualitäten oder Eigenschaften des Ortes die Vergangenheit abgeschafft.

Schon bald, nachdem ich ins Tal gekommen war, hatte ich begonnen, mit der Vorstellung von Veränderung, von der bevorstehenden Auflösung der Vollkommenheit, die ich gefunden hatte, zu leben. Sie hatte der Schönheit, die ich erlebte, dem Ablauf der Jahreszeiten eine besondere Intensität verliehen. Ich hatte mir jeden Frühling, jeden Herbst immer wieder geschworen, mir eine Kamera zu besorgen (oder zumindest wieder zu lernen, wie meine zu bedienen war), um den Triftweg und das verfallene Haus unter den Platanen und den Zigeunerwagen und die Wirtschaftsgebäude und Jacks Häuschen und Garten und Gänsehof im Bild festzuhalten. Doch kein einziges Mal hatte ich eine Kamera mit auf meine Spaziergänge genommen; und vielleicht gerade weil ich diese Dinge nicht im Bild festgehalten hatte, hatten sie eine besondere Intensität, denn schon bald existierten sie nur noch in meinem Kopf.

Ich hatte gemeint, daß ich wegen meiner unklaren Vergangenheit – das bäuerliche Indien, das koloniale Trinidad, meine familiären Umstände, die koloniale Kleinheit, die nicht mit meinem hochgespannten Ehrgeiz in Einklang zu bringen war, meine Entwurzelung um meiner schriftstellerischen Karriere willen, meine Ankunft in England mit so wenig und dem wenigen, auf das ich auch jetzt nur zurückgreifen konnte – ich hatte gemeint, daß ich wegen all dem ein besonders empfindliches oder blank liegendes Gefühl von einer ablehnenden Welt besaß.

Ich hatte Jack als stabil, in seiner Heimat verwurzelt empfunden. Aber ich hatte ihn auch als etwas aus der Vergangenheit empfunden, als Relikt, etwas, das hinweggefegt würde, ehe meine Kamera Bilder davon gemacht hatte. Meine Vorstellungen von Jack waren falsch. Er war eigentlich kein Relikt; er hatte sein eigenes Leben, seine eigene Welt, beinahe seinen eigenen Kontinent geschaffen. Aber die Welt um ihn herum, die er so genoß und benutzte, war zu kostbar, um nicht auch von anderen benutzt zu werden. Und erst, als er nicht mehr da war, als die Arbeiter aus der Stadt, die ihn ersetzt hatten, nicht mehr da waren, erst da sah ich, wie schwach doch der Einfluß all dieser Leute auf das Land gewesen war, auf dem sie gearbeitet oder gelebt hatten.

Jack selbst hatte nicht beachtet, wie schwach sein Einfluß auf das Land war, genauso wie er, ohne zu sehen, was andere sahen, einen Garten am Rande eines Sumpfs und eines zerstörten Wirtschaftshofs geschaffen hatte: Er hatte auf die Jahreszeiten reagiert und Pracht darin gefunden. Rings um ihn herum herrschte Zerstörung; und ringsherum gab es – tiefergehende – Veränderungen und Erinnerungen an die Kürze der Zyklen von Wachstum und Schöpfung. Doch er hatte gespürt, daß das Leben und der Mensch die wahren Mysterien waren; und deren Vorrang hatte er mit etwas, das Religion vergleichbar war, geltend gemacht. Die kühnste und religiöseste Tat seines Lebens war sein Sterben: die Art und Weise, wie er ganz zum Schluß nicht den Vorrang dessen, was nach dem Leben kam, sondern des Lebens selbst geltend gemacht hatte.

Meine Zeit in dem Tal war vorüber, diese besondere, rhythmisch ablaufende Zeit des Häuschens im Park des Herrensitzes, der besonderen Kennzeichen der Jahreszeiten dort und der Spaziergänge in den Downs und am Fluß. Ich empfand es jedenfalls so – daß das zweite Leben, das mir gewährt worden war, zu Ende war –, obwohl ich nicht weit fort zog. Die Häuschen, die ich renoviert hatte, lagen an derselben Strecke, die der Bus immer weniger häufig fuhr, mit immer weniger Fahrgästen, für immer mehr Geld.

Eines Tages sprach mich eine Frau mittleren Alters an. Manche Leute im Bus sprachen mit mir; andere taten es selbst nach zwölf Jahren nicht. Ich erkannte die Frau, die mich ansprach, nicht.

Sie sagte: »Jack. Jacks Frau.«

Und dann erinnerte ich mich an ihr Gesicht und das ausgemergelte Gesicht ihres Vaters mit den mutwilligen Augen.

Sie sprach immer auf so distanzierte Weise von Jack, als spreche sie von jemandem, den sie bloß gekannt, und nicht von jemandem, mit dem sie gelebt hatte.

Sie sagte: »Es sind die Haare. Sie erkennen die Haare nicht wieder.«

Sie betastete ihr Haar. Es war kurz.

Sie sagte: »Jack hatte es gern lang. Er hatte es gern, wenn ich einen Knoten trug.«

Das war etwas Neues über Jack. Aus der Ferne hatte er mit seinem Bart und seiner aufrechten Haltung wie ein Romantiker, eher so wie (in meiner Phantasie) ein früher Sozialist ausgesehen; und vielleicht hatte er den Bart in der Tat einer älteren Person abgeguckt. Vielleicht hatte er letzten Endes doch ganz bewußt ein bestimmtes Leben ausgelebt. Vielleicht war er auf seine Weise ein Tyrann gewesen und hatte seiner Frau außer dem langen Haar und dem Knoten einen Lebensstil und eine Lebensführung aufgezwungen, die ihr beschwerlich gewesen waren.

Jetzt lebte sie in einer kleinen Sozialbausiedlung in einer Kleinstadt in einem anderen Tal. Sie mochte die Gegend, das Haus, die Nachbarn. Sie fand es merkwürdig - mehr nicht -, daß man da, wo sie all die Jahre gewohnt hatte, ein großes Haus hochgezogen hatte. Sie sagte: »Ist es nicht komisch, was die Leute tun?«

Für sie, Jacks Frau, war der Auszug aus dem Häuschen gut gewesen. Sie sah ihr Leben als kleine Erfolgsgeschichte. Der Vater ein Forstarbeiter, so etwas wie ein Wildhüter; Jack, der Landarbeiter, der Gärtner; und sie jetzt eine halbe Städterin.

Ein Zyklus für mich in dem Häuschen im Park des Herrensitzes; ein weiterer Zyklus auf der Farm, zwischen den Wirtschaftsgebäuden; ein weiterer Zyklus im Leben von Jacks Frau.

2. *Die Reise*

Um über Jack und sein Häuschen und seinen Garten zu schreiben, mußte ich ein zweites Leben im Tal leben und mir ein zweites Mal der Welt der Natur dort bewußt werden. Doch eine Version dieser Geschichte – nur eine Version – fiel mir schon ein paar Tage nach meiner Ankunft im Tal, im Häuschen auf dem herrschaftlichen Anwesen ein.

In dem Häuschen befanden sich damals noch die Bücher und einige Möbelstücke der Leute, die vorher dort gewohnt hatten. Unter den Büchern war ein sehr kleines Taschenbuch, kleiner im Format als üblich und mit nur wenigen Seiten. Das Bändchen, aus einer Serie mit dem Titel »Die kleine Kunstbibliothek«, behandelte die frühen Gemälde Giorgio de Chiricos. Es enthielt ungefähr ein Dutzend Abbildungen seiner frühen surrealistischen Bilder. Technisch wirkten die Bilder auf diesen sehr kleinen Reproduktionen nicht interessant; sie sahen flach, oberflächlich aus. Und auch ihr Inhalt war nicht sehr profund: in halb antiken, halb modernen Umgebungen willkürlich zusammengestellte Motive, die nichts miteinander zu tun hatten – Aquädukte, Züge, Arkaden, Handschuhe, Früchte, Statuen –, gelegentlich mit einem Hauch von unbekümmerter Rätselhaftigkeit. Auf einem Bild bog beispielsweise der übergroße Schatten einer nicht sichtbaren Figur um die Ecke.

Doch unter diesen Bildern war eines, das, vielleicht wegen seines Titels, meine Aufmerksamkeit fesselte: »Das Rätsel der Ankunft«. Ich hatte das Gefühl, der Titel beziehe sich indirekt, poetisch auf etwas, das ich selbst erfahren hatte; und später sollte ich lernen, daß nicht de Chirico selbst diesen surrealistischen Bildern die Titel gegeben hatte, sondern der Dichter Apollinaire, der zum Leidwesen von Picasso und anderen 1918 jung an einer Influenza, Folge einer Kriegsverletzung, gestorben war.

Interessant an dem Bild »Das Rätsel der Ankunft« war, daß es sich – vielleicht wieder wegen des Titels – in meiner Erinnerung veränderte. Das Original (oder die Reproduktion in dem Bändchen der »Kleinen Kunstbibliothek«) war immer eine Überraschung. Eine klassische Szene, mediterran, antik-römisch – so sah ich sie jedenfalls. Ein Kai; im Hintergrund, hinter Mauern und Torbögen (wie aus Papier ausgeschnitten) ist die Mastspitze eines antiken Schiffes zu sehen; auf einer sonst verlassenen Straße im Vordergrund stehen zwei Gestalten, beide verhüllt, die eine vielleicht der Ankömmling, die andere vielleicht ein Einwohner der Hafenstadt. Die Szene ist trostlos und rätselhaft: Sie handelt vom Rätsel der Ankunft. Für mich wie für Apollinaire.

Und im Wintergrau des herrschaftlichen Anwesens in Wiltshire, in jenen ersten vier Tagen mit Nebel und Regen, als mir so wenig klar war, kam mir die Idee – schwebte über dem Buch, an dem ich arbeitete – zu einer Geschichte, die ich eines Tages vielleicht über diese Szene in dem Bild von de Chirico schreiben würde.

Meine Geschichte sollte zur Zeit der Antike, im Mittelmeerraum angesiedelt sein. Mein Erzähler sollte schlicht und einfach schreiben, ohne jeden Versuch, den Stil der Zeit nachzuahmen oder sie historisch zu erklären. Er würde – aus einem Grund, den ich noch ausarbeiten mußte – in jenem antiken Hafen mit den wie aus Papier ausgeschnitten aussehenden Mauern und Torbögen ankommen. Er würde an jener verhüllten Gestalt auf dem Kai vorbeigehen. Er würde sich aus der Stille und Trostlosigkeit, der Leere auf ein Tor oder eine Tür zubewegen. Er würde dort eintreten und vom Leben und Lärm einer gedrängt vollen Stadt verschlungen werden (ich stellte mir so etwas wie eine indische Basarszene vor). Er hatte einen Auftrag – Familienangelegenheiten,

Studium, religiöse Initiation –, der ihm Begegnungen und Abenteuer verschaffen würde. Er würde das Innere von Häusern und Tempeln betreten. Allmählich würde ihn das Gefühl überfallen, daß er nicht weiterkomme; er würde keinen Sinn mehr in seinem Auftrag sehen; er würde nur noch wissen, daß er verloren war. Seine Abenteuerlust würde Panik weichen. Er würde gern fliehen, zurück zum Kai und seinem Schiff. Aber er würde nicht wissen, wie. Ich stellte mir ein religiöses Ritual vor, an dem er, von freundlichen Menschen geführt, unwissentlich teilnehmen und sich zum Opfer auserkoren finden würde. Im Augenblick der höchsten Not würde er auf eine Tür stoßen, sie öffnen und sich wieder auf dem Kai seiner Ankunft finden. Er ist gerettet; die Welt ist, wie er sie erinnert. Nur eines fehlt. Über den wie aus Papier ausgeschnittenen Mauern und Gebäuden ist kein Mast, kein Segel. Das antike Schiff ist fort. Der Reisende hat sein Leben gelebt.

Ich stellte mir das nicht als historische Geschichte vor, sondern wollte mich vom freien Fluß der Imagination tragen lassen. Es sollte keine Recherche geben. Für das Meer und die Reise und die Jahreszeiten würde ich vielleicht bei Vergil Anregungen finden, für die atmosphärische Wiedergabe der Gesellschaft der Städte oder Provinzen des Römischen Reiches in den Evangelien und der Apostelgeschichte; eine Vorstellung von der antiken Religion würde ich durch Apuleius bekommen; Horaz und Martial und Petronius würden mir Hinweise auf gesellschaftliche Hintergründe geben.

Die Idee, in der Phantasie in jener klassischen römischen Welt zu leben, gefiel mir. Eine schöne, klare, gefährliche Welt, weit weg von der Umgebung, in der ich mich befand; die Geschichte, mehr Stimmung denn Handlung, war so anders als das Buch, an dem ich arbeitete. Ein herausforderndes Buch: Es nahm mich schon acht oder neun Monate in Anspruch, und ich hatte noch immer keine erste Fassung fertig.

Im Mittelpunkt des Buches, das ich schrieb, stand eine Geschichte in einem afrikanischen Land, einst eine Kolonie mit weißen und asiatischen Siedlern und nun unabhängig. Es war die Geschichte einer Tagesreise im Auto, unternommen von zwei Weißen zur Zeit eines Stammeskrieges, der plötzlich ausbrach, plötzlich die einfache koloniale Ordnung überwältigte. Afrika hatte diesen beiden Weißen eine Chance gegeben, hatte sie größer gemacht, ihre Fähigkeiten zutage gefördert; nun, da sie nicht mehr so jung waren, verschlang es sie. Es war ein gewalttätiges Buch – nicht gewalttätig in dem, was sich ereignete, sondern in den Gefühlen.

Es war ein Buch über Angst. Alle Scherze verstummten vor dieser Angst. Und der Nebel, der über dem Tal lag, in dem ich schrieb; die Dunkelheit, die früh kam; das Nicht-Wissen, wo ich war – die ganze Unsicherheit, die von dem Tal ausging, übertrug ich auf mein Afrika. Und es kam mir nicht in den Sinn, daß die Geschichte von »Das Rätsel der Ankunft« – eine Seereise bei sonnigem Wetter, die in einer gefährlichen antiken Stadt endete –, die mir wie eine Befreiung von den schöpferischen Zwängen und der Dunkelheit meiner afrikanischen Geschichte vorgekommen war, es kam mir nicht in den Sinn, daß diese mediterrane Geschichte eigentlich nichts anderes war als eine Version der Geschichte, an der ich bereits schrieb.

Es kam mir auch nicht in den Sinn, daß sie gleichfalls ein Versuch war, eine Geschichte, einen Zusammenhang für einen Traum oder Alptraum zu finden, der mich schon seit über einem Jahr quälte. In diesem Traum ereignete sich in einem kritischen Augenblick der Traumerzählung immer etwas, was ich nur als Explosion im Kopf beschreiben kann. Jeder Traum endete so, mit dieser Explosion, die mich flach auf den Rücken warf, in Anwesenheit anderer Menschen, auf einer Straße, in einem überfüllten Raum oder sonstwo, mich inmitten stehender Menschen in diese entwürdigende Lage warf, mich in die Haltung des Schlafs warf, in der ich mich wiederfand, wenn ich erwachte. Die Explosion in meinem Kopf war so laut, so hallend und langsam, daß ich mit dem Teil meines Gehirns, der wunderbarerweise noch denken und Schlüsse ziehen konnte, empfand, daß ich unmöglich überleben konnte, sondern tatsächlich starb, daß die Explosion diesmal, in diesem Traum, ungeachtet der anderen Träume, die sich am Ende als Traum offenbart hatten, tödlich sein würde, daß ich bewußt meinen Tod durchleben oder sein Zeuge sein würde. Und wenn ich aufwachte, hatte ich ein merkwürdiges, aufgerütteltes, erschöpftes Gefühl im Kopf, als habe sich tatsächlich etwas in meinem Gehirn entladen.

Dieser Traum oder Alptraum oder dieses innere Drama – vielleicht hatte eine momentane Gehirnstörung für den Bruchteil einer Sekunde das lebende Bild der Straße, des Cafés, der Party, des Busses geschaffen, wo ich in Anwesenheit anderer Menschen zusammenbrach – begleitete mich schon über ein Jahr. Es war ein Traum, verursacht durch Erschöpfung des Geistes und so etwas wie Leid.

Ich hatte viel geschrieben, sehr schwierige Arbeiten durchgeführt; hatte seit meiner Schulzeit eigentlich immer unter Druck gearbeitet. Vor dem Schreiben war es das Lernen gewesen; das Schreiben hatte ich mir langsam angeeignet. Davor war Oxford gewesen; und davor die Schule in Trinidad, wo ich für das Stipendium in Oxford gearbeitet hatte. Die Vorbereitung für die schriftstellerische Laufbahn war lang gewesen! Und dann entdeckte ich, daß Schriftsteller zu sein nicht (wie ich mir eingebildet hatte) ein Zustand – der Fähigkeit oder des Geleisteten oder des Ruhms oder der Zufriedenheit – war, den man erreichte und behielt. Die Laufbahn war mit einer besonderen Qual verbunden: Ganz gleich, wie groß die Mühsal gewesen war, einen Text zu verfassen, ganz gleich, wie groß die schöpferischen Herausforderungen und Befriedigungen gewesen waren, die Zeit hatte mich immer davon weggeführt. Und in dem Maße, wie die Zeit verging, fühlte ich mich von dem, was ich geschaffen hatte, genarrt; es schien einer Zeit geistiger und körperlicher Kraft anzugehören, die nun endgültig vergangen war. Leere, Rastlosigkeit staute sich wieder auf; und einmal mehr mußte ich, nur aus eigenen Kräften heraus, ein weiteres Buch in Angriff nehmen, mich wieder diesem aufreibenden Prozeß hingeben.

Schließlich war ich ausgehöhlt gewesen. Mein Mut war gebrochen; und das nicht lange, ehe ich ins Tal gekommen war. Zwei Jahre lang hatte ich an einem historischen Werk über die Gegend geschrieben, in der ich geboren war. Das Buch war gewachsen; und da es (über eine gewisse Länge hinaus) schwerer, erschöpfender ist, ein dickes Buch zu schreiben als ein kurzes, hatte ich mich dagegen gewehrt. Doch dann war ich von der Geschichte, die es erzählte, mitgerissen worden. Der Historiker versucht, aus menschlichen Ereignissen Prinzipien abzuleiten. Ich ging anders vor: In den zwei Jahren, die ich mit dem Quellenmaterial lebte, versuchte ich, so gut ich konnte, die menschliche Geschichte zu rekonstruieren.

Es war mühselig. Zehn oder zwölf Quellen – aus der Erinnerung heraufbeschworen, beinahe wie persönliche Erinnerungen – können die Einzelheiten für einen relativ kurzen und einfachen Erzählabschnitt liefern. Doch ich wurde von meiner Erzählung unterstützt, den Themen, die sie berührte: Entdeckung, die Neue Welt, die Entvölkerung der entdeckten Inseln; Sklaverei, die Schaffung der Plantagenkolonie; der heraufziehende Gedanke an Revolution; das Chaos in den so entstandenen Gesellschaften nach Revolutionen.

Diese zwei Jahre waren äußerst lehrreich für mich gewesen. Und ich glaubte so an das, was ich schrieb, glaubte so an die Großartigkeit meiner Erzählung, daß ich meinte, sie würde die Leser finden, die meine Bücher der vergangenen zwölf Jahre nicht gefunden hatten. Und ich verhielt mich töricht. Ohne diese Reaktion abzuwarten, löste ich die kleine Welt auf, die ich mir in England geschaffen hatte, und bereitete mich darauf vor, wegzugehen, ein freier Mensch zu sein.

Jahrelang hatte ich auf jener entlegenen Insel, deren Geschichte ich entdeckt und beschrieben hatte, davon geträumt, nach England zu kommen. Doch mein Leben in England war fad und über weite Strecken sogar erbärmlich gewesen. Ich hatte meine blank liegenden kolonialen Nerven mit nach England gebracht, und sie waren mehr oder weniger so geblieben; eine Unsicherheit, die zu Beginn zu einem großen Teil auch meiner Jugend und Unerfahrenheit zuzuschreiben gewesen waren, der körperlichen und sexuellen Unzulänglichkeit und der nicht entwickelten Begabung. Und so wie ich einst zu Hause davon geträumt hatte, in England zu sein, so hatte ich in England jahrelang davon geträumt, England zu verlassen. Nun, achtzehn Jahre nach meiner ersten Ankunft, schien mir die Zeit dafür gekommen. Ich löste die Welt auf, die ich Stück um Stück aufgebaut hatte, und bereitete mich darauf vor, wegzugehen. Das Haus, das ich gekauft und nach und nach renoviert hatte, verkaufte ich; und meine Möbel und Bücher und Papiere wurden eingelagert.

Das Unglück trug sich vier Monate später zu. Das Buch, an das ich so geglaubt hatte, das Buch, das mich so erschöpft hatte, konnte dem Verleger, der es in Auftrag gegeben hatte, nicht gefallen. Wir hatten einander mißverstanden. Er kannte nur meinen Namen; das Wesen meiner Arbeit verstand er nicht. Und ich hatte sein Interesse an mir mißverstanden. Er hatte mich als ernsthaften Schriftsteller angesprochen, doch er hatte bloß ein Buch für Touristen gewollt, etwas viel Schlichteres als das Buch, das ich geschrieben hatte; etwas zugleich Romantischeres und weniger Romantisches; etwas zugleich Menschlicheres und weniger Menschliches. Folglich hing ich in der Luft. Und ich mußte nach England zurückkehren.

Diese Reise zurück – von der Insel und dem Kontinent, die ich mit meiner neuen Sicht hatte sehen wollen, aus der Ecke der Neuen Welt, über die ich gerade geschrieben hatte, über die Vereinigten Staaten und Kanada und dann nach England –, diese Reise zurück nach England war solch eine Wiederholung und Parodie der Reise vor neunzehn Jahren, der Reise des jungen Mannes, des Jungen eher, der nach England gereist war, um in einem Land Schriftsteller zu werden, wo diese Berufung etwas bedeutete, daß ich mir all der grausamen Ironien nur zu bewußt war.

Aus diesem Leid heraus, das zu tief war für Tränen oder Wut – Leid, das sich zum Teil in dem Traum von dem explodierenden Kopf auszudrücken begann –, begann ich, meine afrikanische Geschichte zu schreiben, die mir drei oder vier Jahre vorher in Afrika als flüchtige Idee gekommen war.

Die afrikanische Angst, mit der ich als Schriftsteller Tag für Tag lebte; das unbekannte Wiltshire; die Grausamkeit dieser Rückkehr nach England, die Angst vor einem zweiten Fehlschlag, die geistige Erschöpfung. All dies lag dem Mann, der die Spaziergänge zu Jacks Häuschen hinunter und daran vorbei machte, geballt auf der Seele. Nicht nur ein Beobachter, ein Mann, der allem entrückt war, sondern ein Mann, der vielem ausgeliefert war, dem vieles zusetzte.

Und aus diesen bedrückenden Gefühlen heraus war dem Schriftsteller die Schiffsgeschichte, die Geschichte von dem antiken Kai, die »Das Rätsel der Ankunft« suggerierte, als Befreiung, als Idylle eingefallen; eine Idee, die unschuldig daherkam, ohne daß der Schriftsteller auch nur ahnte, wieviel von seinem Leben, wie viele Aspekte seines Lebens diese ferne Geschichte (immer noch bloß eine Idee für eine Geschichte) in sich barg. Doch deshalb drängen sich bestimmte Geschichten oder Vorfälle Schriftstellern auf oder machen Eindruck auf sie; deshalb kann es aussehen, als hätten Schriftsteller Obsessionen.

Ich machte jeden Nachmittag meinen Spaziergang. Ich beendete mein Buch. Die Panik, die ich beim Schreiben empfand, wiederholte sich nicht bei der Durchsicht. Ich begann zu genesen. Und mehr als zu genesen. Für mich hatte sich in diesem Tal und auf dem herrschaftlichen Anwesen, auf dem mein Häuschen stand, ein Wunder ereignet. In jener unwahrscheinlichen Umgebung, im uralten Herzen Englands, einem Ort, an dem ich wahrhaft fremd war, fand ich, daß ich eine zweite Chance bekommen hatte, ein neues Leben, reicher und ausgefüllter als jedes, das ich sonstwo gehabt hatte. Und an jenem Ort, an dem ich anfangs nur nach

Abgeschiedenheit und einem Versteck gesucht hatte, schrieb ich einige meiner besten Texte. Ich reiste; ich schrieb. Ich wagte mich hinaus, brachte Erfahrungen zurück in mein Häuschen und schrieb. Die Jahre vergingen. Ich genas. Das Leben um mich änderte sich. Ich änderte mich.

Und dann eines Nachmittags kam der Erstickungsanfall, als ich an Jacks altem Häuschen vorbeiging – Jack selbst war schon lange tot. Ein paar Stunden später kam die schwere Erkrankung, die dieser Erstickungsanfall angekündigt hatte. Und als ich mich nach ein paar Monaten erholt hatte, fand ich mich als Mann mittleren Alters wieder. Die Arbeit fiel mir schwerer. Ich entdeckte einen Unwillen in mir, neue Mühsal auf mich zu nehmen; ich wollte frei von Mühsal sein.

Und während mein Traum, als ich ins Tal kam, von einem erschöpften und unglücklichen Zustand ausgelöst wurde – der Traum von dem explodierenden Kopf, der Gewißheit des Todes –, schlich sich nun die Idee des Todes selbst in meinen Schlaf. Der Tod nicht als lebendes Bild oder Geschichte wie in dem früheren Traum; sondern der Tod, das Ende der Dinge, als Finsternis, die einen Menschen heimsucht, sein Herz aufspürt, wenn er am schwächsten ist, wenn er schläft. Diese Vorstellung vom Tod, vom Tod als Vernichter menschlichen Lebens und Strebens, mit der ich Morgen um Morgen erwachte, entkräftete mich so, daß ich manchmal den ganzen Tag, alle Stunden des Tageslichtes brauchte, um die Welt wieder als real zu sehen, wieder ein Mensch, wieder tätig zu werden.

Einst der Traum der Erschöpfung; nun die Schwächung durch unfreiwillige Gedanken an die endgültige Leere. Auch dies widerfuhr dem Spaziergänger, dem Zeugen der Menschen und Ereignisse im Tal.

Es war, als könne mir meine Berufung, die Berufung zum Schriftsteller nie mehr als nur vorübergehende Erfüllung bieten. So daß es Jahre, nachdem ich das Bild von de Chirico gesehen hatte und mir die Idee zu der Geschichte gekommen war, in meinem eigenen Leben eine weitere Version der Geschichte von »Das Rätsel der Ankunft« gab.

Und tatsächlich hatte es vor langer Zeit eine Reise gegeben – die Reise, die den Keim zu allen anderen in sich trug und indirekt die Phantasie von der antiken Welt genährt hatte. Es hatte eine Reise und ein Schiff gegeben.

Diese Reise begann ein paar Tage vor meinem achtzehnten Geburtstag. Ein Jahr lang hatte ich Angst gehabt, diese Reise nicht machen zu dürfen, und deshalb schon vor der Reise mit Angst gelebt. Es war die Reise, die mich von meiner Insel, Trinidad, vor der Nordküste Venezuelas nach England brachte.

Erst mit dem Flugzeug, einem kleinen schmalen, wie es damals üblich war, mit einem schmalen Gang und niedrig fliegend. Das hatte mir meine erste Offenbarung verschafft: Die Landschaft meiner Kindheit aus der Luft zu sehen und von nicht allzu hoch oben. Auf Bodenhöhe so arm für mich, so unordentlich, so voller Hütten und Gossen und kahler Vorhöfe und wuchernder Hibiskushecken und schäbiger Hinterhöfe: eben von der Straße aus gesehen. Aus der Luft jedoch eine Landschaft mit Logik und größerem Muster; die geraden Linien und die Regelmäßigkeit und gewebte, teppichähnliche Struktur der Zuckerrohrfelder, die sich von dort oben so weit erstreckten und außer ganz am Rande so wenig Platz für Menschen ließen; das große, unbekannte Sumpfgebiet, merkwürdig still, die Mangroven- und leuchtend grünen Sumpfbaumgruppen, die schwarze Schatten über das trüb-grüne Wasser warfen; die bewaldeten Gipfel und Senken und Täler der Bergkette; eine Landschaft mit klaren Mustern und Konturen, die die ganze Unordnung der Straße absorbierte, ein Muster aus Dunkelgrün und Dunkelbraun, wie eine Tarnung, wie eine Landschaft in einem Buch, wie die Landschaft eines richtigen Landes. So daß im Augenblick des Abhebens, im Augenblick des Abschieds die Landschaft meiner Kindheit beinahe wie etwas war, das ich versäumt, nie gesehen hatte.

Minuten später das Meer. Es war gekräuselt wie in dem Fragment des Gedichtes von Tennyson. Es glitzerte in der Sonne; es war eher grau und silbern als blau; und es kraulte an Land wie in dem Fragment von Tennyson. So daß die Welt, in der ich bis dahin mein ganzes Leben verbracht hatte, wieder eine Welt war, die ich nie gesehen hatte.

Und dann erhob sich das kleine Flugzeug bis knapp über die Wolken und flog so dahin, knapp über den Wolken, bis wir Puerto Rico erreichten. Von der Schönheit der Wolken, von oben gesehen, hatte ich von jemandem gehört, der fünf Jahre zuvor in einem vielleicht noch kleineren Flugzeug nach Jamaika geflogen war. Dies war also eine Schönheit und eine Erfahrung, auf die ich vorbereitet und von der ich überwältigt war. Immer schien über den Wolken die Sonne! Die Wolken waren so kompakt, so rein. Ich mußte immerzu schauen; sich diese Schönheit wirklich zueigen zu machen, zu spüren, daß man bis zum Ende jener besonderen Erfahrung gekommen war, war unmöglich. Zu sehen, was so wenige Menschen gesehen hatten! Was man da sah, die Welt über den Wolken, war immer da, selbst wenn sie nicht wahrgenommen wurde: Dort oben konnte der Geist (wie unten manchmal bei Sonnenuntergang) Äonen vorwärts und rückwärts reisen.

Wir brummten nach Puerto Rico. Es war Spätnachmittag. Nach nur wenigen Stunden bereits ein anderes Land. Reisen! Eine andere Sprache; Menschen gemischter Rasse, Mulatten, doch verschieden von den Mischlingen meines Landes.

Im Hangar (so etwas schien es jedenfalls zu sein; es gab kein Flughafengebäude, das den Namen verdiente; Luftreisen hatten in jenen Tagen, auch wenn sie Luxus waren, immer noch etwas Behelfsmäßiges) war ein Neger. Der Neger war auch mit dem kleinen Flugzeug gekommen. Ich fragte ihn, ob er aus Trinidad sei. Natürlich war er das. Das wußte ich. Ich hatte ihn ja im Flugzeug gesehen. Doch ich fragte ihn. Warum? Freundschaft? Die brauchte ich nicht. Ich spürte selbst die Falschheit in meinem Benehmen. Im Hangar oder Schuppen war noch ein Mann, der mit einem anderen Flugzeug gekommen war oder auf ein anderes Flugzeug wartete und der die letzte Ausgabe der *New York Times* las. Diese große Welt hatte es außerhalb meiner kleinen Insel schon immer gegeben – wie die Sonne über den Wolken, sie war immer da, selbst wenn sie nicht wahrgenommen wurde. Und diese große Welt war nun in Reichweite!

Acht – oder dreizehn? – Stunden flogen wir durch einen dunklen Himmel nach New York weiter. Nur Stunden entfernt vom Leben auf meiner Insel, wo alles fad war und selbst das Licht (dachte ich) eine mörderische Eigenschaft hatte, lebte ich – wie jeder Bauer, der zum ersten Mal in eine Kapitale kam – in einer Welt der Wunder. Ich hatte immer gewußt, daß diese Welt existierte; doch daß sie nur für den Preis eines Flugtickets für mich erreichbar war, war dennoch atemberaubend. Wie im Märchen ging jedoch mit den Wundern ein Gefühl der Bedrohung einher. Als das kleine Flugzeug durch die Nacht brummte, wurde die Vorstellung von New York furchterregend. Nicht so sehr die Stadt an sich wie der Augenblick der Ankunft: Ich konnte mir diesen Augenblick nicht bildhaft vorstellen. Es war das erste Mal, daß ich die Panik des Reisenden erfuhr.

Die Passagierin neben mir war Engländerin. Sie hatte ein Kind bei sich. Ich sah sie nur so: eine Engländerin und ein Kind. Ich hatte keine Möglichkeit, sie einzuordnen.

Ich schrieb Tagebuch. Zu diesem Zweck hatte ich einen billigen, kleinen linierten Block gekauft, der in einer Einstecktasche Umschläge enthielt. Ich hatte auch einen lila Kopierstift, wie ihn seriöse Menschen – besonders Beamte in Trinidad – damals benutzten. Wenn man den Stift anleckte, leuchtete die Farbe; trokken war sie stumpf. Ich hatte den Block und den Bleistift gekauft, weil ich wegreiste, um Schriftsteller zu werden, und ich mußte anfangen.

Ich bat die Stewardeß, meinen Bleistift zu spitzen. Zum Teil tat ich das, um das Luxuriöse der Flugreise auszukosten. Das Flugzeug war klein, doch es bot viele kleine Dienstleistungen an; das behauptete jedenfalls die Werbung der Fluggesellschaft. Die Bitte an die Stewardeß hatte etwas von einer Herausforderung; und zu meiner Verblüffung nahm die Stewardeß, weiß und amerikanisch und für mich strahlend und schön und erwachsen, meine Bitte ernst, brachte den Bleistift wunderbar gespitzt zurück und nannte mich, zwei Wochen vor meinem achtzehnten Geburtstag, Sir.

Ich schrieb also Tagebuch. Doch ich ließ viele Dinge aus, die es wert gewesen wären, festgehalten zu werden, viele Dinge, die ich ein paar Jahre später für viel wichtiger gehalten hätte als die Dinge, die ich festhielt. Das Tagebuch, das ich im Flugzeug schrieb, ließ den großen Familienabschied am Flughafen von Trinidad aus, das Flughafengebäude wie ein kleines Holzhaus mit einem kleinen Garten am Rande der asphaltierten Startbahn.

Dieser Familienabschied war das letzte große Hindu- oder asiatische Ereignis, an dem ich teilnahm – die letzte dieser Abschiedszeremonien (aus einer anderen Zeit, einem anderen Kontinent, einer anderen Art zu reisen, als ein Reisender vielleicht tatsächlich nie zurückkehrte, so wie viele von uns oder unseren Großvätern nie wieder nach Indien zurückgekehrt waren), um derentwillen Leute ihren Arbeitsplatz verließen, einen Tageslohn aufgaben und lange Strecken zurücklegten, bloß um sich zu verabschieden. Und nicht wirklich, um sich zu verabschieden, sondern eher um sich zu zeigen, um bei einem großen Familienereignis dabeizusein, um die Zugehörigkeit zur Familie zu bekräftigen; trotz der Tatsache (oder wegen der Tatsache), daß es mittlerweile große Unterschiede zwischen verschiedenen Zweigen der Großfamilie gab und die Gespräche auf der einen oder anderen Seite bereits von Herablassung oder gesellschaftlicher Unsicherheit gefärbt waren.

In meinem Schriftstellertagebuch hielt ich dieses Ereignis nicht mit dem Kopierstift fest, den die elegante Pan American World Airways-Stewardeß in dem kleinen Flugzeug gespitzt hatte. Ein Grund dafür war, daß es nichts zu tun hatte mit der Umgebung, in der ich schrieb, einer Umgebung voll Zauber und Erstaunen. Ein anderer Grund war, daß das Ereignis, dieser zeremonielle Abschied mit den kleinen Menschengruppen, die steif in dem Holzgebäude am Rand der Startbahn herumstanden, nicht zu meiner Vorstellung von einem Schriftstellertagebuch oder der Schriftstellererfahrung paßten, auf die ich mich vorbereitete.

Ich schrieb auch nicht, wie ich es einige Jahre später, als ich begonnen hatte, mir ein Verständnis vom Wesen meiner Erfahrung zu erarbeiten, sicherlich getan hätte, über den Vetter und den Rat, den er mir auf dem Flughafen gegeben hatte.

Der Vetter war ein idiotischer oder auf jeden Fall blöder Kerl, der mit fünfzehn oder so einen kleinen Spitzbauch hatte, ihn seitdem behalten und es auf bizarre Art - ohne Kenntnis der Grammatik oder Gefühl für die englische Sprache oder sonst eine Sprache zu haben - zum Journalisten gebracht hatte. Er wünschte mir nichts Gutes. Vielleicht wünschte er mir sogar Böses; er hätte leicht - nicht aus ausgemachter Boshaftigkeit, sondern halbherzig, wie es zu seinem Charakter paßte, und dem einfachen Prinzip des Familienhasses folgend - in mein Bild oder eine mir gleichende Figur Nadeln stecken oder etwas Ähnliches tun können.

Doch das Ereignis bewegte ihn, oder er hatte das Gefühl, er müsse sich entsprechend aufspielen. Und bei diesem Abschied auf dem Flughafen, bei dem sich die Leute (von denen ich manche nicht einmal kannte) um mich drängten und es einigen sogar gelang zu weinen, kam dieser Vetter zu mir und flüsterte, als gebe er ein Geheimnis weiter, das ihm, einem Journalisten, von höchster Stelle, vom Flughafendirektor, vom Direktor der Pan American World Airways oder von Gott selbst anvertraut worden war: »Setze dich im Flugzeug hinten hin. Dort ist es sicherer.« (Das Reisen, ob in der Luft oder auf dem Meer, war immer noch ein Abenteuer. Und vielleicht hatte mein Vetter recht mit dem, was er über die Plätze im Flugzeug sagte. Wahrscheinlicher jedoch war, daß sein Rat auf der Vorstellung eines Kindes von einem Flugzeugabsturz im Comicstrip beruhte, bei dem das Flugzeug im Sturzflug niederging und mit dem Bug aufschlug.)

Ich schrieb in meinem Flugzeugtagebuch nicht über diesen Vetter und seinen Rat, weil mir der unsinnige Rat – wie das ganze Familiengeleit, das Überbleibsel des bäuerlichen Asiens in meinem Leben – nicht passend für das Werk schien, das von einer epischeren Vision der Welt und epischeren persönlichen Abenteuern handelte. Vielleicht kam es mir nicht einmal in den Sinn, über den Abschied oder den Rat des Vetters zu schreiben; es war gar keine Rede davon, daß ich die Themen ablehnte.

Doch auch wenn persönliche Abenteuer mein Thema waren, war ich nicht in der Lage, über etwas Wichtigeres zu schreiben, nämlich darüber, wie sich meine Persönlichkeit durch die Reise und Einsamkeit bereits veränderte. Die ersten Anzeichen dafür waren geringfügig. Fünf Jahre später sollte ich deutlich erkennen, daß der Familienabschied und der Rat meines Vetter »Material« waren. Doch erst viele Jahre danach sollten die Persönlichkeitsveränderungen oder die geringfügigen Anzeichen dafür, die ich langsam bekam, Anzeichen, die winzige Bruchteile des Abenteuers jenes ersten Tages waren, ihre wahren Ausmaße erlangen.

Da war der Neger in dem Hangar oder Flughafenschuppen in Puerto Rico gewesen, wo unser kleines Flugzeug nach vielen Stunden am späten Nachmittag zum ersten Mal landete. Das Licht hatte sich bereits geändert; die Welt hatte sich geändert. Die Welt war für mich nicht mehr kolonial; die Wertvorstellungen der Menschen hatten sich bereits geändert, sogar dieses Negers. Er war unterwegs nach Harlem. Zu Hause, unter seinen Gefährten, war er noch vor ein paar Stunden ein beneidenswerter Mann, seine Reise unbeschreiblich glanzvoll gewesen; nun war er ein Neger in einem strohfarbenen Jackett, das offensichtlich nicht ihm gehörte, zu eng um seine Gewichtheberschultern saß (Gewichtheben war eine Manie bei uns). In diesem Jackett (zu Hause Erkennungszeichen des Reisenden in den gemäßigten Norden) bluffte er nun bis zum äußersten, beharrte darauf, respektabel zu sein, beharrte darauf, kein amerikanischer Neger zu sein, nicht vom Flugzeug und den Weißen eingeschüchtert zu sein.

Er war nicht gebildet, nicht jemand, zu dem ich zu Hause Kontakt gesucht hätte. Doch ich hatte bereits Kontakt zu ihm gesucht und sogar Verwandtschaft mit ihm beansprucht. Warum? Ich empfand die Geste der Freundschaft schon als falsch, als ich sie machte. In seinem engen, respektablen Jackett war er mir gegenüber kühl; und ich war halb froh darüber, denn Freundschaft, vertrauliche Plauderei mit ihm war nicht das, was ich wirklich suchte. Aber ich hatte die Geste gemacht. Hätte man mich gefragt, ob ich mich einsam, verletzlich fühlte, hätte ich das Gegenteil behauptet, daß ich in einem Zustand großer Erregung sei und mir alles gefalle; daß alles, was ich während der zweiten Hälfte jenes großen Tages bis jetzt gesehen hatte, neu und wunderbar sei.

Dieser Mann aus Trinidad war kühl, zugeknöpft, mit ruhigen Augen, sein Teint war ohne Glanz und eher von einer matten oder stumpfen Beschaffenheit, die von Anspannung zeugte. Ich ließ ihn in Ruhe. Ich blieb allein. Das Licht wurde gelb, dunkler. Dann waren wir wieder in der Luft.

Das kleine Flugzeug brummte immer weiter. Die Eintönigkeit dieser Art zu reisen war eine unerwartete Offenbarung. Es war also weder übertrieben noch anmaßend, die Reise »langweilig« zu finden, obwohl sie die schnellste war, die ich je gemacht hatte, und obwohl ich wußte, daß sie verglichen mit einer Schiffsreise außergewöhnlich kurz war.

Neben mir waren die Frau und ihr Kind. Die Frau war Engländerin, wie ich bereits sagte. Ich hatte nie zuvor eine Engländerin ihres Alters getroffen – hatte überhaupt erst eine Engländerin getroffen – und hatte keine Möglichkeit, ihren Charakter oder ihre Intelligenz oder Bildung zu erkennen. Ich interessierte mich nicht für Kinder; interessierte mich nicht für Frauen mit Kindern. Doch ich ertappte mich dabei, daß ich dieser Frau – die sehr mit ihrem Kind beschäftigt war – regelrechte Freundschaftsanträge machte.

Ich nahm ein paar Bananen mit nach New York. Sie waren in einer Papiertüte, vielleicht auf dem Boden. Irgendein Überbleibsel von der alten Reise, bei der die Bauern Essen mitnahmen; ein echtes Hindu-Mißtrauen gegenüber dem Essen, das vielleicht im Flugzeug und dann im Hotel in New York angeboten würde. Die Bananen dufteten jetzt; in dem warmen Flugzeug reiften sie mit jeder Stunde. Ich bot der Frau eine Banane an. Nahm sie sie für ihr Kind? Ich kann mich nicht erinnern. Tatsache war, ich machte das Angebot. Obwohl ich eigentlich die Freundschaft oder Unterhaltung dieser Frau nicht wollte und mich auch nicht für das Kind interessierte.

Hatte ich Angst vor der Reise, obwohl ich mich nach diesem Tag gesehnt hatte und aufrichtig erregt darüber war? War dieses Zugehen auf Menschen eine Reaktion auf Einsamkeit? Ich war schließlich zum ersten Mal in meinem Leben wirklich ganz allein. War es Angst vor New York? Sicherlich. Die Stadt, mein Verhalten dort im Augenblick der Ankunft, meine Unfähigkeit, mir die greifbaren Einzelheiten der Ankunft bildlich vorzustellen, wie und wo ich die Nacht verbringen würde – diese Ängste traten zutage, als wir immer weiter flogen.

Ich nahm die Veränderung meiner Persönlichkeit wahr, schrieb aber, weil sie mir als Thema nicht einmal bewußt war, nichts davon in mein Tagebuch. So daß es zwischen dem Mann, der das Tagebuch schrieb, und dem Reisenden, zwischen dem Mann und dem Schriftsteller bereits eine Kluft gab.

Mann und Schriftsteller waren dieselbe Person. Doch das ist die größte Entdeckung eines Schriftstellers. Man braucht Zeit – und muß viel geschrieben haben! –, um zu dieser Einheit zu gelangen.

An jenem Tag, erfüllt von Abenteuer und Freiheit und Reisen und Entdeckungen, waren Mann und Schriftsteller in ihrer Gier nach Erfahrung eins. Doch die Natur der Erfahrungen an diesem Tag beschleunigte die Trennung der beiden Elemente in meiner Persönlichkeit. Der Schriftsteller oder der Junge, der reiste, um

Schriftsteller zu werden, hatte Bildung, eine konventionelle Schulbildung; er hatte eine hohe Vorstellung von der vornehmen Berufung, der zu folgen er unterwegs war. Doch der Mann, von dem der Schriftsteller bloß ein Teil war (wenn auch ein wichtiger, ein treibender), der Mann war – als gesellschaftliches Wesen – zutiefst ungebildet.

Er war den dörflichen Gewohnheiten seiner asiatisch-indischen Gemeinschaft verbunden. Ihre Rituale, wie den Abschied auf dem Flughafen am Morgen, verstand und billigte er instinktiv. Er war den Gewohnheiten dieser Gemeinschaft verbunden. Zwischen ihr und dem bäuerlichen Indien lagen nur zwei oder drei Generationen in einer Plantagenkolonie der Neuen Welt. Doch der Mann hatte noch eine andere Seite: Er nahm am Leben oder den Ritualen dieser Gemeinschaft nicht wirklich teil. Nicht nur daß er eine konventionelle Schulbildung genossen hatte; er war auch ein Skeptiker. In seiner Großfamilie war er unglücklich und mißtraute allen größeren gesellschaftlichen Gruppierungen.

Doch diese halb indische Welt, die zeitlich und räumlich weit weg von Indien und dem Mann rätselhaft war, diese Welt, deren Sprache er nicht einmal halb verstand, deren Religion und religiöse Riten er nicht erfaßte, war die einzige soziale Welt, die der Mann kannte. Sie und das Leben in der Vorstellung, genährt von Büchern und Filmen, waren alles, was er außerhalb der Schule hatte. Die dörfliche Welt hatte ihm ihre Vorurteile und Leidenschaften vermittelt; er interessierte sich und engagierte sich leidenschaftlich für die indische Politik vor und nach der Unabhängigkeit. Doch von seiner Gemeinschaft in Trinidad wußte er wenig; er meinte, er verstehe sie, weil er dazugehörte; er meinte, das Leben der Gemeinschaft sei eine Erweiterung seines Familienlebens. Und von anderen Gemeinschaften wußte er nichts. In dieser kolonialen, rassisch gemischten Umgebung kannte er nur die Vorurteile seiner Zeit. Er war zutiefst ignorant. Er war nie in einem Restaurant gewesen und haßte die Vorstellung, etwas zu essen, das durch fremde Hände gegangen war. Doch gleichzeitig hatte er davon geträumt, Erfüllung in einem fremden Land zu finden.

Er suchte das Abenteuer. An diesem ersten Tag fand er es. Doch er wurde auch mit seiner Ignoranz konfrontiert. Diese Ignoranz verunsicherte, verhöhnte den Schriftsteller oder den Ehrgeiz des Schriftstellers, führte die Persönlichkeit ad absurdum, die der Schriftsteller annehmen wollte – elegant, wissend, unerschütterlich. (Wie Somerset Maugham. Oder – zutreffender – wie der Neger aus Trinidad in dem Hangar oder Schuppen in Puerto Rico, der in seinem engen geliehenen Jackett unterwegs nach Harlem war, zu einer ganz anderen Vorstellung von Glanz und Ruhm.)

Deshalb sind meine Erinnerungen an die Ankunft spätabends in New York verschwommen. Ich versuche mich jetzt angestrengt zu erinnern, und gewisse Einzelheiten werden deutlicher: ein sehr helles Gebäude, blendende Lichter, eine kleine Menschenmasse in einem beengten Raum, eine Beamtin mit einem sehr ausgeprägten »amerikanischen« Akzent, die die Namen bestimmter Passagiere aufrief.

Für mich lag ein Brief da. Ein Mann vom britischen Konsulat hätte mich abholen sollen. Doch das Flugzeug hatte so viel Verspätung gehabt, daß er nach Hause gefahren war und diesen Brief hinterlassen hatte, in dem nur der Name des Hotels stand, das er für mich gebucht hatte. Er hätte mich beschützen sollen. Er lieferte mich dem Taxifahrer aus, der mich in die Stadt brachte. Der Fahrer betrog mich, er verlangte zuviel; und dann, als er sah, wie leicht ich mich fügte, nahm er mir noch die letzten Dollars ab, die ich bei mir hatte (noch einige wenige, sehr wenige, hatte ich im Koffer versteckt), indem er sie als Trinkgeld verlangte. Ich empfand diese Demütigung als so einschneidend, daß die Erinnerung sie bald verblassen ließ und dann für viele Jahre tilgte.

Ich erinnerte mich lieber daran, daß der Taxifahrer gesprächig war, denn so waren Taxifahrer nun einmal. Ich arbeitete schwer daran, mich zu erinnern, was er gesagt hatte. (»Wir haben den Japsen unsern ganzen Schrott verkauft, und sie haben damit direkt auf uns zurückgeschossen.«) Und ich erinnerte mich an den Neger (er mußte im Hotel aufgetaucht sein), der wie ein Neger in einem Buch oder Film redete (»Das is ne Stadt, was nie schläft, Mann«) und dem ich kein Trinkgeld mehr geben konnte, weil ich kein Geld mehr bei mir hatte.

Der gesprächige Taxifahrer, der komisch sprechende Neger – sie waren mir beide lieb und wert, weil ich das Gefühl hatte, daß ich sie kannte, weil ich das Gefühl hatte, daß sie so viel von dem bestätigten, was ich gelesen, was ich im voraus gewußt hatte. Sie bestätigten, daß ich in der Tat auf Reisen und bereits in New York war. Und unter diesem Aspekt waren sie vertraut, für den Schriftsteller geeignetes Material. Doch die Demütigung, die ich mit beiden verband (dem Diebstahl des Fahrers, meinem Unvermögen, dem Neger Trinkgeld zu geben, der auch von mir erwartete, daß ich eine mir zugedachte Rolle spielte und ihm Trinkgeld gab), schob sich dazwischen; und sie wurden beide zwanzig Jahre lang aus meiner Erinnerung gestrichen. Und sie wurden ganz gewiß aus dem Tagebuch gestrichen, das ich mit Kopierstift (bereits ein wenig stumpf) an dem Abend im Hotel schrieb (auf Hotelpapier, weil das noch dramatischer war).

Ein Familienabschied am Morgen, Tausende von Meilen entfernt: ein Abschied von meiner Vergangenheit, meiner kolonialen Vergangenheit und bäuerlich-asiatischen Vergangenheit. Sofort darauf die ungeheure Begeisterung: der Anblick der Felder und der Berge, die ich nie gesehen hatte; des kabbeligen oder gekräuselten Meers, das an Land kroch; dann die Wolken von oben; und Gedanken an den Anfang der Welt, Gedanken an die Zeit ohne Anfang oder Ende; die ungeheuer starke Erfahrung von Schönheit. Dann eine leichte Panik; sogar eine gespielte Panik; dann ein schwindendes Gefühl des Ichs. Ein unterdrücktes, halbwahres, aber auch halb gewollt wahres Tagebuch, das in einem kleinen dunklen Zimmer im Hotel Wellington in New York geschrieben wurde. Und bereits ein Gefühl des Verlorenseins, einer Wahrheit, der ich nicht ganz ins Gesicht gesehen hatte, einer Welt, deren ungeheure Größe ich erfaßt hatte, die aber nachts für mich wieder sehr eingeschränkt wurde.

Ich war mit ein paar Bananen nach New York gekommen. Einige hatte ich im Flugzeug gegessen und die anderen zurückgelassen, schuldbewußt, aber korrekt (sie wären mir höchstwahrscheinlich beim Zoll abgenommen worden). Man hatte mir auch ein Brathähnchen oder ein halbes Brathähnchen mitgegeben: die bäuerliche, indische, Hindu-Angst meiner Familie vor dem, was ich zu essen bekam, vor Verunreinigung. Und dies war ein Versuch, sie aufrechtzuerhalten, wenn auch nur für diesen Tag. Doch ich hatte kein Messer, keine Gabel, keinen Teller und wußte nicht, daß man diese Dinge im Hotel bekommen konnte; hätte nicht gewußt, wie ich danach fragen sollte, besonders zu dieser sehr späten Stunde.

Ich aß über dem Papierkorb, war mir dabei des Geruchs bewußt, des Fetts, des Exzesses am Ende eines langen Tages. In meinem Tagebuch hatte ich von den höchsten Dingen geschrieben, den Dingen, die sich für einen Schriftsteller geziemten. Doch der Verfasser des Tagebuches beendete seinen Tag wie ein Bauer, wie ein Mann, der wieder in seine Ursprünge zurückfiel, heimlich in einem dunklen Raum aß und sich dann fragte, wie er die durchdringend riechenden Spuren seines Mahls verbergen könne. Ich warf alles in den Papierkorb. Danach brauchte ich ein Bad oder eine Dusche.

Die Dusche war im Zimmer: ein Luxus. Ich hatte Angst gehabt, eine Gemeinschaftsdusche benutzen zu müssen. Auf einem Hahn stand HEISS. So etwas Raffiniertes hatte ich nie zuvor gesehen. In der großen Hitze Trinidads hatten wir immer mit Wasser von normaler Temperatur gebadet oder geduscht, mit Wasser, wie es aus dem Hahn kam. Eine heiße Dusche! Ich erwartete etwas Lauwarmes, wie das warme Badewasser, das meine Mutter für mich (in Eimern, mit aromatischen und heilenden Paternosterblättern versetzt) an bestimmten wichtigen Tagen zubereitete. Das heiße Wasser der Dusche im Hotel Wellington war nicht so. Heiß war heiß. Einer Verbrühung konnte ich nur durch einen Sprung aus der Duschkabine knapp entgehen.

So endete der große Tag. Dann – das war meine besondere Begabung, blieb es beinahe zwanzig Jahre lang und half mir durch viele Krisen – schlief ich ein, sowie ich im Bett war. Ich wachte erst wieder auf, als ich mich ausgeschlafen hatte.

Meine Erinnerung hat nichts vom Hotelzimmer bei Tageslicht bewahrt, nichts von dem Zimmer, in dem ich aufwachte. Vielleicht löschte die Verlegenheit die Erinnerung aus. Ich war noch keine vierundzwanzig Stunden außerhalb meines Landes, und die Demütigungen begannen schon, sich zu häufen: Zu dem Gefühl des Ichs, das ich entwickelt hatte, kam nun ein weiteres hinzu, ein Blankliegen der Nerven und eine Empfindlichkeit, an der von nun an viele Jahre lang alle meine Eindrücke, selbst die begeistertsten, gemessen werden sollten. So auch die Eindrücke des nächsten Morgens, die, die ich behielt, Eindrücke, die (nach den Demütigungen des letzten Abends, den Demütigungen der Ankunft) wieder romantisch wurden.

Der Zeitungskiosk unten, im Foyer des Wellington war auch romantisch: ein kleines Geschäft in dem Gebäude, in dem man wohnte: Das war etwas ganz Neues, ganz Begeisterndes für mich. Ich kaufte ein Päckchen Zigaretten von dem Verkäufer, einem großen grauhaarigen Mann, der so gut angezogen und förmlich und gebildet war wie ein Lehrer, dachte ich. (Nicht wie die indischen Ladenbesitzer unserer Dörfer, Männer, die sich absichtlich schmutzig und zerlumpt gaben, je schmutziger, desto besser, um *hubris* zu vermeiden, um Eifersucht und das böse Auge abzuwenden. Nicht wie die Chinesen in ihren »Salons«, die ärmellose Unterhemden und Khakishorts und Holzpantinen trugen, immer im Haus blieben und trotz ihres welken, ausgehungerten, opiumhöhlenmäßigen Aussehens glücklichen schwarzen Geliebten oder ausdruckslos dreinschauenden, flachbrüstigen chinesischen Ehefrauen ein Kind nach dem anderen machten.)

Von dem großen grauhaarigen Mann kaufte ich ein Päckchen Old Gold. Ich hatte keinen entwickelten Geschmack für Tabak, schmeckte den Unterschied zwischen verschiedenen Marken nicht und orientierte mich hauptsächlich an Dingen wie Namen. In Trinidad wurden in den Geschäften nur einheimische oder englische Zigaretten verkauft; amerikanische Zigaretten gab es, inoffiziell und in rauhen Mengen, wegen der amerikanischen Stützpunkte, sie wurden aber nie in Geschäften verkauft; und diese Möglichkeit, ein Päckchen amerikanischer Zigaretten aus der ganzen Bandbreite amerikanischer Namen auswählen und kaufen zu können, war wunderbar. Genauso wie der Preis, fünfzehn Cent, und das Streichholzbriefchen, das es dazu gab. Freigiebigkeit!

Die Sinnlichkeit dieser weichen amerikanischen Zigarettenpackungen! Das Zellophan, der Name der Marke, das Papier des Päckchens, unter dem sich die Zigaretten abzeichneten: das dünne rote Papierbändchen oben um die Packung, mit dem man das Zellophan abreißen konnte: der köstliche Geruch. Zigaretten waren für mich immer eine ästhetische Erfahrung gewesen. Am Geschmack brennenden Tabaks hatte mir nie gelegen; deshalb war die Rauchsucht, als sie kam, ernst gewesen. Und wenn ich zu Hause bereits viele Male aufgehört hatte zu rauchen, dann, weil ich mir im letzten quälenden Jahr über viele Monate Dinge versagt hatte, mir einmal sogar (heimlich) Essen versagt hatte, alles aus dem Wunsch heraus, nicht mein Stipendium zu verlieren, das Stipendium, das mich nach England und Oxford bringen sollte. Dahinter steckte nicht so sehr der Wunsch, nach Oxford zu gehen, wie der Wunsch, aus Trinidad wegzukommen und die große Welt zu sehen und Schriftsteller zu werden. In diese Reise, die noch nicht einmal einen Tag alt war, war solche Leidenschaft, solche Sehnsucht eingeflossen!

Von dem lehrerhaften grauhaarigen Mann im Zeitungskiosk kaufte ich auch eine *New York Times,* deren letzte Ausgabe ich am vorherigen Tag in Puerto Rico gesehen hatte. Ich interessierte mich für Zeitungen und wußte, daß diese Zeitung eine der wichtigsten der Welt war. Doch wenn man eine Zeitung zum ersten Mal liest, ist es, als komme man in einen Film, der bereits seit einer Stunde läuft. Zeitungen sind wie Serien. Um sie zu verstehen, muß man sie kennen; die Kenntnis, die am meisten nützt, ist die Kenntnis, die man durch die Zeitung selbst bekommt. Diese Zeitung gab mir das Gefühl des Fremdseins. Doch auf der ersten Seite unten war eine Geschichte, mit der ich etwas anfangen konnte, weil sie von einer Erfahrung handelte, die ich teilte. Die Geschichte handelte vom Wetter. Anscheinend war es für Ende Juli, für die Jahreszeit so kühl und grau, daß es eine Geschichte wert war.

Ohne die Zeitung hätte ich nicht gewußt, daß das Wetter nicht der Jahreszeit entsprach. Doch ich brauchte die Zeitung nicht, um die hinreißende Wirkung des Lichts zu sehen. Das Licht innen im Hotel war wie das Licht draußen. Das Licht draußen war magisch. Ich dachte, es käme von den hohen Gebäuden, vor denen ich mit einiger Beschämung stehenblieb, um sie mir anzuschauen und ihre Größe zu ermessen. Das Licht verschmolz mit dem Licht draußen: Das Licht hier war eins. In Trinidad war von sieben oder acht Uhr morgens bis fünf Uhr nachmittags die Hitze groß; draußen zu sein, die Hitze und das Unbehagen zu spüren, war eine Plage. Dieser graue Himmel und das graue Licht, Licht ohne jedes Gleißen, ließen an eine geschützte Welt unter einem Baldachin denken: Man mußte sich nicht, wenn man nach draußen ging, gegen flirrende Hitze wappnen. Und diese Stadt mit der Atmosphäre von beschützten Straßen und hohen Gebäuden hatte merkwürdig gedämpfte Farben. Das hatte ich nicht erwartet, hatte ich nicht auf Photos gesehen oder in Büchern gelesen. Die Farben der Straßen New Yorks wären mir in Trinidad »tot« vorgekommen, die Farben toter Dinge, vertrockneten Grases, abgestorbener Pflanzen, Erde, Sand, eine tote Welt – im Grunde genommen überhaupt keine Farben.

Ich ging spazieren. In meiner Erinnerung gibt es nur einen einzigen Spaziergang. Doch ich bin jetzt der Überzeugung, daß es zwei gab, mit einer Taxifahrt dazwischen (um die Abfahrtszeit des Schiffes zu überprüfen, mit dem ich an dem Nachmittag aufbrechen sollte). Ohne das Geld im Koffer hätte ich ohne einen Penny dagestanden; so hatte zumindest diese Vorsichtsmaßnahme ihren Zweck erfüllt.

Ich sah ein Kino, das *Marius* mit Raimu anzeigte. Die Anzeige hatte bewegliche Buchstaben. Ich hatte noch nie im Leben einen französischen Film gesehen. Doch ich wußte viel über das französische Kino. Ich hatte darüber gelesen, und ich hatte es sogar gewissermaßen »studiert«, für den Fall, daß eine Frage dazu in einer »allgemeinen« Examensarbeit über französische Kultur vorkam. In meiner Ausbildung war vieles so gewesen, abstrakt, ein Gedächtnistest: wie bei einem Mann, dem die Möglichkeit, berühmte Städte zu besuchen, verwehrt ist, und der statt dessen ihre Stadtpläne auswendig lernt. In meiner Ausbildung war vieles so gewesen: mönchisch, mittelalterlich, das Lernen ganz losgelöst vom Alltagsleben.

Marius, Raimu. Der eine Name war wie ein Anagramm des anderen, bis auf das »s« (meine mönchische Art, zu beobachten, zu studieren, dem Gedächtnis etwas einzuprägen). Und wenn es Nachmittag gewesen wäre und ich nicht mit dem Schiff hätte abfahren müssen, wäre ich ins Kino gegangen, denn zu Hause lebte ich in der Phantasie dort am intensivsten. Eigentlich war für meinen Charakter – abgesehen von diesem sonderbaren literarischen Ehrgeiz – große Einfalt typisch. Ich wußte sehr wenig von der Agrarkolonie in der Neuen Welt, in der ich geboren war. Und von meiner asiatischen Hindu-Gemeinschaft, einer umgesiedelten bäuerlichen Gemeinschaft, kannte ich nur meine Großfamilie. Von dem Augenblick an, an dem ich mir meiner selbst bewußt geworden war, widmete ich mein ganzes Leben dem Studium, von dessen Abstraktheit ich versucht habe, eine Vorstellung zu vermitteln. Und dann hatte sich diese Vorstellung von dem abstrakten Studium in die Vorstellung von einem literarischen Leben in einem anderen Land verwandelt. Das hatte mich veranlaßt, noch mehr, noch verzweifelter, noch intensiver zu studieren; hatte mich veranlaßt, mich noch mehr zurückzuziehen. Mein wirkliches Leben, mein literarisches Leben sollte anderswo sein. Zu Hause lebte ich in der Zwischenzeit ein Leben der Phantasie im Kino, ein Vorgeschmack auf das Leben im Ausland. An Samstagnachmittagen nach den besonderen Feiertagsvorführungen, die um 1.30 Uhr begannen (und die wir einfach »1.30 Uhr« nannten, so, wie andere von Matineen sprachen), nach dem dunklen Kino und den entlegenen Reichen, in denen man über drei Stunden lang gelebt hatte, war es schmerzlich, wieder in die grellen Farben der eigenen Welt zu treten.

Doch ich hatte keine französischen Filme gesehen. Die waren in Trinidad nie gezeigt worden. Und vielleicht hätten sie, wenn sie gezeigt worden wären, wie die britischen Filme kein Publikum gefunden, weil sie aus einem bestimmten Land kamen, lokal gebunden und nicht universell waren wie die Hollywood-Filme, die die Phantasie auch weit entfernt lebender Menschen anregen konnten. Ich kannte französische Filme aus Büchern, besonders Roger Manvells *Film.* Ich kannte alle Standphotos in diesem Buch. Sein ehrfürchtiger Text und die Begeisterung, die mir in der Schule für Frankreich, das Land der Zivilisation, vermittelt worden war, ließen mich außergewöhnliche Qualität in diesen überbelichteten, schlecht reproduzierten kleinen Photos sehen.

Und als ich nun, mein großes Abenteuer war noch keinen Tag alt, den Namen *Marius* und sein Beinahe-Anagramm Raimu auf der Anzeigetafel des Kinos sah, hatte ich das Gefühl, es sei etwas in greifbare Nähe gerückt, das mir von Rechts wegen (durch Bildung, Berufung, Erziehung, Sehnsucht, Opfer) zustand – wie die *New York Times* selbst, die mich doch (als ich sie gekauft hatte) nicht fesselte, sondern eher wie ein Kreuzworträtsel war, das ich nur teilweise lösen konnte.

Und ein ähnliches Gefühl, von dem, das mir von Rechts wegen hätte zustehen sollen, im Stich gelassen zu werden, hatte ich, als ich eine Buchhandlung fand und hineinging. Große Städte hatten Buchhandlungen – genauso wie sie Kinos hatten, die französische Filme zeigten. Kolonialstädte oder -siedlungen wie die meine hatten keine Buchhandlungen. Auf dem alten kolonialen Marktplatz in Port of Spain – uralte Dächer und Markisenvorbauten aus Wellblech, einst rot oder abwechselnd weiß und rot gestrichen; alte Zimmermannsarbeit, durchbrochene Giebel mit Kreuzblumen, dekoratives viktorianisches Schmiedeeisen; Architektur, die mir bewies, wie weit entfernt wir von den Häfen waren, aus denen dieses Bauholz und dekorative Schmiedeeisen und Wellblech verschifft worden war –, auf dem alten kolonialen Platz gab es Warenhäuser, die Schulbücher und vielleicht Kinderbücher und auch Malbücher verkauften und möglicherweise ein oder zwei niedrige Regale mit Penguin-Taschenbüchern hatten, jeweils wenigen Exemplaren einiger Titel, und ein paar Klassiker aus der Collins-Serie (die aussahen wie Bibeln): Warenhäuser, so verschlafen wie Warenhäuser jener Zeit nur sein konnten, eher Warenlager für die Kolonialbevölkerung, wo absolut notwendige Waren (mit einigen wenigen Spezialposten wie Moskitonetzen und den Klassikern von Collins) so unattraktiv und praktisch wie nur möglich importiert und gelagert wurden.

Und hier in der Innenstadt von New York war eine Buchhandlung. Ein Ort, den ich hätte betreten sollen, als sei ich hergereist, nur um ihn zu betreten. Ich liebte Bücher, ich war ein Leser – den Ruf hatte ich zu Hause. Doch es waren im Grunde nur wenige Bücher, die ich kannte oder von denen ich wußte. Da waren einmal die Bücher im Bücherschrank meines Vaters: Klassiker aus der Everyman-Reihe, religiöse Bücher, Bücher über Hinduismus und Indien. Letztere wurden bei einem Händler mit indischen Waren in einer kleinen Geschäftsstraße in Port of Spain gekauft und die meisten davon, um indischen Nationalismus zu bezeugen; wenige davon hatte mein Vater gelesen, ich keines. Dann gab es die Bücher, mit denen ich mich in der Schule beschäftigt hatte; es gab die Bücher, die ich in der Zentralbibliothek sah. Eigentlich kannte ich aber nur die klassischen oder etablierten Namen, die französischen, spanischen und englischen Bücher, die ich in der Schule studiert hatte, und die sehr berühmten Namen, mit denen mein Vater mich bekannt gemacht hatte.

Als ich diese New Yorker Buchhandlung betrat, fand ich mich zwischen nicht geheiligten Namen. Ich war unterwegs, um Schriftsteller zu werden, doch zu dieser modernen Verlags- und Schriftstellerwelt, in die ich hineinspaziert war, hatte ich keinerlei Beziehung. Zwischen all diesen unbekannten, mir nicht heiligen Namen suchte ich die vertrauten, die Klassiker, die einheitlichen Serien, genau die Dinge, die ich mir (mit dem Gefühl, ausgeschlossen und fern von allem zu sein) in den dunklen kolonialen Warenhäusern in Port of Spain angeschaut hatte, zwischen den Ries Papier und den Stapeln von Schulheften, neben den verschiedenen importierten Waren en gros (Stoff und Kohlenpfannen), über allem ein warmer Geruch nach Gewürzen und feuchtem Rohzucker und verschiedenen Bratölen von den Großhändlern am South Quay, wo es zwischen den Lastwagen noch Eselskarren und Pferdekarren und Schubkarren gab.

Dies war ein amerikanisches Geschäft, nicht eines mit einem englischen Bestand, dem Bestand, mit dem ich vertrauter war. Ich entschied mich für die Modern Library-Serie und kaufte *Südwind.* Das war mir von einem Englischlehrer empfohlen worden, der meine schriftstellerischen Ambitionen kannte. Ich hatte es aufgegeben, dieses Buch in den Warenhäusern Trinidads zu finden. Hier, Teil des großen Reichtums von New York, war das Buch auf der Stelle zu haben. Ich zahlte 1 Dollar 28, und der Verkäufer, der acht oder zehn Jahre älter gewesen sein mußte als ich, nannte mich Sir.

Südwind! Aber es blieb ungelesen. Mein erster Versuch, es zu lesen, glich allen Versuchen, die ich später machte: Er bewies mir, daß dieses Buch – wie die Bücher von Aldous Huxley und D. H. Lawrence und bestimmten anderen zeitgenössischen Schriftstellern, deren Namen ich durch meinen Vater oder Lehrer in der Schule kannte –, mit einem jungen Mann namens Denis und einem Bischof und einer Insel namens Nepenthe, mir fremd war, meine Erfahrung und mein Verständnis überstieg. Doch die Fremdheit eines Buches, wenn sie mich auch davon abhalten konnte, es zu lesen (ich las nie mehr als das erste Kapitel von *Südwind*), hielt mich nicht davon ab, es zu bewundern. Gerade die Fremdheit, die Unzugänglichkeit war wie die Verheißung von Romantik - eine Belohnung, in ferner Zukunft, dafür, daß ich Schriftsteller wurde.

Meine Ausbildung war in vielem so abstrakt gewesen, daß ich so leben und denken und fühlen konnte. Ich hatte beispielsweise das klassische französische Drama studiert, ohne auch nur eine Vorstellung von dem Land oder dem Hof zu haben, die dieses Drama hervorgebracht hatten; ich war nicht fähig gewesen, die historische Wirklichkeit Frankreichs zu erfassen und hatte insgeheim (in Gedanken) sogar alles, was man mir in Einführungen oder Lehrbüchern über Könige und Minister und Mätressen und Religionskriege beibrachte, als Märchen von mir gewiesen. Diese Dinge waren zu verschieden von meiner Erfahrung, und ich konnte sie nicht nachvollziehen; ich kannte nur meine Insel und meine Gemeinschaft und die Gewohnheiten unserer Kolonie. Ich hatte einfach Aufsätze über das französische und sowjetische Kino geschrieben, indem ich Bücher und Artikel darüber las. Genauso hatte ich die großen Namen der Kunst und Architektur gelernt.

Obwohl ich nun in New York ein freier Mensch und dies das erste Buch war, das ich in einer großen Stadt kaufte, und das Ereignis deshalb wichtig für mich war, historisch, romantisch, übertrug ich die Haltung meiner abstrakten Schulbildung darauf: der intelligente Junge, der Stipendiat, der jetzt nicht für seine Lehrer oder Familie handelte, sondern nur für sich.

Doch mit den Demütigungen der ersten vierundzwanzig Stunden meiner Reise, meinen ersten vierundzwanzig Stunden in der großen Welt, mit meinem zunehmenden Gefühl von Einsamkeit in dieser Welt war ich mir (weil ich ja kein heimatliches Publikum, überhaupt kein Publikum mehr hatte) bewußt, daß ich keine Freude empfand. Der junge Mann im Geschäft nannte mich Sir, und das war unerwartet und nett. Doch ich fühlte mich wie ein Schwindler; ich fühlte mich in einen Teil von mir gedrängt, der mir bisher unbekannt gewesen war.

Keine vierundzwanzig Stunden waren vergangen seit dem magischen Blick auf die Landschaft, auf Zuckerrohrfelder und bewaldete Hügel und Täler und das an Land kraulende Meer und die Wolken, auf die von oben die Sonne schien. Doch ich konnte bereits spüren, wie sich meine beiden Seiten voneinander trennten, der Mann vom Schriftsteller. Ich spürte bereits ein Zucken von Zweifel an mir: Vielleicht war der Schriftsteller nur ein Mann mit einer abstrakten Bildung, der Fähigkeit, sich zu konzentrieren, und der Fähigkeit, Dinge auswendig zu lernen. Und ich hatte so angestrengt für diesen Tag und dieses Abenteuer gearbeitet! Mit der neuen Stille meiner Einsamkeit, und diese Einsamkeit hatte ich mir als Bestandteil des großen Abenteuers nie auch nur vorgestellt, beobachtete ich, wie die beiden Seiten meiner selbst sich bereits an diesem ersten Tag trennten und kleiner wurden.

Und an diesem Nachmittag in New York begann von einem Kai, dessen Nummer ich jahrelang im Kopf behielt, aber nun vergessen habe, einer Nummer, die nichts mit Romantik, sondern mit Demütigung und Unsicherheit zu tun hatte, eine mehrtägige Schiffsreise. Von Port of Spain über Puerto Rico nach New York mit dem Flugzeug. Von New York nach Southampton mit dem Schiff.

Diese Reise mit dem Schiff war lang – viele Wochen, viele Monate: eine lange Zeit für einen achtzehnjährigen Jungen –, mein kostbarstes Material als Schriftsteller. So sah ich es jedenfalls. Und lange schrieb ich in einer Pension in Earls Court in London, in meinem schäbigen Collegezimmer in Oxford und in meinem noch viel schäbigeren möblierten Zimmer während der Ferien mit meinem Kopierstift oder meinem Waterman-Füller oder der sehr alten Schreibmaschine, die ich für zehn Pfund, mehr als mir in der Woche zur Verfügung stand, gekauft hatte (teuer, doch neue Schreibmaschinen waren damals, nicht lang nach dem Krieg, nicht so leicht zu bekommen), einen Text, an dem ich sehr hing und dem ich den Titel »Galaabend« gab.

Es war mein erster Text, der auf Großstadtmaterial beruhte. Er war weise; er evozierte Erfahrung und den Reisenden. »Galaabend« – das hätte von einem Mann geschrieben sein können, der viele Galaabende erlebt hatte. Er wußte, was er tat, er kannte den Wert von Namen, er spielte lässig mit großen Namen – New York, der Atlantik, die *S. S. Columbia,* United States Lines, Southampton (letzteres als Name besonders schön).

Der Galaabend, der das Material für die Beschreibung lieferte – es handelte sich nicht um eine Geschichte –, fand an unserem letzten Tag an Bord des Schiffes auf dem Atlantik statt. Am nächsten Morgen sollten wir Cobh in Irland anlaufen; am Nachmittag sollten wir dann in Southampton anlegen. Die meisten Passagiere würden in Southampton aussteigen; die anderen würden am nächsten Morgen in Le Havre aussteigen. Der Galaabend war ein Ball nach dem Essen in einer Lounge der Touristenklasse. Und für mich war es verwirrend zu beobachten – aus der Ferne und als betrachtete ich Tierleben, da ich keine Romanze an Bord gehabt hatte –, wie der Sexualtrieb, wie Alkohol Menschen, die ich kannte, Männer und Frauen benebelte und entstellte. Für mich, der ich, aber ganz keusch damals, Frauen liebte, war die Entstellung der Frauen, die ich kennengelernt hatte, besonders aufwühlend.

Da gab es ein zierliches Mädchen, das über Lyrik mit mir gesprochen hatte. Wie merkwürdig, sie nun mit feuchten Augen in Begleitung eines Mannes ohne besondere Bildung oder herausragende Eigenschaft zu sehen, als würde sie von Kräften getrieben, die außerhalb ihres Einflusses lagen. Ihre Augen zeigten keinerlei Erkennen. Und wie distanziert, ernst und anderweitig in Anspruch genommen bis dahin freundliche Männer wurden, wie unwillig, sich mit mir zu unterhalten, was sie sonst gern getan hatten. Da gab es einen Mann aus San Francisco, einen Armenier; er hatte im Krieg in Europa gekämpft, und wir hatten uns über den Krieg und das Soldatenleben unterhalten. Er hatte mir erzählt, der einzige wahre Kriegsfilm, den er gesehen habe, sei *Landung in Salerno*. Seine Gedanken waren nun ganz woanders.

Teil des Problems war, daß der Galaabend auch Gelegenheit zum Trinken bot; und ich trank damals überhaupt nicht. Um mein Stipendium zu gewinnen, hatte ich mich mit Lernen bestraft; und weil ich wollte, daß alles für mich gut ausging, erlegte ich mir asketische Selbstkasteiungen auf.

In dem, was ich schrieb, hielt ich mein Unwissen und meine Unschuld fest, meine Entbehrungen (für die die Askese ein Zeichen der Unaufrichtigkeit war) und Enttäuschungen. Doch in der Vorstellung des achtzehnjährigen Jungen, der da schrieb, war »Galaabend« wissend und illusionslos. So daß es sowohl im Schreiben als auch im Menschen einen Bruch gab. Einer Person, die wirklich Bescheid wußte, hätte der Text sich an mehr als einer Stelle verraten.

Gegen Ende des Textes konzentrierte ich mich auf die Figur des Nachtwächters auf dem Schiff. Er stand vor der Lounge, in der der Ball stattfand, und er hatte begonnen, den untröstlichen und unglücklichen Männern eine Rede zu halten, die draußen bei ihm standen, Männern, die selbst bei diesem ausschweifenden Ereignis, bei dem zierliche Mädchen träumerisch und stürmisch wurden, keine Romanze an Bord erlebten. Er war genauso gespalten wie ich und vielleicht auch die anderen, die ihm zuhörten. Ihr Schweigen hatte etwas Mürrisches. Der Nachtwächter dagegen war lebhaft; er sprach wie ein Mann, der alles gesehen hatte. Er war ein kräftig gebauter Mann in den Vierzigern; er stand in dozierender Haltung gegen die Reling gelehnt, auf die er sich mit ausgestreckten Armen stützte. Zwischen den Sätzen machte er Pausen, damit die Verderbtheit, die er beschrieb, einsinken konnte; er schaute niemanden im besonderen an, er preßte die Lippen zusammen; und dann, als rede er zu sich, fing er wieder an.

Nach drei Tagen auf dem Schiff veränderten sich die Leute, sagte er. Treue Ehefrauen und Freundinnen wurden treulos. Immer nach drei Tagen. Männer wurden gewalttätig und waren bereit, wegen Frauen zu kämpfen, sogar Männer, die sich gerade von jungen und liebenden Ehefrauen verabschiedet hatten. Er sagte (oder in vielen Fassungen von »Galaabend« ließ ich ihn sagen): »Ich habe gesehen, wie ein Kapitän hier an dieser Stelle drauf und dran war, einen Kerl zu töten.«

»Drauf und dran«, »töten« ,»Kerl«, »hier an dieser Stelle« – zu dem, was er sagte, dem Fehlen jeglicher Illusion über Männer und Frauen (diese fehlende Illusion und das strenge Urteil, das sie beinhaltete, war in einer Hinsicht tröstlich, aber auch schmerzlich, diesem Bericht von einer beinahe allumfassenden Ausschweifung, die uns dennoch verwehrt blieb), kam noch, daß der Nachtwächter redete wie in einem Film. Und deshalb war er mir als Material so kostbar. Deshalb zog der harte Kopierstift bei diesen blassen Buchstaben (die aufleuchteten und lila wurden, wenn man sie befeuchtete) immer wieder die Worte nach, die der Nachtwächter sprach.

In »Galaabend« suchte ich Großstadtmaterial; ich beschränkte mich auf Leute, die meiner Meinung nach welterfahren waren. Da gab es einen Mann, ursprünglich aus dem Mittleren Osten, aber nun trotz seines moslemischen Namens ganz amerikanisch, der behauptete, er sei Entertainer. Er sprach in vertrautem Ton von berühmten Stars, Stars, deren Filme ich gesehen hatte; und es kam mir nie in den Sinn, mich zu fragen, warum dieser Entertainer in der Touristenklasse reiste. Er las mir etwas von seinem Material vor, nach den üblichen drei Tagen. »Material« – so nannte er es, und die kurzen und simplen Witze waren mit der Maschine geschrieben. Das war für mich beeindruckend und fremd und »amerikanisch«: daß solch banales »Material« mit der Maschine geschrieben war, solche Förmlichkeit bekam. Genauso beeindruckend war seine Art, von seiner Zeit beim Zeichentrickfilm zu reden. Sie machten viele Zeichentrickfilme auf einmal, sagte er. »Wir machen sie und dann machen wir eine Konserve daraus.« »Konserve« – ich war bezaubert von dem Wort, so wissend, so beiläufig, so professionell. So wie sein »Material« Teil des meinen wurde, so wurde auch seine Sprache Teil meines Materials. Ich nahm ihn also, wie ich es gerade brauchte: benutzte als Schriftsteller seine Weltläufigkeit, eignete sie mir an, aber hielt mich dabei auf Distanz zu ihm (nicht auf dem Schiff, nur in »Galaabend«), als sei er, der nur ein Entertainer (der in der Touristenklasse reiste) und zweifelhafter Amerikaner war, eine Art Possenreißer (die Art Possenreißer, die solch eine Person in der Literatur sein sollte, die ich im Sinn hatte) und als stehe ich – meinem Schicksal ausgeliefert, gestützt nur von den Abstraktionen meiner kolonialen Bildung – auf festerem Grund und Boden als er.

Auch zwei Mädchen von der Heilsarmee gehörten zu meinem Material. Sie waren unterwegs zu einer Konferenz irgendwo in Europa; aber sie waren einem Flirt nicht abgeneigt. Dieser Hang zum Flirten bei frommen Mädchen kam mir seltsam vor, bei meinen Entbehrungen sah ich Merkwürdiges, wo nichts merkwürdig war. Und es gab einen jungen Mann aus den Südstaaten. Er teilte die Kajüte mit dem Entertainer. Er war kräftig und pockennarbig, und er trug eine Brille. In »Galaabend« trat er – und die Szene schrieb ich so oft, daß er für immer in meiner Vorstellungskraft aufbewahrt ist – in Unterhemd und Unterhose auf, saß auf der oberen Koje in dem dämmrigen Deckenlicht, schälte und aß eine Orange und redete über Mädchen, vielleicht die Mädchen von der Heilsarmee.

Auf seine Orange hinabschauend sagte er: »Ich bin ein Anmacher. Ich weiß, was ich will, und ich hole es mir – kapiert?«

Das war Material für mich: Ich konnte der Welt – wenn ich so schrieb, Dinge so beobachtete – zeigen, daß ich die Welt kannte. Ich konnte in der Tat sagen: »Auch ich habe dies gesehen. Auch ich kann darüber schreiben.«

Aber es gab noch eine andere, eine weitere Erinnerung, die mit der ersten nichts zu tun hatte. In manchen Fassungen von »Galaabend« benutzte ich sie, in anderen ließ ich sie weg.

Der junge Mann aus den Südstaaten redete von »Farbigen«. Er sagte: »Heutzutage wollen sie zu dir ins Bett steigen und mit dir schlafen.«

Ich war darüber verblüfft und dann bestürzt: daß er, so voll rassistischer Empfindungen, derart mit mir reden konnte, als würde er meine Rasse gar nicht sehen. Doch das Thema Rasse – auch wenn es gut war, vertrautes Material, und meine Kenntnis von der Welt beweisen konnte – kam in »Galaabend« nicht vor. Es kam meiner Verstörung, meiner Verwundbarkeit, der Trennung meiner beiden Ichs zu nahe. Das war nicht die Persönlichkeit, die der Schriftsteller annehmen wollte; das war nicht das Material, mit dem er sich befaßte.

So daß ich mich selbst, obwohl ich reiste, um zu schreiben und mich auf meine Erfahrung konzentrierte, begierig auf Erfahrung war, davon ausschloß, sie aus meinem Gedächtnis tilgte. Den Taxifahrer vom Flughafen wegließ, der mir zuviel abgenommen hatte – die Demütigung war zu groß gewesen; den Neger im Hotel wegließ.

Als Schriftsteller konnte ich auch diese andere, entsetzliche Angst des Tages in New York nicht zugeben. Die Reise in einem Linienschiff über den Atlantik hätte etwas ganz und gar Romantisches sein sollen; das Einschiffen an dem Nachmittag in New York hätte etwas ganz und gar Romantisches sein sollen. Doch Romantik beherrschte nur einen Teil meiner Gedanken; in einem anderen herrschte etwas anderes vor. Ich war nervös, weil ich die Kajüte mit jemandem teilen mußte. Seit Monaten hatte ich mir über diesen Aspekt meiner Reise über den Atlantik Sorgen gemacht. Ich fürchtete, mit aggressiven oder unangenehmen oder sexuell gestörten Menschen zusammengelegt zu werden. Ich war klein und mir meiner körperlichen Schwäche bewußt. Ich fürchtete, angegriffen zu werden; ich fürchtete, die Feindseligkeit von jemandem auf mich zu ziehen.

Das war eine große Angst für mich gewesen. Aber als ich an Bord des Schiffes kam, löste sie sich wie durch ein Wunder auf. Und doch konnte ich, weil ich die Art Schriftsteller sein wollte, die ich nun einmal sein wollte, in »Galaabend« nichts darüber schreiben.

Der britische Vizekonsul in New York hatte eine Überfahrt für jemanden gebucht, der, als er am Kai in New York das Schiff betrat, einwandfrei als Nichtengländer erkannt wurde und den Zahlmeister in Verlegenheit brachte. Ich erinnere mich erst jetzt daran – so erfolgreich hatte »Galaabend« diese Erinnerung getilgt. Erst jetzt, das Material für »Galaabend« beiseite schiebend, erinnere ich mich, daß ich ein paar Stunden herumstehen mußte, während sie berieten, wo sie mich unterbringen sollten. Ich mußte fehl am Platz gewesen sein, herumgestanden haben, mir Sorgen um meine paar Gepäckstücke gemacht haben, sogar noch als das Schiff ablegte. Der Anblick des Hafens von New York und der berühmten Skyline mußte durch dieses Herumstehen beeinträchtigt worden sein. Und dann traf jemand eine Entscheidung, und das Problem wurde wunderbar gelöst.

Ich bekam eine Kajüte ganz für mich allein in einer besseren Klasse. Und ich bekam einen Schlüssel, um die Tür zu öffnen, die diese Klasse von der Touristenklasse trennte, wo ich weiterhin den Tag verbringen und essen sollte. Dies war ein phantastisches Glück. Auf der Stelle fiel ein Großteil meiner Angst von mir ab. Ich hielt es für ein gutes Omen für die Zukunft. Ich dachte (immer noch mit der Furcht, Kajüten, Abteile und Hotelbadezimmer teilen zu müssen), daß ich mit »Reiseglück«, wie ich es damals bezeichnete, gesegnet sei.

Doch an dem Abend, als ich schon schlief, entstand eine Unruhe, die mich weckte. Das Deckenlicht der Kajüte wurde angemacht. Stimmen waren zu hören. Da wußte ich, was passieren würde. Jemand würde bei mir untergebracht werden. Noch jemand aus der Touristenklasse würde einen Schlüssel zu der Tür bekommen – die ich an dem Abend ein paar Stunden lang für einen sehr privaten Besitz, beinahe ein Geheimnis gehalten hatte –, die die Klassen trennte. Und das Deckenlicht, einfach so angemacht, und die lauten Stimmen waren so rücksichtslos. Ich schloß die Augen. Wie ein Kind. Wie jemand, der etwas beschwören will. Wenn ich so tat, als schliefe ich, wenn ich so tat, als wüßte ich nichts, dann würde vielleicht nichts passieren; und die Leute, die hereingekommen waren, würden einfach alle wieder weggehen.

Aber es gab Ärger. Der Mann, der hereingeführt worden war, machte Ärger. Er lehnte die Kajüte ab. Seine Stimme wurde laut. Er sagte: »Nur weil ich farbig bin, wollen Sie mich hier mit ihm zusammenlegen.«

Farbig! Er war also ein Neger. Man hatte mir also ein kleines Ghettoprivileg gegeben. Aber ich wollte weder den Neger noch sonst jemanden bei mir haben. Und besonders den Neger nicht, aus genau den Gründen, die der Neger angegeben hatte.

Und er blieb nicht. Das Deckenlicht ging wieder aus; die Kajütentür schloß sich; die Leute, die hereingekommen waren, gingen hinaus. Und der Neger wurde zweifelsohne durch die Sperrtür zurück in die Touristenklasse gebracht und in einer überfüllten Kajüte mit drei oder vier Kojen untergebracht, aber mit Weißen. Befriedigend für ihn, den Schwarzen; doch um welchen Preis, um wieviel Streß und Spannung während der Reisezeit über den großen Atlantik. Erschreckend, dieser Blick auf die Entbehrungen und Zwänge eines anderen. Doch ich schämte mich auch, daß sie den Neger in meine Kajüte gebracht hatten. Ich schämte mich, daß das alles war, was die Leute in mir sahen, bei all meinem Trachten und Streben und all dem, was ich in dieses Abenteuer gesteckt hatte – es war so weit entfernt davon, wie ich mich selbst sah, so weit entfernt von dem, was ich für mich selbst wollte. Und es war auch Scham, die mich die Augen geschlossen halten ließ, solange sie in der Kajüte waren.

Er, der Schwarze, suchte mich am nächsten Morgen in der Lounge der Touristenklasse auf, um sich zu entschuldigen. Er war groß, schlank, gut gekleidet, etwas knochig und kantig unter seinem dünnen guten Sommeranzug: knochige Knie, kantige Schienbeine. Er war redegewandt, mir gegenüber ruhiger, als er in der Kajüte gewesen war. Er hatte geglaubt, daß die Leute aus dem Zahlmeisterbüro ihm tatsächlich eine bessere und weniger volle Kajüte anboten, als sie ihn durch die Tür der Touristenklasse geleiteten. Doch als er mich sah, änderte er seine Meinung. Er wußte, daß ich der Kern eines kleinen Ghettos geworden war; er kenne die Amerikaner, sagte er. Was sonst erzählte er mir? Was sonst hatte er, abgesehen von seiner Leidenschaft für Rassenfragen? War er so beschränkt? Ich erinnere mich an sonst nichts. Ich erinnere mich nicht, ihn noch einmal getroffen zu haben.

Eine Frau – jung, aber älter als ich mit meinen achtzehn Jahren – erzählte mir eines Tages an Deck mehr über ihn: Er hatte auf manche Passagiere eindeutig Eindruck gemacht. Er sei die amerikanischen Vorurteile leid, sagte die Frau; und sie sprach mit Verständnis und auch so etwas wie Bewunderung über ihn. Er wolle nach Deutschland ziehen, sagte sie. Seine Frau sei Deutsche; sie hätten sich kennengelernt, als er Soldat in Deutschland gewesen sei; er habe die Deutschen ins Herz geschlossen. Merkwürdige Wallfahrt!

In Puerto Rico war ein Neger aus Trinidad mit einem engen Jakkett auf dem Weg nach Harlem. Hier war ein Mann aus Harlem oder dem schwarzen Amerika auf dem Weg nach Deutschland. In jedem steckten Erscheinungsformen meiner selbst. Doch mit meinem asiatischen Hintergrund wies ich den Vergleich zurück; und ich reiste, um Schriftsteller zu werden. Das andere hinzunehmen, ihm ins Gesicht zu sehen, war zu erschreckend; es hieß, als Mann und Schriftsteller herabgesetzt zu werden. Herabsetzung aufgrund von Rasse gehörte nicht zum Material des Schriftstellers, der ich sein wollte. Wenn ich an mich als Schriftsteller dachte, verbarg ich meine Erfahrung vor mir selbst; verbarg mich vor meiner Erfahrung. Und selbst als ich Schriftsteller wurde, hatte ich jahrelang keine Möglichkeit, mit dieser Verstörtheit fertig zu werden.

Ich schrieb weiter mit meinem Kopierstift. Ich hielt Dialoge fest. Mein »Ich« hielt sich abseits, ein Mann, der Notizen machte und Bescheid wußte.

Tag und Nacht stand im Bug des Schiffes ein Mann und suchte mit dem Fernrohr das graue Meer vor uns ab. Und als ich schließlich in Southampton anlegte, hatte ich vorübergehend das angenehme Gefühl, daß der Boden unter meinen Füßen sich bewegte wie das Schiff sich fünf Tage lang bewegt hatte.

Ich war in England angekommen. Ich hatte die Reise mit dem Schiff gemacht. Das Abfertigungsgebäude für Passagiere war neu. Der Ort Southampton mit dem hübschen Namen war im Krieg stark zerbombt worden. Das neue Abfertigungsgebäude war auf die Zukunft eingestellt; doch Passagierschiffe sollten bald der Vergangenheit angehören.

Nach dem Grau des Atlantiks gab es nun Farbe. Leuchtende Farben sah man aus dem Zug nach London. Spätnachmittagslicht. Eine lange Dämmerstunde: neu, bezaubernd für jemanden, der an die mehr oder minder gleichwertige Aufteilung von Tag und Nacht in den Tropen gewohnt war. Licht, Dämmerung, zu einer Stunde, in der es zu Hause schon Nacht gewesen wäre.

Doch es war Nacht, als wir in Waterloo Station ankamen. Mir gefielen die Größe, die vielen Bahnsteige, das breite, hohe Dach. Mir gefielen die Lichter. Von zu Hause an öffentliche Einrichtungen gewohnt, die nur bei Tageslicht in Betrieb waren – jedenfalls die, die ich kannte, Schulen, Läden, Büros –, gefiel mir die Aufgeregtheit eines Bahnhofs, der nachts in Betrieb und hell erleuchtet war. Ich sah die Eisenbahner, die bei elektrischem Licht arbeiteten, und die Reisenden als dramatische Figuren. Die Lampen des Bahnhofs deuteten (wie bereits die New Yorker Straßen) auf eine Welt unter einem Baldachin hin, das Innere eines riesigen Hauses.

Nach fünf Tagen auf dem Schiff wollte ich ausgehen. Besonders gern wollte ich ins Kino gehen. Ich hatte gehört, daß die Kinos in London durchgehend spielten; von zu Hause war ich Vorführungen zu festgesetzten Zeiten gewohnt. Der Gedanke an eine durchgehende Vorführung – an die großstädtische Art, Dinge zu tun, und die große, geschäftige Bevölkerung, die sie beinhaltete – war sehr attraktiv. Doch selbst für London, selbst für die großstädtische Bevölkerung Londons, war es zu spät. Ich fuhr direkt in die Pension in Earls Court, wo für die zwei Monate, ehe ich nach Oxford ging, ein Zimmer für mich reserviert worden war.

Es war ein kleines Zimmer, lang und schmal, düster durch düstere, sperrige Möbel und ansonsten kahl, ohne etwas an den Wänden. So kahl wie meine Kajüte auf der *Columbia;* kahler als das Zimmer, das ich für die eine Nacht in New York im Hotel Wellington gehabt hatte. Das Herz krampfte sich mir zusammen. Doch ein Teil von mir freute sich über den Blick aus dem Fenster, mehrere Stockwerke hoch, auf die leuchtend orangefarbenen Straßenlaternen und das Licht der Laternen auf den Bäumen.

Nach dem warmen, gummiähnlichen Geruch des Schiffes, dem Geruch der Klimaanlage in fest geschlossenen Kajüten und Korridoren gab es am Morgen neue Gerüche. Ein widerlicher Geruch nach Milch – frische Milch war etwas Seltenes für mich: Wir benutzten Trockenmilch oder Büchsenmilch. Der intensive, süße Geruch der Milch mischte sich mit dem Geruch nach Ruß; und dieser Geruch wurde von einem Geruch nach ungelüfteten Räumen, nach Küchenschaben und altem Dreck überdeckt. Das waren die Gerüche am Morgen.

Der Garten oder Hof oder das Grundstück hinter dem Haus reichte bis zu einer hohen Mauer. Hinter dieser hohen Mauer war der U-Bahnhof. Romantik! Das Geräusch von Zügen war immer da, und das von frühmorgens an! Es bewies mir jetzt direkt, wovon der Neger in dem Hotel in New York gesprochen hatte: die Stadt, die nie schlief.

Die Badezimmer und Toiletten waren auf jedem Stockwerk am Ende des Ganges. Oder vielleicht auf jedem zweiten – denn als ich hinunterging, kam ein junger Asiate herauf, klein und zartknochig, mit hellgelber Haut, Brille und einem riesigen asiatischen Morgenmantel, dessen Ärmel zu lang für ihn waren; die breiten bestickten Manschetten verdeckten seine Hände. Er gab ein silberhelles »Guhuten Mohorgen!« von sich und eilte an mir vorbei. Kam er aus Siam, Birma, China? Er sah verloren aus, weit weg von zu Hause – ein Urteil, das ich über mich, immer noch erfüllt vom Wunder Londons, meinem Erfolg, in der Stadt angekommen zu sein, noch nicht fällte.

Ich ging hinunter in den Speisesaal im Souterrain. Die Pension bot Zimmer mit Frühstück, und ich ging zum Frühstück hinunter. Im Speisesaal, nach vorne hinaus, geschützt vom Lärm der U-Bahnen, nur den Schwingungen ausgesetzt, saßen zwei oder drei Leute. Viele braune Stühle mit geraden Lehnen standen darin; die Wände waren genauso kahl wie die Wände in meinem Zimmer. Der Milch- und Rußgeruch war hier stark. Es war Morgen, draußen hell, doch eine schwache Glühbirne brannte; die Wand war gelblich, glänzend. Wand, Licht, Geruch – das alles gehörte zu dem wunderbaren Londoner Morgen. Genauso wie mein Blick auf die steile schmale Treppe, die zur Straße hinaufführte, das Geländer, den Bürgersteig. Ich war nie zuvor in einem Souterrain gewesen. Es war ein Baustil, den wir zu Hause nicht hatten; doch in Büchern hatte ich von Souterrains gelesen; und dieses Zimmer, in dem an einem hellen Sonnentag das elektrische Licht brannte, kam mir romantisch vor. Ich war wie ein Mann, der die Welt eines Romans, eines Buches betrat; der die wirkliche Welt betrat.

Danach schaute ich mir das obere Stockwerk an oder jenen Teil, der den Gästen offenstand. Das Zimmer nach vorn hinaus stand voller Stühle, Stühle mit geraden Lehnen und plumpe, niedrige Polstersessel, und die Wände waren so kahl wie die Wände überall sonst. Dies war der Aufenthaltsraum (das hatte man mir unten gesagt); doch die Luft war so stickig, aus dem dunklen Teppich und den langen alten Vorhängen stieg solch ein rußiger alter Geruch auf, daß ich das Gefühl hatte, das Zimmer würde nicht benutzt. Ich hatte das Gefühl, das Haus würde nicht mehr so benutzt, wie sein Erbauer oder erster Besitzer es geplant hatte. Ich hatte das Gefühl, daß es früher, vielleicht vor dem Krieg einmal ein Privathaus gewesen war; und ich hatte das Gefühl (obwohl ich nichts über Londoner Häuser wußte), daß es einmal bessere Tage gesehen hatte. Ein so zärtliches Gefühl hatte ich für London oder meine Vorstellung von London. Und je mehr ich von meinen Mitbewohnern zu sehen bekam – Europäer vom europäischen Festland und aus Nordafrika, Asiaten, ein paar Engländer aus der Provinz, einfache Leute in einer billigen Unterkunft –, desto mehr hatte ich das Gefühl, daß wir alle irgendwie in dem großen Haus kampierten.

Und weil ich Abend um Abend – nach meinen touristischen Exkursionen durch London – in dieses kahle Haus zurückkehrte, wurde ich von seiner Stimmung angesteckt. Ich übertrug diese Stimmung auf das, was ich sah. Ich hatte kein Auge für Architektur; zu Hause hatte es nichts gegeben, was meinen Blick geschärft hatte. In London sah ich Bürgersteige, Geschäfte, Schaufensterrolleaus (beinahe jedes zweite trug unten in Schablonenschrift *J. Dean, Maker, Putney),* Geschäftsschilder, immer gleiche Gebäude. Bei meinen touristischen Exkursionen hielt ich Ausschau nach Größe. Sie gehörte zu den Dingen, die zu finden ich von meiner kleinen Insel aufgebrochen war. Ich fand Größe, Macht in der Gegend um den Holborn Viaduct, das Embankment, den Trafalgar Square. Und nach dieser Größe dann die Pension in Earls Court. Deshalb bekam ich allmählich das Gefühl, daß Größe der Vergangenheit angehörte; daß ich zur falschen Zeit nach England gekommen war; daß ich zu spät gekommen war, um das England, das Herz des Empires zu finden, das ich (wie jemand aus der Provinz, aus einem abgelegenen Winkel des Empires) in meiner Phantasie geschaffen hatte.

Solch ein großes Urteil über eine Stadt, in der ich gerade erst eingetroffen war! Doch diese Art zu empfinden war mir angeboren. Die Älteren unserer asiatisch-indischen Gemeinschaft in Trinidad – besonders die Bedauernswerten, die nie genügend Englisch lernten und sich auch nie an die fremden Rassen gewöhnen konnten – schauten auf ein Indien zurück, das in ihrer Erinnerung immer goldener wurde. Sie lebten in Trinidad und würden dort sterben; doch für sie war es der falsche Ort. Etwas von diesem Gefühl war an mich weitergegeben worden. Ich schaute nicht auf Indien zurück, konnte gar nicht; mein Ehrgeiz ließ mich nach vorne und draußen, nach England schauen; doch er führte zu einem ähnlichen Gefühl des Fehl-am-Platze-Seins. In Trinidad, wo ich mich weit entfernt von allem fühlte, hatte ich mich sozusagen für ein Leben im Mittelpunkt der Dinge zurückgehalten. Und die Umgebung meiner Kindheit hatte eindeutig Seiten, die diese Stimmung des Abwartens und der Zurückhaltung förderten.

In Trinidad lebten wir inmitten von Werbung für Dinge, die nicht mehr hergestellt oder wegen des Krieges und der Transportschwierigkeiten nicht mehr erhältlich waren. (Die Werbung in amerikanischen Zeitschriften, für Chris Craft und Statler Hotels und ähnliche Dinge gehörte zu einer anderen, undenkbar weit entfernten Welt.) Häufig wurde damals in Trinidad für altmodische Heil- und Stärkungsmittel geworben. Die Reklameschilder waren aus emailliertem Blech. Sie wurden in den Geschäften als Wandschmuck benutzt und allmählich, da sie in keinerlei Beziehung zu den Waren standen, die zum Verkauf angeboten wurden, als Embleme für Kaufläden betrachtet. Später, während des Krieges, als die Elendssiedlungen im Sumpf östlich von Port of Spain entstanden, wurden diese emaillierten Reklameschilder manchmal als Baumaterial benutzt.

Ich war also daran gewöhnt, in einer Welt zu leben, in der die Zeichen keine Bedeutung hatten oder zumindest nicht die Bedeutung, die ihren Herstellern vorgeschwebt hatte. Das paßte zu der abstrakten, willkürlichen Natur meiner Bildung, wie beispielsweise meine Fähigkeit, das französische oder russische Kino zu »studieren«, ohne einen Film gesehen zu haben, eine Fähigkeit, die, wie ich bereits sagte, der eines Mannes glich, der versucht, eine Stadt allein durch den Stadtplan kennenzulernen.

Was für Trinidad galt, schien auch für andere Orte zu gelten. In den Buchabteilungen mancher kolonialer Warenhäuser in Port of Spain gab es ein oder zwei Regale mit den billigen Penguin-Taschenbüchern der Kriegszeit (schmale Rücken, lieblos zusammengeheftet, wobei die Heftklammern in unserem feuchten Klima schnell rosteten, aber das Papier von wunderbarer Farbe, Struktur und Geruch). Es kam mir nie merkwürdig vor, daß es auf den Rückseiten dieser Penguin-Bücher der Kriegszeit manchmal Werbung für gewisse britische Produkte gab – Süßigkeiten, Schuhe, Rasiercreme –, die es in Trinidad nie gegeben hatte und die nun (wegen des Krieges, wie die Werbung sagte) nicht mehr hergestellt wurden; diese Werbung wurde von den früheren Herstellern nur gemacht, damit der Markenname während des Krieges in Erinnerung blieb und weil sie hofften, daß der Krieg gut ausgehen würde. Diese Werbung – für Dinge, die jeder Zugänglichkeit doppelt und dreifach entzogen waren – kam mir nie merkwürdig vor; sie erschien mir wie eine Seite der romantischen Welt, auf die ich hinarbeitete, eine Verheißung innerhalb der Verheißung.

Deshalb war ich bereit, mir vorzustellen, daß die Welt, in der ich mich in London befand, um einiges weniger vollkommen war als die Welt, nach der ich gestrebt hatte. Als Kind in Trinidad hatte ich diese Welt in weite Ferne versetzt, nach London beispielsweise. In London nun konnte ich diese vollkommene Welt in eine andere Zeit, eine frühere Zeit versetzen. Der geistige oder emotionale Prozeß war der gleiche.

In den U-Bahnhöfen gab es noch altmodische schwere Verkaufsautomaten mit erhabenen Metallbuchstaben. Es kamen keine Süßigkeiten, keine Schokolade mehr heraus. Doch seit über zehn Jahren hatte sich niemand die Mühe gemacht, sie zu entfernen; sie waren wie Dinge in einem Haus, die kaputtgegangen oder ausrangiert, aber nie weggeworfen worden waren. Zwei Häuser weiter von meiner Pension in Earls Court war ein Trümmergrundstück, eine Baulücke in der Straße, ordentlich planierter Schutt, wo das Souterrain, der Speisesaal eines Hauses wie dem, in dem ich wohnte, hätte sein sollen. Solche Grundstücke gab es überall in der Stadt. Anfangs sah ich sie; dann nicht mehr. Paternoster Row, neben St Paul's Cathedral, existierte kaum noch; doch im Impressum von Büchern tauchte der Name immer noch als Londoner Adresse vieler Verleger auf.

Unwissend und freudlos streifte ich durch London. Ich hatte erwartet, daß die große Stadt auf mich zukommen und mich in Besitz nehmen würde; ich hatte mich so danach gesehnt, in ihr aufgehoben zu sein. Und bald, innerhalb einer Woche oder weniger, war ich sehr einsam. Wäre ich weniger einsam gewesen, hätte ich etwas dem Leben an Bord Entsprechendes gehabt, hätte ich vielleicht anders über London und die Pension gedacht. Doch ich war auf mich gestellt und hatte nicht die Möglichkeit, die Gesellschaft zu finden, die ich während der fünf Tage dauernden Atlantiküberfahrt gehabt hatte.

Es gab den British Council. Sie organisierten Treffen für ausländische Studenten wie mich. Aber eines Abends, als ich das erste Mal hinging, ertappte ich mich dabei, daß ich mich mit einem gelangweilten Mädchen über das Thema »körperlicher Schmerz« unterhielt, eine erschreckende Obsession von mir, die mit dem Krieg noch erschreckender geworden war (und eine weitere Erklärung für die Kasteiungen, die ich zu verschiedenen Zeiten anwandte). Ich begann von Folter zu reden, konnte nicht mehr aufhören, blieb dabei, obwohl ich wußte, daß es falsch war, und war so erschreckt über diese Entstellung meiner selbst (mehr noch als über mein Benehmen während des Flugs nach New York, zuerst gegenüber dem Neger in Puerto Rico und dann gegenüber der Engländerin auf dem Platz neben mir), daß ich aus Scham nie wieder zu den Treffen des British Council ging.

Ich hatte nur die Pension und diese merkwürdige gemischte, stumme Gesellschaft von Engländern, schreckensstarren Europäern und einigen wenigen asiatischen Studenten, denen Englisch schwerfiel. Vielleicht hätte dieses Leben in der Pension mir mehr bedeutet, wenn ich belesener in zeitgenössischen englischen Büchern gewesen wäre, wenn ich beispielsweise *Hangover Square* gelesen hätte, das gerade einmal elf Jahre zuvor in genau der Gegend spielte. Ein solches Buch hätte die Gegend belebt und romantisch gemacht und mir, der immerzu Beweise aus Büchern brauchte, ein schärfer umrissenes Gefühl meiner selbst gegeben.

Doch trotz all meiner Bildung war ich zuwenig belesen. Was wußte ich schon von London? Es gab einen Essay von Charles Lamb – in einem Schulbuch –, der von einem Theaterbesuch handelte. Es gab zwei oder drei wunderbare Sätze – in einem weiteren Schulbuch – über das Embankment, aus »Lord Arthur Saviles Verbrechen«. Doch Sherlock Holmes' Baker Street war nicht mehr als ein Name; und die Anspielungen auf London bei Somerset Maugham und Evelyn Waugh und anderen weckten in meinem Kopf keine Bilder, weil sie zuviel Wissen im Leser voraussetzten. Das London, das ich kannte oder mir in der Phantasie zu eigen gemacht hatte, war das London, das ich von Dickens hatte. Dikkens – und seine Illustratoren – hatten mir die Illusion gegeben, die Stadt zu kennen. Ich glich deshalb, ohne es zu wissen, den Russen, über die ich später hören (und staunen) sollte, die immer noch an die Wirklichkeit von Dickens' London glaubten.

Jahre später, als ich mir einmal Dickens zu einer Zeit anschaute, in der ich selbst angestrengt schrieb, hatte ich das Gefühl, daß ich Dickens' einmalige Kraft, London zu beschreiben, und seinen Unterschied zu allen anderen, die über London schrieben, ein wenig besser verstand. Wenn ich als Kind in der Ferne den frühen Dickens las und mit ihm die dunkle Innenstadt Londons betreten konnte, dann lag das teilweise daran, daß ich meine Naivität auf ihn übertrug, meine Phantasien den seinen anpaßte. Die Stadt vor einhundertdreißig Jahren mußte für ihn beinahe so fremd gewesen sein wie für mich; und seine Genialität lag darin, sie als Erwachsener so zu beschreiben wie ein Kind sie beschrieben hätte. Er breitete weder architektonische Kenntnisse aus, noch ließ er sich über seinen architektonischen Geschmack aus;

er benutzte keine Fachausdrücke, sondern nur einfache Wörter wie »altmodisch«, um ganze Straßen zu beschreiben; er benutzte keine Wörter, die einen ungeübten oder unwissenden Leser beirren oder verunsichern konnten. Er benutzte keine Wörter, die ein Kind in der Ferne, in den Tropen, verunsichern konnten, wo die Dächer aus Wellblech und die Giebel geschnitzt und Fenster samt Jalousien ausgestellt waren, damit sie den Regen fern und gleichzeitig Licht und Luft hereinließen. Dickens benutzte nur einfache Wörter, einfache Begriffe, um Umfang und Oberfläche und Licht und Schatten in aller Einfachheit zu schaffen: Dadurch schuf er eine Stadt oder Phantasievorstellung, die jeder aus eigenem Material rekonstruieren konnte, indem er die Dinge benutzte, die er kannte, um die beschriebenen Dinge, die er nicht kannte, neu zu schaffen.

Für Dickens gehörte dieses Anreichern der eigenen Umgebung durch Phantasie zu den Vorzügen des Romans. Und es paßte, daß Dickens' kindliche Vision mir mit meinen kindlichen Ideen, meiner abstrakten Bildung und der äußerst schlichten Vorstellung von meiner Berufung die Illusion gab, ich würde die Stadt richtig kennen, in der ich hoffte, daß diese Berufung Blüten trieb. (Und daß sie gleichzeitig – Phantasien sind nun einmal, was sie sind – Platz ließ für andere, aus der Zeit der Jahrhundertwende stammende Vorstellungen von Größe und imperialer Pracht, die weder Buckingham Palace noch Westminster noch Whitehall mir vermittelten, sondern die Bahnhöfe Paddington und Waterloo und der Holborn Viaduct und das Embankment, große viktorianische Werke der technischen Baukunst.)

Ich war nach London gekommen wie in eine Stadt, die ich sehr gut kannte. Ich fand eine Stadt, die merkwürdig fremd und unbekannt war – vom Stil der Häuser und sogar vom Namen der Bezirke her; so fremd wie meine Pension, die ich so nicht erwartet hatte, eine Stadt, so fremd und auch von der Lektüre her unbekannt wie das Englische an *Südwind,* dem Buch, das ich in New York gekauft hatte, weil es mir englische Kultur vermitteln sollte. Meine

Verunsicherung angesichts dieser Fremdheit war sehr groß, sehr viel erniedrigender als die Verunsicherung, die ich in New York gespürt hatte, als ich, als betrete ich etwas, das mir von Rechts wegen zustände, die Buchhandlung betreten hatte, die mir letzten Endes sehr wenig bot.

Und noch etwas geschah in jenen ersten Tagen, den Tagen nach der Ankunft. Ich verlor eine Fähigkeit, die mir über Jahre innegewohnt hatte und kostbar gewesen war. Ich verlor die Gabe der Phantasie, des Träumens von der Zukunft, dem weit entfernten Ort, an den ich gehen würde. Zu Hause hatte ich am intensivsten im Kino gelebt, wo die Jungen vom Kino vor dem festen Vorführungsbeginn alle Doppeltüren rundherum schlossen und die langen Kordeln lösten, die die hohen Holzfenster offenhielten, um das Tageslicht oder elektrische Licht von der Straße auszuschließen. In jenen dunklen Sälen hatte ich von einem Leben woanders geträumt. Jetzt, an dem Ort, der all die Jahre das »Woanders« gewesen war, konnte ich nicht mehr träumen. Und während ich an meinem ersten Abend in London wegen der durchgehenden Vorführungen, von denen ich gehört hatte – für mich die Essenz großstädtischer Geschäftigkeit –, ins Kino gehen wollte, wurde sehr rasch der Gedanke ans Kinos an sich, der Gedanke, einen dunklen Saal zu betreten, um einen Spielfilm zu sehen, bedrückend für mich.

Ich hatte das Kinovergnügen als Vorgeschmack auf mein Erwachsenenleben gesehen. Nun empfand ich es in allen Fasern meines Denkens und Fühlens als beschämende Phantasie. Ich hatte *Hangover Square* nicht gelesen, wußte nicht einmal, daß es ein Buch war; aber ich hatte den Film gesehen. Dieses London à la Hollywood war in meinem Denken und Fühlen eins geworden mit dem London von *Der Mieter.* Nun erkannte ich, daß dieses London Phantasie war, wertlos für mich. Und das Kinovergnügen, das eine so tiefe Wirkung in mir hinterlassen und mich in den öden Jahren des abstrakten Studiums so gestützt hatte, dieses Kinovergnügen wurde nun wie mit einem Messer abgeschnitten. Und als ich, zehn oder zwölf Jahre später, wieder ins Kino ging, war das Hollywood, das ich gekannt hatte, tot. Die außergewöhnlichen Umstände, unter denen es Erfolg gehabt hatte, existierten nicht mehr; amerikanische Filme waren so selbst- und ortsbezogen geworden wie die französischen oder englischen; und zwischen einem Film und mir herrschte so viel Distanz wie zwischen einem Buch oder einem Gemälde und mir. Phantasie war nicht mehr möglich. Ich ging nicht als Träumer oder Phantast ins Kino, sondern als Kritiker.

Ich hatte wenig aufzuzeichnen. Meine Streifzüge durch London brachten keine Abenteuer mit sich, schärften meinen Blick nicht für Häuser und Menschen. Mein Leben war auf die Pension in Earls Court beschränkt. Dort herrschte ein besonderes Leben. Doch das sah ich nicht. Denn ironischerweise hielt ich mich, obwohl ich spürte, wie ich innerlich austrocknete, weiterhin für einen Schriftsteller und suchte als Schriftsteller weiter nach geeignetem Großstadtmaterial.

Großstädtisch – was meinte ich damit? Ich hatte nur eine vage Vorstellung. Ich meinte Material, das mich befähigen würde, mit bestimmten Schriftstellern in Wettbewerb zu treten oder es ihnen gleichzutun. Und ich meinte Material, das mich befähigen würde, eine besondere Schriftstellerpersönlichkeit zu entfalten: J. R. Ackerley von *Hindoo Holiday* vielleicht, der unter einem Eßtisch in Indien Notizen machte; Somerset Maugham, von gleichbleibender Zurückhaltung, nie überrascht, ungeheuer wissend; Aldous Huxley, so voll von allem möglichen Wissen und auch sexuell so wissend; Evelyn Waugh, von Natur aus so elegant. Weil ich so ein Schriftsteller sein wollte, sah ich in den Menschen, die in dem großen Haus in Earls Court kampierten, kein Material.

Eines Sonntags, nicht lange, nachdem ich nach London gekommen war, wurde ich von den Hardings zum Mittagessen eingeladen. Mr. Harding war der Geschäftsführer der Pension, doch hatte ich ihn und seine Frau so gut wie nie gesehen. Öfter hatte ich Angela gesehen, deren Familiennamen ich selten benutzte und schließlich vergaß. Angela kam aus Italien, aus dem Süden des Landes. Sie war Mitte oder Ende Zwanzig, aber ich wußte es nicht genau: Sie war älter als ich, mindestens zehn Jahre, und für mich wirkte sie sehr reif. Sie hatte den ganzen Krieg in Italien verbracht und war dann irgendwie – wie viele ihrer Freunde – in London gelandet.

Angela hatte ein Zimmer im Haus und auch eine Stellung, aber ich war mir nicht sicher, was für eine. Manchmal war sie im Speisesaal im Souterrain und servierte das Frühstück; manchmal war sie abends da. An manchen Abenden arbeitete sie auch als Kellnerin in dem italienischen Restaurant, Venezia oder so ähnlich, nicht weit von Earls Court Station; sie servierte die Menüs für zweieinhalb oder dreieinhalb Pfund. Ich aß ein paarmal dort zu Abend. Es bereitete mir unbeschreibliches Vergnügen, in einem Restaurant zu sein, in dem ich die Kellnerin kannte, auch wenn ich die Speisekarte nicht verstand und das Essen nicht besonders gern mochte.

Angela war die erste Frau außerhalb meiner Familie, die ich kennengelernt hatte. Sie hatte von Anfang an etwas Natürliches. Ich fand sie sehr attraktiv und war – selbst noch unberührt – halb verliebt in sie. Die Bekanntschaft mit Angela verschaffte mir vorübergehend ein wenig großstädtische Aufregung, machte mir klar, daß ich weit weg von zu Hause und in einer großen Stadt in Europa war. Die Pension, die U-Bahn hinter dem Haus und der Eingang zum Bahnhof mit den vielen Bahnsteigen direkt um die Ecke, das italienische Restaurant, die Kellnerin, die man kannte. Ich mochte den Schauplatz und die Kulissen; sie waren Teil des Dramas; sie gaben mir vorübergehend das Gefühl, ein Großstädter zu sein.

Angela ermutigte mich bis zu einem gewissem Grad. Sie sagte mir, sie möge mich; sie sagte mir, meine Farbe sei wie die mancher Menschen in ihrem Land. Doch es gab in ihrem Leben einen

Mann, einen Engländer, den sie während des Krieges in Italien kennengelernt hatte. Er war ein ungehobelter, gewöhnlicher Mann, der zu Gewalttätigkeiten neigte. Ich sah ihn nie; Angela selbst beschrieb ihren Liebhaber so – halb forderte sie einen auf, den Mann zu verdammen, halb forderte sie Mitgefühl und sprach von der Beziehung, als sei sie unumgänglich.

Sie erzählte, eines Abends bei einem Streit sei er so gewalttätig geworden, daß sie nur mit einem Mantel bekleidet, den sie geschnappt hatte, nackt aus dem Zimmer oder der Wohnung hatte fliehen müssen. Danach habe sie beschlossen, allein zu leben. Damals war sie in das Haus in Earls Court gezogen. Ihr Liebhaber war nicht da; zumindest sah ich ihn nie. War er im Ausland? Aus dem, was andere Leute erzählten, folgerte ich, daß er vielleicht im Gefängnis war. Doch ich stellte Angela die Frage nicht, und sie sagte nichts. Ich hätte sie fragen sollen, doch wegen meiner Gefühle für sie wollte ich das nicht. Sie war diesem Mann auf jeden Fall treu. Und die Ermutigung, die sie mir zuteil werden ließ, war merkwürdig keusch. Ihr Zimmer stand mir offen; aber nur wenn sie noch andere Besucher hatte, ermutigte sie mich zu Avancen – als würden sie durch Zeugen gutgeheißen. Wenn keine anderen Besucher da waren, war sie distanzierter und vorsichtiger.

Eigentlich ging ich wegen Angela – in Wahrheit als Angelas Freund – zu dem Mittagessen, zu dem der Geschäftsführer Mr. Harding und seine Frau eines Sonntags einluden. Mr. Harding hatte ich kaum je gesehen. Und selbst nach diesem Mittagessen – das Teil meines »großstädtischen« Materials wurde, etwas, an dem ich nicht nur in dem Sommer in London, sondern auch später im Herbst in Oxford monatelang besessen schrieb, die Tatsachen veränderte, bis sie in meine Vorstellung davon paßten, was gutes Material war und sich für jemanden wie mich zum Schreiben eignete –, selbst nach all dieser Arbeit habe ich keinerlei Eindruck mehr davon, wie der Mann und seine Frau aussahen.

Das Mittagessen fand in einem großen Zimmer im Erdgeschoß hinten im Haus statt. Das Zimmer nach vorne, mit braunen Möbeln vollgestellt und selten benutzt, war der Aufenthaltsraum. Das Zimmer nach hinten war nicht so vollgestellt; doch die Wände waren genauso kahl wie die der anderen Zimmer in dem Haus, als habe der Krieg eine Katastrophe, eine Plünderung über das Haus gebracht. Ich folgerte, daß dieses hintere Zimmer zu der Unterkunft oder den Räumen gehörte, die den Hardings als Geschäftsführer der Pension zugestanden worden waren.

Die hohen Fenster schauten auf den Garten hinaus – oder besser gesagt, das ungepflegte Grundstück –, der bis zu der hohen Backsteinmauer des U-Bahnhofs reichte. Es gab einen Baum; auf den Nachbargrundstücken waren Bäume zu sehen. Im Schatten der Backsteinmauer des U-Bahnhofs war der Boden kahl. Das war mir nicht unangenehm; ich mochte die Farben; ich mochte die Atmosphäre einer eingehegten und schattigen, aber kühlen Fläche.

Es waren noch andere Freunde der Hardings da. Mr. Harding war der Star des Mittagessens. Ich glaube, er war betrunken. Er war nicht sinnlos betrunken; doch er hatte getrunken. Mrs. Harding – wieder kann ich mir kein Bild von ihr machen – und Angela kümmerten sich darum, daß das Mittagessen aufgetragen wurde. Mr. Harding redete. Er war nicht nur der Star, sondern auch das komische Talent; er wußte genau, was er darstellte, und er redete mit dem Selbstvertrauen eines Mannes, der unter Menschen ist, die er kennt, Menschen, die über seine Witze lachen und von seinem Benehmen beeindruckt sein würden.

Hatte er zu Hause getrunken, irgendwo in einem Zimmer, oder war er ins Pub gegangen? Ich konnte die Trinkgepflogenheiten Londons nicht richtig einschätzen, um danach zu fragen oder es zu erraten. Ich wußte nichts von Pubs. Die Vorstellung an sich mochte ich nicht; die Vorstellung von einem Ort, an den die Leute nur zum Trinken gingen, mochte ich nicht. Ich dachte dabei an die Betrunkenen in den Rumschenken, die ich zu Hause gesehen hatte, und war verblüfft, daß gewöhnliche Menschen auf den Straßen Londons einen Betrunkenen komisch und nicht verabscheuenswert fanden. Genauso wie ich jetzt ein wenig verblüfft war, daß Mr. Harding, betrunken am Mittagstisch, von seinen Gästen nicht mit Verachtung, sondern mit Nachsicht und sogar Respekt behandelt wurde. Man hörte ihm zu. Ich kann nicht sagen, was für eine Aussprache er hatte. Für mich klang sie gut, wie aus einem Film.

Der bemerkenswerteste Augenblick des Mittagessens war, als Mr. Harding eine Geschichte erzählte. Ich erinnere mich, daß Angela kicherte, während Mr. Harding sprach; und daß Mrs. Harding so etwas wie die indigniert dreinschauende Ehefrau spielte.

Wovon Mr. Hardings Geschichte handelte, erinnere ich nicht mehr. Aber es kam ein Augenblick, in dem er langsam sagte, und seine bewußt betrunkene Aussprache füllte den Raum: »Eine meiner Ehefrauen – Audrey, ja Audrey.« Und dann sprach er Mrs. Harding direkt an: »Erinnerst du dich an Audrey?« Und Mrs. Harding, ohne zu lachen, ohne zu lächeln, ohne Mr. Harding direkt anzuschauen, die indigniert dreinschauende Ehefrau spielend, sagte: »Ich mochte Audrey. Sie war so ein süßes Mädchen.«

Diesen Wortwechsel fand ich hinreißend. Er kam mir weltläufig, großstädtisch, wie in einem Film oder einem Theaterstück oder einem Buch vor – genau das, wofür ich nach London gereist war, was ich zu finden gehofft hatte, genau das Material, das mir helfen würde, mich als Schriftsteller zu entfalten. Und in viele der Texte, die ich in London in der Pension und später während der Semester in Oxford und dann während der Ferien zu schreiben versuchte, baute ich diesen Wortwechsel ein; obwohl ich keine gesellschaftliche Kenntnis hatte, gegen die ich ihn absetzen konnte; obwohl ich – um es auf den einfachsten Nenner zu bringen – keine Ahnung hatte, was Mr. Harding am Morgen getan hatte, woher er gekommen war und wohin er am Nachmittag gehen würde; obwohl ich den Mann kaum deutlich sehen oder seine Sprechweise beurteilen konnte; obwohl ich nie auch nur daran gedacht hatte, zu fragen, ob er im Krieg gekämpft oder seine Zeit trinkend in Earls Court verbracht hatte.

Als ich über Mr. Harding und diesen Wortwechsel schrieb, hatte ich einen Schauplatz. Ein Mittagessen sonntags in einem großen Londoner Haus. In manchen Texten, an denen ich mich versuchte, verfeinerte ich den Lebensstil aller. Ich verfeinerte auch meinen eigenen Lebensstil (ohne offensichtlich zu prahlen), denn diesen Wortwechsel gehört und aufgezeichnet zu haben, machte mich so »wissend«, wie meiner Meinung nach ein Schriftsteller sein sollte, wenn er sich unter Menschen bewegte. Mir als Schriftsteller bereitete also dieser Wortwechsel genausoviel Vergnügen wie Mr. Harding und Mrs. Harding.

Aber was war mit Mr. Harding? Welch anderen Zugang habe ich zu einer komplexeren Person? Ist er wirklich aus meiner Erinnerung verschwunden? Kann ich mich an nicht mehr erinnern als an den Eindruck, daß er mittleren Alters war, eine weißliche Glatze und eine träge, gewollte Sprechweise hatte? Wußte er, daß der Achtzehnjährige unter seinen Gästen am Mittagstisch ein Schriftsteller war, der seine Worte würdigen und aufs Zimmer gehen und sie niederschreiben würde? Das konnte er nicht gewußt haben. Die Weltläufigkeit, das Spiel war also für die Leute am Tisch; Mr. Harding konnte verschwenderisch damit umgehen. Und diese kleine Schlußfolgerung macht ihn im Rückblick interessanter als das, was ich damals über ihn festhielt. Meine Leidenschaft, großstädtische Erfahrung und großstädtisches Material zu sammeln, mir selbst Format als Schriftsteller zu verleihen, diese übermäßige Bereitwilligkeit, Material zu finden, das ich von anderen Schriftstellern bereits halb kannte, ja, meine Hingabe stand mir beim Festhalten der Wahrheit im Weg. Das wäre mir ein bißchen klarer gewesen, wenn mein Kopf weniger vollgestopft gewesen wäre, wenn ich ein bißchen weniger Schulbildung gehabt hätte.

Als ich diesen Wortwechsel zwischen den Hardings schrieb, verfeinerte ich, wie ich bereits sagte, den Lebensstil aller ein wenig. Doch nun, nachdem ich Mr. und Mrs. Phillips im Herrenhaus erlebt und Bray, den Mann von der Autovermietung, kennengelernt habe, sehe ich dieses Mittagessen in der Pension in Earls Court weniger großartig, als es mir damals vorkam. Ich sehe die Teilnehmer als Diener in einer heruntergekommenen Umgebung, weil die Herrschaft, die die Diener eigentlich hätten bedienen sollen, durch den Krieg verschwunden war und nur ein geplündertes Haus hinterlassen hatte, jetzt voller Ausländer. Deshalb war das Gewollte an Mr. Hardings Sprechweise vielleicht nicht nur eine Eigenart des gewohnheitsmäßigen Trinkers, wenn er getrunken hat, sondern auch das affektierte Präzise des Dieners, dessen Vokale ihn sonst bei Eingeweihten verraten hätten. Doch bei dem Mittagessen war Mr. Harding in Sicherheit. Für seine englischen Freunde war seine Weltläufigkeit und Witzigkeit sicher Teil einer vertrauten und geschätzten Nummer; und auf die anwesenden Ausländer, Angela und mich, wirkte seine britische Art wunderbar.

Wenn Mr. Harding auch weniger großartig war, als ich ihn durch mein Schreiben damals machte, barg er doch gleichzeitig mehr. Um ihn beim Schreiben imposant, seinem Witz entsprechend zu gestalten, unterschlug ich die Pension als Hintergrund. Doch indem ich Aspekte der Wahrheit unterdrückte, tat ich noch mehr: Ich schaffte es, die Erinnerung zu unterdrücken. Und erst als ich begann, mich für diesen Text auf das Mittagessen an jenem Sonntag zu konzentrieren, erinnerte ich mich, daß das Mittagessen aus besonderem Anlaß stattfand. Der Grund – den ich beim Schreiben nie auch nur erwähnte – war folgender: Es war das letzte Mittagessen der Hardings in dem Haus. Sie waren entlassen worden. Sie sollten von Angela ersetzt werden. Das Trinken, die Witzigkeit, das Geplänkel über »eine meiner Ehefrauen« und Mrs. Hardings »Ich mochte Audrey« hatten also etwas von großer und bewundernswerter Tollkühnheit. Aber das war nicht das Material, das ich suchte; das war nicht das Material, das ich festhielt.

Bei Angela konzentrierte ich mich beim Schreiben auf ihre nächtliche Flucht aus der Wohnung oder dem Zimmer ihres gewalttätigen Liebhabers, nur mit einem Pelzmantel über dem nackten Körper. Ich kannte den Pelzmantel. Seine Qualität konnte (und kann) ich nicht einschätzen; aber er bekam für mich etwas verführerisch Sexuelles (wie zweifelsohne auch für Angela selbst, wenn sie die Geschichte von ihrer beinahe unbekleideten nächtlichen Flucht erzählte). Das Detail ließ auf sexuelles Wissen schließen; es verbarg die Unschuld des Verfassers. Aber ich konnte mit dem Material wenig anfangen. Weil ich als Schriftsteller nicht bereit war, mir etwas auszudenken, etwas zu erfinden, bei dem ich nicht von fundiertem Wissen ausgehen konnte, sondern das Verfahren für ein Vergehen hielt, kam ich sehr schnell zum Ende meines Angela-Materials.

Wie von Mr. Harding wußte ich ebensowenig von Angela, wo sie herkam. Ihre Vergangenheit in London, ihr Leben außerhalb der Pension in Earls Court war mir rätselhaft. Gerade in London angekommen, konnte ich mir die Möblierung des Zimmers oder der Wohnung ihres Liebhabers, seinen familiären Hintergrund nicht einmal andeutungsweise vorstellen, ganz zu schweigen von seiner Herkunft und seinem gesellschaftlichen Umgang. Und genauso rätselhaft war Angelas Zeit in Italien. Da gab es eine Geschichte – wenn mir nur in den Sinn gekommen wäre, daß es eine gab. Und es gab Mittel und Wege, die Geschichte herauszufinden. Ich hätte sie fragen können. Aber es fiel mir nie ein, sie zu fragen. So weit war ich noch nicht.

Wie hatte sie ihren Liebhaber kennengelernt? Wie war das Leben in Italien im Krieg gewesen? Was war aus anderen Mitgliedern ihrer Familie geworden? Und die verschiedenen Italiener und Malteser und Spanier und Marokkaner europäischen Ursprungs, die auf ihr Zimmer kamen und mit denen sie befreundet war – was hatten sie für Geschichten? Wie waren diese Menschen nach England und Earls Court gekommen?

Das Treibgut Europas kurz nach dem Ende des schrecklichen Krieges in einem Londoner Haus, nun zu groß für die Leute, die es beherbergte – das war das wahre Material der Pension. Aber das sah ich nicht. Vielleicht hatte ich das Gefühl, daß ich als Schriftsteller keine Fragen stellen sollte; vielleicht hatte ich das Gefühl, daß für einen Schriftsteller, einen sensiblen und wissenden Menschen, die Beobachtung ausreichte oder für mich ausreichen sollte. Aber es gab ein Thema hier, das ich mir hätte zu eigen machen können, für das mein Kopierstift sinnvoll hätte eingesetzt werden können.

Denn 1950 befand ich mich in London am Beginn jener großen Völkerwanderung, die in der zweiten Hälfte des zwanzigsten Jahrhunderts einsetzen sollte – eine Wanderung und kulturelle Mischung, größer als die Bevölkerung der Vereinigten Staaten, die ihrem Wesen nach eine Wanderung von Europäern in die Neue Welt gewesen war. Dies war eine Wanderung zwischen allen Kontinenten. Innerhalb von zehn Jahren sollte Earls Court seine Bezüge zum *Hangover Square* der Vorkriegs- oder ersten Kriegszeit verlieren. Es sollte eine australische und südafrikanische, eine weiße koloniale Enklave in London werden, die eine noch größere Vermischung von Völkern ankündigte. Städte wie London sollten sich ändern. Sie würden nicht länger mehr oder weniger nationale Städte sein; sie würden Weltstädte werden, wie ein Rom moderner Zeiten, und das Muster dessen prägen, was große Städte in den Augen von Inselbewohnern wie mir und Leuten, die aus noch abgelegeneren Sprachen und Kulturen kamen, sein sollten. Sie sollten zu Städten werden, die wegen der Bildung und der eleganten Waren und der Sitten und der Freiheit von allen barbarischen Völkern des Globus besucht würden, Leuten aus Wald und Wüste, Arabern, Afrikanern, Malaien.

Ich war erst zwei Wochen von zu Hause fort und gerade erst achtzehn und hatte doch, auch wenn ich dachte, es gebe wenig für mich, das ich als Schriftsteller festhalten könne, ein großes Thema gefunden, wenn ich nur Augen zu sehen gehabt hätte. Große Themen werden am besten von kleinen Dramen erhellt; und in der Pension in Earls Court waren außer mir als Gäste oder Freunde Angelas mindestens zehn oder zwölf gestrandete Menschen aus vielen Ländern Europas und Nordafrikas, die sich mir zur Beobachtung anboten, Männer und Frauen, von denen manche im Krieg Schreckliches gesehen hatten und die nun in London zur Ruhe gekommen und still waren, einsam, fremd, manchmal untätig, manchmal halb kriminell. Der größte Besitz dieser Menschen waren ihre Geschichten, und sie gaben sie nur zu gern zum Besten. Aber ich hielt nichts fest. Ich stellte keine Fragen. Ich nahm sie alle als selbstverständlich hin und sah über sie hinweg; und ihre Gesichter, Kleider, Namen, Akzente sind verschwunden und können nicht mehr ins Gedächtnis zurückgerufen werden.

Hätte ich eine direktere, weniger voreingenommene Sicht gehabt, hätte ich einfach festgehalten, was ich sah; hätte ich in jenen Tagen die Sicherheit gehabt, die ich später (durch die Übung im Schreiben) gewann und aus der ich immer ein großes Interesse an den Männern und Frauen unmittelbar vor mir entwickeln konnte und aus der ich lernen sollte, wie ich mit ihnen reden mußte, hätte ich mit einem Bruchteil dieser Sicherheit schlicht und einfach niedergeschrieben, was sich vor meinen Augen zutrug, welch ein Material hätte ich gehabt! Denn bald sollte die Zeit kommen, da ich mich professionell nach Material für ein Buch über London zur Zeit meiner Ankunft umsah, und dann sollte ich sehr wenig finden.

In Erinnerung blieb mir, worüber ich in jener Anfangszeit besessen geschrieben hatte, und oft ging es dabei um Angelas Sexualität: Wie ihre Brüste sich anfühlten, wenn sie mir, neben mir in ihrem Zimmer auf dem Bett sitzend oder mit dem Rücken an die Wand gelehnt, das Zimmer voller merkwürdiger Freunde von ihr, erlaubt hatte, die Hand gegen ihre Brust zu pressen; die Form ihres Mundes; wie das leuchtende Rot der Kriegszeit auf ihren Lippen aussah und wie ihr Pelzmantel sich anfühlte; und der Anblick, erregend und unerwartet, ihrer Schürze in dem Restaurant.

Von Angelas Vergangenheit und Zeit in Italien hielt ich nichts fest, weil ich nie daran dachte, danach zu fragen. Ich hielt nur ihr Lästern über die italienischen Priester im Süden fest, die im Krieg dick wurden, sagte sie, als alle anderen hungerten. Das hielt ich fest, erinnere ich mich jetzt, weil es »antiklerikal« war. »Antiklerikalismus« – das gehörte zu den abstrakten Dingen europäischer Geschichte, von denen ich aus den Kommentaren von Lehrern oder empfohlenen Lehrbüchern im Queen's Royal College in Trinidad erfahren hatte. Mit Geschichte befaßte ich mich genauso abstrakt wie mit dem französischen oder russischen Kino, über das ich Aufsätze schreiben konnte, genauso wie ich Aufsätze über französische Geschichte schreiben konnte, ohne etwas von den Königen und Höflingen und religiösen Sekten zu verstehen, ja, ohne auch nur eine Vorstellung von ihnen oder der Regierung oder Gesellschaftsform eines alten und großen Landes zu haben.

Und wie sollte mein Wissen von der Welt nicht abstrakt sein, wenn ich im Alter von achtzehn doch nur die kleine koloniale Welt meiner kleinen Insel in der Mündung des Orinoco kannte und von dieser Insel nur die Welt meiner Familie in unserer kleinen asiatisch-indischen Gemeinschaft: eine kleine Welt in einer kleinen Welt. Ich kannte kaum unsere eigene Gemeinschaft; von anderen Gemeinschaften wußte ich noch weniger. Ich hatte keine Vorstellung von Geschichte – etwas so Imposantes wie Geschichte war schwer mit unserer Insel in Verbindung zu bringen. Ich hatte keine Vorstellung von einer Regierung. Ich kannte nur einen Kolonialgouverneur und einen legislativen und einen exekutiven Rat und die Polizei. So blieb beinahe alles, was ich über Geschichte und andere Gesellschaften las, abstrakt. Ich konnte es nur zu dem in Beziehung setzen, was ich kannte: Ganz gleich, was ich las, ich war der Phantasie überlassen.

Ich glich 1950 den ersten spanischen Reisenden in die Neue Welt, Männern des Mittelalters mit starkem Glauben: Sie reisten, um Wunder, Teile von Gottes Welt zu sehen, nahmen die Wunder dann jedoch sehr schnell als selbstverständlich hin und beschränkten sich bei der Erforschung (und wahren Vision) nur auf das, von dem sie schon wußten, daß sie es finden würden, ehe sie Spanien verlassen hatten: Gold. Wahre Neugierde kommt in einem späteren Stadium der Entwicklung. In England befand ich mich in diesem frühen, mittelalterlich-spanischen Stadium – meine Bildung und mein literarischer Ehrgeiz und meine akademischen Bemühungen entsprachen dem Glauben des spanischen Abenteurers und dem Ungemach des Reisenden –, und wie der Spanier, der nach so viel Anstrengungen ankam, sah ich sehr wenig. Und wie der Spanier, der eine lange gefahrenreiche Reise über den Orinoco oder Amazonas gemacht hatte, hatte ich sehr wenig zu Papier zu bringen.

Deshalb hielt ich von all den Dingen, die ich von Angelas italienischer Vergangenheit hätte festhalten können, nur ihren Antiklerikalismus fest. Er bestätigte etwas bis dahin Abstraktes; er erregte mich, weil ich erwartet hatte, ihn zu finden.

Das Treibgut Europas nach dem Krieg – das war ein Thema, das ich verpaßte. Es gab noch eines, das damit zusammenhing.

Kurz nachdem sie das Haus von den Hardings übernommen hatte, führte Angela mich eines Samstagnachmittags zu einem Zimmer, um mir »etwas« zu zeigen, wie sie sagte. Sie benahm sich, als sei dieses »etwas« etwas, das sie gerade entdeckt habe, etwas, für das die entlassenen Hardings vielleicht verantwortlich waren. Obwohl das nicht stimmen konnte: Angela gehörte schon seit einiger Zeit zum Haus.

Sie führte mich in ein Zimmer im zweiten oder dritten Stock. Es war groß und dunkel, viel größer als meines. Die Vorhänge waren zugezogen. Das Zimmer roch nach altem Schmutz und Urin, alten ungewaschenen Kleidern, alten ungewaschenen Körpern. Es war, als liege der Geruch auf der Dunkelheit des Zimmers; als sei die Dunkelheit ein Ausdruck des Geruchs. Auf dem Bett lag ein alter Mann; er war die Ursache des Geruches. Ein Stock lehnte am Bett. Angela sagte zu der Gestalt auf dem Bett: »Ich habe jemanden gebracht, der Sie besuchen will.«

Er achtete nicht darauf. Scherzhaft, und sehr zu Angelas Belustigung, nahm er den Stock, der am Bett lehnte, und versuchte damit, ihren Rock hochzuheben. Sie zeigte mir den alten Mann und seine sexuellen Scherze als etwas Merkwürdiges; und so nahm ich es hin. Sie erzählte mir sonst nichts über ihn, und ich fragte nicht. Die Fragen kommen erst jetzt. War er vor dem Krieg ins Haus gekommen, als der Aufenthaltsraum vielleicht noch ein Wohnzimmer und der Speisesaal vielleicht ein richtiges Eßzimmer gewesen war? War er den ganzen Krieg über dageblieben, und war er jetzt zu alt, um wegzuziehen? Hatten die Hardings ihm das Essen hochgebracht, und tat Angela das jetzt? War er völlig von den Leuten abhängig, die die Pension führten?

Wenn er, wie ich meinte (obwohl ich mit achtzehn Jahren nicht in der Lage war, das Alter betagter Menschen einzuschätzen), nun ungefähr achtzig war, hieß das, daß er 1870 geboren war. Geboren in dem Jahr, in dem Dickens starb; dem Jahr, in dem Lord Alfred Douglas geboren wurde; dem Jahr, in dem die Preußen die Franzosen schlugen. Oder, aus einem anderen Blickwinkel betrachtet, dem Jahr nach Mahatma Gandhis Geburt. Als junger Mann hatte er wahrscheinlich Menschen gekannt, deren Erinnerungen bis in die ersten Jahrzehnte des neunzehnten Jahrhunderts zurückreichten; er hatte wahrscheinlich unter Menschen gelebt, für die die Große Indische Meuterei ein nur kurz zurückliegendes Ereignis war. Nun, nach zwei verheerenden Kriegen, nach Gandhi und Nehru, beendete er seine Tage in einem der großen Häuser des viktorianischen Londons, einem Viertel Londons, das in der viktorianischen Zeit erschlossen worden war. Und nun waren die Häuser dort, die so viel überlebt hatten, zu groß für die Menschen; und der alte Mann in dem großen dunklen Zimmer war wie ein Fremder unter den Leuten, die im Haus lebten. Gegen diese Häuser brandete eine neue Flut von Menschen – wie ich und die anderen Asiaten im Hause und Angela und die anderen Leute aus dem Mittelmeerraum –, die noch kaum wußten, wo sie waren.

Ich sah den alten Mann später noch einmal. Er schlurfte über einen Gang im Treppenhaus. Sein altes Gesicht hatte eine merkwürdige, humorvoll wirkende Rastlosigkeit. Das konnte daran liegen, daß Fleisch und Muskeln in seinem Gesicht eingesunken waren; es war, als zucke sein Gesicht ganz leicht vor Alter. Er schien mich nicht wiederzuerkennen; er hatte nur dieses erstarrt wirkende Lächeln. Er konzentrierte sich auf seine Schritte und den für ihn sicher sehr langen Weg hinunter in die Halle und auf die Straße. Es war Sommer, Ende August, doch er trug einen Mantel. Der Mantel war dunkelblau und sah schwer aus; vielleicht war er vor langer Zeit einmal nach Maß geschneidert worden. Der Mann war groß; und der Mantel, den er aber wegen der Wärme brauchte, wirkte zu schwer für seine Schultern. Er hatte seinen Stock bei sich. Sein Geruch zog vor ihm her und hing ihm nach. Ich vermute, er wollte einen kleinen Spaziergang machen; es hatte ihn sicher viel Zeit gekostet, sich dafür fertigzumachen.

Bekam er Besuch? Woher erhielt er Geld? Ich fragte nie. Und als ich nach meinem ersten Semester in Oxford für die Weihnachtsferien zum zweiten und letzten Mal in die Pension zurückkehrte, fragte ich nie nach dem alten Mann; und Angela erzählte mir nie etwas von ihm. Ich sah ihn damals nie; und ich vermute, daß er in den gut zwölf Wochen, seit ich ihn in seinem schweren blauen Mantel auf dem Treppenabsatz gesehen hatte, gestorben war. Solch eine Verbindung zur Vergangenheit, so kostbar für mich mit meinem Gespür für die Vergangenheit. Doch ich fragte nicht nach dem alten Mann.

Das lag nicht nur daran, daß ich mit achtzehn Jahren noch unreif war oder keine Vorstellung hatte, worüber ich schreiben würde. Es lag daran, daß mir meine Ausbildung – und der eher »kulturell« geprägte, der schönste Teil – die Vorstellung vermittelt hatte, ein Schriftsteller sei eine von Sensibilität erfüllte Person; jemand, der eine innere Entwicklung aufzeichne oder entfalte. So waren mir auf verschlungenen Wegen die ästhetischen Strömungen vom Ende des neunzehnten Jahrhunderts und die Vorstellungen des

Bloomsbury-Kreises – Vorstellungen, die im Grunde aus dem britischen Empire, aus Wohlstand und imperialer Sicherheit erwachsen waren – in Trinidad vermittelt worden. Um ein solcher Schriftsteller (wie ich ihn interpretierte) zu sein, mußte ich falsch sein; ich mußte vorgeben, anders zu sein, als ich war, anders als ein Mann mit meinem Hintergrund sein konnte. Indem ich meine kolonial-hinduistische Persönlichkeit hinter der Persönlichkeit des Schriftstellers versteckte, fügte ich sowohl mir als auch meinem Material großen Schaden zu.

Um den Wunsch nach Fragen, um echte kreative Neugierde lebendig zu halten (kreative Neugierde im Gegensatz zur gedankenlosen Neugierde des Klatsches, der beinahe so schnell vergessen, wie er gehört wird), mußte ich aus dem Wissen, über das ich bereits verfügte, ein Muster entwickeln. Dieses Muster überstieg 1950 meine Möglichkeiten. Denn aufgrund der Vorstellung, die ich von einem Schriftsteller hatte, nahm ich alles, was ich sah, als selbstverständlich hin. Ich dachte, ich wisse bereits alles, wie ein aufgeweckter Student. Ich dachte, als Schriftsteller habe ich nur herauszufinden, was ich gelesen hatte und bereits wußte. Und sehr bald – nach »Galaabend« und all meinen vielen anderen Texten über die Hardings und Angela – hatte ich nichts mehr zu Papier zu bringen und mußte aufhören.

Dinge, Gegenstände überdauern. Der kleine Block, den ich in Trinidad mit an Bord des Pan American World Airways-Flugzeugs genommen hatte – billiges Zeug aus dem Billigladen, billiges, liniertes Papier in einer Mappe oder einer Einstecktasche mit Umschlägen –, diesen kleinen Block hatte ich noch, desgleichen den Kopierstift. Doch nach diesem ersten Tag war auf seinen Seiten nichts wirklich Aufregendes mehr notiert worden. Der Block verzeichnete kleinere Dinge, falsche Dinge; er verzeichnete nichts; er wurde beiseite gelegt. Der Bleistift überlebte, wurde weiterhin benutzt. Schreibwerkzeuge, ob Füller oder Bleistift, wurden damals nicht weggeworfen. Und dieser Kopierstift, der nur leuchtend wurde, wenn er angefeuchtet wurde, wurde immer kürzer und stumpfer und hielt lange über seine rein literarischen Aufgaben hinaus. Er schrieb Briefe; er schrieb meinen Namen auf das Vorsatzblatt von Büchern, die ich kaufte, Bücher, von denen viele *Südwind* glichen, englische Bücher, die mit »Kultur« zu tun hatten, Bücher, über die ich gelesen hatte oder die die mehr kulturell interessierten meiner Lehrer dem Jungen empfohlen hatten, der nach England ging, um Schriftsteller zu werden.

Die Trennung zwischen Mann und Schriftsteller, die auf dem langen Flug von Trinidad nach New York begonnen hatte, vollendete sich. Sowohl Mann als auch Schriftsteller verschwanden – die Vorbereitungen von Jahren schienen sich innerhalb weniger Wochen zu verflüchtigen. Und dann, aber sehr langsam, kamen der Mann und der Schriftsteller wieder zusammen. Es dauerte beinahe fünf Jahre – ein Jahr, nachdem ich mit dem Studium in Oxford fertig war und lange nachdem Angela und Earls Court aus meinem Gesichtskreis verschwunden waren –, bis ich die Phantasien abschütteln konnte, die die abstrakte Ausbildung bei mir hervorgebracht hatte. Beinahe fünf Jahre, bis mir Vorstellungskraft gewährt wurde, ganz plötzlich eines Tages, als ich verzweifelt auf eine Eingebung wartete, worin mein Material als Schriftsteller bestehen könne.

Ich schrieb sehr einfach und schnell über die einfachsten Dinge in meiner Erinnerung. Ich schrieb über die Straße in Port of Spain, in der ich einen Teil meiner Kindheit verbracht hatte, die Straße, die ich in diesen Monaten der Kindheit aus der Sicherheit und Distanz meines Familienlebens und Elternhauses aufmerksam beobachtet hatte. Wissen kam rasch mit dem Schreiben. Und mit dem Wissen, mit der Anerkennung meiner selbst (so schwer, bevor ich es geschafft hatte, so leicht und offensichtlich danach) wuchs rasch meine Neugierde. Ich schrieb andere Sachen; und auf diese konkrete Weise, aus einer Arbeit heraus, die mir leichtfiel, weil sie mir so nahe war, definierte ich mich und sah, daß mein Thema nicht meine Sensibilität war, nicht meine innere Entwicklung, sondern die Welten, die ich in mir trug, die

Welten, in denen ich lebte: Es stellte sich heraus, daß mein Thema eine Version des Themas war, auf das ich, ohne es zu erkennen, gestoßen war, nachdem ich meine Heimat verlassen hatte und in der Pension in Earls Court in dem zu großen Haus gelandet war, inmitten des Treibguts Europas nach dem Krieg.

Bis zu dieser Erhellung wußte ich nicht, was für ein Mensch ich als Mann und Schriftsteller war – dabei waren beide in Wirklichkeit ein und derselbe. Auf den einfachsten Nenner gebracht: War ich komisch oder war ich ernst? So viele Tonlagen, so viele Haltungen demselben Material gegenüber waren möglich oder annehmbar. Aus einem großen gedanklichen Nebel war mir die Idee der Straße gekommen. Und sogleich, innerhalb von ein paar Tagen, hatten Material und Tonlage und Schreibfertigkeit sich miteinander verbunden und begonnen, sich miteinander zu entwickeln.

Zu gegebener Zeit kam ich ans Ende jener ersten Inspiration. Und 1956, sechs Jahre, nachdem ich von zu Hause weggegangen war, konnte ich zurückkehren. Sechs Jahre! Diese Zeitspanne erlegte das Reisen per Schiff dem Menschen auf. Ins Ausland zu gehen hieß in der Tat, Lebewohl zu sagen. Dieser große Familienabschied am Flughafen von Trinidad deutete, ganz gleich wie konventionell er war, die Natur der Reise an, die ich damals antrat. Sechs Jahre in England! Reisen sollte nun häufiger, alltäglicher für mich werden. Doch jede Reise nach Hause und jede Reise zurück nach England sollte die vorangegangene relativieren, eine Reaktion die andere überdecken.

1956 fuhr ich mit dem Dampfer zurück, reiste direkt von England und erlebte den allmählichen Klimawechsel, bemerkte angenehm überrascht den Tag, als Wind wehte und man sich nicht mehr dagegen stemmen mußte, weil er mild und warm war; ich erlebte das Ritual des Lebens an Bord, die extravaganten gedruckten Speisekarten, die Offiziere, die die schwarzen Uniformen der gemäßigten Klimazonen gegen die weißen Schönwetteruniformen tauschten. Nach dreizehn Tagen auf dem Atlantik erwachte ich eines Morgens in Stille; nach dreizehn Tagen und Nächten mit den Maschinen des Dampfers füllte Stille das Ohr.

Wir waren in Barbados; und jedes Bullauge meiner Kajüte umrahmte ein strahlendes, schockierend schönes Bild: blauer Himmel, weiße Wolken, grüne Vegetation. So daß ich beim ersten Anlegen auf meiner ersten Heimreise vorübergehend wie ein Tourist war, der das Angepriesene, das Erwartete sah. So hatte man mir als Kind beigebracht, meine Insel, die örtliche Szenerie zu zeichnen und auszumalen; so malten in der Frederick Street und auf dem Marine Square in Port of Spain die Mulatten, die Souvenirhersteller, die Leute mit Ständen auf dem Bürgersteig unter den überstehenden oberen Stockwerken der alten Häuser, die örtliche Szenerie für die Besucher, die von den Touristenschiffen der Moore-McCormack-Linie kamen und ungefähr eine Stunde durch die Stadt spazierten.

Ich hatte an diese Sicht der Dinge nicht geglaubt. Ich hatte sie für eine Konvention gehalten, etwas für die Plakate, die Werbung in den amerikanischen Zeitschriften. Und tatsächlich hatte die Insel, die sich mir zeigte, als eine Gruppe von uns an Land ging, nichts mit diesen wunderbaren Bildern im Bullauge zu tun. Die Insel Barbados war flach; man sah, daß sie durch Zuckerrohrfelder und Menschen ausgelaugt war; die Straßen waren schmal; die Holzhäuser waren klein, sehr klein, schienen dem flachen Land einfach aufgesetzt, immateriell zu sein, obwohl die Insel seit Jahrhunderten urbar gemacht und bevölkert worden war und es überall kleine Kinder gab.

Die Kinder waren schwarz. In Barbados gab es nicht die Rassenmischung, die wir in Trinidad hatten; und vor allem gab es in Barbados keine indische oder asiatische Bevölkerung. Doch nach dreizehn Tagen auf dem Meer, nach meinen sechs Jahren in England so plötzlich nach Barbados zu kommen, bedeutete für mich weniger, in eine Landschaft zu kommen, als überdeutlich einen Aspekt meiner selbst und meiner Vergangenheit zu sehen, den ich meiner Meinung nach längst hinter mir gelassen hatte. Die

Winzigkeit dieser Vergangenheit, die Scham vor dieser Kleinheit: Diese Dinge hatte ich als Schriftsteller nicht leicht zugeben können. Diese Dinge glaubte der Verfasser von »Galaabend« und »Angela« und »Leben in London« für immer hinter sich gelassen zu haben. Ich war froh, als der Morgenausflug (in einem gemeinsamen Taxi) vorüber war und ich wieder aufs Schiff gehen konnte.

Als hätte es auf dem Schiff Sicherheit gegeben; als sollte es mich nicht am nächsten Morgen auf meiner eigenen Insel absetzen. Und als ich dort eintraf, fand ich, daß alles auf die Ausmaße von Barbados geschrumpft war. Aber viel mehr noch als in Barbados sah ich nicht so sehr eine Landschaft als alte, persönliche Schmerzen. Vor sechs Jahren – und in diesem Alter waren sechs Jahre als Erwachsener ein halbes Leben – war alles in Port of Spain von der Pracht meines Abschieds gefärbt: die buckligen Straßen, die Holzhäuser, die Bäume mit den großen Blättern, die niedrigen Geschäfte, der ständige Anblick der Hügel der Northern Range im Morgenlicht und Nachmittagslicht. Alles war gefärbt von der Aufregung des Abschieds und der langen Reise zu berühmten Orten, New York, Southampton, London, Oxford; alles war gefärbt von der Verheißung und Phantasie der schriftstellerischen Laufbahn und des großstädtischen Lebens. Sechs Jahre später wartete nun die Welt auf mich, die ich meiner Meinung nach hinter mir gelassen hatte. Sie war geschrumpft, und ich hatte das Gefühl, ich sei mit ihr geschrumpft.

Ich hatte einen Anfang als Schriftsteller gemacht. Aber keines der beiden Bücher, die ich geschrieben hatte, war bis jetzt veröffentlicht; und ich sah vor mir keinen Weg, keine weiteren Bücher. Vor sechs Jahren war ich nur ein Junge gewesen, der einer Phantasie folgte, der keinem verantwortlich war. Nun war mein Vater gestorben; es gab Schulden; es gab Familienverpflichtungen. Aber ich hatte nicht die Mittel, irgend jemandem zu helfen; ich konnte kaum mir selbst helfen. Ich hatte nur ein neu entdecktes Talent; und das einzige, was ich tun konnte, die einzige Art und Weise, wie ich mich selbst versorgen konnte, war, in England zu leben – kein Land der Phantasie mehr, sondern einfach ein Ort, wo ich als Schriftsteller mit Radiobeiträgen und ein bißchen Journalismus ein bescheidenes Auskommen finden könnte, während ich auf die zukünftigen Bücher wartete.

Nach sechs Wochen reiste ich ab. Durch das Stipendium, das mich 1950 nach England gebracht hatte, war auch die Rückreise bezahlt worden; die zweite Reise nach England wurde von mir bezahlt, mit kostbarem Geld von meinen sehr wenigen Ersparnissen. Ich reiste mit einem anderen Bananendampfer, der über Jamaika fuhr. Ich verließ das Schiff in Kingston und stieg drei Tage später in Port Antonio wieder zu, wo es Bananen lud – eine Erinnerung an eine grüne Küstenlinie, an dunkelgrüne Vegetation, die wie in einer Lagune dunkelgrünes Meer umrandete, und an einen Schmerz im Herzen über meine Ungewißheit und die daraus folgende Unfähigkeit, die Landschaft zu genießen. Und dann brachte das Schiff mich nach Norden, in die kürzer werdenden Tage Englands im Winter.

Der Winter selbst, das grau schlingernde Meer, machten mir nichts aus auf diesem beinahe leeren Schiff. Noch mochte ich den Winter wegen der Dramatik, des Kontrastes zu den Tropen meiner Kindheit. Die Ungewißheit am anderen Ende belastete mich; und das Wissen, daß nun an jedem Ende meiner eigenen »Strekke« Ungewißheit wartete. Kein Stipendium; keine vage, behagliche Vorstellung von Oxford und dem Schreiben am Ende der Reise; keine Notizen mehr. Keine Angela und keine Pension in Earls Court; kein Gefühl vom Zentrum einer großen Stadt mit dem Lärm der U-Bahnen. Statt Earls Court und seiner alten viktorianischen Pracht nun ein Arbeiterhaus in Kilburn aus grauem, beinahe schwarzem Backstein, in dem ich eine Zweizimmerwohnung hatte und Bad und Toilette mit allen anderen teilte.

Auf dem Schiff war ein englischer Brauer, ein großer, untersetzter älterer Mann. Ich wußte, daß er Brauer war, weil ich gehört hatte, wie er es jemandem sagte. Ich hatte auch gehört, wie er dem

Zahlmeister seinen Namen und Titel nannte, als er ein Buch aus der kleinen Bibliothek des Bananendampfers auslieh. Er nannte seinen Titel, obwohl so wenige Passagiere auf dem Schiff waren. Er, der Brauer, drei oder vier englische Damen, ein Mulatte aus Jamaika und ich. Die Damen spielten miteinander Karten.

Vor sechs Jahren hätte ich den Brauer und diese Damen sehr genau beobachtet. Jetzt nicht mehr. Nicht, weil sie fremd und meiner Erfahrung zu fern waren, sondern weil ich mich, nachdem ich einen Ansatz für meine Themen als Schriftsteller gefunden hatte, nicht mehr für Engländer nur als Engländer interessierte, keine Bestätigung mehr für das suchte, was ich in Büchern gelesen und 1950 als großstädtisches Material betrachtet hatte. Eine der Damen führte eine Pension an der Südküste Englands. Sie hatte sich eine *Kreuzfahrt durch die Karibik* gegönnt! Ich hörte die Worte gesprächsweise, sah sie in ihren Augen, konnte sie in den Berichten hören, die sie ihren Freunden geben würde, wenn sie zurückkam: Die Erfahrung selbst schien weniger wichtig zu sein als der Bericht, den sie darüber geben würde. Welch unterschiedliche Werte die Worte für sie und für mich hatten! Auch wenn wir auf denselben Fyffes-Bananendampfern gereist waren, der *Cavina,* der *Golfito,* der *Camito,* welch unterschiedliche Reisen hatten wir gemacht!

Vier Jahre später hatte sich für mich alles geändert: die Welt, meine Stimmung, meine Sicht der Dinge, sogar der Atlantik. In diesen vier Jahren hatte ich mir, bedingt durch die Panik dieser winterlichen Rückkehr nach England, viel Arbeit abgerungen, hatte ein Buch geschrieben, das ich für wichtig hielt. Und mit einer Sicherheit, die mir völlig neu war, der Sicherheit des Mannes, der sich schließlich zu dem gemacht hatte, was er hatte sein wollen, fuhr ich zehn Jahre, nachdem ich sie zum ersten Mal verlassen hatte, auf die Insel zurück.

Und alles, was ich dann sah und fühlte und erlebte, war von Festtagsstimmung gefärbt: die Hügel, die sich immer weiter ausbreitenden Hütten, die Hitze, die Radioprogramme, die Radiowerbung, der Lärm, die Sammeltaxis. Diese Landschaft - mit all ihren Kolonial- oder Urlaubsmotiven: Stränden, Marktfrauen, Kokospalmen, Bananenstauden, Sonne, großblättrigen Bäumen - war, solange ich mich erinnern konnte, immer eine Landschaft von Angst, ja von Panik und Opfern gewesen. Die Bildung, die mich geformt hatte, war immer wie ein Wettbewerb, ein Rennen gewesen, in dem die Angst vor Versagen wie Angst vor Auslöschung war. Ich hatte mich als Kind nie frei gefühlt. Nachmittags, wenn ich nun 1960 spazierengehen oder mir beim Mittagessen Zeit lassen konnte, hatte ich über den Büchern sitzen müssen; abends, wenn ich nun Besuche machen oder mich einfach unterhalten konnte, hatte ich als Stipendiat bis in die Nacht studieren oder auswendig lernen müssen. Mein abstraktes Wissen war teuer erkauft!

Wenn es in diesem Stadium meiner Laufbahn einen Ort gab, wo ich meine Freiheit, die Tatsache, daß ich aus mir einen Schriftsteller gemacht hatte und nun als Schriftsteller leben konnte, gebührend feiern konnte, dann hier, auf dieser Insel, die meine Panik und meinen Ehrgeiz geschürt und meine frühesten Phantasien genährt hatte. Und so wie ich 1956, bei jener ersten Rückkehr, von Ort zu Ort gezogen war, um zu sehen, wie er im Vergleich zu dem Ort, den ich in meiner Kindheit und Jugend gekannt hatte, kleiner geworden war, so zog ich nun von Ort zu Ort, um ihn mit Festtagsstimmung zu färben, um den Schrecken, den ich aus verschiedenen Gründen und zu verschiedenen Zeiten an diesen Orten gespürt hatte, zu vertreiben. In der Ferne, in England hatte ich diese Landschaft in meinen Büchern neu geschaffen. Die Landschaft der Bücher war in Wirklichkeit nicht so adrett oder üppig, wie ich es vorgetäuscht hatte; doch nun würdigte ich das Original gerade wegen dieses Schöpfungsakts.

Und nachdem ich eine besondere Leistung vollbracht und eine besondere Angst überwunden hatte, schien meine Beziehung zu meiner Insel zu Ende zu sein. Denn danach verspürte ich nie mehr den besonderen Wunsch, zurückzukehren. Wenn ich aus dem einen oder anderen Grund zurückkehrte, fand ich, daß mein Interesse an der Insel nun, da ich weder Angst noch den Wunsch zu feiern hatte, in einem Tag befriedigt, ja mehr als befriedigt war. Ich konnte auf dem Weg vom Flughafen am Morgen meiner Ankunft von den Farben beeindruckt sein und das Gefühl haben, daß ich gern viele Tage oder Wochen bleiben würde. Doch nach dem ersten Tag und der ersten Nacht und dem ersten Erwachen im Morgengrauen wegen des Jet-lags und den ersten Kolibris im Garten wurde ich rastlos, brannte darauf weiterzuziehen.

Es gab bei den Leuten nichts Neues; sie offenbarten sich schnell. Ihre fixen Ideen über Rasse, die mich einst tief treffen konnten, machten sie zu einfachen Leuten. Die Angst vor Auslöschung, die ich als Kind empfunden hatte, rührte teilweise daher: die Angst vor der Einfachheit auf der einen oder der anderen Seite, ob der meinen oder der der anderen, verschlungen oder ausgelöscht zu werden.

Es war merkwürdig: Der Ort selbst, die kleine Insel und ihre Bewohner, konnten mich nicht länger halten. Doch die Insel hatte mir – durch die Neugierde, die sie in mir für die größere Welt geweckt hatte, die Vorstellung von Zivilisation und die Vorstellung von Altertum, und durch die Ängste, die sie in mir aufgewühlt hatte – als Schriftsteller die Welt geschenkt; sie hatte mir die Themen geschenkt, die in der zweiten Hälfte des zwanzigsten Jahrhunderts wichtig geworden waren, hatte mich zum Großstädter gemacht, wenn auch auf ganz andere Weise, als ich das Wort anfangs verstand, als ich »Galaabend« und »Leben in London« und »Angela« geschrieben hatte.

Als ich 1960 in dieser festtäglichen Stimmung des Schriftstellers (die ich beschrieben habe) mein erstes Reisebuch in Angriff nahm, brach ich physisch und psychisch von meiner kleinen kolonialen Insel auf. Das Buch war eine Auftragsarbeit: Ich sollte durch Kolonien, Reste noch überlebender Imperien in der Karibik und Guayana reisen. Ich kannte die Vorstellung des großstädtischen Reisenden, des Mannes, der aus Europa aufbricht, und war davon gebannt. Das war das einzige Modell, das ich hatte; doch konnte ich – als Kolonialbewohner unter Kolonialbewohnern, die mir sehr nahestanden – so ein Reisender nicht sein, auch wenn ich die Bildung und Kultur dieses Reisenden und seine Empfänglichkeit für Abenteuer vielleicht teilte. Besonders bewußt war mir, daß ich kein großstädtisches Publikum hatte, das ich »ansprechen« konnte. Der Kampf zwischen meiner Vorstellung vom Glanz des Reiseschriftstellers und meinen blank liegenden Nerven als Kolonialbewohner, der sich zwischen Kolonialbewohnern bewegte, machte das Schreiben schwierig. Als ich nach beendeter Reise mit meinen Notizen und Tagebüchern nach London zum Schreiben zurückkehrte, waren die Probleme nicht gelöst. Ich suchte Zuflucht im Humor – Komödie, das Komische, satirische Spiegelung vertuschte wie so oft im Schreiben und im Leben Verwirrung.

Um noch mehr dieser Art zu schreiben, mußte ich mich selbst noch mehr anerkennen. Bald bekam ich die Gelegenheit. Kurz nach diesem ersten Reisebuch fuhr ich nach Indien, um ein weiteres zu schreiben. Diesmal brach ich von England aus auf. Indien war etwas Besonderes für England; seit zweihundert Jahren hatte es unzählige englische Reiseberichte und in letzter Zeit auch Romane gegeben. So ein Reisender konnte ich nicht sein. Wenn ich nach Indien reiste, reiste ich zu einer den Engländern und den indischen Indern unbekannten Phantasievorstellung: Ich reiste in das bäuerliche Indien, das meine indischen Vorväter in Trinidad neu zu erschaffen versucht hatten, das »Indien«, in dem ich zum Teil aufgewachsen war, das Indien, das wie ein loses Ende in meinem Denken war, wo unsere Vergangenheit plötzlich abgebrochen war. Bei dieser Forschungsreise gab es kein Vorbild für mich; weder Forster noch Ackerley noch Kipling konnten helfen. Um mit dem Schreiben irgend etwas zu erreichen, mußte ich mich erst einmal ganz deutlich für mich selbst definieren.

So wuchsen, seit ich Trinidad verlassen hatte, mein Wissen und meine Selbstkenntnis. Die Straße in Port of Spain, in der ich einen Teil meiner Kindheit verbracht hatte, eine Rekonstruktion meines »indischen« Familienlebens in Trinidad, eine Reise zu karibischen und südamerikanischen Kolonien, eine spätere Reise nach Indien, dem so sonderbaren Land meiner Vorfahren. Meine Neugierde ging in alle Richtungen. Jede Forschungsreise, jedes Buch erweiterte mein Wissen und relativierte meine frühere Vorstellung von mir und der Welt.

Doch Trinidad selbst, der Ausgangspunkt, das Zentrum – es konnte mich nicht länger halten. Es verband sich für mich nicht mehr mit einer Atlantiküberquerung, einer mehr als zweiwöchigen Schiffsreise, den Ritualen des Schiffes, dem sich ändernden Wetter, dem Zurückstellen der Uhr an jedem zweiten Morgen, den Farben des Meers und des Himmels, den Wellen und Wogen, der in allen Regenbogenfarben schillernden Gischt, den Delphinen, den fliegenden Fischen, die, sobald man in karibischen Gewässern war, nachts in die Lichter des Schiffes flogen und manchmal morgens sterbend, glitschig und flatternd, an Deck gefunden wurden. Es fuhren keine Passagierschiffe mehr nach Trinidad oder sonstwohin; Trinidad war ein Zwischenstop für Flugzeuge, sein Flughafen der Schauplatz beiläufigen Abreisens und Ankommens. Und es fiel mir leicht, jede Sehnsucht, die ich gelegentlich nach der Landschaft meiner Kindheit verspürte, zu unterdrükken, indem ich in Gedanken wieder die Langeweile heraufbeschwor, die, wie ich wußte, am Ende des zweiten Tages, nach der Verklärung der Ankunft und der Verklärung der ersten Morgendämmerung kommen würde.

Dann nahm ich den Auftrag eines amerikanischen Verlegers an, ein Buch für eine Reihe über Städte zu schreiben. Ich wählte meine eigene Stadt, Port of Spain, weil ich dachte, das sei leicht für mich, und auch weil ich dachte, es gebe nicht viel, worüber man schreiben könne: Trinidad war nach seiner Entdeckung und Entvölkerung bis zum Ende des achtzehnten Jahrhunderts nicht wieder bevölkert oder besiedelt worden. Ich hielt das Projekt für eine Arbeit von wenigen Monaten, Journalismus zwischen Buchdeckeln. Dann entdeckte ich, daß es eigentlich keine Quellenbücher gab. Die Vorstellung, daß die historische Wahrheit irgendwo in Bibliotheken aufbewahrt wird, in halb heiligen Bänden, mit halb göttlichen Wächtern, haben viele von uns, vermute ich. Doch Bücher sind greifbare Gegenstände, geschaffen oder hergestellt, um einer Nachfrage zu genügen; und es gab keine dieser halb heiligen Quellenbände über Trinidad. Ich mußte mich zu den Urkunden selbst begeben. Ärgerlich, doch dann begannen die Urkunden mich zu reizen; und je länger ich mit ihnen zubrachte, desto schwerer war es, das Projekt aufzugeben.

Die Idee hinter dem Buch, der Handlungsablauf war, die Insel, das kleine Land in der Mündung des Orinoco, mit großen Namen und großen Ereignissen zu verbinden: Kolumbus, die Suche nach El Dorado, Sir Walter Raleigh. Zweihundert Jahre danach das Entstehen der Sklavenplantagen. Und dann die Revolutionen: die amerikanische Revolution, die Französische Revolution und ihre karibische Nebenerscheinung, die schwarze haitianische Revolution, die südamerikanische Revolution und die großen Namen jener Revolution, Francisco Miranda, Bolívar. Vom unentdeckten Kontinent zum Betrug und Chaos der Revolution, von der Entdeckung und Kolumbus und jenen üppigen einheimischen indianischen »Gärten«, die er 1489 im Süden der Insel gesehen hatte (an Stränden, die ich kannte, breiten Stränden, durch die Süßwasserbäche, die aus dem Wald herunterflossen, kleine Kanäle ins Meer gruben, wo sich die gelben Wassermassen des Orinoco mit dem Atlantik mischten), von der Entdeckung durch Kolumbus, einem Mann des mittelalterlichen Europas, bis zum Verschwinden des spanischen Imperiums im neunzehnten Jahrhundert – das war der historische Bogen meiner Geschichte. Am Ende der Zeit, die meine Geschichte umspannte, war Trinidad, von Südamerika und Venezuela und dem spanischen Imperium losgelöst, voll und ganz eine westindische Kolonie der Briten, eine Insel mit Zucker und Sklaven (die Urbevölkerung ausgelöscht, vergessen). Und dann wurde innerhalb weniger Jahre die Sklaverei abgeschafft, Zucker wurde wertlos; und diese kleine Ecke der Neuen Welt, deren Verheißungen sich nicht erfüllt hatten, versank in den langen kolonialen Dämmerzustand des neunzehnten Jahrhunderts. Während das revolutionäre Venezuela, das nicht mehr zum spanischen Imperium gehörte, sein Jahrhundert des Chaos begann.

In den Urkunden dieser späteren Periode konnte ich Züge der Welt erkennen, in der ich aufgewachsen war. In dieser Ära der Erstarrung waren im neunzehnten Jahrhundert asiatisch-indische Immigranten eingewandert. Als Schulkind hatte ich diese Erstarrung für unabänderlich gehalten, etwas, das mit der geographischen Lage der Insel, dem Klima, der Beschaffenheit des Lichts zu tun hatte. Es war mir nie in den Sinn gekommen, daß die Eintönigkeit, die ich kannte, von Menschen geschaffen war, daß sie Ursachen hatte, daß es einmal andere Visionen und sogar andere Landschaften gegeben hatte.

Als ich das Protokoll (wie durch ein Wunder erhalten) des Prozesses gegen einen Negersklaven las, der zur spanischen Zeit wegen Mordes an einem anderen Sklaven in Port of Spain angeklagt war, und auf belanglose Einzelheiten über die Häuser, das Straßenleben, die Liebesgeschichten und Eifersuchtsdramen in den Hinter- oder Sklavenhöfen stieß, merkte ich, daß ich mich leicht in diese Straße von Port of Spain vor zweihundert Jahren zurückversetzen konnte. Ich konnte die Leute sehen, ihre Sprache und Akzente hören. In jener Straße konnte ich den Ursprung der Straße Port of Spains sehen, in der ich einen Teil meiner Kindheit verbracht hatte – der Straße, deren Leben und Bewohner Thema meines ersten Buches gewesen waren.

Daß meine Straße in Port of Spain, die ich als Kind so aufmerksam beobachtet hatte, Material sein könnte, war mir 1955 wie eine Erhellung gekommen, ganze fünf Jahre nach meiner Ankunft in England, fünf Jahre nach »Galaabend« und »Leben in London« und »Angela« und anderen Versuchen, »großstädtisch« zu schreiben. Diese Erhellung dauerte in gewissem Maße immer noch an.

Beim Schreiben setzte ich immer noch alles ein, was diese Entdeckung implizierte. Aber ich war erstaunt über die Entdekkung, daß das Straßenleben, über das ich geschrieben hatte, solch eine Vergangenheit hatte, daß das Straßenleben, dessen Zeuge ich als Kind gewesen war, oder etwas Ähnliches 1790 in Port of Spain existiert hatte. Als Trinidad noch zum großen und alten spanischen Imperium gehörte; als es noch Sklaverei gab, die erst vierundvierzig Jahre später abgeschafft werden sollte; als die Französische Revolution noch jung und die schwarze haitianische Revolution noch ein Jahr entfernt war.

Diese Bezüge – zum spanischen Imperium und zur haitianischen Revolution – konnten mir nicht auffallen, als ich in der Straße wohnte. Selbst als ich in der Schule (als Teil des Lehrstoffs) die historischen Fakten über die Region erfahren hatte, hatten sie keinerlei imaginative Kraft für mich. Der Schmutz und die Winzigkeit und allgemeine Schmuddeligkeit – die Hühnergehege und Hinterhöfe und Dienstbotenkammern und die vielen kleinen Häuser auf jedem kleinen Grundstück und die Sickergruben – schienen mir zu neu; alles in Port of Spain schien erst vor kurzem gebaut zu sein; nichts ließ an wirklich Altes, eine Vergangenheit denken. Dazu kam noch die Unwissenheit des Kindes und die besondere Unsicherheit des indischen Kindes, des Enkels von Immigranten, dessen Vergangenheit plötzlich abbrach, sich plötzlich in der Kluft zwischen den Antillen und Indien verlor.

So wie mich 1950 beim Abheben des Flugzeugs der Pan American World Airways das braun-grüne Muster der Felder überrascht hatte, das meiner Insel das Aussehen anderer, aus der Luft photographierter Länder gab, so war ich jetzt, als ich die Urkunden über meine Insel in London las, vom Alter des Landes überrascht, aus dem ich stammte. Solch einfache Dinge! Die Insel als Teil des Globus zu sehen, sie am Alter der Weltgeschichte teilhaben zu sehen! Doch diese einfachen Dinge waren eine Offenbarung für mich; denn ich war so daran gewöhnt, in Trinidad alles aus Sicht der Straße zu betrachten, die landwirtschaftliche Kolonie sozusagen aus Bodenhöhe zu sehen, am Ende der großen Depression und der hundert Jahre währenden kolonialen Erstarrung. Während ich dieses Buch schrieb, veränderte sich vor meinem geistigen Auge die Landschaft, bekam im Vergleich zur Landschaft der früheren Bücher eine völlig neue Atmosphäre und neue Bezüge.

Die Arbeit, für die ich zu Beginn sechs Monate angesetzt hatte, zog sich über zwei Jahre hin. Seit ich begonnen hatte, meine Themen festzulegen, hatte ich gehofft, in einem Buch zu einer Synthese der Welten und Kulturen zu gelangen, die mich geprägt hatten. Die andere Art des Schreibens, die Trennung der einen Welt von der anderen, war leichter, aber ich fand, daß sie ganz und gar nicht meiner Erfahrung entsprach. Mit dieser historischen Abhandlung nun hatte ich das Gefühl, eine solche Synthese geschaffen zu haben. Aber sie erschöpfte mich.

Und viele Monate, ehe ich dieses Buch beendete, dachte ich, ich würde meine Zeit in England abbrechen, den Überdruß hinter mir lassen, nicht nur den Überdruß des Schreibens, sondern auch den Überdruß, in England zu sein, meine blankliegenden Nerven als Ausländer, den Überdruß, den meine Unsicherheit, sozial, rassisch, finanziell, verursacht hatte. Ich dachte, ich würde der Entstellung meiner Persönlichkeit ein Ende setzen, die mit dem Tag begonnen hatte, an dem ich mein Zuhause verlassen hatte, und diese Reise beenden, die – trotz der Rückreisen und anderen dazwischenliegenden Reisen – genauso aufreibend geblieben war wie an dem Tag, an dem das Pan American-Flugzeug mich ein paar tausend Meter hoch über die Insel trug, auf der ich mein ganzes Leben gelebt hatte, und mir ein Muster von Feldern und Farben zeigte, das ich noch nie zuvor gesehen hatte.

Ich verkaufte mein Haus. Ein paar Wochen hatte ich noch zu schreiben; und in dem Haus, in das ich zog, fühlte ich mich zunehmend erschöpfter. Ich badete immer zweimal am Tag. Das erste Mal nach dem Frühstück, um die Nachwirkungen der Schlaftablette abzuspülen, die in der Nacht meine Gedanken ruhiggehalten und mich davor bewahrt hatte, mich mit Worten zu befassen, Probleme in verschiedenen Teilen meines Buches zu lösen, mich davor bewahrt hatte, diese Probleme als eine einzige unlösbare und erschreckende Bedrohung zu sehen (bei Tageslicht wußte ich, daß bei Schreibproblemen eines nach dem anderen gelöst wurde). Das zweite Mal badete ich, wenn ich mein Tagewerk verrichtet hatte. So lag ich jeden Morgen und Abend zehn oder fünfzehn Minuten in warmem Wasser. Eines Morgens kam mir der Gedanke, daß ich einem Leichnam auf dem Grund eines Flusses oder Stroms glich, von der Strömung hin und her geworfen. Ich gab das morgendliche Bad auf. Doch das Bild von dem Leichnam war schwer abzuschütteln. Es kam jedesmal wieder, wenn ich badete.

Endlich war das Buch abgegeben, und ich konnte England verlassen. Ich hatte keine längerfristigen Pläne. Ich konnte mich nur auf die Freiheit einstellen, die Freiheit, kein Buch mehr schreiben zu müssen, die Freiheit, jeden Tag so zu verbringen, wie ich wollte, die Freiheit, von Ort zu Ort zu ziehen, einfach wegzugehen. Ich wollte eine Weile herumvagabundieren, im Hotel leben. Ich wollte auch – endlich – einige Zeit in den USA verbringen. Davor war noch eine journalistische Arbeit zu erledigen: Artikel über die Inseln St Kitts und Anguilla in der Karibik, die damals häufig in den Nachrichten vorkamen; und ein Artikel über Belize, Britisch Honduras, mein erster Text über Mittelamerika.

Zuerst reiste ich auf meine eigene Insel, Trinidad. Ich wollte die Insel sehen, auf der ich in der Vorstellung in den letzten beiden Jahren auf ganz neue Art gelebt hatte, die Insel, die ich sozusagen dem Globus wiedergegeben hatte und für die ich nun ein tief romantisches Gefühl hegte.

Ich fand eine Insel voller Rassenspannungen kurz vor einer Revolution. So war das Land, kaum daß ich mir eine neue Vorstellung davon gemacht hatte, schon nicht mehr meines.

Durch das Schreiben – bei dem Wissen und Neugierde einander anfeuerten – war ich zu einer neuen Vorstellung von mir und meiner Welt gekommen. Doch die Welt war nicht stehengeblieben. 1950 hatte ich mich in der Pension in London am Beginn einer großen Völkerwanderung nach dem Krieg befunden, einer großen Erschütterung der Welt, einer großen Erschütterung alter Kulturen und alter Ideen. Und so wie meine Reise mich verändert und darauf gebracht hatte, neue Ideen und eine Entschlossenheit zu suchen, die alles übertraf, was ich mir als aufgeweckter Schuljunge im Queen's Royal College in Port of Spain vorgestellt hatte, so hatten Rastlosigkeit und das Bedürfnis nach einem neuen Selbstwertgefühl auch viele andere vorangetrieben, einschließlich der Leute, die ich in jedem Sinne des Wortes hinter mir gelassen zu haben meinte.

Der muskulöse schwarze Gewichtheber aus Trinidad in dem engen, zugeknöpften Sportjackett in Puerto Rico, der unterwegs nach Harlem war; der andere Schwarze auf der *S. S. Columbia,* der für sich sorgte und zu einem Leben in Deutschland zurückkehrte, das er dem in den Vereinigten Staaten vorzog – diese Männer, in denen ich (unwillig, da ich Inder und Hindu war, erfüllt von der Tragödie und Herrlichkeit Indiens) Aspekte meiner selbst sah, Echos meiner eigenen Reise und der Sehnsucht hinter dieser Reise, diese Männer waren 1950 isoliert gewesen, verwundbar, ihre Nerven lagen blank.

Seitdem hatte es viele wie sie gegeben. Sie waren nicht alle gereist, um Erfüllung zu finden – oder um verschlissen zu werden. Bei meiner Rückkehr nun schienen die blank liegenden Nerven der Schwarzen Trinidads sich bei allen entzündet zu haben. Man konnte sie nicht ignorieren. Und als ich nach zwanzig Jahren des Schreibens, die mir eine romantische Vision des Landes gebracht hatten, auf meine Insel im Orinoco zurückkehrte, kehrte ich an einen Ort zurück, der nicht mehr der meine war, so wie er es gewesen war, als ich ein Kind war und nie darüber nachgedacht hatte.

Dieses romantische Gefühl war nun ein persönlicher Besitz. Für andere bedeutete die Insel etwas anderes. Es gab andere Möglichkeiten, auf eine Kenntnis der Welt oder eine Vorstellung von der Vergangenheit zu reagieren, andere Möglichkeiten, die eigene Persönlichkeit geltend zu machen. Der Neger in dem Hangar in Puerto Rico und der Mann auf der *Columbia* hatten Anstand geltend gemacht, ihren Wunsch, in einer alten Ordnung zu leben, ihren Wunsch, wie andere behandelt zu werden. Zwanzig Jahre später machten die Neger Trinidads, denen der Vereinigten Staaten folgend, ihr Anderssein geltend. Sie stellten die Vergangenheit vereinfacht und sentimental dar; sie wollten sie nicht wie ich um ihrer Romantik willen besitzen. Sie trugen ihr Haar anders frisiert. Das Haar, das ihnen eine Quelle der Verlegenheit und Scham gewesen war, ein Zeichen der Hörigkeit, trugen sie nun als Symbol der Aggression. Um meine romantische Vorstellung zu bewahren, mußte ich – wie früher schon in Trinidad, aber nun anders – einen selektiven Blick entwickeln.

(Das hatte ich auch in London tun müssen. In der historischen Abhandlung, die ich gerade geschrieben hatte, ging es zum Teil um den ersten britischen Gouverneur der Insel, der angeklagt worden war, widerrechtlich die Folterung eines minderjährigen Mulattenmädchens angeordnet zu haben. Alle Zeugen des Falles waren 1803 nach London geschafft und jahrelang auf Kosten der Regierung untergebracht worden. Ein Mann hatte in Gerrard Street, Soho, gewohnt. Die Nummer des Hauses war angegeben; das Haus stand noch. Doch Gerrard Street war zu der Zeit, in der ich schrieb, voller Chinesen aus Hongkong: Restaurants, Lebensmittelläden, Verpackungsmaterial auf den Bürgersteigen. Konnte ich dort die Vergangenheit finden? Ja, wenn ich an den Häusern hochschaute, über Chinatown auf Straßenhöhe, den Rückfluß des Empire am Ende des zwanzigsten Jahrhunderts hinaus schaute. An den schmucklosen Fassaden oben konnte ich Überbleibsel vom späten achtzehnten Jahrhundert finden, konnte mir die Räume vorstellen. Mein Wissen über Londoner Architektur war über die von Dickens inspirierten Phantasien hinausgewachsen.)

In Trinidad mußte ich nun – die Menschen und die Wut, die Wahnsinn glich, außer acht lassend –, um die Landschaft zu sehen, die ich mir in den letzten zwei Jahren in der Vorstellung geschaffen hatte, um die ursprüngliche, präkolumbianische Insel zu suchen, beinahe alles ignorieren, was ins Auge sprang, und in der Vegetation beinahe alles, was als tropisch und einheimisch, Teil unserer Reiseplakat-Schönheit zu sehen man mir beigebracht hatte – Kokospalmen, Zuckerrohr, Bambus, Mango, Bougainvillea und Weihnachtssterne –, da alle diese Pflanzen und Bäume mit der Besiedlung und später mit den Plantagen eingeführt worden waren. Die Landschaft der Vergangenheit existierte nur fragmentarisch. Um ein solches Fragment zu sehen, schaute ich mir den austrocknenden Mangrovensumpf außerhalb von Port of Spain an – grüne dicke Blätter, schwarze Wurzeln, schwarzer Schlamm, und ließ die mit Abfall übersäte Autobahn außer acht und die krummen und zerbeulten Leitplanken in der Mitte und die brennende Mülldeponie und den staubüberwehten Slum hinter der Autobahn und die Hütten auf den Hügeln der Northern Range. Zwischen den Hütten oben auf dem Lawentille Hill stehend, konnte ich mir vorstellen, ich sei am Anfang aller Dinge, wenn ich mit selektivem Blick hinunter auf den Golf von Paria – grau, bleiern, nie blau – und die Inselchen im Golf schaute.

Diese Aussicht, die ich mir aufzwang, war ganz persönlich, genauso persönlich wie das romantische Gefühl. Meine Sicht der Geschichte war nicht die Sicht, die die jungen Schwarzen durch die Straßen marschieren und mit einer weiteren falschen Revolution drohen ließ. Die Geschichte hatte nicht da aufgehört, wo mein Buch aufhörte; die Geschichte ging weiter. Zweihundert Jahre später stand ein weiteres Haiti bevor, dachte ich: der Wunsch, eine Welt zu zerstören, die man für korrupt und unerträglich schmerzlich hielt, der Wunsch, ihr den Rücken zu drehen, anstatt sie zu verbessern. Nach dem Buch, das ich geschrieben hatte, nach meinen zwei Jahren der Begeisterung sah ich diese Wut von zwei Seiten: von der Seite der Neger, der Leute mit den

Haaren, und auch von der Seite der asiatisch-indischen Gemeinschaft, der Leute, die am stärksten bedroht, die weder schwarz noch weiß waren.

Nach vierzehn Tagen fuhr ich nach St Kitts und Anguilla weiter, um meine Artikel zu schreiben. St Kitts war sehr klein, dreißigtausend Bewohner. Es hatte keine asiatisch-indische Bevölkerung und bereitete mir persönlich deshalb keinerlei Schwierigkeiten. Für die Neger dort war ich einfach ein Fremder, einer, der nicht schwarz war und glattes Haar hatte. So einfach konnte man sich hier Urteile machen. Dieses Fehlen persönlicher Schwierigkeiten, die kleine und übersichtliche Insel machten die Vergangenheit außergewöhnlich überschaubar.

St Kitts war die älteste britische Kolonie in der Karibik, in einer Region errichtet, aus der die Spanier sich zurückgezogen hatten. Der Form nach war die Insel – abgesehen von einer Landzunge – rund. In der Mitte lag ein oben bewaldeter Berg, und die Abhänge, gleichmäßig mit Zuckerrohr bedeckt, führten bis zum Meer hinunter. Die Insel war von einer schmalen Asphaltstraße gesäumt, und entlang dieser Straße standen die kleinen Häuser der Arbeiter, Nachfahren von Sklaven. Zucker und Sklaverei hatten Vegetation und Landschaft so übersichtlich und unnatürlich gemacht.

In einer flachen, ausgetrockneten Furt nicht weit von dieser Uferstraße lagen im Zuckerrohr große Flußsteine. In diese Steine waren äußerst ungefüge Figuren eingeritzt: das Werk von Eingeborenen: die frühere Vergangenheit, eine Erinnerung an das Entsetzen vor der Sklaverei. Nun gab es in St Kitts keine Indianer mehr; sie waren vor dreihundert Jahren von Engländern und Franzosen ausgerottet worden; die ungefügen Schnitzereien auf diesen Findlingen waren das einzige Andenken an sie. Zugänglich war die Vergangenheit in der englischen Kirche und auf dem Kirchhof – in einer tropischen Umgebung. Keine Eiben; statt dessen Palmen, die man Königspalmen nannte, mit geraden und kräftigen grauen Stämmen, die bis oben hin mit fasrigen Stümpfen bedeckt waren wie mit verheilten Wunden, die jeweils die

Stelle markierten, wo ein Palmwedel gewachsen war. (Und wie verschieden in dieser kolonialen Umgebung die Assoziationen von denen waren, die ein englischer Kirchhof weckte!) Zugänglich war die Vergangenheit der kleinen Stadt auch auf dem Pall Mall genannten Marktplatz aus dem achtzehnten Jahrhundert, auf dem die gerade eingetroffenen Sklaven aus Afrika zum Verkauf angeboten wurden, nachdem man sie in den Sklavenbaracken sich hatte ausruhen lassen. Einhundertfünfzig Jahre lang hatte in St Kitts die Erinnerung an diese Vergangenheit geschlummert. Um Trinidad und die Vereinigten Staaten und andere Länder nachzuahmen, lebte die Erinnerung nun wieder auf, obwohl sie eigentlich längst nicht mehr demütigte, sondern als politische Stimulanz diente, als gemeinschaftliche Rhetorik aus Sentimentalität und Wut.

Und auf der Insel Anguilla, die noch kleiner als St Kitts, nicht grün, weniger fruchtbar war, gab es einen weiteren Aspekt jener dreihundert Jahre alten Übersichtlichkeit durch Sklaverei. Die Bewohner Anguillas waren nicht rein schwarz; sie hatten ihre eigene Vergangenheit; diese Vergangenheit trennte sie von den Bewohnern von St Kitts. Die Bevölkerung Anguillas – alles in allem rund sechstausend Personen – bestand aus einigen wenigen Mulattensippen mit britischen Namen. Sie hatten nur eine äußerst verschwommene Vorstellung von ihrer Geschichte, davon, wie sie in jene flache Ödnis in der Karibik, so weit entfernt von den großen Kontinenten, so weit entfernt auch von den anderen Inseln, gekommen waren; manche sprachen von einem Schiffbruch.

Ich sah all dies im Bann des Buches, das ich geschrieben hatte, im Bann der Vergangenheit, die ich, weit weg in England, in den Urkunden entdeckt und meinem Gefühl nach beinahe geschaffen hatte, so wie ich meine Romane geschaffen hatte. Und immer noch unter diesem Bann fuhr ich später weiter nach Belize. Dazu mußte ich erst nach Jamaika; von Jamaika ging einmal in der Woche ein Flugzeug.

Es machte eine Zwischenlandung in Guatemala City. Im dunklen Flughafengebäude – hinter den schartigen, schlammfarbenen Vulkankratern, die beim Landen vom Flugzeug aus zu sehen gewesen waren: riesigen Ameisenhügeln vergleichbar oder den bizarren Türmen in einem Märchen, auf deren Plateaus sich Häuser drängten –, in der Wartehalle des Flughafengebäudes kam mir, als ich die Gesichter der kleinen rundlichen Mädchen hinter der Theke und das frische Gemüse- oder Paprika-Relish in der Glasvitrine sah, der Gedanke, daß ich zum ersten Mal in Mittelamerika war, zum ersten Mal in dem Land, das Cortez und seine Nachfolger verwüstet hatten. Die Mädchen sahen chinesisch aus, aber waren es nicht. Dieses Halbvertraute machte sie sehr fremd, entrückt. Und dieses kleingehackte Gemüse-Relish in der Glasvitrine – das wirkte entsprechend fremd. Essen kennzeichnet Kulturen und sogar historische Epochen. (Wie war wohl das Essen im antiken Rom?) Und mir fiel ein, irgendwo gelesen zu haben, daß die Schokolade, die an Montezumas Hof aus irdenen Gefäßen getrunken wurde, kalt und bitter und scharf gewürzt getrunken wurde.

Durch das Aussehen des fremden Essens; die fremden chinesischen, zugleich aber nicht chinesischen Gesichter der Mädchen hinter der Theke; die spanischen, zugleich aber nicht spanischen Speisekarten; durch die märchenhaften Vulkantürme des Landes draußen, die Gemüse und Blumen, die in der klaren, milden Höhenluft ungewöhnlich groß und bunt wurden, bekam ich eine Ahnung vom Wunder der Neuen Welt und der Tragödie und dem Pathos der spanischen Usurpation.

Der Flug nach Belize City war kurz – Belize, Britisch Honduras, die britische Bastion an der Küste des spanischen Imperiums, die britische Mahagoni-Kolonie, der Anlaß für den Anspruch Guatemalas auf Belize (das Thema meines Artikels) und Herkunftsort eines Großteils der Möbel aus der Epoche Georgs V. in den Londoner Ladenlokalen (aber es gab in Belize kein Mahagoni mehr; es war alles abgeholzt worden). An der Küste gab es unter den

Negern sicher Nachfahren der Sklaven, die Mahagoni gefällt hatten. Im Landesinneren gab es eine Mayabevölkerung und mächtige Mayaruinen. Im Schatten einer solchen Ruine kicherte ein Mayajunge (aus welchen persönlichen Gefühlen auch immer), als ich versuchte, mit ihm über das Monument zu sprechen. Er kicherte und hielt die Hand vor den Mund; er schien verlegen zu sein. Er kam mir wie jemand vor, der um Verzeihung für die Absurditäten von vor langer Zeit bat, obwohl es in der Mahagonikolonie keine britische Kolonialarchitektur gab, die den Namen verdiente, und sämtliche Monumente aus der Mayazeit stammten. Im Norden, in der Nähe der mexikanischen Grenze lag eine ganze, kaum ausgegrabene Mayastadt, die Jahrhunderte, ehe die Spanier kamen, aufgegeben worden und nun vom Wald überwachsen war. Jeder der hohen Tempel mit den steilen Stufen bildete einen grünen Hügel.

Von London nach Trinidad, nach St Kitts und Anguilla, Guatemala City und Belize: Die Reise hätte von einem Mann geplant sein können, der rückwärts durch die Zeit reisen wollte, um zu sehen, wie die Historie sich konkret darstellte. So lebte ich noch viele Wochen, nachdem ich mein Buch beendet hatte, unter seinem überschwenglich erregenden Eindruck und fand die Bestätigung für die Welt, von der ich geträumt und die ich aus den Urkunden geschaffen hatte.

Ich hatte mir eine Vergangenheit und eine romantische Vorstellung von ihr gegeben. Eines der losen Enden in meinem Denken war verschwunden; eine kleine Lücke geschlossen. Und obwohl so etwas wie haitianische Anarchie meine kleine Insel zu bedrohen schien und ich nicht mehr dorthin gehörte, war ich doch von der romantischen Vorstellung, durch die ich die Insel mit dem Rest der Welt verbunden hatte, noch genauso erfüllt wie von den imaginativen Welten meiner anderen, fiktionalen Bücher.

Noch immer kam kein Wort vom Verleger oder Agenten in den Vereinigten Staaten zu dem Buch, das ich geschrieben hatte. Schließlich mußte ich aufbrechen. Ich hielt an meinem ursprünglichen Plan fest, in die Vereinigten Staaten zu fliegen, um dort von dem Vorschuß, den ich für das Buch zu bekommen hoffte, eine Weile herumzureisen.

Ich reiste über Jamaika. Es war Februar. Das Wetter im Norden war schlecht. Das Flugzeug landete, nachdem es Jamaika gerade überflogen hatte, wieder in Montego Bay. Dort blieben wir viele Stunden. Aus einem Hotel wurde von mürrischen, aggressiven Negerkellnern ein Mittagessen serviert, die sich zu sehr daran gewöhnt hatten, Touristen zu bedienen, und sie verachteten. (Einmal, vor über zwölf Jahren war ich in einer Zeit voll Angst und Kummer, von Port Antonio, am anderen Ende der Insel, mit einem Bananendampfer nach England gereist.) Am späten Nachmittag hoben wir wieder ab, und das Flugzeug flog immer weiter in die Nacht hinein, und dann flog es in der Nacht herum. Wir flogen stundenlang. Wir flogen, bis wir keinen Treibstoff mehr hatten, und dann landeten wir in Baltimore, um aufzutanken. Die Passagiere durften nicht aussteigen; Baltimore war kein offizieller Einreiseflughafen. Wir hoben wieder ab und flogen weiter. Wie entführte Passagiere. Es war wie vor neunzehn Jahren der langsame, langsame Flug in dem kleinen Flugzeug der Pan American World Airways (ein Flug, der mich dazu getrieben hatte, stündlich Notizen in meinem billigen Block zu machen). Nun flogen wir herum und konnten wegen des Wetters, wegen des Schnees nicht landen. Also flogen wir, bis wir landen konnten. Schließlich landeten wir ein paar Stunden nach Mitternacht.

Keine Münzen; keine Ahnung von den fremden Tönen, die amerikanische Telefone machten. Und nachdem ich in dieser großen Kälte gelandet war, erfuhr ich noch am selben oder am nächsten Tag, daß der Verleger, der mein Buch in Auftrag gegeben hatte, es nicht geeignet gefunden hatte und die Entscheidung bereits vor Wochen getroffen worden war, während ich mich auf meinen journalistischen Reisen an der eigenen romantischen Vision, Früchten des Schreibens, Ergebnis einer zwanzig Jahre währenden Berufung, aufgerichtet hatte.

Seit 1950, dem Jahr, als ich dort übernachtet hatte, war ich zweimal kurz in New York gewesen. Doch die Stadt, die ich bei den späteren Gelegenheiten gesehen hatte, hatte nichts zu tun mit der ersten Stadt, der Stadt von Raimu und *Marius* und *Südwind,* der Stadt des grauen baldachinähnlichen Himmels. Erst jetzt, in einer Zeit der Angst, die der Angst bei meiner ersten Ankunft glich, dachte ich daran, diese Stadt zu suchen. Erst jetzt konnte ich mir allmählich die Demütigung eingestehen, die der Taxifahrer mir zugefügt hatte, als er mich betrogen hatte; die Demütigung, die ich empfunden hatte, weil ich dem Neger im Hotel kein Trinkgeld geben konnte.

Ich erinnerte mich noch an den Namen des Hotels: das Wellington. Ich erinnerte mich noch an das Briefpapier, auf dem ich um der Dramatik willen am Abend meiner Ankunft Tagebuch geschrieben hatte. Auf diesem Briefpapier neigten sich neben einer Zeichnung des Hotelgebäudes, wie ich annahm, die Buchstaben, aus denen sich der Name des Hotels zusammensetzte, nach hinten. Gab es das Hotel noch? Mein Freund Robert Silvers, der meine Artikel über St Kitts und Anguilla in seiner Zeitschrift, *The New York Review of Books,* gebracht hatte, sagte: »Es ist ein Hotel, in dem Musiker absteigen.«

Und doch war ich erstaunt, als ich eines Tages darauf stieß, ein gut funktionierendes Hotel in einer geschäftigen Straße. Es hätte eine archäologische Stätte sein müssen, damit es dem Mythos entsprach, den ich im Kopf hatte. Es lag bescheiden auf Straßenhöhe, trotz der Zeichnung von dem Wolkenkratzer auf dem Briefpapier. Eingang, Foyer, nichts davon war mir in Erinnerung geblieben: Wie etwas aus frühester Kindheit hatte das Hotel eher in meiner Vorstellung als in meiner Erinnerung gelebt. Ein Eindruck von Dunkelheit um mich herum – ich war ganz früh morgens angekommen und sehr müde und nervös gewesen. Und in dieser Dunkelheit eher Gefühle als Bilder: Ich aß das Hühnchen über dem Papierkorb, ich entkam dem brühendheißen Wasser in der Duschkabine. Eher Träume als Erinnerungen für mich, und doch paßten sie zum Geschehen: Denn an diesem Tag waren Raum und Zeit eins geworden. Sowohl Raum als auch Zeit trennten mich am Ende jenes Tages von meiner Vergangenheit; und die Reise des Schriftstellers, die an jenem Tag begonnen hatte, war nie zu Ende gegangen.

Ich hatte geplant, den Vorschuß für das Buch in den Vereinigten Staaten auszugeben. Es gab keinen Vorschuß; aber ich hielt an meinem Plan fest. Ich gab mein eigenes Geld aus. Es war, als sehe ich zu, wie ich langsam verblutete. Schließlich ging ich nach Westen. Und in Victoria, British Columbia, in einer gemieteten, nagelneu möblierten Wohnung fing ich wieder an zu arbeiten. Das Leben des Schriftstellers: Ganz gleich, in welcher Stimmung man ist, man muß sich immer wieder zusammenzureißen und von vorne anfangen.

Ich fing an mit einer Episode über Freiheit und Verlust. Die Idee war mir vor über drei Jahren in Ostafrika gekommen. Sie war mir plötzlich gekommen, am Nachmittag einer eintägigen Fahrt von Nairobi in Kenia nach Kampala in Uganda. Sie war mir als mutwillige, komische Idee gekommen, die zur Landschaft und zur Überschwenglichkeit der langen Fahrten paßte, die ich in jenem Teil Afrikas immer gemacht hatte. Doch im Augenblick war diese Idee das einzige, was ich als schriftstellerisches Kapital besaß; und sie war getönt von der Stimmung des historischen Buches, das ich geschrieben hatte, von meiner Enttäuschung und der Heimatlosigkeit, von dem Herumvagabundieren, das ich mir auferlegt hatte. Ich war sozusagen – wie schon oft zuvor – einer meiner Charaktere geworden.

Nach ein paar Wochen war mein ursprünglicher Schwung vorbei; ich kam mit dem Schreiben nicht weiter. Ich verlor den Glauben an das, was ich tat. Die Tage in Victoria, die beim Schreiben so angenehm vergangen waren, begannen sich hinzuziehen. Und dann mußte ich der schlichten Tatsache ins Gesicht sehen, daß ich als Mann, der seinen Lebensunterhalt damit verdiente, daß er Englisch schrieb, aber kein amerikanisches Publikum hatte, nur nach England zurückgehen konnte; daß mein Wunsch, mich von der englischen Schwere zu befreien, fehlgeschlagen war; daß meine Abreise von meiner Insel 1950 - mit allem, was dazugehörte: Heimatlosigkeit und Sehnsucht - endgültig war.

Von Victoria nach Vancouver. Die sehr großen Stewardessen in sehr kurzen Röcken: schrecklich frivol. Toronto; London. Das endlose Dröhnen der Flugzeugmotoren, Stunde um Stunde; Abschnitte einer Rückkehr, die ich nicht wollte. So daß ich nach zwanzig Jahren eine Reise machte, die meiner ersten ähnelte. Hätte man mir vor zwanzig Jahren einen Blick auf mich als Schriftsteller gewährt, jemanden, der sein Talent entwickelt und Bücher unter seinem Namen veröffentlicht hatte, hätte ich mich glückselig gewähnt. Diese Glückseligkeit empfand ich immer noch als Glückseligkeit; doch empfand ich - ähnlich wie den Schmerz, der zur Liebe gehört - die Enttäuschung, die mit der Glückseligkeit gekommen war, als schreckliche Einsamkeit.

Ich hatte kein Haus. In London mietete ich eine komplett ausgestattete Wohnung am Dolphin Square. Sie verschlang mein Geld in regelmäßigen Raten, jede Woche sehr viel. Ich erhielt die Rechnungen in einer Frauenschrift: rund, lässig, die Unterlängen der Schrift in einem gleichmäßigen, beinahe muschelförmigen Muster. Die Handschrift zeugte von einer Frau, die ganz mit sich im reinen war, sexuell erfüllt, ohne Angst. Ich beneidete sie um diese Ruhe, dieses Fehlen von Ehrgeiz. Und wenn ich ins Büro hinunterging, um die Rechnung zu begleichen, versuchte ich herauszubekommen, welche der Frauen es war - unter den Angestellten, die man als Lohnsklaven hätte ansehen können -; welche Frau, vielleicht ohne zu wissen, wie glückselig sie war, die Zahlen auf die für mich drastische, einschneidende Zahlungsforderung geschrieben hatte.

Der Sommer war vorüber. Zum ersten Mal nach neunzehn Jahren fror ich in England, fühlte ich mich unzureichend gekleidet. Bis dahin hatte ich sommers wie winters die gleiche Kleidung getragen und kein Bedürfnis nach einem Pullover oder warmer Unterwäsche oder gar einem Mantel verspürt. Ich hatte mich nach frostigem Wetter gesehnt, nach kurzen Tagen, Lampenlicht am frühen Nachmittag. Nun, mit diesem Bedürfnis nach warmer Kleidung, einem Bedürfnis, das immer stärker zu werden schien, empfand ich den Winter als Winter, als Dunkelheit.

Eines Tages waren irgendwo unter meinem Fenster Arbeiter. Sie begannen miteinander zu reden. Es war, als lausche ich einem Theaterstück: verschiedene Stimmen, ausgearbeiteter Dialog, Charaktere, Sätze, Ideen, Angeberei, Darstellung, Stil. In meiner ganzen Zeit in England hatte ich nie Arbeiter untereinander auf diese Weise reden hören, so laut, im Freien, so lange. Es war ein wenig angsteinflößend, daß ich nun ein eigentlich unbekanntes Land belauschte. Ich kannte eine andere Seite Englands: Oxford, Rundfunkjournalisten, Schriftsteller. Derart war ich nie zuvor in Berührung mit dem Land gekommen, in dem ich bereits so lange lebte. Ich hatte nie etwas über die Arbeiter gelesen, denen ich jetzt zuhörte; ich hatte keine Filme über sie gesehen.

Schließlich zog ich vorübergehend in ein Privathaus in Gloucester. Es war ein nasser Tag. Der Bahnhof war kalt, feucht, ließ die Nähe des Flusses Severn spüren. Abgesehen von der großartigen Kathedrale war Gloucester eine kleine, armselige, gewöhnliche Stadt. Es war keine Stadt, in die ich aus freien Stücken gezogen wäre. Doch nun bot sie ein Haus, Obdach, Gastfreundschaft.

Das Haus lag am Rand der Stadt: armselige Häuser, die die Felder, zwischen denen sie standen, ebenfalls armselig machten: die gestutzten Weiden, die schmalen, verfärbten Bäche, in denen Industrieabfall schwamm, Weiden und Bäche wie im Slum einer Stadt. Es war kein Haus, das ich mir ausgesucht hätte. Aber es war ein Zuhause, und es war auch so eingerichtet und hatte Atmosphäre. Es hieß mich willkommen.

Beim Mittagessen am ersten Tag brannte sogar ein Kaminfeuer im Haus. Durch eine Glastür schaute man auf einen langen, schmalen Garten, der für den Winter sorgfältig von Laub befreit und geharkt worden war. In der Ferne waren die Geräusche eines

Rangierbahnhofs zu hören – merkwürdig tröstlich auf diese Entfernung. Alles an diesem Haus war einladend und gut. Und in dieser anspruchslosen Umgebung fühlte ich mich beschützt, aufgehoben, weit weg von allem Verletzenden, das ich erlebt hatte. Zum ersten Mal seit Wochen fühlte ich mich wohl.

Am Nachmittag schaute ich mir in dem nach vorne hinaus liegenden Zimmer des Hauses, dessen Möbel alt, aber gepflegt waren, zum ersten Mal seit Wochen das maschinengeschriebene Manuskript des Buches an, das ich in Victoria hatte anfangen wollen, die Episode über Freiheit und Verlust. Ich fand sie besser als beim Schreiben. Ich sah sogar den Satz, durch den sie lebendig geworden war – ein Satz, der mit großer Konzentration geschrieben worden war, aus der Stimmung heraus, die diese Worte geschaffen hatten. Den entscheidenden kreativen Augenblick hatte ich in Victoria verpaßt, vielleicht weil ich Angst vor dem hatte, was beim Schreiben folgen würde, vielleicht auch weil ich Angst vor dem hatte, was nach Victoria folgen würde.

Nun erkannte ich den Wert jenes guten Satzes und gab mich den Bildern hin, die die Worte schufen, und den Bildern, die sie nach sich zogen. Ich beschwor wieder die Stimmung Afrikas herauf, die Stimmung, aus der heraus der Satz geschrieben worden war, und gab mich ihr hin. Ich hörte – oder schuf – Dialogfetzen aus den verschiedenen Stadien meiner Erzählung; diese spezielle Episode war dialogreich. Ich machte kurze Notizen. Und erst als ich aus dieser Stimmung oder der Konzentration wieder auftauchte, begriff ich, wie weit weg ich gewesen war.

In meiner Anfangszeit als Schriftsteller, als mein Talent sich zeigte, hatte ich die Fähigkeit entwickelt (oder entdeckt), mich inmitten jeglicher Unruhe zu konzentrieren, die Fähigkeit, mich (vorausgesetzt ich hatte ein oder zwei Stunden hintereinander – bei weniger Zeit klappte es nicht) plötzlich zurückzuziehen, vorhandene Angst sogar abzuwerfen (wie eine Maschine, die sich ausschaltet, wenn zuviel von ihr verlangt wird), die Welt außer acht zu lassen und in mein Schreiben einzudringen wie in einen ummauerten Garten oder ein umfriedetes Gelände (ein Bild, das mir oft in den Sinn kam). Schreiben stärkte mich; es vertrieb die Angst. Und nun brachte das Schreiben mir Heilung. Mein Buch wurde mir zurückgegeben. Ich begann langsam zu schreiben, Tag für Tag.

Das Buch des Sommers wurde mir im Winter zurückgegeben. Ich weiß nicht, wie ich diese schwierige Zeit ohne das Buch und den täglichen kreativen Akt überstanden hätte. Bei mir ging alles vom Schreiben aus. Das Schreiben hatte mich nach England gebracht, hatte mich aus England weggehen lassen, hatte mir eine romantische Sicht gegeben, hatte mich vor Enttäuschung beinahe zerbrechen lassen. Nun gab das Schreiben, das Buch jedem Tag Würze, neue Möglichkeiten und brachte mich von Abend zu Abend weiter.

Ich hatte nicht länger als eine Woche in Gloucester bleiben wollen. Ich blieb beinahe drei Monate, weil ich, abgesehen von allem anderen, keine Lust hatte, mich von der positiven Ausstrahlung des Ortes zu trennen.

Ich hatte noch mehrere Wochen an der ersten Fassung zu schreiben, als ich Gloucester verließ und nach Wiltshire, in das Tal zog. In den ersten vier Tagen war es regnerisch und neblig; ich konnte kaum erkennen, wo ich war. Als Übergang von dem nach vorne hinaus liegenden Zimmer des Hauses in Gloucester, das mir und meiner afrikanischen Schöpfung so wohlgetan hatte, war das gut. Es war gut für das Buch, das immer noch im heiklen, beeinflußbaren Stadium der ersten Fassung war. Wenn ein Buch sich in diesem Stadium befand, konnten die Dinge um mich herum darin eingehen, konnten die Erzählung emotional befrachten und, wenn sie einmal im Buch waren, schwer wieder herausgenommen werden. Deshalb versuchte ich, wenn ich ein Buch schrieb, jede Störung zu vermeiden. Und der Nebel in dem Tal in Wiltshire war gerade richtig.

In meiner Vorstellung lebte ich in diesem Stadium meiner Geschichte in einem erfundenen Afrika, einer Märchenlandschaft, die (je nachdem, wie ich es brauchte) das regenreiche Hochland von Ruanda mit den bewässerten, terrassierten, kultivierten Hügeln von Kigezi in Westuganda verband.

Als Kind in Trinidad hatte ich alles, was ich las, auf die Landschaft Trinidads übertragen, das ländliche Trinidad, die Straßen Port of Spains. (Sogar Dickens und London hatte ich den Straßen Port of Spains einverleibt. Waren die Charaktere Engländer, Weiße oder hatten sie sich in Leute, die ich kannte, verwandelt? Eine solche Frage gleicht ein bißchen der, ob man in Farbe oder in Schwarzweiß träumt. Ich glaube aber, ich machte aus Dickens' Charakteren Leute, die ich kannte. Auch wenn ich halb oder mit einer Ecke meines Verstandes wußte, daß bei Dickens alles englisch war, gehörten die Figuren Dickens, wie ich sie mir vorstellte, vielen Rassen an.) Die Fähigkeit, das Gelesene auf Trinidad, die koloniale, tropische, vielrassische Welt, zu übertragen, auf die einzige Welt, die ich kannte, diese Fähigkeit ließ mit dem Alter nach. Das lag teilweise daran, daß mein Wissen und die Bewußtheit meiner selbst größer wurden und mir die Winkelzüge meiner Phantasie peinlich waren. Teilweise lag es auch an den Schriftstellern selbst. Nur sehr wenige hatten den universellen Blick eines Kindes wie Dickens. Und sowie ich 1950 nach England kam, versiegte diese Gabe der Phantasie. Da mich die Realität umgab, war die englische Literatur nicht länger universell, weil sie nicht länger Gegenstand der Phantasie war.

In diesem Winter in Wiltshire nun, eher Schriftsteller jetzt denn Leser, setzte ich die Phantasie des Kindes umgekehrt ein. Ich übertrug die Einsamkeit und Leere und Bedrohlichkeit meines Afrikas auf das Land um mich herum. Und als sich vier Tage später der Nebel hob und ich spazierenging, hatte das Land, das ich sah, etwas vom Afrika meiner Geschichte angenommen.

Zwischen den kahlen Buchen und den alten, ungeschnittenen Eiben, undurchdringlich und dunkelgrün, ging ich hinaus und über die öffentliche Straße, an den strohgedeckten Häuschen aus Flint- und Ziegelstein vorbei (die ich noch nicht sehr deutlich sah) und neben dem Windschutz den Hügel hinauf bis zur Scheune oben. Ich sah Stonehenge durch eine Lücke im Windschutz: eine weite Aussicht, die Downs pustelig von Tumuli und Hügelgräbern. Ich ging den Hügel hinunter bis zu den Wirtschaftsgebäuden unten im Grund. Ich fragte einen Mann nach dem Weg nach Stonehenge. Er sagte mir, ich solle an den Wirtschaftsgebäuden vorbei und dann rechts gehen, über den breiten grasbewachsenen Weg. Um die Farm war die Erde schlammig, von Traktorreifen aufgewühlt. Wasser, Pfützen reflektierten den grauen Himmel. Das Gras auf dem grasbewachsenen Weg, der den Abhang hinauf zu den Hügelgräbern führte, von denen man genauer auf Stonehenge schauen konnte, war hoch und naß und verfitzt.

An einem anderen Tag ging ich in eine andere Richtung, Richtung Salisbury über die öffentliche Straße. Ich kam zu einem gekennzeichneten Fußweg. Er war schlammig, der Schlamm tief. Nach zwei- oder dreihundert Metern kehrte ich um. (So wie ich einmal, vor vier Jahren, in Kigezi in Uganda, als ich an einem regnerischen Nachmittag aus dem Auto stieg, weil ich ein Dorf mit freistehenden niedrigen, terrassierten Hügeln und Hütten und nachmittäglichem Rauch besichtigen, inmitten dieses bezaubernden Anblicks sein wollte, mich mit Tierkot besudelt fand und gepeinigt von den starren Blicken und den ständigen Annäherungen der Afrikaner, die über mein Eindringen verblüfft waren, umkehren, ins Auto steigen, weiterfahren mußte.)

Danach stellte ich nicht mehr allzu viele Erkundungen entlang der öffentlichen Straße an. Ich ließ all die gekennzeichneten öffentlichen Fußwege außer acht. Ich hielt mich an die Downs, den grasbewachsenen Triftweg, die Spazierwege um die Farm im Grund des Tals. Und in diesem Rhythmus von Kreativität und Spazierengehen, Afrika beim Schreiben morgens, Wiltshire in den anderthalb Stunden nach dem Mittagessen, lebte ich angenehm. Ich übertrug Afrika auf Wiltshire. Wiltshire – das Wiltshire, in dem ich spazierenging – begann, etwas von Afrika auszustrahlen oder mir zurückzugeben. So wurden Mann und Schriftsteller eins; der Kreis schloß sich.

Das Afrika meiner Vorstellung bestand nicht nur aus den Ausgangsländern - Kenia, Uganda, dem Kongo, Ruanda -, sondern auch aus Trinidad, wohin ich mit einer romantischen Sicht zurückgekehrt war und Schwarze mit bedrohlichem Haar gesehen hatte. Nun wurde auch Wiltshire dazu. Afrika war auch das Land, geschaffen von meinem Schmerz und meiner Erschöpfung, die in dem Traum von dem explodierenden Kopf zum Ausdruck kamen. Vor knapp über einem Jahr, gegen Ende des Buches über die Neue Welt hatte ich den Wachtraum von mir als Leichnam gehabt, der zwischen den Schilfgräsern am Grund eines Flusses sachte hin und her geworfen wurde. (Es war ein Fluß wie der in dem präraffaelitischen Gemälde von der ertrunkenen Ophelia, abgedruckt in *Nelson's West Indian Reader,* dem Lesebuch, das ich in der Grundschule in Trinidad benutzt hatte, und der sich nun als sehr ähnlich dem Fluß hinter meinem Häuschen in Wiltshire herausstellte.) Nun weckte mich jede Nacht irgendwann einmal eine Explosion im Kopf, die in einem schnell ablaufenden Traum auftrat und mir die Gewißheit vermittelte, diesmal müsse ich sterben, diesmal könne ich den lauten, anhaltenden Lärm nicht überleben.

Solche Gewalttätigkeit in meinem Afrika, in der Sicherheit meines gemauerten Häuschens, in dem ich jeden Abend ein Kaminfeuer hatte! So viel war in dieses Afrika meiner Phantasie eingeflossen. Es war mir Ruhepunkt, Erholung, Erlösung, wenn ich mir gestattete, leicht mit der antiken mediterranen Vorstellung zu spielen, die mir de Chiricos Bild »Das Rätsel der Ankunft« vermittelt hatte.

Der leere Kai, der Blick auf den Mast des antiken Schiffes, die Torbögen; die verruchte, hypnotisierende Stadt, auf die die zwei verhüllten Gestalten zugehen.

Sie waren zwei Tagen gesegelt, immer dicht an der Küste entlang. Am dritten Tag weckte der Kapitän seinen Deckpassagier und zeigte auf die Stadt an der Küste. »Da. Sie sind da. Ihre Reise ist zu Ende.« Der Passagier jedoch wurde, als er die Stadt im Morgendunst betrachtete, den nicht weiter auffälligen Müll der Stadt aufs Meer heraustreiben sah, so unauffällig, obwohl die Stadt so berühmt war – verfaulte Früchte, frische Zweige, Holzstücke, Treibholz –, der Passagier wurde von Angst ergriffen. In kleinen Schlucken trank er das bittere Honiggetränk, das der Kapitän ihm gereicht hatte; er gab vor, seine Sachen zu packen; aber er wollte das Schiff nicht verlassen.

Aber er würde an Land gehen müssen. Was für Abenteuer würden ihm in den wie aus Papier ausgeschnittenen, sonnenbeschienenen Mauern der Stadt zustoßen. Vom Schiff aus gesehen war diese Stadt so klassisch; von drinnen war sie so fremd, so merkwürdig waren ihre Götter und Kulte. Mein Held würde als Mann auf der Flucht enden, leidenschaftlich darauf bedacht, in freiere Sphären zu entkommen. Verzweifelt sollte er durch eine Tür treten und sich wieder auf dem Kai befinden. Doch über den Mauern auf dem Kai gab es keinen Mast mehr. Kein Schiff. Seine Reise – seine Lebensreise – war vollendet.

Es kam mir nicht in den Sinn, daß die Geschichte, die mir als angenehme Phantasie in den Sinn gekommen war, sich bereits zugetragen hatte, ein Aspekt meiner eigenen Geschichte war.

Ich konnte unmöglich wissen, daß die Landschaft, die mich umgab, mir in Wirklichkeit wohltat, die erste Landschaft war, die mir das gab. Daß ich hier genesen sollte; und mehr noch, daß ich hier so etwas wie ein zweites Leben haben sollte; daß diese ersten vier Nebeltage – ehe ich auf den Downs spazierenging – wie eine Wiedergeburt für mich waren. Daß ich nach zwanzig Jahren in England hier endlich die Jahreszeiten kennenlernen sollte; daß ich hier endlich (wie eine Zeitlang als Kind in Trinidad) lernen würde, bestimmte Ereignisse in der Natur, Blätter auf Bäumen, Blumen, die Klarheit des Flusses, mit bestimmten Monaten zu verbinden. Daß ich mich hier im fortgeschrittenen Alter, in einem fremden Land so unwahrscheinlich in Übereinstimmung mit einer Landschaft finden sollte, wie ich es in Trinidad oder Indien (jeweils Ursachen für unterschiedliche Schmerzen) nie gewesen war. Daß alle Entschiedenheit und Freimütigkeit, die ich durch mein Schreiben erlangen sollte, in Einklang mit meiner friedlichen Umgebung stehen sollte; daß ich an Herz und Verstand geläutert werden sollte; und daß ich diese Landschaft der Downs und Hügelgräber, die so anders war als meine eigene, zehn Jahre lang zum Schauplatz konzentrierter Arbeit machen sollte.

Der Mann, der an Jacks Häuschen vorbeispazierte, sah Dinge wie zum ersten Mal. Literarische Anspielungen kamen ihm ganz von selbst, doch sah er mittlerweile mit eigenen Augen. Vor zwanzig Jahren hätte er alles so deutlich nicht sehen können. Und wenn, dann hätte er wahrscheinlich die Worte oder den Ton dafür nicht gefunden. Um zu Einfachheit und Direktheit zu kommen, hatte er lange gebraucht; er hatte viel durchmachen müssen.

Sehr viel später, als ich wie stets eine Synthese meines Materials, meiner Welten suchte, meine sich entwickelnde eigene Sicht, dachte ich an das vorliegende Buch und kehrte zurück, um in der Vergangenheit zu leben. Und tatsächlich erinnerte ich mich beim Schreiben des ersten Kapitels oder ersten Abschnitts an etwas aus meiner ersten Woche in London, als ich in Angelas Pension wohnte. Mein schriftstellerischer Ehrgeiz, meine gesellschaftliche Unerfahrenheit und meine Angst hatten so viel von dieser unausgefüllten Zeit verdrängt, so viel aus meinem Gedächtnis getilgt.

Ich ging immer auf Besichtigungstour. Das taten Touristen eben. Und eines Tages sah ich mitten in London, vielleicht am Embankment, jemanden von der *S. S. Columbia* unter einer Statue auf einer Bank sitzen. Er sah wie Teil des Denkmals aus. Er trug einen dunklen Anzug; ein kleiner Mann, dem im August warm war (Monat und Wetter wurden später vom Schriftsteller aufeinander abgestimmt). Er war müde. Er hatte sich Sehenswürdigkeiten angeschaut und wahrscheinlich genausowenig Ahnung von dem, was er da tat, wie ich: Das Reisen war vor allem ein gedankliches Vergnügen, vor allem etwas für spätere Erzählungen.

Er war Butler, nahm ich an, der Mann von der *Columbia.* Vielleicht hatte er mir das auf dem Schiff erzählt; oder vielleicht hatte ich es erfunden, weil ich fand, daß er einem Butler in einem Film ähnlich war. Er war etwas abweisend mir gegenüber. Es war, wie der Nachtwächter bei dem Galaabend auf der *Columbia* gesagt hatte, als er denen von uns, die nicht im Ballsaal waren, einen Vortrag über die Irrungen und Wirrungen menschlichen Verhaltens gehalten hatte. Nach drei Tagen auf einem Schiff werde jeder treulos, hatte er gesagt; an Land würden die Leute jedoch wieder sie selbst und vergäßen alle Romanzen und sogar Bekanntschaften an Bord.

Der Butler reiste nach Frankreich weiter. Eine Woche dort – zweifelsohne Paris: noch mehr Sehenswürdigkeiten –, und dann würde ihn ein anderes Schiff von Le Havre oder Cherbourg zurück nach New York bringen, und das unstete Urlaubsleben würde vorüber sein. Er würde wieder zu Hause sein, befreit von Hotels und dem täglichen Umherstreifen und der Ermattung und dem ungewohnten Essen. Und ich wollte unbedingt mit ihm gehen. Ich wollte nicht sein Begleiter sein oder mit ihm reden oder in seinem Haus oder seiner Wohnung wohnen. Ich wollte in dem Augenblick so sein wie er, ein Mann unterwegs. Ich wollte unbedingt, obwohl ich gerade erst in London angekommen war, befreit von London sein. Ich wollte allerdings nicht nach Hause zurück; ich wußte, daß dort nichts war. Ich wollte bloß an jenem Tag, als ich versuchte, mit dem abweisenden Butler ins Gespräch zu kommen, versuchte, im fremden London die Bekanntschaft mit ihm zu erneuern, das Gefühl haben, daß England auch für mich etwas Vorübergehendes sei.

Wie der Held in der Geschichte, die mir zwanzig Jahre später einfiel, als ich ins Tal zog, wollte ich auf dem Schiff bleiben.

Über zehn Jahre nachdem ich ins Tal gezogen war, beinahe gegen Ende meiner Zeit dort, meiner Zeit in dem Häuschen des Herrensitzes, meinem zweiten Leben, wurde ich stark an meine erste Woche in England erinnert. Ich bekam einen Brief von Angela.

Ich hatte seit dreißig Jahren nichts mehr von ihr oder über sie gehört. Selbst ihr Name war nicht mehr vertraut; ich mußte mein Gedächtnis erforschen, wenn ich an jene erste Zeit zurückdachte. Und dieser Brief von Angela war mehr als nur eine Nachricht oder ein Gruß. Er war viele Seiten lang, während vieler Tage geschrieben und, wie die Handschrift zeigte, in vielen Stimmungen geschrieben.

Es war eine runde flüssige Handschrift, manchmal gerade, manchmal nach rechts geneigt. Manchmal waren die Zeilen gerade, manchmal krumm und schief; manchmal waren die Buchstaben mit dünner Feder geschrieben, sorgfältig geformt, manchmal rutschten sie herauf oder herab und blieben unvollendet. Doch die Schrift hatte ein Grundmuster: Es war eine weibliche englische Schrift, rund und flüssig, die runden Formen der Buchstaben waren manchmal flachgedrückt, breiter als hoch, eiförmig, von einer passiven Sinnlichkeit zeugend. Das Englische der Handschrift war überraschend; es war, als habe Angela allein dadurch, daß sie in England lebte, diese Handschrift angenommen. Der Umschlag trug den Poststempel einer Stadt in Buckinghamshire: mittelständisch, Pendlergegend.

Der Nachname, den Angela (in Klammern) am Ende des Briefes angab, war englisch. Ihren italienischen Nachnamen hatte ich vergessen, weil ich ihn selten gebraucht hatte; aber dieser englische Name schien mir merkwürdig, schien nicht zu der Person zu passen, die ich kannte. Dabei hatte sie mir an dem Tag, an dem wir uns zum ersten Mal trafen, einen englischen Namen gegeben. Sie nannte mich Victor. Sie sagte, mein Hindi- oder Sanskritname sei zu schwer für sie, und sie habe nicht vor, auch nur zu versuchen, ihn zu benutzen. Dreißig Jahre später erinnerte sie sich an den Namen. *Lieber Victor.* Ich war überrascht. Aber vielleicht vergißt niemand (außer sehr berühmten Schauspielern und Tänzern und Sportlern und Leuten im Showbusiness, die schier von der Bewunderung anderer leben) einen Bewunderer; und das mag noch viel mehr für Frauen zutreffen, die, wenn sie älter werden, das immer wieder überprüfen und ihre Liebhaber und Abenteuer zählen müssen.

Lieber Victor. Und es funktionierte auch bei mir: Trotz aller dazwischenliegenden sinnlichen Erfahrungen, aller Zwecke, denen ich meinen Körper zugeführt hatte, beschwor der Name, den Angela mir gegeben hatte, wieder das Rätsel und die falsche Verheißung jener ersten Zeit in London und Angelas Kellnerinnentracht und rote Lippen herauf; er beschwor sogar herauf, wie sich ihr Pelzmantel anfühlte (in dem sie, wie sie erzählte, eines Abends aus dem Zimmer oder der Wohnung ihres Liebhabers geflüchtet war, als er zu gewalttätig geworden war) und wie sich ihre Brüste anfühlten, er beschwor die Freiheiten herauf, die sie mir gestattete, wenn andere Leute – ihre Freunde, Flüchtlinge aus Europa und Nordafrika – dabei waren. Er beschwor – was ich beinahe vergessen hatte, weil ich seitdem richtig geschrieben und so viel geschrieben hatte – meine Versuche in jener Zeit herauf, Angela, in aller Unwissenheit, in passendes Material zu verwandeln. Wie oft hatte ich über sie geschrieben, ihre Brüste, ihren Pelzmantel; wie oft hatte ich mich in die Geschichte eingebracht; wie oft hatte ich den Lebensstil aller verfeinert oder es wenigstens versucht!

Sie habe mich im Radio gehört, schrieb sie; sie habe mich oft gehört und sogar im Fernsehen gesehen, aber bis jetzt nicht daran gedacht, mich zu belästigen. Sie stellte sich erneut vor. Und sie schrieb ihre Vergangenheit neu, wie ich es einst getan hatte. Sie sagte, sie habe das »Hotel in Kensington geführt«, in dem ich gewohnt hatte, ehe ich nach Oxford ging. Nichts über das italienische Restaurant in der Earls Court Road. »Ich glaube nicht, daß Du es weißt, aber ich hatte eine Tochter in Italien, um die sich meine Schwester gekümmert hat, bis ich sie nachkommen lassen konnte. Tja, Victor, diese Tochter ist nun eine erwachsene Frau von fünfunddreißig mit Kindern und einem niedlichen kleinen Baby, einem Mädchen, und spricht ein Englisch, daß Du nicht auf die Idee kämst, daß sie Italienerin ist.« Hier endete der erste Teil ihres Briefes, in einer einheitlichen Handschrift geschrieben, gleichmäßig, rasch dahinlaufend, stark, nur gegen Ende hin unsicher werdend.

Danach rutschten die Zeilen ab, die Buchstaben neigten sich deutlicher, die Zwischenräume wurden unregelmäßiger: Viel Zeit war vergangen, vielleicht Tage, seit sie den ersten Teil des Briefes geschrieben hatte. »Ich ging mit jemandem, den Du überhaupt nicht mochtest. Und um Dir die Wahrheit zu sagen, Victor, ich mochte ihn auch nicht besonders. Aber es war Krieg, damals sah alles anders aus, man hatte mit merkwürdigen Leuten zu tun. Man haßt die Priester, es ist einem egal, was sie sagen, und man weiß, daß die Jugend unwissend ist.«

»Gehen mit« - ungewöhnliche Sprache. Ich hatte diesen Ausdruck noch nie von jemandem gehört. Er klang so beschönigend, merkwürdig, so altmodisch und keusch für Angelas Verbindung mit einem gewalttätigen Mann, der ein Verbrecher und wahrscheinlich im Gefängnis war, als ich sie kennenlernte. Sie hatten sich im Krieg in Italien kennengelernt. Sie war froh gewesen, ihm nach dem Krieg aus dem kaputten Italien in den Frieden und die Ordnung Londons zu folgen - obwohl sie von London sicher genausowenig wußte wie ich.

»Es wurde schlimm, nachdem Du nach Oxford gegangen warst und nicht mehr ins Hotel kamst. Ich war wie eine dieser verprügelten Ehefrauen geworden, von denen man heutzutage in der Zeitung liest, nur daß ich keine Ehefrau war. Und er kam nun ins Hotel und führte sich oft auf eine Weise auf, daß ich dachte, ich würde gefeuert. Aber dann kam eines Tages jemand ins Hotel. Ein großer Mann in einem Tweedjackett, und als er das zweite Mal mit diesem gleichmäßigen, ruhigen Blick mit mir redete, hatte ich das Gefühl, er war von Gott selbst geschickt worden. Victor, Du weißt, ich bin nicht sehr fromm, aber darin sah ich die Hand Gottes, das muß ich sagen. Ich ging in die katholische Kirche und zündete eine Kerze an, was ich nicht mehr getan hatte, seit ich ein Kind war. Als Dein guter Freund hörte, was passiert war, kam er schnurstracks und blutrünstig ins Hotel, ich weiß nicht, was er erwartete. Aber sowie er den Mann sah, mit dem er es zu tun hatte, drehte er durch, es war jämmerlich, ich schämte mich, weil er sich wie ein Mann benahm, der gleich weinte. Klasse ist Klasse, damals sah ich es. Der englische Gentleman, Victor, den übertrifft keiner. Du kannst nicht sagen, Du kennst England, bis Du den englischen Gentleman kennst. Unser guter Freund trottete mit eingezogenem Schwanz davon, aber dann fing er wieder mit seinen alten Tricks an, wie gehabt, rief mich dauernd an, spuckte Gift und Galle und zerriß sich das Maul über das Tweedjackett.«

Der Mann in dem Tweedjackett heiratete Angela – obwohl sie von seiner Herkunft oder dem Leben, das er ihr ermöglichte, genausowenig wußte wie von dem Mann, dem sie ursprünglich nach England gefolgt war. Sie holte ihre Tochter aus Italien; und sie alle lebten in Buckinghamshire, bis ihr Mann starb. In Angelas Brief waren diese vielen glücklichen Jahre schnell abgehandelt; der Mann, der ihr diese glücklichen Jahre geschenkt hatte, war kaum gegenwärtig.

Der längste Teil von Angelas Brief handelte von Angelegenheiten, die sich seit dem Tod ihres Ehemannes, ihres Retters, zugetragen hatten. Der längste Teil von Angelas Brief handelte von ihrer Tochter, der Tochter, die Angela als Kind für ein paar Jahre in Italien zurückgelassen hatte, um – aus guten Gründen – ihrem ungehobelten Liebhaber nach London zu folgen. Die Tochter war geholt worden, um mit Angela in ihrem Haus in Buckinghamshire zu leben, sie war dort auf die Schule geschickt worden. Doch plötzlich, als sie größer wurde, hatte die Tochter sich zu Angelas Feindin erklärt. Laut Angela hatte die Tochter nicht die richtigen Freunde gehabt und ganz und gar nicht den richtigen Ehemann, er war sogar im Gefängnis gewesen. Tochter und Ehemann quälten Angela, und seitdem Angelas Mann gestorben war, war es besonders schlimm geworden. Sie hatten ihre Kinder gegen Angela aufgehetzt; sie hatten Angela das Haus verboten.

Das war die Hauptsache im längsten Teil von Angelas Brief. Um darüber und nicht um über die Vergangenheit zu schreiben, hatte sie sich hingesetzt. Davon handelte der Brief, den sie zu verschiedenen Zeiten, in verschiedenen Stimmungen, mit verschieden starker innerer Sicherheit, in verschiedenen Handschriften geschrieben hatte, die sie zweifelsohne sowohl bei ihrer Tochter, die in die örtliche Schule gegangen war, als auch bei ihrem Mann abgeguckt hatte. Und dieser Teil des Briefes war schwer zu lesen. Er glich sehr den Briefen, die ich manchmal von besessenen Menschen erhielt: an mich adressiert, aber nicht wirklich für mich bestimmt. Ich konnte den Brief nicht in einem Stück lesen. Ich las ihn in Absätzen, sprang von Seite zu Seite.

»Aber das weiß ich, Victor, das kleine Mädchen wird wachsen und lernen, wie man telefoniert, auch wenn ihre Mutter das nicht glaubt, und das kleine Mädchen wird seine Oma anrufen wollen, die es liebt. Du hast meine Adresse und Telefonnummer, Victor, ich habe Deine nicht, bitte ruf an, damit wir uns treffen können und über die gute alte Zeit reden, die immer die beste ist, sage ich.«

Ich las diesen Brief in meinem Häuschen. Ich empfand meine Umgebung deutlich, empfand, wie fremd sie war, empfand meine Isoliertheit dort. Hinter der Gartenmauer, wo die Flußwiesen begannen, standen die großen Espen. Es hatte drei Stück gegeben; sie hatten einen riesigen Fächer gebildet; ich hatte sie wachsen sehen. Während der Stürme eines Winters hatte ich tatsächlich erlebt, wie zwei der riesigen Espen durchgebrochen waren, zweimal, und schartige, wunde Stümpfe zurückgelassen hatten. Die Stümpfe sahen mittlerweile nicht mehr so wund aus; kräftige Schößlinge wuchsen daraus hervor. Ich hatte mich dazu gebracht, über solche Dinge keinen Kummer zu empfinden; ich hatte mich dazu gebracht zu glauben, daß Veränderung beständig sei. Auf der anderen Seite des Häuschens ging der Blick in einer Richtung auf die Flußwiesen, die man hinter den schnell wachsenden wilden Platanen und der hohen, ungeschnittenen Buchsbaumhecke sah. In der anderen Richtung waren die alten Buchen, die Eiben, der dunkle überwölbte Weg zur Straße. Auch wenn ich es nie festgehalten hatte, hatte ich doch eine Ahnung von einer Welt, die in dauerndem Wandel war, von einer aufgestörten Welt gehabt, als ich Angela und ihre Freunde in Earls Court kennenlernte. Wir hatten beide, so schien es, weiterhin Varianten unserer alten Strecke bereist; wir waren beide im Kreis gegangen und von Zeit zu Zeit zu unserem Ausgangspunkt zurückgekehrt.

Ich besuchte sie nicht. Ich rief sie nicht an. Es wäre tatsächlich schwer für mich gewesen, dorthin zu fahren, wo sie wohnte. Und ihre Verstörtheit, ihre Labilität – die vielleicht immer existiert hatte, die ich als feuriger junger Mann aber nicht sehen konnte, weil ich lieber die Form und Farbe ihres Mundes sah – zweifelsohne durch den schrecklichen Krieg und dann ihre Zeit in London hervorgerufen, die sie kaum hatte verstehen können, war zu beunruhigend für mich. Ich konnte selbst nur mühsam das Gleichgewicht wahren.

Außerdem war ich mitten in einem Buch. Meine Gedanken galten einer neuen Generation junger Menschen in fernen Ländern, die gegen Ende des zwanzigsten Jahrhunderts nicht durch das Reisen, sondern durch die Auflösung ihrer alten Gewißheiten rastlos und unsicher gemacht wurden und falschen Trost in den dumm machenden Praktiken einer simplen Offenbarungsreligion suchten. Angela versetzte mich in die Vergangenheit zurück. Dort lebte ich nicht mehr, weder mit dem Verstand noch in der Phantasie. Meine Welt und meine Themen waren mir zugefallen, lange nachdem ich aufgehört hatte, über Angela zu schreiben.

Bald war ihr Brief von Papieren bedeckt, die sich in verschiedenen Stapeln an verschiedenen Stellen in meinem Häuschen häuften. Nach einigen Monaten wäre es mir unmöglich gewesen, leicht daranzukommen. Sie schrieb nie wieder.

3. Efeu

Meinen Vermieter sprach ich nie. In all den Jahren, die ich sein Mieter war, sah – oder erhaschte ich einen Blick auf ihn – nur einmal. (Noch einen zweiten Blick auf ihn gab es; doch der war noch kürzer; ich sah nur seinen Rücken aus der Ferne.) Richtig sah ich ihn eines Nachmittags auf der öffentlichen Straße, am Ende meines Spaziergangs; ich war so wenig darauf vorbereitet, und es ging so schnell, daß ich anschließend nicht mehr sagen konnte, wie mein Vermieter aussah.

An dem Tag hatte ich nicht den Spaziergang über die Lerchenhügel zu den Hügelgräbern und dem schönen Ausblick auf Stonehenge gemacht. Ich hatte den anderen, kürzeren Weg genommen, über ebeneren Grund. Beim Wirtschaftshof am Fuß des Hügels war ich in die breite, ebene Strecke des Triftwegs eingebogen, nun schon seit einiger Zeit durch den Stacheldrahtzaun zweigeteilt.

Dort unten, auf dem freien Stück des breiten Wegs, hatte ich eines Sonntagnachmittags Jack vom Frühschoppen im Pub zurückfahren sehen, hatte ihn in seinem alten Auto dahinholpern und -poltern, durch die Grasbüschel pflügen sehen wie eine Barkasse in aufgewühltem Wasser. Über diesen Weg war er auch an dem Weihnachtsabend vor seinem Tod zweimal mit dem Auto gefahren, einmal hin, einmal zurück, um einen letzten Abend mit seinen Freunden im Pub zu verbringen.

Am Stacheldrahtzaun hingen noch die zerfetzten Überreste von ein oder zwei Plastiksack-Polstern, die Jacks Schwiegervater um die Stellen gerollt hatte, an denen er hinübergestiegen war. Und entlang dieses Wegs standen in Abständen die älteren Relikte, die Jack noch gekannt hatte. Auf der einen Seite im Gras die zwei schiefen Reihen der leeren, aufgegebenen, grauen Bienenstöcke; auf der anderen Seite im Schatten der Büsche und Weißbirken der aufgegebene bunte Zigeunerwagen mit seinem gewölbten Dach, anscheinend noch betriebsbereit. Ein Stück weiter auf derselben Seite, hinter dem jungen Wald, stand der alte Heuschober in Form eines Häuschens, mit der schwarzen Plastikplane bedeckt, die ihren Glanz und ihr Knistern verloren hatte, über die Jahre am Rand schartig geworden und so dünn und verwittert war, daß sie die Beschaffenheit eines welken Rosenblattes oder der Haut eines sehr alten Menschen hatte. Dahinter dann die geheimnisvolle Ruine eines Hauses, nur Mauern und eine Grenzlinie aus hochgewachsenen Platanen. Diese in gleichmäßigem Abstand gesetzten Platanen trugen nun zum Geheimnis des Ortes bei. Als sie gepflanzt worden waren und auch noch viele Jahre danach, hatte es ausgesehen, als hätten die Sämlinge oder Schößlinge weit auseinandergestanden, und sie waren sicherlich auf dem breiten Weg nicht aufgefallen. Nun stießen die Laubkronen über den kräftigen Stämme aneinander und warfen einen undurchdringlichen kalten Schatten, in dem selbst im heißesten Sommer kein Gras wachsen konnte; obgleich voller Flintsteine, war die Erde um diese Ruine immer feucht und schwarz, wie von Schafen zertrampelter Boden.

Die gerade Strecke des Triftwegs endete jäh in einem kahlen Abhang, markiert mit Linien und Erhebungen und Einkerbungen, die darauf schließen ließen, daß es hier früher Landwirtschaft oder Befestigungsanlagen gegeben hatte. Der Weg machte eine Kurve und führte am Abhang entlang, der, obwohl nicht hoch, so doch jeden weiteren Blick verdeckte und das Auge zum Himmel lenkte. Nichts war jetzt mehr auf diesem zerfurchten, uralten Hügelabhang; kaum noch Weide. Nur ein Wassertrog, kein Gras um ihn herum, der steinige Boden zu schwarzem

Schlamm zertrampelt. Dort waren ab und zu Stiere (die sich auf dem oberen Abhang gegen den unvordenklich alten Himmel abhoben) eingesperrt, ausdruckslos, gesund, dickbäuchig, dankbar für jeden näher kommenden Menschen, warteten sie nur noch auf den geschlossenen Wagen und die Fahrt über die sich windende Talstraße zum Schlachthaus in der Stadt.

Auf der anderen Seite des Weges war ein breites bestelltes Feld, das sanft zu einem Wald anstieg. Daß solch steinige Erde (und die Steine waren oft groß und schwer) bestellt wurde, war neu. Man hatte mir erzählt, daß man damit erst im Krieg angefangen hatte, als entdeckt worden war, daß solche Erde nur leicht aufgekratzt (natürlich gedüngt) und nicht tief gepflügt werden mußte. In dem Wald oben wurden Fasane zum Abschießen gezogen, die, wenn sie ausgewachsen waren, durch das ganze Tal wanderten. In diesem Wald war ich in meiner ersten Woche im Tal spazierengegangen und hatte Jacks Schwiegervater getroffen, auf einem schlammigen Weg, über den sich Bäume wölbten, Schwarzdorn, wie ich später lernte.

Der Triftweg war hier tief zerfurcht. Hohes Gras wuchs in Büscheln entlang der Ränder, die Furchen selbst waren schmal und unbewachsen und steinig, voller Kiesel. Es war schwer, hier zu gehen; man verrenkte sich leicht den Knöchel.

Auf diesem Pfad hatte ich eines Tages – in meinem ersten oder zweiten Jahr, als ich mich noch über Hasen freute und sie bei jedem Spaziergang suchte – den staubigen, struppigen, halb verfaulten Kadaver eines Hasen gesehen. Die Gegend war berühmt für ihre Hasen; ein Reisender des letzten Jahrhunderts, William Cobbett, hatte einmal nicht weit von hier ein Feld voller Hasen gesehen. Und es gab immer noch Hasenjagden – einerseits eine merkwürdig feudale Angelegenheit, bei der angeheuerte Treiber die Tiere über die Downs zu den Jägern trieben, die hinter Heuballen auf dem Triftweg verborgen lagen; und andererseits etwas, das die Landbesitzer und Arbeiter und Männer aus den kleinen Städten in der Umgebung vereinte, vereinte durch alte ländliche

Instinkte. Vielleicht war der Hase bei einer solchen Jagd erschossen worden; vielleicht war das verwundete Tier von einem Hund zerfleischt und auf den Triftweg gezerrt worden. Tot und bald nutzlos, bald schon kein Aas mehr, war es vielleicht von einem Landarbeiter oder Spaziergänger neugierig umgedreht, eine tiefe Furche entlang getreten oder gestoßen und schließlich liegengelassen worden, um zu vertrocknen und vermodern.

Was für mächtige Hinterläufe! Im Tod zusammengelegt. (Solch ein Skelett oder eines, das mich daran erinnerte, sah ich mehr als zehn Jahre später noch einmal auf einem hohen felsigen Inselchen in dem schmalen Kanal zwischen dem südwestlichen Trinidad und Venezuela. Dies war eine Insel voller Pelikane und Fregattvögel, vor allem aber Pelikane. Hier lebten und starben Pelikane. In den Bodensenken in der Mitte des Inselchens federte der Boden vom Guano; und auf den Felsvorsprüngen lagen ganze Pelikanskelette, als hätten die großen Vögel in dem Wissen, daß sie an ihrem Zufluchtsort waren, die mächtigen Schwingen zusammengefaltet und sich zum Sterben niedergelassen. Die Pelikanknochen auf diesem Inselchen, von den Spaniern Soldado, »der Soldat«, und später von den Engländern Soldiers Rock, »Soldatenfelsen«, genannt, sahen aus wie die kräftigen Hinterläufe – Knochen in staubigem Fell – jenes Hasen.)

Der uralte, kahle Abhang auf der einen Seite des Triftwegs wich zurück und wurde hoch und steil, so daß davor etwas wie ein Feld oder eine Koppel entstand. In diesem Feld war ein Teich; und vereinzelt hatte man auf den hohen, steilen Abhang Bäume gepflanzt. Der unerklärbare kleine Teich, die jähe Höhe des Abhangs, die vereinzelten Bäume – das Land hatte hier eine merkwürdige, uralte und sogar geheiligte Atmosphäre.

Die Ulmen auf der Koppel oder dem Feld am Fuß des steilen Abhangs waren alle gefällt worden – wie die Ulmen überall im Tal –, und man sah nur noch flache Stümpfe, rund dreißig Zentimeter über dem Boden abgesägt. Auf der Koppel waren ein oder zwei Pferde. Ohne Zaumzeug, mit breitem Rücken, die Mäuler vielleicht ein bißchen zu schräg, wirkten die Tiere schwerfällig, primitiv und so symbolhaft wie alles in dieser Umgebung: der Teich, die Koppel, die Ulmenstümpfe, der steile grüne Abhang mit den vereinzelten Bäumen, von denen jeder einen vollkommenen Schatten warf. Als habe hier wie in einem primitiven Gemälde jedes Detail vollkommen ausgeführt, einzeln ausgeführt werden müssen. Gerade in der Schlichtheit und Klarheit des Anblicks lag etwas Geheimnisvolles: Er gehörte weder zu den kahlen Downs, die man in der einen Richtung erblickte, noch zu der üppigen Flußvegetation, den Flußwiesen, die man in der anderen Richtung sah.

Der zerfurchte Triftweg, der an kleinen Häusern und Gärten vorbeiführte (eines davon, mit einem überladenen, vielfarbigen vorstädtischen Garten, gehörte dem alten Farmmanager), wurde asphaltiert und stieß dann, sehr schnell alles Geheimnisvolle verlierend, auf die öffentliche Straße. Diese Straße führte über ein Gesims oder einen Einschnitt im Hügel direkt oberhalb des Flusses. Diese Straße hatte Jack nach seinem Frühschoppen an jenem Sonntagmittag lieber nicht genommen. Sie fiel steil zum Fluß ab. Zur Rechten war ein Wehr. Und die Flußwiesen dahinter glichen jenen, die Constable vor einhundertfünfzig Jahren gemalt hatte.

Nach dem unvordenklich Alten nun Constable und die jüngere Vergangenheit. Ich hatte, als ich den Zigeunerwagen auf der anderen Seite des Triftwegs von Jacks Häuschen und den alten Wirtschaftsgebäuden sah, erst nur vage an Augustus John gedacht. Dann (nachdem ich das Buch kennengelernt hatte) rief der Wohnwagen mir E. H. Shepards Zeichnungen und farbige Illustrationen von *Der Wind in den Weiden* in Erinnerung und verlieh ihnen gleichzeitig Wirklichkeit. Das Buch, über einen Fluß wie den, den ich jetzt sah, kam mir immer noch neu, zeitgenössisch vor. Und der Anstrich des Wohnwagens – der noch fahrbereit und nur vorübergehend geparkt zu sein schien – glänzte so, daß man sich leicht vorstellen konnte, daß der Wohnwagen eines Tages wieder über die Straße fahren und man direkt hinter der Biegung des Triftwegs (vielleicht bei den Weißbirken) wieder auf die alte Welt stoßen würde – in der der Wohnwagen einst seinen Platz gehabt hatte.

Genauso entstand nun (in einem Winkel meiner Vorstellung) der Eindruck, daß die Flußwiesen den Abstand zwischen Constable und der Gegenwart aufhoben: Der Maler, der Mann mit seinen Farben und Pinseln und Paletten, kam mir so nah und zeitgenössisch vor wie das, was er uns nun sehen ließ: die Wasserkanäle und gestutzten Weiden, die zu malen er sich eines Tages niedergelassen hatte. Die Vorstellung des Malers, dieser Blick aus der Sicht des Malers machte die Vergangenheit alltäglich. Die Vergangenheit war wie etwas, das man strecken und erreichen konnte; sie war wie etwas, das greifbar vor uns lag, wie etwas, in das man hineinspazieren konnte.

Shepard und Constable – sie hatten auf eine alte Landschaft ihre Vision übertragen. Doch auf ihre Vision war nun wiederum etwas Neues übertragen worden, eine moderne Idylle. Buchen so alt wie das Jahrhundert säumten die schmale Straße. Hunderte, Tausende junger Buchen wuchsen auf dem mit Blättern übersäten Abhang zwischen der ersten Buchenreihe am Rand des Hügels und der asphaltierten Straße; und Tausende wuchsen auf dem steileren Abhang zwischen Straße und Fluß. Alle Schattierungen von zartem, lichtdurchwirktem Grün, von einander überlappenden, durchsichtig grünen Blättern, hingen über der Straße. Dies war die malerische Strecke, über die Taxifahrer aus der Stadt Besucher fuhren.

Die Buchen waren um die Jahrhundertwende vom Vater meines Vermieters gepflanzt worden und wirkten nun wie ein natürliches – dahinschwindendes – Denkmal für Macht und Pracht des Vaters. Diese Macht und Pracht kamen aus einem Familienvermögen, das zu Beginn der Industriellen Revolution begründet worden war und sich zur Zeit des Empires konsolidiert und vervielfacht hatte. Die Familie hatte ihre Wurzeln anderswo; viele Zweige der Familie betätigten sich nun anderswo. Doch mein

Vermieter war hier, auf ein paar Morgen am Fluß, wohnen geblieben – wo seine Familie einst beinahe das gesamte Land und viele der Häuser besessen hatte.

Und hier, auf dieser Straße, am Ende meines Spaziergangs, unter den Bäumen, die sein Vater gepflanzt hatte, ehe er, der Sohn, geboren worden war, sah ich meinen Vermieter zum ersten und einzigen Mal.

Ich sah ihn nicht deutlich. Die Straße war schmal, kurvenreich. Ich fürchtete mich vor dem Auto, wie ich mich vor allen Autos oder Fahrzeugen auf diesem Straßenabschnitt mit seinen nicht einsehbaren Kurven fürchtete. Dann – ziemlich spät – sah ich, daß es das Auto vom Herrensitz war; dann fiel mir ein, nach Mr. Phillips zu schauen und ihn zu grüßen. Mr. Phillips lächelte. Es war ein freundliches, glückliches Lächeln, merkwürdig für einen Mann, dessen Benehmen und Instinkte autoritär und fürsorglich waren und der gewöhnlich in der Öffentlichkeit einen strengen und gereizten Eindruck machte. Das Lächeln, herzlich und entspannt, zeigte mir also, daß es sich um ein besonderes Ereignis und einen besonderen Fahrgast handelte.

Und sofort wußte ich Bescheid, sofort kam mir der Gedanke, daß die Person, die neben Mr. Phillips saß, mein Vermieter war, der Mann im Herrenhaus, der Mann, den nie zu sehen ich mittlerweile gewohnt war. Und ehe ich mich – Mr. Phillips' Lächeln und die Gefahren der Straße vergessend – richtig auf den Fremden konzentrieren konnte, war das Auto vorbeigefahren. Das war das einzige Mal, daß ich einen Blick auf meinen Vermieter, sein Gesicht erhaschte; und ich war mir nicht sicher, was genau ich gesehen hatte.

Ich hatte den Eindruck von einem runden Gesicht, einem kahlen Kopf, einem Anzug (oder dem Jackett eines braunen Anzugs), einem wohlwollenden Gesichtsausdruck. Am deutlichsten erinnerte ich mich – dieses Details war ich mir sicher: so ein Detail konnte man sich nicht einbilden – an ein schwaches, langsames Winken mit der Hand. Ein Winken direkt über dem Armaturenbrett, so daß ich von der Straße sah, wie seine Fingerspitzen einen Bogen am unteren Rand der Windschutzscheibe beschrieben.

Wir hatten uns nie getroffen. Mr. Phillips mußte ihm gesagt haben, wer ich war; und er mußte mich – trotz des schlechten Augenlichtes, das er angeblich hatte, eines seiner vielen Leiden – gesehen haben, ehe ich ihn sah. Und geschützt im Auto, Mr. Phillips zur Seite, mußte er mich deutlicher gesehen haben als ich ihn. Mein Blick – am Ende einer raschen Abfolge kleiner Schrecken und Erkenntnisse – war so gehetzt gewesen, so von der Verwirrung des Augenblicks durchdrungen, daß ich mir nicht sicher war, ob meine Phantasie mir nicht wie im Traum spontan gewisse Einzelheiten, die ich zu sehen gemeint hatte, vorgegaukelt hatte, um mir ein Bild von dem Mann zu liefern, das ich bereits mehr oder minder fertig im Kopf hatte.

Ich hatte den Eindruck von einem wohlwollenden Gesicht über der winkenden Hand gehabt. Doch als ich an dem Abend mit Mr. Phillips telefonierte, hatte ich Anlaß, diesen Eindruck in Frage zu stellen. Mit einem Lachen, das wie eine Fortsetzung der freundlichen, guten Laune war, die ich nachmittags im Auto an ihm beobachtet hatte, sagte er, ja, der Mann, den ich im Auto gesehen habe, sei mein Vermieter gewesen. Und dann, wie um meinen Zweifel zu zerstreuen, sagte Mr. Phillips: »Er trägt im Auto immer eine dunkle Brille. Sonst bekommt er eine Magenverstimmung, und dann bekommt er eine Migräne.« Wieso hatte ich, wenn er eine dunkle Brille getragen hatte, einen wohlwollenden Ausdruck in seinen Augen gesehen?

Dieser Blick auf meinen Vermieter – dieser Blick auf jemand, der unerwartet normal war – machte ihn letzten Endes um so geheimnisvoller. Und mehr noch als der Mann war das Ereignis an sich denkwürdig: Das Auto vom Herrensitz mit dem Nachfahren des Mannes, der das Herrenhaus gebaut und die Bäume gepflanzt hatte, fuhr unter den Buchen über das Gesims am Rande des Hügels, direkt oberhalb des Flusses und der Flußwiesen. So offenbarte sich die Persönlichkeit des Mannes für mich mehr denn je durch seine Umgebung, durch diese Buchen an der öffentlichen Straße, das ständig geschlossene Vordertor des Herrensitzes und den überwucherten Garten dahinter.

Meine Phantasie hatte mich einen wohlwollenden älteren Mann in einem braunen Jackett sehen lassen, der scheu aus seinem Auto winkte. Dieses Bild – blitzartig entstanden, als das Auto vorbeifuhr – entsprach meinem eigenen Bedürfnis. So wollte ich mir den Mann vorstellen, auf dessen Anwesen ich so unerwartet zum ersten Mal in meinem Leben als Erwachsener Frieden gefunden hatte.

Bald erfuhr ich, daß das Bild nicht der Wahrheit entsprach. Genausowenig wie das andere Bild, das ich im Kopf hatte, ein gegensätzliches, eher finsteres Bild, das ich in der Phantasie aus Details entworfen hatte, die mir dann und wann von Mr. Phillips mitgeteilt worden waren: das Bild von einem dicken Mann mit rundem Gesicht, in einem zugeknöpften Anzug, mit dunkler Brille und Hut, der zu einer Spritztour ausgefahren wurde, durch eine Landschaft, die er sonst nie sehen würde; ausgefahren zu erregenden, aber sicheren (sicher wie für ein Kind, das oben auf einem Turm hinter einem Geländer steht und hinunterschaut) Blicken auf die Welt, aus der er sich zurückgezogen hatte; jedoch nie zu erregend, nie nach London beispielsweise; nur aufs Land und zu den Häusern einiger Leute, die er gut kannte, und zu ein paar Hotels an der Südküste, wo er bei schönem Wetter hinfuhr, um zu Mittag zu essen oder sich die Haare schneiden zu lassen. (Dieses letzte Detail, das mir Mr. Phillips eines Tages ganz unschuldig mitteilte, versah den ansonsten steif gekleideten Einsiedler mit der dunklen Brille in meiner Phantasie mit langem glatten Haar: Ich sah, wie Mr. Phillips meinen Vermieter ins Foyer eines viktorianischen Hotels schob und ihn zugleich stützte, wobei er mit beiden Händen den linken Arm seines Schützlings hielt, während die rechte Hand meines Vermieters blind herumtastete.)

Keines der Bilder, weder das von dem Mann, den ich meinte

gesehen zu haben, noch von dem Mann, den ich erfunden hatte, entsprach dem, was mir Leute in London, die ihn kannten und manchmal besuchten, über meinen Vermieter erzählten. Dieser andere Mann, von dem ich sozusagen in Bruchstücken erfuhr, blieb in weiter Ferne.

Eine verwöhnte Kindheit hier, auf dem Anwesen, auf dem ich nun herumspazierte. Im kalten Schatten des überwucherten Obstgartens war ein rundes, zweistöckiges Kinderhaus, solide gebaut, mit Strohdach, noch mehr oder weniger intakt, auch wenn die es umgebende Vegetation wie im Wald zum Teil erstickt und abgestorben war. In dem Raum unten war ein richtiger Kamin, in dessen Wände auf jeder Seite Steine oder Betonborde eingelassen waren; eine Stufenleiter führte zu dem im ersten Stock gelegenen Raum, dessen kegelförmiges Strohdach Gaubenfenster hatte. Mehr als ein Puppenhaus in großem Maßstab und doch weniger als ein Spielhaus für Kinder: eher die Vorstellung eines Erwachsenen von einem Kinderhaus, in dem der Phantasie nichts überlassen blieb.

Auf diese verwöhnte, beschützte Kindheit folgte für den jungen Mann eine Zeit der künstlerischen Begabung und Verheißung und gesellschaftlichen Unbekümmertheit. Ich sah Photos aus jener Zeit sowohl bei Mr. Phillips als auch bei Bray, dem Mann mit der Autovermietung, dessen Vater sein Leben lang auf dem Herrensitz gearbeitet hatte. Bray lebte in dem Häuschen aus Flint- und Ziegelstein, das sein Vater vor langer Zeit vom Gut gekauft hatte; aber obwohl Bray nun unabhängig vom Herrensitz war und stolz darauf und sich sogar weigerte, für die Leute im Herrenhaus zu arbeiten, hatte er alle möglichen Erinnerungsstücke aus dem Herrenhaus vorzuzeigen, und er zeigte sie gern. Unscharfe Schwarzweißphotos von Partys im Park, der Garten noch neu, frisch angelegt; Photos von jungen Leuten, die in nicht genau bestimmbarem Licht (Morgengrauen oder Abenddämmerung?) auf den Geländern der neuen Holzbrükken saßen, die über die Bäche in den Flußwiesen führten. (Photographien – Schnappschüsse –, die melancholisch stimmten: Jeder Schnappschuß fing einen Augenblick mit all seinen nicht beachteten Einzelheiten ein, zwang den Betrachter, an den darauf folgenden Zeitraum zu denken, und war somit eine Art memento mori, wie es ein gutes Gemälde von derselben Gelegenheit – getragen vom Geist und von der Arbeit des Malers – nie hätte sein können.)

Dann, als er kaum mittleren Alters war, nach den Partys, nach dem Zweiten Weltkrieg folgte irgendeine Verstörung, eine tiefe, anhaltende Schwermut, beinahe eine Krankheit, die dazu führte, daß er sich zurückzog, versteckte, Zuflucht im Herrenhaus nahm. Nach einer Weile wurde sie noch durch körperliche Unpäßlichkeiten und – schließlich – das Alter verstärkt.

Ich war in jeder Hinsicht, gesellschaftlich, künstlerisch, sexuell, sein Gegenteil. Und wenn man in Betracht zog, daß das Vermögen seiner Familie mit der Ausdehnung des Empire im neunzehnten Jahrhundert gewachsen war, und zwar enorm, könnte man sagen, daß das Empire zwischen uns lag. Gleichzeitig verband uns dieses Empire. Das Empire erklärte meine Geburt in der Neuen Welt, die Sprache, die ich sprach, den Ehrgeiz und die Berufung, die ich hatte; das Empire erklärte letzten Endes auch meine Anwesenheit hier im Tal, in jenem Häuschen, auf dem Grundstück des Herrensitzes. Aber wir befanden uns an – oder waren ausgegangen von – entgegengesetzten Enden, was Reichtum, Privilegien und Kulturen betraf.

Vor zwanzig Jahren, als ich in der Pension in Earls Court zu schreiben versuchte, wäre ein Wohnsitz auf dem Grundstück des Herrensitzes mir als geeignetes »Material« erschienen. Doch damals wäre die imperiale Verbindungskette belastend gewesen. Es hätte mich als Mann (oder Jungen) gequält, rassisch eine Ausnahme im Tal zu sein. Und ich hätte (zu jener Zeit) als Schriftsteller nur mit dem Material umgehen können, indem ich gewisse Seiten meiner selbst verdrängte – eben die Art von Verdrängung und Verheimlichung, zu der bestimmte Erzählformen ermutigten und die mich selbst als einen auf Wissen und Erfahrung begierigen Beobachter dazu verleitet hatten, vieles nicht zu erkennen.

Doch die Welt hatte sich geändert; die Zeit war weitergegangen. Ich hatte meine Begabung und mein Thema gefunden, sie entfalteten und entwickelten sich immer weiter. Meine Laufbahn hatte sich geändert; meine Vorstellungen hatten sich geändert. Und da ich in einer Zeit der Enttäuschung und Verletztheit auf den Herrensitz kam, verspürte ich ungeheures Mitgefühl für meinen Vermieter, der, vom anderen Ende der Welt kommend, sich nun genau wie ich verstecken wollte. Ich fühlte mich ihm verwandt; war zutiefst dankbar für den Schutz des Herrensitzes, für den Ablauf der Dinge dort. Ich fand seine Zurückgezogenheit nie merkwürdig. Genau das wollte ich damals nämlich auch für mich.

Ich wollte, als ich auf den Herrensitz kam, nach dem Hochmut des Ehrgeizes mein Leben entschlacken. Ich wollte, soweit es ging, mit dem leben, was ich in dem Häuschen im Park des herrschaftlichen Anwesens vorfand, so wenig wie möglich ändern. Ich wollte Eitelkeit vermeiden; und damals konnte ich mich in sehr kleinen Dingen eitel finden – wie in dem Wunsch, einen Aschenbecher zu kaufen. Warum ein besonderer Aschenbecher, wenn doch die leere Tabakbüchse reichte? So fühlte ich mich in Einklang mit dem, was ich auf dem Herrensitz sah oder zu sehen meinte; ich fühlte mich ebenfalls erfüllt von dem Wunsch, mich zurückzuziehen. Und obwohl ich wußte, daß Menschen aus völlig unterschiedlichen Gründen und auf verschiedenen Wegen eine ähnliche Verfassung oder eine ähnliche Haltung erreichen können und als Menschen überhaupt nichts miteinander gemein haben müssen, fühlte ich mich doch eins mit meinem Vermieter.

Zwischen uns lagen Privilegien. Doch ich hatte das Gefühl, daß sie gegen ihn arbeiteten. Ganz gleich, wie meine geistige Verfassung im Augenblick meiner Ankunft war, ich wußte, daß ich mich durchbringen und auf meine Gesundheit achten mußte; ich wußte, daß ich irgendwann handeln mußte. Seine Privilegien – sein Haus, sein Personal, sein Einkommen, das Land, über das er jeden Tag in dem Bewußtsein schauen konnte, daß es seines war –, diese Privilegien konnten ihn auf sich selbst, ins Nichtstun und die Unbedeutendheit zurückwerfen.

Obwohl wir also von den entgegengesetzten Enden des Empires und seiner Vorrechte und von verschiedenen Kulturen ausgegangen waren, fiel es mir als seinem Mieter jetzt leicht, ihm von Herzen gewogen zu sein.

Ich fand es nie merkwürdig oder »gruselig«, um ein Wort von Alan, einem Besucher aus der literarischen Welt, zu benutzen, daß ich meinen Vermieter nie sah. Sein Wunsch, nicht von mir gesehen zu werden, entsprach meinem Wunsch, nicht von ihm gesehen zu werden. Das war ein Überbleibsel meiner aus kolonial-rassischen Gründen blank liegenden Nerven; doch ich fürchtete auch, dadurch den Zauber des Ortes zunichte zu machen. Wenn ich meinen Vermieter gesehen, seine Stimme gehört, seiner Unterhaltung gelauscht, sein Gesicht und seinen Ausdruck gesehen hätte, wenn ich gezwungen gewesen wäre, mich mit ihm zu unterhalten, höflich zu sein, wäre der Eindruck unauslöschlich gewesen. Er hätte einen »Charakter«, Eitelkeiten, Gereiztheiten, Absurditäten bekommen; und dies hätte dazu geführt, daß ich Urteile gefällt hätte – die Urteile, die, indem sie ein einfaches Hinnehmen unmöglich machen, auch eine Beziehung unmöglich machen können. So wie es war, drückte sich die Persönlichkeit meines Vermieters durch das Geheimnis des herrschaftlichen Anwesens aus.

Ich gewann das Anwesen lieb. Nicht an die Jahreszeiten (wie ich es beschrieben habe) gewöhnt und, was die Architektur betraf, immer noch geneigt, die Dinge als selbstverständlich hinzunehmen, »gewöhnliche« Gebäude zu sehr als natürlichen Ausdruck eines bestimmten Ortes zu sehen, dauerte es eine Weile, bis ich verstand, was ich sah. Es dauerte eine Weile, bis ich sah, daß mein Häuschen kein einfaches Gebäude war.

Es war ein langes, niedriges Gebäude auf zwei Ebenen (ein leicht abschüssiger Abhang führte von der Straße zu den Flußwiesen und dem Fluß) auf der entgegengesetzten Seite des Rasens vor dem Herrenhaus. Ganz gleich, in welcher Stimmung ich war und wie lang oder kurz ich von dem Häuschen fort gewesen war, ob ich wegen eines Auftrags viele Monate im Ausland gewesen oder einfach nach Salisbury gefahren war oder meinen Nachmittagsspaziergang gemacht hatte, der erste Anblick des Häuschens bei meiner Rückkehr, wie es am Ende des kurzen, dunklen Wegs von der öffentlichen Straße vor mir auftauchte, entzückte und überraschte mich jedes Mal aufs neue.

Der Weg von der öffentlichen Straße war von Eiben überwölbt; und der Sommer fügte noch die sich überlappenden Schatten von Buchen und Rotbuchen hinzu, so daß ich bereits aus diesem Dämmer heraus den offenen Rasen und die gedämpften warmen Farben des Häuschens sehen konnte. Ich empfand Freude über die langgestreckte, niedrige Form des Gebäudes direkt vor den Buchen. Die Wurzeln von ein oder zwei Buchen begannen direkt unterhalb der Mauer des Häuschens – doch verrückte oder senkte sich aus irgendeinem Grund das Fundament des Häuschens nie. Ich empfand Freude über diese Lage, so natürlich, so richtig. Und Überraschung, daß ich hier an diesem Ort lebte.

Es dauerte eine Weile, bis ich verstand, daß dies nicht eine natürliche Ländlichkeit war, daß das Häuschen entworfen war, um genau diesen Effekt hervorzurufen. Die Mauern waren dick, vielleicht mit Schutt gefüllt; doch an der Oberfläche zeigten sie eine ausgewogene Mischung aus Flintsteinen und Ziegelbrocken und warmen gelben Steinen. Und als ich den Entwurf und die Absicht erkannte, erkannte ich auch, daß die Maurerarbeit Handwerkerarbeit war. Eines Tages sah ich auf einem Steinblock hoch oben in einer Seitenmauer die eingeritzten Initialen des Erbauers oder Architekten – der letzte Buchstabe wies ihn als Mitglied der Familie meines Vermieters aus – und das Jahr, 1911.

Ein Spiel von jemandem in der Familie, in jenem sicheren, lang zurückliegenden Jahr, dem Krönungsjahr des Königs und Kaisers Georg V. Mit meiner natürlichen Neigung, alles hinzunehmen, was ich fand, dauerte es eine Weile, bis ich erkannte, welches Ausmaß das spielerische Element in der Anlage des Herrensitzes hatte.

Eine kurze Eibenhecke trennte mein Häuschen von einem kleinen Einzimmer-Holzhaus, ungestrichen und nun schwarzgrau verwittert. Dieses Gebäude, mit einem quadratischen Grundriß und höher als mein Häuschen, hatte einen ausgeprägt rustikalen Stil. Die Wände waren aus dicken, grobgesägten Planken. Die untere Kante der Planken hatte noch die Form und Rinde des Stammes, aus dem sie gesägt worden waren. Das ganze Gebäude ruhte auf pilzförmigen Steinen.

Ich dachte, der Erbauer – ob es sich um das gleiche Familienmitglied handelte, das mein Häuschen gebaut hatte, wußte ich nicht – dieses kuriosen Hauses oder Schuppens habe es im Rahmen der Spielsiedlung oder dem Spieldorf um den Rasen des Herrenhauses als Waldhüterhaus geplant. Doch eines Sommernachmittags in meinem dritten oder vierten Jahr kam Pitton, der Gärtner, nach dem Mittagessen in entspannter Stimmung zurück und öffnete die verwitterte Tür, um mir das Haus zu zeigen. Wie mühelos und kraftvoll diese Tür aufschwang, obwohl das Gebäude seit Jahren nicht mehr benutzt worden war!

Was für mich das Waldhüterhaus gewesen war, war etwas völlig anderes. Es war ein Stall gewesen. Es hatte sogar einen Heuboden. Auf dem Boden lag noch Heu; an Nägeln hingen noch Seile und Zaumzeug und einfaches und verziertes Geschirr, alles, was mit Pferden zu tun hatte; es roch nach Pferden und der Holzfußboden war unter den Spinnweben ganz sauber. Draußen war alles verwittert. Drinnen – und das Haus oder der Kasten aus Holz war viel größer und höher, als er von außen aussah – war alles erhalten, trotz der Stare, die das Haus zu bestimmten Zeiten, besonders zwei oder drei Wochen im Frühling, belagerten.

Ein Stall wie ein Waldhüterhaus (in der Phantasie hielt ich daran fest); und auf der anderen Seite des Rasens eine Squashhalle, die so gebaut war, daß sie wie ein Bauernhaus aussah, dessen scheinbar grobe Wände so sorgfältig geplant waren wie die meines Häuschens. Daneben standen die grob gezimmerten Garagen- oder Kutschenunterstände. Und dann das uralte, efeubewachsene Getreidelager oder der Getreidespeicher mit den Mauern aus Flintstein, dessen Rückseite einen Teil der Kirchhofmauer bildete. So daß es nach der Weite der Downs und der Flußwiesen, der Weite des Landes hier plötzlich eine Erinnerung an mittelalterliches Gedränge und Enge gab. Und so wie ein Stück den Triftweg hinunter der moderne Bungalow des ehemaligen Farmmanagers neben den uralten kahlen, gefurchten Abhängen stand, so stand hier das moderne Phantasiegebilde meines Häuschens und des Waldhüterhauses und des Bauernhauses neben dem Mittelalter und ging darin auf.

Und doch war es ein Ganzes. Es funktionierte. Man konnte alles als selbstverständlich hinnehmen, wie ich es anfangs getan hatte, und es als etwas sehen, das zu einem herrschaftlichen Haus des edwardianischen Zeitalters in diesem Teil des Landes gehörte. Oder man konnte sich auf die Phantasie einlassen, die von einem oder mehreren Erwachsenen verwirklichte Vision eines Kindes, das verwirklichte Spiel eines Kindes: außerordentlich, dieser selbstverständliche Ausdruck großer Sicherheit und Wohlhabenheit in diesem Winkel eines Gutsbesitzes, der einst so viel größer gewesen war (und weit entfernt von Orten wie Trinidad, wo das Wort »Gutsbesitz«, als ich es kennenlernte, besonders, wenn es sich um Zuckerplantagen handelte, keinerlei Vorstellung von Pracht oder Stil beinhaltete, sondern nur Konnotationen von Größe und Eintönigkeit auslöste und vielen kleinen Menschenleben und kleinen Häusern an den Rändern). Und doch war es dieses spielerische Element – das kindliche Spiel mit der Spielzeugsiedlung um den Rasen des Herrenhauses –, dem ich erlag, als ich es erkannte.

Auf der anderen Seite des Pfads zum Waldhüterhaus und aus dem Seitenfenster meines Häuschens zu sehen, stand ganz für sich eine Art kleines Landhäuschen. In Wirklichkeit war es ein Schuppen, gegen die Gemüsegartenmauer des Herrenhauses gebaut; aber es war als halbes Häuschen entworfen worden, das vom Dachfirst aus in der Mitte durchgeschnitten war, damit es aus bestimmten Blickwinkeln wie ein Häuschen mit Tür und Fenster wirkte.

Der Weg, der um diese Ansiedlung mit einem Rasen in der Mitte führte, war mit pilzförmigen Steinen gesäumt. Diese Steine, erzählte man mir, waren typisch für die Gegend. Früher hatte man Scheunen darauf gebaut, um die Ratten fernzuhalten. Sie hatten die Ratten aus dem Stall, dem Waldhüterhaus, ferngehalten. Doch hier hatte man nur das Dekorative, das Märchenhafte eingesetzt. Jeder Pilzstein war anders geformt. Die Hüte waren unterschiedlich behauen, und manchmal waren die Stiele in einem Bogen gemeißelt. Über die Jahre waren viele dieser Pilze beschädigt worden. Sie waren zu empfindliche Phantasiegebilde. Viele Pilzhüte waren sogar verschwunden, weggeschafft worden; und einige Stützsteine hatte man umgeworfen. Doch durch ein Wunder waren vor der Tür meines Häuschens, auf der Seite des Wegs, vor der Mauer des Gemüsegartens fünf oder sechs Pilze so erhalten, wie sie ursprünglich gestaltet worden waren: die Hüte unterschiedlich dick, grob gemeißelt, im Winter mit einem kleinen Mooswald versehen.

In diese Phantasiewelt kehrte ich in jenem ersten Winter zurück – die vielgestaltige Phantasiewelt des Herrensitzes, des Dorfes um den Rasen des Herrenhauses, des Herrenhausgartens – und fühlte mich immer willkommen, während ich an meinem Buch arbeitete. Es war die Phantasiewelt des oder der ursprünglichen Erbauer, die Familienphantasien, die mein Vermieter geerbt hatte, und die, meinte ich, als ich immer tiefer eintauchte, seinen Charakter gut zum Ausdruck brachten.

Der Rest des Anwesens – der Obstgarten, der Garten hinter dem Haupthaus, die Flußwiesen, der Weg entlang des Flusses –, all das kam später, am Ende des Frühjahrs oder Anfang des Sommers, als ich krank war und keine langen Spaziergänge über den

Triftweg mehr machen konnte. Zu der Zeit lernte ich, diese besondere Jahreszeit einzuordnen und mit bestimmten Assoziationen von Blumen, Bäumen, Fluß zu verbinden.

Nachdem ich mein Buch (das mit dem afrikanischen Mittelteil) beendet hatte, war ich ins Ausland gegangen, um journalistisch zu arbeiten, Geld zu verdienen, außerhalb Englands zu reisen und geistige Erneuerung zu finden. Die Aufträge waren anstrengend gewesen und der zweite außerdem in einem Land, das nicht von vielen Fluggesellschaften angeflogen wurde. Auf der langsamen Rückreise, durch viele Klimazonen, war ich krank geworden; und an einem Ort hatte ich vier Tage und Nächte in einem Hotelzimmer verbracht, benommen von Schmerz und Schlaf.

Mir war schwindlig, als ich ins Tal und das Häuschen zurückkehrte. Ich spürte, wie mich das Häuschen willkommen hieß und mich schützte, ich war gerührt von der (wie mir schien) überirdischen Schönheit all dessen, was um mein Häuschen wuchs. Die Päonien unter dem Wohnzimmerfenster beeindruckten mich besonders. Im Wachen und im Schlafen spielte meine Phantasie in einem fort mit der Form dieser schwellenden, festen, runden, dunkelroten Knospen.

Der Arzt fand keine ernsthafte Krankheit, keine Infektion der Lungen oder des Blutes. Er sagte, ich sei müde. Er sagte (und wir befanden uns in einem Militärgebiet): »Kampfesmüde«.

Und als die Wochen vergingen, schien sich meine Krankheit in der Tat in einer großen Müdigkeit aufzulösen, nicht unangenehm, eine Müdigkeit mit einem kleinen Delirium, das ich – ach, zu selten – als Kind bei einem tropischen »Fieber« hatte. Es kam mit der Kühle der Regenzeit einher, einer Jahreszeit mit außergewöhnlichem, dramatischem Wetter. Unterbrechungen im alltäglichen Trott, freien Tagen in der Schule wegen Regen und Überflutung und dem Husten und Fieber, die sie verursachten. Wie oft hatte ich mich als Kind, wenn ich mein »Fieber« hatte, danach gesehnt, es noch einmal zu bekommen, noch einmal die verzerrte Wahrnehmung zu erleben, die es mit sich brachte: das außerordentliche Gefühl von Glätte (nicht nur, wenn man etwas anfaßte, sondern auch in Mund und Magen) und die merkwürdig fern und aufregend klingenden Stimmen und Geräusche. Ich hatte nie so oft Fieber, wie ich es gern gehabt hätte. Statt dessen war an die Stelle des Fiebers, als ich erwachsen war, sehr schnell das wirkliche Elend von Bronchitis und Asthma getreten, erschöpfende Leiden, die nichts Gutes mit sich brachten.

In meinem Häuschen, das mich willkommen hieß, hatte ich nun zum ersten Mal seit meiner Kindheit das köstliche Gefühl, ich hätte »Fieber«. Erschöpfung – Arbeit, Reisen – hatte es verursacht: Die Diagnose des Arztes schien zuzutreffen.

In meinem Häuschen, das mich willkommen hieß und durch eine dichte Reihe von Buchen und Eiben von der öffentlichen Straße verborgen war, begann ich, mich von den Mühen und der Anspannung der letzten zwanzig Jahre bedrückt zu fühlen; der Anspannung, die vom Schreiben, dieser Leidenschaft, kam, und der persönlichen Anspannung, die an dem Tag begonnen hatte, als das Flugzeug der Pan American World Airways mich in die Luft getragen und mir das Muster der Felder gezeigt hatte, die mich als Kind in Trinidad umgeben hatten, die ich aber bis zu diesem Augenblick nie gesehen hatte.

All die Arbeit, all die Anspannung, all die Enttäuschungen und die Erholung davon schienen sich nun in meinem Kopf zusammengeballt zu haben. Aber nun hatte ich vor meinem inneren Auge nicht mehr das Bild, ein Leichnam auf dem Grund eines Flusses zu sein; nicht mehr den Traum von dem explodierenden Kopf, der mich erschüttert und erschöpft zurückgelassen hatte, wenn ich qualvoll wach geworden war. Die ganze Anspannung hatte sich in »Fieber« verwandelt. So daß ich in meinem Häuschen, das mich willkommen hieß, wieder wie ein Kind war. Als habe sich endlich, nach zwanzig Jahren, die Phantasie erfüllt, die ich im Sinn gehabt hatte, als ich von zu Hause weggegangen war.

Und in dieser Stimmung begann ich, als ich mich genügend erholt hatte, um nach draußen zu gehen – ermutigt von Mr. und Mrs. Phillips, die mich aufforderten, den Gedanken aufzugeben, ich könne die Privatsphäre meines Vermieters verletzen –, in dem überwucherten Garten den Frühling zu erforschen. Den Frühling, der für mich mit den Päonien begonnen hatte und durch sie definiert worden war, die unter dem Wohnzimmerfenster meines Häuschens feste, schwellende Knospen auf rhabarberähnlichen Stengeln getrieben hatten.

In den zwanzig Jahren, die ich überwiegend in England verbracht hatte, mußte ich viele tausend Päonien gesehen haben. Es war eine verbreitete Blume, wie ich sehen sollte, als ich wieder genügend bei Kräften war, um mit dem Bus nach Salisbury zu fahren. Überall im Tal, in offenen, sonnenbeschienenen Gärten, großen und kleinen, ländlichen oder Vorortgärten, sah ich sie im hellen Licht zu schnell aufblühen, ihre Festigkeit und intensive Farbe verlieren, rasch ihre Reinheit verlieren. Keine der vielen tausend Päonien, die ich vor diesem Frühling gesehen hatte, hatte einen Eindruck bei mir hinterlassen; nie hatte ich einer von ihnen den Namen »Päonie« zu geben vermocht; nie hatte ich sie mit einer Jahreszeit oder anderen Blumen oder anderen Naturereignissen in Verbindung zu bringen vermocht. Diese Päonien meiner Genesung, diese Päonien um mein Häuschen waren die ersten für mich; und sie waren ein Symbol meines neuen Lebens.

Der Busch vor dem Wohnzimmerfenster lag auf der Nordseite des Häuschens; im Schatten der Eibenhecke zwischen meinem Häuschen und dem Waldhüterhaus war ein weiterer Busch. Diese Päonien kamen langsam heraus, behielten ihre Form und entwickelten eine besonders intensive Farbe. Vom Weg unter den Eiben und den Buchen aus gesehen, bildeten die Päonien vor meinem Häuschen zwei intensive Farbflecke in einer sonst grünen Fläche, umrahmt von Wildnis.

Einst hatte es sechzehn Gärtner gegeben. Nun gab es nur noch Pitton. Er zog in dem ummauerten Garten Gemüse; dort zog er auch bestimmte Blumen für das Herrenhaus und meinen Vermieter; er pflegte einen Rasen ausschließlich für meinen Vermieter irgendwo auf dem Anwesen. Er war wie Jack, der inmitten von Brachland bestimmte Gebiete zur Kultivierung auswählte und instand hielt. Doch vieles von dem, was Pitton tat, blieb mir verborgen. Ich sah hauptsächlich die Wildnis, durch die Pitton – für mich und für ihn – zur entsprechenden Jahreszeit ein- oder zweimal buchstäblich den schmalsten aller Pfade schlug. Eine Schwade hinauf; eine Schwade hinunter.

Pittons zwei Schwaden breiter Pfad begann am Ende des Rasens, beinahe gegenüber von dem schattigen Weg, der von der öffentlichen Straße herunterführte. Der Pfad führte durch eine Einhegung, die mit einer alten Buchsbaumhecke umgeben war. Unbeschnitten, war die Hecke nun beinahe zu Bäumen ausgewachsen, die sich über dem Eingang trafen und einen Bogen bildeten, beinahe, als sei das so geplant. Die Einhegung war leer, ohne Anzeichen alter Bepflanzung oder alter Blumenbeete. In einer Ecke war eine Platane gepflanzt worden oder hatte sich selbst ausgesät (es gab eine Reihe Platanen in der Gegend, die offenbar dem Zufall überlassen wuchsen); und über diese Platane, nun eher ein Baum denn ein Schößling, hatte jemand eine Glyzine gezogen – die nun selbst alt war, von der Vergangenheit und den vielen Gärtnern und Leuten zeugte, die die Zeit und die Mittel und den Wunsch gehabt hatten, eine versteckte Ecke zu verschönern.

Im Winter war die Einhegung voller vertrockneter Unkrautstengel gewesen, manchmal so groß wie vertrockneter Mais, und Büscheln eines dünnen, langhalmigen Grases. Nun wuchs das Unkraut wieder mit saftigen, dicken, grünen Stengeln in die Höhe. Doch trotz des Unkrauts und des wilden Grases zeigte der Pfad, den Pitton, eine Schwade hinauf, eine Schwade hinunter, geschlagen hatte, Gras so dicht und zart und eben wie ein Rasen – als sei die Wildnis nur auf der Oberfläche und erwarte, geschnitten zu werden, um die darunterliegende alte Ordnung und Schönheit und jahrzehntelange Pflege zu offenbaren.

Die Einhegung schien Teil des Herrenhausgartens zu sein. Doch Bray, der Mann mit der Autovermietung, erzählte mir, daß sie älter sei; und die hochgeschossene Buchsbaumhecke ließ auf ein höheres Alter schließen. Die Einhegung gehöre zu dem Haus, das vor dem Herrenhaus hier gestanden habe, sagte Bray; und er sagte, daß davor an dieser Stelle ein Mönchs- oder Nonnenkloster gestanden habe. Die Vorstellung war nicht abwegig. Im Mittelalter hatte sicher alles entlang des kleinen Flusses gelegen; nur ein paar Meilen entfernt, in Amesbury, wo der Fluß breit und seicht und klar wurde, gab es eine Abtei und vielleicht auch die Überreste des Nonnenklosters, in das Guinevere aus Winchester-Camelot kam, als die Tafelrunde von König Artus verschwunden war.

Eine Einhegung also, ebenso menschenleer wie jene feuchte, steinerne Ruine am Triftweg, umgeben von Platanen, die, den Verfall und Tod des Hauses ignorierend, das sie eigentlich schützen sollten, weiterhin wuchsen und kalten Schatten auf die schwarze, graslose Erde warfen – so menschenleer wie jene entlegene Ruine war die Fläche innerhalb der hohen Buchsbaumhecke bloß ein paar Schritte von meinem Häuschen, wo (wenn Bray recht hatte) in einem anderen Zeitalter religiöse Männer oder Frauen, die vielleicht der Welt entsagt hatten, verwöhnte Menschen, möglicherweise auch halb Gefangene, Luft geschöpft oder den Rosenkranz gebetet hatten, abgeschieden inmitten des mittelalterlichen Gedränges eines Dorfes, zwischen dem Dorfzentrum von Kirche und Kirchhof und dem belebten Fluß mit seinen Naßwiesen und Flußwiesen, wo Landarbeiter damit beschäftigt waren, die schwere, fruchtbare schwarze Erde zu pflügen.

Auf diese Einhegung folgte der Obstgarten. Alt, sogar verfallen, stand er zwischen älteren Waldbäumen; und die Buchsbaumhecke war hier unregelmäßig gewuchert; die obersten Zweige trafen sich nicht am Ausgang in einem Bogen. Von hier aus konnte man, bis das Sommergrün sie verbarg, den Fluß und die Weiden hinter den Flußwiesen sehen – jetzt wurden die Wiesen nicht mehr gemäht, kein Heu mehr auf ihnen gemacht, sie waren nie belebt und selbst dem Vieh versperrt. Es kam nicht in Frage, eine Abkürzung über die Flußwiesen zum Fluß zu nehmen. Das Land war dauernd »überflutet«, zerschnitten von verstopften Kanälen mit den Überresten (wie kleinere römische Ruinen von Wasserleitungen) aufgegebener Stauwehre.

Es hieß, das Geheimnis des Überflutens und Entwässerns der Wiesen sei verlorengegangen – übliche Arbeiten, die einst je nach Jahreszeit vorgenommen wurden, so wie der Fischereiaufseher den Fluß säuberte und die überlangen Flußgräser abschnitt, die sich verknäuelnd an der Oberfläche trieben. Einst lag der Reichtum des Tals in den Naßwiesen. Jetzt lag er eher in der weiten freien Hochebene. Jetzt wuchs auf den Wiesen des Herrensitzes hinter dem Obstgarten nur noch die wilde gelbe Iris, die auch nie abgeschnitten wurde.

Eine Seite des Obstgartens glich, wenn man ihn von der Einhegung her betrat, einem Wald. Es gab dort viele hohe alte Waldbäume, und der Boden war mit Unkraut und Baumstreu übersät. Dieser Wald befand sich passenderweise da, wo auch das zweistöckige strohgedeckte Kinderhaus stand. Im Frühjahr konnte ich dort nicht durchkommen. Es gab keinen Pfad. Pitton schlug den Pfad hier sehr viel später, und dann war es ein vier Schwaden breiter Pfad, erst für den Handkarren mit Gartenabfall und dann für den großen Sprossenwagen oder die Schubkarre, die Pitton benutzte, um tote Blätter zu dem Friedhof für Gras, Blätter und Blumen zu befördern, den er, der Sicht entzogen, hinter dem Kinderhaus errichtet hatte.

Diesen Pflanzenfriedhof oder Müllabladeplatz beschrieb Pitton als »Gartenfreistatt«, und man brauchte schon einen gewissen Scharfsinn, um diese versteckten, aber zugänglichen »Freistätten« zu finden oder zu erreichen. Pitton hatte, glaube ich, zwei oder drei solcher Freistätten an verschiedenen Orten. Eine Freistatt für den Abfall: Zwei völlig verschiedene Begriffe, die nichts miteinander zu tun hatten. Doch Pittons »Freistatt« stand nicht nur für »Abfall«, sondern erweckte gar nicht unpassend zusätzlich noch die Vorstellung oder Assoziation von Asyl, Zufluchtsort, Versteck, beinahe Versteckspiel, von Dingen, die man schicklicherweise aus den Augen und aus dem Sinn hielt. Er sagte beispielsweise von einem abgebrochenen Buchenzweig auf dem Rasen oder einem Grashaufen: »Das geht auf die Freistatt.« Oder: »Das bringe ich gleich zur Freistatt.«

Anfangs dachte ich, daß nur Pitton das Wort so benutzte. Doch dann entdeckte ich, daß es im Tal mehr oder minder üblich war. Ich hörte es von Bray, dem Mann mit der Autovermietung, Pittons Nachbar. Von ihm hörte ich es, als die städtischen Arbeiter eine Woche lang streikten oder – wie die kleinen gedruckten Zettel an Bäumen und Bushaltestellen überall im Tal verkündeten – beschlossen hatten, den »Arbeitskampf« aufzunehmen. »Keine Freistatt diese Woche«, sagte Bray und meinte, daß der Müll nicht abgeholt wurde. »Mir brauchen Sie nicht zu sagen, wer dahintersteckt. Es sind die Niedrigsten unter ihnen. Niedrig in Worten und Taten.«

Außerdem hörte ich das Wort noch von Mr. Phillips' Vater. Nach dem Tod seiner Frau kam der alte Mann manchmal samstags nachmittags zu Besuch, um (samstags hatte Pitton frei) auf dem Grundstück spazierenzugehen. Manchmal blieb er vor meinem Häuschen stehen, um sich zu unterhalten. Er hatte als Laufbursche angefangen, und er steckte voller Informationen über die alte Zeit. Er erzählte mir, warum die Arbeiterhäuschen entlang der öffentlichen Straße manchmal so äußerst schmal waren. Die alten Kutschen- und Karrenstraßen mußten breit sein; als sie gepflastert wurden, wurden sie schmaler, und auf jeder Seite blieb ein Streifen Land, der eine Zeitlang niemandem gehörte. Arbeiter besetzten diese Streifen und bauten ihre Häuschen darauf. Er erzählte mir, warum so viele Leute Holunderhecken hatten und warum die Hecken so angehäufelt und hoch waren. Holunder wuchs schnell, und mit einer Hecke markierte der Landbesetzer sein Grundstück. Die Hecken waren hoch, aber nicht weil sie über Jahrhunderte gewachsen waren, wie ich mir eingebildet hatte, sondern durch den nicht vernichtbaren Haushaltsmüll des letzten Jahrhunderts. Viele der Heckenwälle waren mit Flaschen und Schrott und alten Schuhen aufgehäuft worden, Abfall, den man nicht loswerden konnte. Und der alte Mann erklärte: »Damals gab es keine Freistatt, verstehen Sie.«

Und ich hörte das Wort wieder von dem ordentlichen, gutgekleideten und bänglichen Mann, der kam, um die Mäuse loszuwerden, die über der Decke meines Schlafzimmers hin und her trippelten und manchmal so klangen, als schössen oder rollten sie kleine Kiesel vor- und rückwärts. Dieser Mann erzählte mir alles, was er über Ratten und Mäuse wußte. Ratten seien eine Plage; doch sie seien Gewohnheitstiere; sie hätten ihre »Strecken« und könnten gefangen werden. Mäuse dagegen könnten in kleinen Rissen oder Fugen einer Mauer leben; sie sehnten sich nie nach Licht oder einem freieren Leben; sie kämen mit einem Gramm Nahrung am Tag, einem Keksbrösel, aus. Doch der Mann war nicht mit ganzem Herzen bei der Mäusehölle oder dem -fegefeuer oder der Mäusevernichtung, die er beschrieb. Früher hatte er das vielleicht mit Vergnügen erzählt und sich über die Reaktion seines Zuhörers gefreut. Nun sprach er, der Mäuseexperte, ganz routinemäßig. Er machte sich Sorgen um seine Gesundheit; er hatte eines Tages ganz plötzlich, als er Mäusegift auslegte, einen Herzanfall gehabt. Er machte sich vor allem Sorgen um seine Arbeit, Sorgen, daß die Regierung oder lokale Behörde seine kleine Abteilung schließen und für die Mäuse- und Ungeziefervernichtung eine Privatfirma verpflichten könne. Plötzlich sagte er, mit anklagend erhobenem Zeigefinger und dem Wort, das für ihn so zweischneidig und angemessen war wie für Pitton: »Wissen Sie, was als nächstes verschwindet? Als nächstes verschwindet die Freistatt. Bald wird es hier keine öffentliche Freistatt mehr geben.«

Wenn man in den Obstgarten kam, lagen also auf der einen Seite das Kinderhaus und Pittons Freistatt, die man bis jetzt noch nicht über einen Pfad erreichen konnte, da er noch nicht geschlagen war. Auf der anderen Seite lagen die großen Gärten des Herrensitzes, füllten zuerst den Raum zwischen den Flußwiesen und dem Gemüsegarten und dann den Raum zwischen den Flußwiesen und dem Herrenhaus.

Nestlinge tschirpten in den Astlöchern der alten Obstbäume. Nußschalen vom letzten Jahr – Hinterlassenschaft grauer Eichhörnchen – knirschten auf dem Nußweg, der den Obstgarten und den großen Rasen des Herrenhauses verband. Der Nußweg führte am Gemüsegarten vorbei; die dünnen Zweige der Nußbäume waren mit althergebrachter Geschicklichkeit – oder zumindest vor Pittons Zeit – gebogen worden, damit sie sich oben trafen. Zwischen den schnell wachsenden Nesseln und wilden Rosenbüschen war noch der Steinpfad um die alten Rosenrabatten zu sehen. Dann kam der eigentliche Rasen. Und hier ging ich aus Angst zu stören (ganz gleich, was die Phillips sagten) ganz dicht am Rand, neben der Flußwiese.

Die Flußwiese oder der Sumpf hatten bereits eindeutig Anspruch auf einen Teil des einst kultivierten Gartens erhoben. Gewisse Zierbäume, besonders Scharlachdorn, wuchsen nun im Sumpf und waren von Sumpfpflanzen umgeben. Viele Sumpfpflanzen und besonders die Schilfgräser, die einst vielleicht wegen der Schönheit ihrer speerähnlichen Blätter (die an chinesische oder japanische Kalligraphie erinnerten) gepflanzt worden waren, hatten den Pfad übersprungen, den Pitton am Rand der Naßwiese freizuhalten versucht hatte, und sich im Rasen ausgesät – wie die Bagasse von einem Zuckerrohrfeuer eine Feuerschneise übersprang und Flammenpfeile in das angrenzende grüne Feld sandte.

Der Rasen stieg sanft bis zum Haus an. In der Mitte stand ein großer immergrüner Baum, der älter als das Haus sein mußte. Die Wohnung und kleine Terrasse von Mr. und Mrs. Phillips – auf der sie Wäsche aufhängten – lag an einer Seite, hinter einigen Statuen.

Das Haus war nicht alt. Es war Anfang des Jahrhunderts gebaut worden, aber so, daß es alt aussah. Wie die rekonstruierte Kirche auf der anderen Seite des Rasens vor meinem Häuschen entsprach es einer Zeit, die Geschmack fand an einer besonderen Vorstellung von der Vergangenheit und – zugleich mit dem Reichtum und der Macht eines unglaublich ausgedehnten Empires – rassische und historische und kulturelle Unfehlbarkeit für sich beanspruchte. Die Rückseite des Hauses wirkte grau: gesprenkelter und vermoderter grauer Stein.

Ich schaute mir die rückwärtige Fassade nie genau an. Zum einen hatte ich den Wunsch, nicht zu stören. Und es gab noch einen anderen Grund. Ich wußte nicht, wie das Haus innen aufgeteilt war, und ich wußte nicht, aus welchem Fenster mein Vermieter – mit seiner unbegrenzten Zeit, seinen langen, unausgefüllten Tagen – vielleicht herausschaute.

Er schaute sicherlich auf etwas nahezu Vollkommenes: den Rasen mit dem großen Baum im Vordergrund, den Wald oder das Wäldchen zur einen Seite, die kultivierte Flußwiese hinter diesem Rasen mit all den Weiden- und Schilfgewächsen und Bambusbüscheln und Hartriegel- und wasserliebenden Sträuchern, den Fluß mit seinen Wasserpflanzen, die Flußwiesen dahinter, die Weiden, die Kanäle, die überfluteten Felder, die das Morgenlicht auffingen und, wenn man ausreichend entfernt war, auch das Abendlicht; und dann wieder die kahlen Downs. (Und welche Wirkungen das Mondlicht auf diese Flußwiesen hatte, wenn der Mond über den kahlen Downs aufstieg! Wie wirkungsvoll Fluß und Nebel an einem mondbeschienenen Abend waren!)

Zum Herrensitz gehörten jetzt im Verhältnis zu früher nur noch ein paar Morgen. Das Land direkt hinter dem Fluß gehörte einem anderen Grundbesitzer. Doch durch eine Kette von Zufällen – die Flußwiesen wurden nicht mehr als Weide gebraucht, die kleinen Dörfer im Tal schrumpften durch die Mechanisierung der Landwirtschaft Ende des letzten Jahrhunderts, viele Landarbeiterhäuschen verschwanden, das Militär besetzte die kahlen

Downs in der Ferne – hatte man von der Rückseite des Herrenhauses eine Aussicht, die Aussicht, durch die ich spazierenging, auf die Natur, die sich seit Constables Zeit so gut wie nicht geändert hatte: eine Aussicht ohne Haus, ohne die Belebtheit des Landes oder des Flusses, die im Mittelalter oder dem Zeitalter geherrscht hatte, ehe die Downs umgepflügt wurden, eine Aussicht wie in einem Naturpark. Und all dies nur ein paar Meilen entfernt von den berühmten alten Städten Salisbury und Wilton, den modernen städtischen Ballungsgebieten Southampton und Andover, den roten Ziegelsteinen, alt und neu, der viktorianischen Eisenbahnstadt Basingstoke und dem neugotischen Ring aus schwarzen Ziegelsteinen um das Herz des uralten Winchester, die Kathedrale.

Das Spielzeugdorf, zu dem mein Häuschen gehörte, war – zusammen mit dem strohgedeckten Kinderhaus in dem pfadlosen Wald – nur ein Teil der großen Anlage des Herrensitzes. Doch eine Vollkommenheit wie die, auf die mein Vermieter schaute, barg Verderben in sich. Eine solche Vollkommenheit konnte zu leicht als selbstverständlich hingenommen werden. Diese Aussicht (auf Efeu und Waldabfälle und überflutete Flußwiesen) hatte nichts, was aufreizte oder Zweifel wecken konnte; diese Aussicht hatte nichts, was einen Mann, der durch persönliche Mängel, Enttäuschungen und vor allen Dingen das Wissen um seine große Sicherheit bereits geistig geschwächt war, zu Taten ermutigt hätte. Diese Aussicht – so vollkommen, so schlicht – sagte dem Anschein nach oder konnte dem Anschein nach sagen: »Dies ist die Welt. Warum sich Sorgen machen? Warum sich einmischen?«

Am entgegengesetzen Ende des Rasens, wo ein Wald begann, der kleine Ausblicke auf Hecken und überwucherte Pfade und überwölbte Wege und Steinurnen bot, ein Wald, den ich nie erforschen sollte, an jenem Ende des Rasens stand ein sehr großes Gewächshaus. Der Holzrahmen war solide, so solide, daß das Gewächshaus aus der Ferne heil, benutzt aussah. Doch das Grün hinter dem Glas war das Grün von Unkraut, das unter den geschützten Bedingungen des Gewächshauses ungewöhnlich hoch wuchs – das Grün einer Unkrautwildnis –, und viele Glasscheiben waren herausgefallen. Für mich hatte dieses Gewächshaus (aufgrund dessen, was ich von alten Gutshäusern in Trinidad wußte, Gutshäusern im französisch-karibischen Stil) etwas, das – abgesehen von seiner Größe – auf Reichtum hindeutete. Es war in der Ausführung übertrieben: Das Holz, die Dicke des Betonfußbodens (auf zwei Ebenen in dem abfallenden Gelände) die Tür und deren Angeln, die Metallarbeit – alles war viel stabiler, als eigentlich nötig war. So bauten Bauunternehmer – vielleicht unaufgefordert – für die Reichen; genauso wie Geschäftsleute ihre besten Waren ins herrschaftliche Haus schickten. Dieser Baustil hatte etwas sehr Befriedigendes; alles schien ganz es selbst zu sein; alles schien für langen Gebrauch gebaut zu sein; es gab keine Unsicherheit, keine Angst.

Hinter dem Hügel hatte Jack auch ein Gewächshaus, hinter (oder eben vor) seinem Häuschen, gegenüber von dem alten Wirtschaftshof. Dieses Gewächshaus war sicherlich aus einem Katalog bestellt worden, wie er in Fernseh- oder Radiozeitungen angepriesen wurde. Und wie zerbrechlich hatte Jacks Gewächshaus immer ausgesehen, wie schmal war der Holzrahmen, wie fragil das dünne Glas, selbst der Betonfußboden! Und wie schnell war, als die Zeit gekommen war, tatsächlich alles verschwunden, alles bis auf den Betonfußboden (und selbst der verschwand später)! Wie schnell hatte es seine Gewächshausatmosphäre verloren! Doch das Gewächshaus des Herrensitzes stand auch nach zwei Jahrzehnten der Vernachlässigung noch und sah aus fünfzig Meter Entfernung solide und heil aus, das Holz war noch gestrichen, der dicke Betonfußboden hatte noch keine Risse, die Tür schwang leicht in den Angeln. Es hätte nur eines Tages Arbeit bedurft, um es innen sauberzumachen, und weniger als eine Woche, um es wiederherzustellen, die Wildnis durch Ordnung zu ersetzen.

Gestrüpp im großen Gewächshaus, Gestrüpp davor. Pittons Rasenmäher kam erst sehr spät hierher, und dann sah das Gras wie überall sonst aus, wo der Rasenmäher gewesen war, ebenmäßig und flach und rasenähnlich und gepflegt. Doch ehe Pitton mähte, mußte man sich einen Weg durch die Nesseln und das Gestrüpp hauen, das in der Feuchtigkeit dicht und schnell wuchs, um zur ersten der Brücken zu kommen, die über die Wasserkanäle und Bäche der Flußwiese zum Flußufer führte.

Am anderen Ende des Rasens, wo die Flußwiese auf den Obstgarten stieß, war in einem Graben, inmitten von Wasserpflanzen, ein Stacheldrahtzaun, um Eindringlinge abzuhalten. An diesem Ende gab es nur Gestrüpp und so etwas wie Waldabfall. Doch hier hatte früher, als auf dem Herrensitz noch Leben herrschte, es eine Reihe von Holzbrücken mit Geländer über die Kanäle gegeben – Kanäle, die, überwachsen von Weiden, die von Äquinoktialstürmen umgeworfen worden waren, Waldbächen glichen: Das Wasser über alten Blättern und Schlamm sah schwarz aus, bis man die klaren, reinen Farben der Blätter und des Himmels, die das Wasser reflektierte, bemerkte. Auf diesen verborgenen schwarzen Bächen (so anders als die offenen Wiesen mit der gelben Iris am anderen Ende) gab es oft Wildenten. Sie erschreckten sich, wenn man näher kam, weil sie so daran gewohnt waren, daß dieses Wasser oder ein bestimmter, von Weiden versperrter Bacharm ungestört ihnen gehörte.

Die Brücken über die Bäche der Flußwiesen waren nach genauen Plänen gebaut worden; doch mit den Jahren waren sie im Wasser verfault und durch Pflanzenwuchs, durch kräftige, langstielige Nesseln und besonders die Weidenwurzeln und -stämme noch mehr zerstört worden. Im ersten Frühjahr meiner Spaziergänge und Erkundungen gab es noch ein schweres Tor am Ende der ersten Brücke. Das Tor hing schief; doch seine Pfosten, obwohl schwarz und grün von Feuchtigkeit und unangenehm anzufassen, standen noch, und man konnte das Tor noch zuziehen und mit einem rostigen Haken verschließen. Als Tor, als

Sperre, war es bedeutungslos. Das Niveau von Erde und Wasser hatte sich geändert; das Tor sicherte nun keinen trockenen Weg mehr durch die Flußwiesen. Man konnte einfach um das Tor herumgehen. Im Boden war nur noch eine ganz leichte Vertiefung, und das einzige Hindernis waren die Nesseln. Doch die Nesseln waren überall.

Auf einem Abschnitt dieses Spaziergangs quer über die Wiese waren Unkraut und Schilf und Weiden und andere wilde Pflanzen so hoch, daß man kaum den Fluß sehen konnte. Dann, ganz plötzlich, war von der allerletzten Brücke - mit vielen eingebrochenen Planken, von denen nur große verrostete Nägel ganz geblieben waren, weil die Planken, die sie festgehalten hatten, längst völlig weggefault waren - deutlich das Ende des Gestrüpps zu sehen und der gemähte Pfad am Flußufer neben dem eingestürzten Bootshaus.

Dieses Bootshaus war eine phantastische Ruine. Der Liegeplatz für das Boot oder die Boote war in einem Bach, einem der alten Kanäle in der Flußwiese. Die dicken Holzpfosten oder Stützen des mit einem Wellblechdach bedeckten Unterstandes befanden sich auf beiden Seiten des Baches. Aber obwohl der Fluß - ein paar Fuß tief, ein paar Fuß breit - friedlich aussah, war das Wasser, das er führte, doch eine Naturgewalt, nicht gänzlich vorhersagbar; und die Ufer des Flusses und seiner kleinen Buchten veränderten sich ständig. Der Bach, an dem das Bootshaus stand, war breiter geworden oder hatte sich einfach verlagert und das Bootshaus nach einer Seite einstürzen lassen. Der Einsturzwinkel, das verfaulende Holz, das schwarz aussehende Wasser, das rostende Wellblech ließen an eine tropische Flußruine irgendwo am Orinoco oder Amazonas oder Kongo denken. Und doch führte der gemähte Pfad am Flußufer an dieser Ruine vorbei, als gehöre er einer anderen Naturordnung, beinahe einer anderen Gesellschaftsordnung an.

Zu diesem bequemen Pfad, einem Pfad für die Angler, sollten die Brücken in der Flußwiese eigentlich führen. Und der Fluß selbst floß ruhig und sanft dahin; und gepflegte Planken überbrückten die Kanäle von den Naßwiesen zum Hauptfluß. Es war Menschenhand, die Hand von Fischereiaufsehern und Leuten wie ihnen, die eine gezähmte Natur andeutete. Sich selbst überlassen, wäre der Fluß wie die Flußwiese hinter dem Herrenhaus vom Wald überwuchert und zerstört worden. Schon eine einzige umgefallene Weide – etwa in einem Sturm geknickt – verursachte im Fluß ein Chaos: die Ufer zerstört, der Durchfluß versperrt, verfitzte Inseln aus Flußgras und Flußdreck mit einer gekräuselten Haut aus milchigbraunem Schaum, der sich innerhalb von wenigen Tagen zwischen den Zweigen bildete.

Die Farbe des Flusses hing davon ab, was am Ufer wuchs. Und obwohl die Unterschiede gering waren, war das Ufer doch abwechslungsreich. Wo hohes Schilf oder Gras am Wasserrand wuchs und Bäume über das Ufer hingen, wo es kleine Einbuchtungen, Miniaturbuchten im Ufer gab, war das Wasser dunkelgrün, scheinbar tief und geheimnisvoll. Wo das Ufer frei war, war das Wasser klar, zeigte den weißen Sand oder Kalk des Flußbettes oder die sich kräuselnden grünen Flußgräser.

Dann kam bei meinem Spaziergang am Flußufer ein Abschnitt, in dem ich direkt vor der Flußwiese stand, auf der die gelbe Iris wuchs. Dahinter lag der alte Obstgarten mit der Buchsbaumeinhegung neben meinem Häuschen. Über dem Obstgarten und der Mauer des Gemüsegartens sah ich unter den Buchen das Dach und die Schornsteine meines Häuschens und war immer wieder völlig überrascht, daß ich dort lebte.

Kurz hinter dieser Stelle war der Spaziergang, der mir gestattet war, zu Ende. Dahinter war ein anderes Fluß»revier«, das einem anderen Grundbesitzer gehörte, und obwohl es leicht gewesen wäre, über den behelfsmäßigen Zaun zu steigen, tat ich es lieber nicht.

Der Fluß machte hier einen Bogen. Auf dem gegenüberliegenden Ufer endete der Hügel jäh in einer bewaldeten Klippe, sie verlieh der Farbe des Flusses große Tiefe und eine Andeutung von Wald. Hier führte auch ein neuer Kanal von dem kahlen Hügel herunter, eine Quelle entsprang dem Kreideboden und verwandelte sich schnell in einen geräuschvollen Wasserfall, so daß man auch hier wieder, in dieser geordneten, gezähmten, glatten Landschaft mit einem kahlen grün-weißen Hügelrücken und einem Fluß, der nur ein paar Fuß tief und ordentlich in numerierte Reviere unterteilt war, an die unvorhersagbare Gewalt des Wassers erinnert wurde. Alte Wellblechplatten dienten in dem neuen Kanal als Stauschütze: ein unerwarteter Anklang an einen städtischem Slum in einer unbevölkerten Landschaft.

Die Fischereiaufseher hatten in der Nähe junge Forellen ausgesetzt, und sie waren nicht weit gewandert. Sie waren unerwartet unansehnlich, nervös wie Ratten, auch von einer Farbe und so hurtig und verschlagen und still wie Ratten, wenn sie auf die dunklen tarnenden Flußgräser zuschwammen.

Das war der Flußspaziergang, knapp zehn Minuten, kaum ein Spaziergang für jemanden, der gewöhnt war, an den meisten Tagen rund anderthalb Stunden zu laufen. Doch der Spazierweg war immer wieder neu; der Fluß und alles, was ich sah, veränderte sich ständig. In meinem ersten Frühling sah ich die blaue Iris. Sie stand allein zwischen dem Unkraut und den Nesseln am Rand der Flußwiese. Ich war hingerissen von dem Anblick und verspürte auf der Stelle den Wunsch, wenn ich je einen eigenen Garten anlegen sollte, zu versuchen, diese Wirkung zu erzielen. Und dann versuchte ich, im leichten Schwindelgefühl der Genesung (bis ich wieder zu mir kam), durch die Nesseln zu der Iris zu gehen, als liege die Schönheit dessen, was ich sah, nicht im Gesamteindruck, sondern in jener einzigartigen Iris.

Dann gab es die duftenden alten Rosen in dem wilden Rosenbeet. Und die Rosen, die ich in jenem ersten Sommer sah, waren die letzten: Bei diesem Tod war ich Zeuge. Denn im Herbst schnitt Mrs. Phillips die Rosen, »schnitt sie richtig zurück«, wie sie sagte; und diese alten Rosensträucher, bis ins Mark zurückgeschnitten, verwandelten sich wieder in Dornengestrüpp.

Jedes Jahr im Frühling oder Sommer gab es eine Zeit, in der ein blaßblaues Rasenunkraut wie blauer Dunst über dem von Gänseblümchen gesprenkelten Rasen schwebte. Und immer war da der Fluß. Der Fluß mit seiner überwältigenden Schönheit von Schilf und Gräsern und sich bewegendem Wasser und wechselnden Spiegelungen ließ mich, lange ehe ich mich in Einklang mit anderen Pflanzen und wirklich in Einklang mit den Jahreszeiten befand, sagen: »Zumindest habe ich ein Jahr hier erlebt.« Und dann: »Zumindest habe ich zwei Jahre hier erlebt.«

Und so wie ich auf dem Spaziergang über die Downs an Jacks Häuschen vorbei anfangs immer nach dem warmen braunen Pelz der Hasen Ausschau hielt, so hielt ich auf diesem kürzeren Spazierweg am Fluß in den weißen Kreidesteinen des Flußbettes Auschau nach dem Miniaturvulkan von der Laichgrube der Lachse und nach den stillen, dunklen Hechten, die in einem tiefen Becken standen, wo das Wasser im Schatten des Schilfes dunkel war. Und ich hielt nach der Wasserratte Ausschau. Ich kannte den kleinen Baum, auf dessen unterem Ast das Tier sich gerne sonnte, nachdem es sich den Pelz ausgeschüttelt hatte. Oft sah ich es durch den Fluß schwimmen; und einmal schlief es so fest, als ich es sah, daß ich – weil ich es für tot hielt – hinging und mich darüber beugte. Oft hörte ich das überraschte Plumps seiner Artgenossen, wenn sie in ihre Schlupflöcher im Fluß tauchten und stumme Schlammwolken hochschickten.

Jeder Winter und Frühling richtete neue Verheerungen in den Gärten des Herrensitzes und auf den Flußwiesen an. Die Brücken über die Kanäle verfielen immer mehr. In einem Jahr wurde schließlich das Tor an der allerletzten (oder ersten) Brükke offengelassen und brach letztlich zusammen, weil es verfault war. Der Fluß änderte seinen Lauf um ein paar Fuß und überspülte den Pfad, den die Fischereiaufseher freigehalten hatten, so daß die Planken, die die Kanäle überspannten, tief unter Wasser lagen. Neue Brücken aus zwei Planken wurden gebaut, eine einfache Planke, eine mit Maschendraht überzogene, damit Schuhe und Schubkarrenräder der Fischereiaufseher Halt fanden.

Auf diesem Spaziergang und auch auf dem längeren, vorbei an Jacks Häuschen über die Downs, lebte ich nicht so sehr mit der Vorstellung von Verfall – diese Vorstellung verwarf ich schnell –, sondern eher mit der Vorstellung von Veränderung. Ich lebte mit der Vorstellung von Veränderung, von dauerndem Wandel und lernte gründlich, deshalb keinen Kummer zu empfinden. Ich lernte, diesen bequemen Grund für so viel menschlichen Kummer von mir zu weisen. Verfall barg ein Ideal, eine vergangene Vollkommenheit. Aber hätte mir daran gelegen, in meinem Häuschen zu leben, als die sechzehn Gärtner arbeiteten? Als jede heranwachsende Pflanze Ängste weckte, jedes Versagen Schmerz oder Kritik hervorrief? Erlebte der Ort für mich nicht jetzt seine Blütezeit? Nun, da ich lebte, wo ich war, dachte ich – nach der Reise, die vor so langer Zeit begonnen hatte –, daß ich glücklich sei.

Und dann eines Tages, ganz unerwartet, als ich unbefangen hinter dem Herrenhaus spazierenging, am Rand der zerstörten Flußwiese und des verwilderten Rasens am Herrenhaus vorbeiging, sah ich meinen Vermieter.

Das war das zweite Mal, daß ich meinen Vermieter erblickte; ein weiteres Mal sollte es nicht mehr geben. Und es war so verwirrend wie beim ersten Mal, als ich ihn neben Mr. Phillips im Auto sitzen und über die schmale Straße unter den Buchen fahren sah, die sein Vater gepflanzt hatte. Ich hatte ihn damals im Auto kaum gesehen, hatte kaum Zeit gehabt, mich auf ihn zu konzentrieren, da war das Auto schon weitergefahren und ließ mich mit einem genaueren und überraschenden Bild von Mr. Phillips zurück – er war glücklich, ganz und gar nicht gereizt in der Gesellschaft seines Herrn, sondern eher wie ein Impresario, wie ein Mann, der von sich erfüllt war, eine richtige Vorstellung von seinen Pflichten und seiner Stellung hatte.

Und so wie ich in der Phantasie, nachdem ich meinen Vermieter das erste Mal erblickt hatte, mit einem verschwommenen Eindruck von ihm gespielt hatte, ihn mal wohlwollend machte, mal zugeknöpft, mit einer dunklen Brille und dem langen Haar eines Einsiedlers à la Howard Hughes, so galten meine Erinnerungen nun, weil ich mich (selbst darauf bedacht, nicht gesehen zu werden) abwandte, sowie ich ihn sah, und mich nicht mehr umdrehte, ebenso dem Schreck des Augenblickes wie dem Mann, auf den ich einen Blick erhascht hatte.

Ich sah ihn aus weiter Ferne, kaum daß ich an dem alten Rosenbeet (lange nach jenem ersten Sommer mit den dornigen, gefüllten, duftenden, lila-rosa Rosen, jetzt ohne Blüten, ein wild wucherndes Dornengestrüpp) vorbeigegangen war und den mit Gänseblümchen übersäten Rasen betreten hatte.

Er saß auf dem sonnigen Fleck zwischen dem riesigen immergrünen Baum, der einen weiten Teil des Rasens überschattete, dem großen, teilweise eingefallenen Gewächshaus und dem Wäldchen neben dem Haus; ich hatte dort kleine Pfade gesehen, die ich aber nie erforscht hatte, weil ich befürchtete, lästig zu sein, befürchtete, meinen Vermieter zu stören, genau so etwas wie just diesen Augenblick befürchtete.

Er saß (wie ich nachher dachte oder meinte) in einem mit Segeltuch bezogenen Liegestuhl in der Sonne, das Gesicht nach Süden und mir den Rücken zugewandt. Er trug einen breitkrempigen Hut. Der Hut verbarg die Form seines Kopfes und auch ob er kahl war oder nicht, genauso wie der Segeltuchrücken seines Sessels verbarg, ob sein Leib dick war oder nicht.

Vom ersten Blick, den ich auf ihn erhascht hatte, hatte ich ein klares, konkretes Detail behalten: das kleine flache Winken über dem Armaturenbrett seines Autos. Ich hatte dieses Winken mit Scheuheit ausgestattet, einer Scheuheit durch Krankheit, einer Scheuheit, die (meinte ich) mit einer großen Eitelkeit einherging, einer Scheuheit, die nicht so sehr den Wunsch ausdrückte, nicht gesehen zu werden, als den Wunsch, beim ersten Anblick Beifall zu bekommen, beim ersten Anblick als wunderbare und interessante Person erkannt zu werden; und ich hatte in seinem Winken Wohlwollen gesehen.

Vom zweiten Blick, den ich auf ihn erhaschte, behielt ich wieder nur ein klares, konkretes Detail: das eines übergeschlagenen Beins und eines bloßen, gekrümmten Knies – das in der Sonne glänzte. Er trug Shorts; sie saßen eng um den plumpen Schenkel, den ich sah. Dieser Wunsch meines Vermieters, sich zu entkleiden und seinen Körper zu hegen – von den Phillips' und Bray, dem Mann mit der Autovermietung, dessen Vater vor langer Zeit im Herrenhaus gearbeitet hatte, hatte ich Geschichten über die große Schönheit meines Vermieters als jungem Mann mitbekommen –, diese Vorstellung von Schönheit und Körper verband sich jetzt mit einer entgegengesetzten Wirklichkeit: der Fettleibigkeit durch Trägheit und Nachlässigkeit.

Dieses Detail – der sonnige Fleck in der Wildnis, die Sonne auf dem dicken glänzenden Bein – legt für mich die Jahreszeit fest. Ich wußte natürlich, daß er bei kaltem Wetter in seinem Zimmer blieb und nur bei schönem Wetter das Haus verließ. Durch Geburt hatte ihm ein großes Haus und eine weite Aussicht im feuchtesten Teil der Grafschaft zur Verfügung gestanden, am Flußufer, in einem Tal, das ich oft, wenn ich von dem Aussichtspunkt auf meinem anderen Spaziergang hinunterschaute, völlig von Nebel bedeckt gesehen hatte. Doch rein instinktiv neigte er zum Mittelmeer, den Tropen; er liebte die Sonne. Unbeweglichkeit, Gewohnheit, Freundschaften, der Wunsch, da zu sein, wo seine Stellung bekannt war – diese Dinge hatten ihn vielleicht in seinem ererbten Haus festgehalten. Vielleicht wäre er weggezogen, wenn er Freunde und gesellschaftliche Verbindungen, das Wissen der anderen um seine gesellschaftliche Stellung, alles, was ihn beschützte, hätte mitnehmen können. Aber er blieb in seinem Haus, seiner Umgebung und träumte davon, woanders zu sein, träumte auf seine eigene Weise.

Er hatte mir – in meinem ersten Jahr als sein Mieter – Gedichte über Krishna und Shiva geschickt. Mrs. Phillips hatte die Gedichte getippt und sie dann persönlich ins Häuschen gebracht. Das war eine Willkommensgeste meines Vermieters für mich; und so behandelte Mrs. Phillips sie, fügte der Geste noch ihre eigene, überraschende Hochachtung vor dem Dichten hinzu. Mrs. Phillips tippte und brachte noch weitere Gedichte. Sie wurde sozusagen das lebende Bindeglied zwischen meinem Vermieter und mir. Ich glaube nicht, daß er die höfliche Geste allzu weit treiben wollte; doch so stellte sie sich dar, und sie machte es mir viel leichter, mich in dem Häuschen einzuleben.

Krishna und Shiva! Dort, an jenem Fluß (Constable und Shepard), auf jenem Anwesen! So wie mein Vermieter diese Gottheiten sah, hatten sie nichts von einem zeitgenössischen Kult oder einer Mode. Seine romantische Vorstellung von Indien war in der Tat älter, sogar antiquiert, etwas, das er wie sein Haus aus der Zeit imperialer Pracht geerbt hatte, als - durch materielle Übersättigung und die Erwartung, daß die Welt so geordnet blieb, wie sie bereits seit über einem Jahrhundert geordnet war - Macht und Pracht sich bereits von innen auflösten. Ruskins Ideen, eine Abkehr von der Roheit der Industrialisierung und Oberschicht oder künstlich gezüchtete Empfindlichkeiten, Empfindlichkeiten, die beinahe in Geld erstickten, das Yellow Book, Philosophie, die in sinnliche Empfindsamkeit überging - die romantische Vorstellung meines Vermieters von Indien hatte an all diesen Impulsen teil und war verwurzelt in England, im Reichtum, im Empire, in der Vorstellung von Pracht, materieller Übersättigung, einer sehr großen Sicherheit.

Seine romantische Vorstellung von Indien - die wenig mit mir, meiner Vergangenheit, meinem Leben oder meinen Zielen zu tun hatte - paßte zu seiner Umgebung. Für ihn waren Krishna und Shiva Namen, und in seinen Gedichten erschienen sie wie griechische Gottheiten, mit der Farbe antiker Skulpturen, buchstäblich nachtblau angehaucht mit der Farbe der Wollust, der Verheißung von Lust (und Schönheit und Wahrheit wie bei Keats), die die Sinne schwindeln machte.

Die falsche Vorstellung von den bemalten Statuen gefiel mir (ich hatte das Gefühl, es sei ein altes Gedicht). Und es gab so etwas wie ein Wissen über die blauen, einheimischen Götter des Hindu-Pantheons, den lasziven Krishna, den drogennehmenden Shiva (Blau stand in Wahrheit für das Schwarz der Ureinwohner Indiens). Doch in späteren Gedichten – manche von Mrs. Phillips getippt, manche gedruckt (auf einzelnen Blättern mit Zeichnungen) – wurde italienischen Jugendlichen, offensichtlich aus dem vergangenen Jahrhundert, oder jungen Matrosen wie bei Conrad (wieder offensichtlich aus dem vergangenen Jahrhundert) in Häfen in Peru oder Malaya oder Brasilien eine ähnlich ungestüme Sinnlichkeit zugeschrieben.

Seine Phantasien (den Gedichten nach zu schließen eher sinnlich als ausgesprochen sexuell) waren schrankenlos, aber auch gegenstandslos: warm und verschwommen, etwas, das ihm zustand, das bei genauerer Beschreibung aber vielleicht verschwinden könnte; etwas da draußen, außerhalb seiner selbst und letztendlich eine Erscheinungsform seiner Acedia, des merkwürdigen Tods der Seele, der ihn so früh im Leben befallen hatte. Sein Rettungsanker war sein Haus, das Wissen um seine gesellschaftliche Stellung. Durch alle Höhen und Tiefen seiner Krankheit oder seiner Acedia wußte er, wer er war. Alle Gedichte, die er durch Mrs. Phillips schickte, waren extravagant unterschrieben. Seine Unterschrift hatte – ganz abgesehen von ihrer Größe – etwas Experimentelles wie die Unterschrift eines Jungen; sie zeugte von jemandem, der seine Persönlichkeit noch auskostete.

Und nun saß er vor mir, auf einem sonnigen Fleck auf seinem Anwesen, hinter dem Haus, das er sein Leben lang gekannt hatte, neben dem Gewächshaus mit den zerbrochenen Scheiben und dem Unkraut, inmitten seines zerstörten Gartens. Halbnackt, die Beine übereinandergeschlagen, der dicke rechte Schenkel (der oben liegende Schenkel, den ich sah) eng von den Shorts umspannt.

Die Phillips hatten mich ermutigt, durch den hinteren Garten und am Flußufer entlangzugehen, sie hatten meinen Wunsch, ganz außen am Rasen, an der Flußwiese vorbeizugehen, als unnötige Rücksichtnahme abgetan. (Ihre eigenen Besucher waren weniger taktvoll.) Mein Vermieter habe sein eigenes Eckchen, sagten sie mir, irgendwo am Ende jener überwucherten Pfade durch das Wäldchen an der anderen Seite des Hauses; ich könne mich ganz ungezwungen bewegen. Und das tat ich nun bereits schon ein paar Jahre lang. Gewiß war ich von meinem Vermieter aus einem Fenster des Herrenhauses beobachtet worden. Und ich glaube, daß sein Auftauchen da, wo er saß, Absicht war. Wenn er das Haus verließ, war das immer eine größere Affäre. Jemand mußte beispielsweise den Stuhl für ihn heraustragen. Und vielleicht hatten Mr. Phillips und seine Frau mir aus dem Wunsch heraus, ihn »vorzuführen« – in seiner Dickköpfigkeit, seiner Launenhaftigkeit –, nicht gesagt, daß mein Vermieter an dem Tag im hinteren Garten saß.

Sein Haus, sein Garten, seine Aussicht, sein Name. Was sah er? Was auch immer er sah, mit Sicherheit war es etwas anderes als das, was ich sah. Und so erschrak ich, nachdem ich diesen Blick und diesen Fluß während so vieler Jahreszeiten kennengelernt und in Besitz genommen hatte, fühlte mich plötzlich als Eindringling, genau so wie eines Tages, als Bray, der Mann mit der Autovermietung, mir in einer besonderen nostalgischen Stimmung (er hatte sich mit seiner Frau gestritten und mit Pitton, dem Gärtner des Herrensitzes, der direkt neben ihm wohnte) eine Klatschillustrierte aus den zwanziger Jahren zeigte und ich eine gutaussehende, selbstbewußte Gruppe junger Menschen aus jener Zeit sah, die zwischen dem hinteren Rasen und dem Fluß auf dem Geländer einer der Bachbrücken saß. Eine andere Sicht, ein anderer Ort!

Was sah er, wenn er in seinem Liegestuhl da saß? Sah er das hochgewachsene Unkraut in dem soliden Gewächshaus, die Blütenköpfe mancher Unkräuter, die flach gegen das Glas gedrückt waren? War er von dem Wunsch erfüllt, die Dinge wieder in Ordnung zu bringen, oder von der Vorstellung von Verfall und Vernachlässigung? Sah er den Efeu, der so viele Bäume erstickte, die so alt wie der Garten waren? Er mußte den Efeu sehen. Mrs. Phillips erzählte mir eines Tages, daß er Efeu mochte und Anweisung gegeben habe, den Efeu nie abzuschneiden.

Was empfand er dann, wenn ein Baum umstürzte? So viele Bäume waren umgestürzt. Solch eine Wildnis nun in den Flußwiesen, so viel Waldstreu, nachdem so viele Weiden umgefallen waren und der ungeschützt stehende Norfolk Reed eines Winters von den Überschwemmungen zu Boden gedrückt worden war, die für rund eine Woche einen zusätzlichen Wasserlauf durch die Wiesen am gegenüberliegenden Ufer gegraben hatten.

Er mochte Blumen. In einer Ecke des ummauerten Gemüsegartens zog Pitton für ihn Blumen. Und nach dem, was ich hörte, erwachte eine regelrechte Leidenschaft für Blumen in ihm, sowie das Wetter schön wurde. Manchmal konnte er nicht auf die Blumen warten, die Pitton zog. Dann bestand er nach seiner winterlichen Abgeschiedenheit darauf, zu Blumenläden in Salisbury und anderen Städten zu fahren, und unternahm manchmal lange Fahrten zu bestimmten besonders bevorzugten Garten-Centern, um Blumen und Topfpflanzen zu kaufen.

Pitton berichtete mir, daß mein Vermieter auf dem Rückweg von einer solchen Blumenexpedition die Päonien unter meinem Fenster und im Schatten der Eibenhecke gesehen und über die Intensität der Farbe der im Schatten stehenden Päonien das gleiche wie ich gedacht habe.

Pitton, der mir dies berichtete (um mir eine Freude zu machen), befand sich in einer Zwickmühle. Die Schwierigkeit lag darin, wie mein Vermieter das Wort »Päonie« aussprach. Pitton wollte seinem Arbeitgeber gegenüber nicht illoyal sein.

»Er sagt nicht ›Päonie‹ wie Sie und ich«, sagte Pitton. »Er sagt Päon*ie.*« So ausgesprochen reimte das Wort sich auf »Agonie«.

Irgendwo – in Oxford oder vielleicht bei Somerset Maugham – hatte ich von dieser edwardianischen Gespreiztheit gehört, einer

Gespreiztheit, die als solche bekannt war. Die Worte wurden immer auf der letzten Silbe betont. Und die Gespreiztheit, von der Pitton berichtete, war merkwürdig. So wie mein Vermieter die Stellung seines Namens kannte, hatte diese Gespreiztheit, dieses Kennzeichen einer besonderen Gruppe, dieser Gesellschaftsunterricht aus einem anderen Zeitalter seine hoffnungslose Krankheit, seine Acedia überlebt.

Und – diese Gespreiztheit einmal beiseite lassend – wie paßte seine Vorliebe für Blumen zur Zerstörung seines Gartens, der Zerstörung, durch die er mich sicher von seinen Fenstern aus oft hatte laufen sehen? Sah er überhaupt Verfall? Oder sah er einfach – da die Pflanzen immer weiterwuchsen –, daß alles üppig gedieh? Oder schätzte er den Verfall, weil er darin eine tröstliche Widerspiegelung seiner Acedia sah?

Das war sicher nicht zu weit hergeholt. Es entsprach sicher meinem Wunsch, mich nicht einzumischen, als ich in das Häuschen auf seinem Anwesen kam, die Dinge zu akzeptieren, wie ich sie vorfand; und dann später meinem Wunsch aus Freude an diesem Ort, keinen Verfall zu sehen, mich nicht von der naheliegenden Vorstellung von Verfall traurig stimmen zu lassen, sondern statt dessen dauernden Wandel, ständige Veränderung zu sehen; es entsprach sicher auch dem Gefühl, das ich schätzen lernte, daß ich trotz der Vernachlässigung des Anwesens in seiner schönsten Zeit gekommen war, daß die von sechzehn Gärtnern geschaffene Ordnung zuviel, zu anstrengend und beunruhigend gewesen wäre, daß die wahre Schönheit des Ortes in zufälligen, nicht geplanten Dingen lag: den Päonien, die unter dem dichten dunklen Grün der Eiben ganz langsam hervorkamen; der alleinstehenden blauen Iris zwischen den hohen Nesseln; dem jungen Rotwild, das viele Monate im Schilf um die verfaulenden Brücken über die Wasserkanäle lebte, weil es begriffen hatte, daß die Gegend nicht von Menschen besucht wurde.

Als ich auf den Herrensitz kam, war ich in der Stimmung, mich zurückzuziehen, und ich verstand, daß man sich in dieser Stimmung verspottet fühlen, daß es einem zusetzen würde, wenn man Gesten machte, die zu bejahend waren. Aus diesem Wunsch heraus, mich nicht zu engagieren, mich nicht einzumischen, sondern die Dinge hinzunehmen, wie ich sie fand, hatte ich mein Zimmer in dem Häuschen violett gestrichen. Es war die Farbe, die ich am wenigsten positiv fand, und das rührte aus meiner Kindheit her.

Mein Grundschule in Port of Spain befand sich in einer Straße, Victoria Avenue, die in einen Friedhof mündete. Beinahe jeden Nachmittag nach der Schule sah ich die von Pferden gezogenen Leichenwagen und den Trauerzug dahinter durch die hohe, mit Geröll gefüllte Mauer des Friedhofs ziehen, nach dem französischen Forscher La Pérouse »Lapeyrouse« genannt. (Den Namen hatten Ende des achtzehnten Jahrhunderts unsere französischen Siedler mitgebracht, die vor den Auswirkungen der Französischen Revolution auf Haiti und den anderen französischen Inseln geflohen waren.) Die Pferde, die die Leichenwagen nach Lapeyrouse zogen, trugen eine Netzdecke in Schwarz oder Violett. Folglich war violett – lila – für mich nie die Farbe von Macht und Pomp; es war die Farbe des Todes. In der Stimmung, in der ich mich befand, als ich in das Häuschen zog, wäre jede bejahendere, lebensermunterndere Farbe Hohn gewesen. (Später verband diese Farbe sich für mich mit der Schönheit und dem Wohlwollen des Ortes, der mich willkommen hieß.) Und da man immer versucht, andere zu verstehen, indem man einen Ausdruck seiner selbst in ihnen sucht, war ich bereit, meinem Vermieter etwas von meinem Bedürfnis nach Zurückgezogenheit zuzuschreiben.

Doch vielleicht lag seinen Gefühlen, seinen sinnlichen Reaktionen genausowenig ein Muster zugrunde wie seinen Gedichten. Er mochte Sommer, Sonne, Blumen, Efeu. Vielleicht war er gar nicht fähig zu irgendeiner Anstrengung, die Dinge in Ordnung zu bringen. Oder vielleicht war er bloß verhätschelt und dachte, daß ganz gleich, wieviel der Efeu und die Winterstürme in seinem Garten zerstörten, es für ihn immer noch etwas zu sehen gebe; daß es im Sommer immer noch Sonne und eine Lichtung in dem zerstörten Garten gebe, wo er sitzen könnte.

Efeu bedeckte und erstickte manche Bäume so sehr, daß es – besonders für mich, der sich so wenig auskannte – schwer war, zu sagen, um was für Bäume es sich handelte. Ein Baum, der eines Tages umstürzte, erwies sich als Kirschbaum. Mir waren nur seine Blüten aufgefallen, die dann und wann durch die Efeudecke brachen. Pitton und Mr. Phillips schnitten den Kirschbaumstamm in Scheiben; sie benutzten eine Kettensäge, und die Scheiben waren vollkommene kleine Gegenstände, wie Spielzeug, als sie von der Efeumatte befreit waren. Einige Scheiben wurden mir für mein Kaminfeuer geschenkt. Ich legte die geschenkten Scheiben in meinen Schuppen (das halbe Häuschen an der Mauer des Gemüsegartens) und ließ sie dort trocknen. Als sie ausgetrocknet waren, konnte ich mich nicht überwinden, sie alle zu verbrennen.

Eine Scheibe behielt ich als Erinnerung an den Garten; ich ließ sie hobeln und lackieren. Sie war mit der glänzenden Borke getrocknet; zwischen Borke und Holz gab es nur einige wenige Zwischenräume; und da das Holz so langsam getrocknet war, hatte es kaum Risse. Obwohl die Kirschholzscheibe Sägespuren zeigte und als Holz unauffällig, ohne bestimmte Farbe war und in meinem Nebengebäude verstaubte, sah sie wunderschön aus, nachdem sie abgehobelt war. Ich zählte die Ringe. Es waren siebenundvierzig.

In den ersten zwei oder drei Jahren hatte der Kirschbaum wahrscheinlich in einer Baumschule gestanden. Folglich war er wahrscheinlich im Herbst 1930 ausgepflanzt worden. In den ersten sechsundzwanzig Jahren war das Splintholz in gesundem Maß gewachsen; und die Farbe des Holzes in der Mitte war gelb. Doch dann, in den letzten einundzwanzig Jahren hatte sich das Wachstum des Splintholzes verlangsamt; die Linien des Kernholzes waren dicht zusammengewachsen; und außen war das Holz der Scheibe dunkel.

Hier in dem geheimen pflanzlichen Leben des Kirschbaums aus dem Garten war so etwas wie eine Bestätigung für das, was ich über das Leben meines Vermieters gehört hatte. 1949 oder 1950 – 1950 war das Jahr, in dem ich meine Heimatinsel verlassen, die umständliche Reise nach England gemacht und Material gesucht hatte, über das ich schreiben konnte, und als Schriftsteller (in den Texten, an denen ich mich versuchte) viel kenntnisreicher war denn als Mensch, weil ich mich vor meiner wahren Erfahrung versteckte und meine Erfahrung vor mir versteckte –, 1949 oder 1950 also hatte mein Vermieter sich aus der Welt zurückgezogen, weil er diese Welt zur Genüge kannte. Damals hatte er wahrscheinlich angeordnet, daß der Efeu nicht angerührt werden dürfe. Bis zu dieser Zeit war der Garten, den seine Eltern angelegt hatten, trotz allem, trotz des Krieges, mehr oder weniger gepflegt worden. Vier oder fünf Jahre später hatte sich, wie die Ringe auf meiner Kirschholzscheibe zeigten, der Efeu festgesetzt; und einundzwanzig Jahre danach war der erstickte, erwürgte Baum umgestürzt und Abfall im Garten, Abfall eines Lebens geworden.

Eines Tages fiel mir ein, daß ich zu der Zeit, da der Efeu sich festgesetzt oder am Kirschbaum angesiedelt hatte, zu der Zeit, da die Acedia meines Vermieters trotz seines jugendlichen Alters chronisch geworden war, Oxford verlassen hatte. Und da ich etwas tun mußte und mein Zuhause verlassen hatte, um Schriftsteller zu werden und sich mir keine andere Begabung oder Berufung eröffnet hatte, hatte ich mich als Schriftsteller niedergelassen – ganz vorsätzlich. In diesem Entschluß lag keine Freude. Es war das ödeste und angsteinflößendste Jahr meines Lebens. Und eines Tages im Tal, als ich den Hügel neben dem Windschutz aus Kiefern und Buchen und Weißdorn und Feldrosen zum Aussichtspunkt hinaufging, als ich in jener Umgebung spazierenging, die mir Freude geschenkt hatte wie kein Ort in der Welt zuvor, ertappte ich mich dabei, daß ich mich grundlos, vielleicht nur um der geistigen Erregung willen, in meine Persönlichkeit von vor fünfundzwanzig Jahren zurückversetzte und wieder eine Panik empfand, die ich so gut wie vergessen hatte, und auch den Wunsch, den sie in mir ausgelöst hatte, nämlich wegzulaufen und mich zu verstecken: Ich hatte kein Geld, keine Arbeit, keine Begabung vorzuweisen, keinen Ort, an den ich abends zurückkehren konnte außer einer dunklen und sehr feuchten Souterrainwohnung, die einem Vetter gehörte; hatte meiner Familie, die seit dem Tod meines Vaters im vorangegangenen Jahr meinen Zuspruch brauchte, nichts zu bieten.

Irgendwie hatte ich es geschafft zu schreiben. Irgendwie – und zwanzig Jahre später sollte es mir als Glücksfall erscheinen – hatte ich mich in der Welt engagiert. Und zwanzig Jahre eines Lebens, das das Gegenteil von dem meines Vermieters gewesen war, hatten mir den Abfall in seinem Garten, den Abfall seines Lebens als Trost gewährt. Abfall, der dennoch immer noch eine Spur von Pracht hatte.

Ein Mann mit einer einfacheren Vorstellung seiner selbst, einer einfacheren Vorstellung von seinem Namen hätte den großen Wert des Besitztums gesehen, hätte den Wert erkannt und anderswo in großem Stil von dem Erlös gelebt. Doch mein Vermieter zog es vor, dort zu sein, wo er sich auskannte. Andere Leute hätten vielleicht über einen Umzug nachgedacht. Er selbst konnte sich ein Leben fern von seinem Haus und Garten nicht vorstellen. Er sah sie vielleicht weiterhin auf seine Art, vielleicht sogar als etwas in sich Geschlossenes und Vollkommenes, so wie wir die allmähliche Verschmutzung von Wohnungen oder Häusern, in denen wir lange gelebt haben, nicht mehr sehen.

Das Herrenhaus schien so sehr es selbst zu sein, es wirkte so etabliert, daß es mich überraschte, daß der Verfall erst vor kurzem eingesetzt hatte. Und nachdem ich gelernt hatte, ihn zu sehen, sah ich ihn auch an anderen Stellen. Ich sah ihn in den Frühbeeten direkt vor meinem Häuschen.

Diese Frühbeete, als kleine Pflanzschulen geplant, hatten niedrige Ziegelsteinmauern, wobei die nördliche Mauer ein oder zwei

Fuß höher war als die südliche; und sie waren mit großen Glasscheiben in Holzrahmen bedeckt, die an der höheren nördlichen Mauer mit Scharnieren befestigt waren, so daß sie nach Süden abfielen. Diese Scheiben waren sicher nicht leicht hochzuheben gewesen. Wie so vieles auf dem Anwesen waren sie in der Ausführung übertrieben: schweres Glas, zu solide Holzrahmen. Irgendwann einmal waren die Frühbeete aufgegeben worden, und die schweren Scheiben hatte man ausgehängt und gegen die hohe Mauer des Gemüsegartens gelehnt. Dort fand ich sie.

Von Unkraut und Gras umwachsen sahen sie sehr alt aus. Doch als ich im Sommer mein eigentliches Territorium überschritt und das Gras zwischen meiner Hintertür und der Gartenmauer zum ersten Mal mähte (mit dem Rasenmäher des Herrensitzes, von Pitton mit dem Benzin des Herrensitzes gefüllt) und den Rasenmäher direkt bis zur Gartenmauer und den Glasabdekkungen führte, was für eine Verwandlung! Was in der lange vernachlässigten Ecke des Anwesens wie Gebüsch ausgesehen hatte, sah nach dem Mähen ebenmäßig und ordentlich aus. Es war, als seien die Glasabdeckungen erst vor wenigen Monaten gegen die Wand gelehnt worden.

Die Erde bestand hier an der Mauer teilweise aus Holzasche und teilweise aus rötlicher Kohlenasche, vielleicht sogar von den Kaminfeuern meines Häuschens (und vielleicht aus der Zeit vor der »Freistatt«). Zwischen dieser Mischerde und der Seitenmauer meines Schuppens war eine Vertiefung mit einem schweren Metallgitter: ein Gully, einer von vielen, die auf dem Anwesen angelegt waren, um das Wasser aufzunehmen, das die Downs, die Straße, den asphaltierten Weg, den Rasen, die Auffahrt herunterfloß. Nichts war natürlich hier; alles war durchdacht. Gras und Bäume verbargen genausoviel Technik wie ein römisches Forum. Ein Schnitt mit dem Rasenmäher beseitigte schon die Vorstellung von Wildnis vor der Hintertür meines Häuschens, zeigte die durchdachten Linien von Mauer und Erde und Nebengebäude und die Stabilität der holzgerahmten Glasscheiben an der Mauer.

Das Holz dieser Scheiben war immer noch fest, zeigte immer noch Spuren weißer Farbe. Nur wenige Glasscheiben waren zerbrochen; vier oder fünf waren bloß aus dem bröseligen Kitt gerutscht. Und obwohl die Erde hier schlecht war und die Frühbeete auf der Nordseite der Gartenmauer und den größten Teil des Tages über im Schatten der Buchen lagen, wuchsen Gras und Unkraut zwischen den Glasscheiben unnatürlich groß und üppig. Und obwohl in den Ziegelsteinbeeten selbst (immer noch mit den Holzleisten, in die die Glasabdeckungen gehörten) kleine Verwehungen aus Buchenblättern und Buchmast waren und aus dem merkwürdig gelben Sand Nesseln und Zwergholunder und Kräuter wuchsen, deren Namen ich nicht kannte, und viele dornenreiche Brombeerbüsche, beseitigte doch dieser eine Schnitt mit dem Rasenmäher um die Frühbeete die Vorstellung vom Alter des Verfalls – wie fünf oder sechs Jahre später die Ringe in der Scheibe des umgestürzten Kirschbaums.

Es war merkwürdig beunruhigend, den Boden hinter meinem Häuschen wieder »hervorkommen« zu sehen; beunruhigend, sich mit der Vorstellung zu befassen, daß die Vernachlässigung des Anwesens erst vor kurzem eingesetzt hatte, die Vernachlässigung, die es für mich als Refugium so vollkommen gemacht und in der ich solchen Trost gefunden hatte; daß das Anwesen erst ein oder zwei Jahre ehe ich gekommen war, sich selbst überlassen worden war; daß der Prozeß der Schrumpfung, obwohl er vor zwanzig oder fünfundzwanzig Jahren begonnen hatte, sich erst vor kurzem beschleunigt hatte und daß meine eigene Anwesenheit dort Teil dieses Beschleunigungsprozesses war.

Und auch die Phillips': Als ich sie kennenlernte, schienen sie dazuzugehören, Teil ihrer Umgebung zu sein, geprägt von der Vernachlässigung, die sie umgab. Ich hatte in ihrem Wohnzimmer gesessen und hinausgeschaut auf die marmorierte Steinterrasse mit dem Blick über den ungepflegten Garten, die großen Bäume, die überwucherten Flußwiesen, die den Blick auf alles dahinter verdeckten; an den Zweigen der Ziersträucher im Vordergrund hingen nun Futterglocken für die Vögel und seitlich davon waren, von einem gegabelten Pfahl getragen, leere Wäscheleinen.

All das hatte wie aus einem Guß mit dem Herrenhaus gewirkt. Und weil ich nichts von der Inneneinrichtung und dem Leben herrschaftlicher Häuser wußte und für meinen Blick darauf nur meine Phantasie mitbrachte, die eher von Comics und Filmen als von Literatur gespeist war (mir fiel kein spezielles Buch mit dieser Umgebung ein), und weil ich in einer mir fremden Umgebung in England in meine alte Gewohnheit verfiel, was ich vorfand, als weiteres Beispiel für englisches Leben hinzunehmen oder einzuordnen, hielt ich die Phillips' für Musterbeispiele von Angestellten oder Dienern, die in den Dienstbotenunterkünften eines herrschaftlichen Hauses wohnten. Ich schrieb ihnen auch das Benehmen solcher Leute zu.

Ich war enttäuscht, als ich nach ein paar Monaten erfuhr, daß die Phillips' weniger als ein Jahr vor mir auf den Herrensitz gekommen waren, daß ihr Benehmen nicht das Benehmen von Dienern oder Hausangestellten war, sondern einfach ihr eigenes Benehmen, das Benehmen von Menschen, die Frieden suchten und den Frieden genossen, den sie auf dem Herrensitz gefunden hatten.

Obwohl es so aussah, als hätten sie sich in der Ruhe des Herrensitzes gut eingerichtet und obwohl sie aus der Gegend stammten, waren sie keine Leute vom Land, sondern Städter mit einer Vorliebe fürs Land. Obwohl sie ganz und gar zum Herrensitz zu gehören schienen – sie fühlten sich in ihrer Wohnung wohl, und die Vernachlässigung um sie herum war ihnen gleichgültig, als sei sie so langsam gekommen, daß sie sie nicht bemerkt hätten –, waren sie in Wirklichkeit wurzellose Menschen; viel weniger verwurzelt als Jack hinter dem Hügel.

Sie hatten kein eigenes Haus und wollten auch keines haben. Sie wohnten in Häusern, die zu den Jobs gehörten, die sie annahmen; und obwohl sie, schätze ich, bald fünfzig waren, schienen sie sich keine Gedanken über die Zeit zu machen, in der sie zu alt zum Arbeiten sein würden. Wie ihr Arbeitgeber, mein Vermieter, schienen Mr. und Mrs. Phillips zu glauben, daß es immer eine Unterkunft für sie geben würde.

Das Auto, die Ausflüge, das Einkaufen in einer der drei oder vier Städte in der Nähe, zwei- oder dreimal wöchentlich der Besuch in einem Pub, das sie in einer dieser Städte gut kannten – dies waren ihre Vergnügungen: städtische Vergnügungen, keine ländlichen Vergnügungen. Und der Anschein von Seßhaftigkeit und Behaglichkeit in ihrer Unterkunft (wo die Möbel, jedenfalls die meisten, sicher zum Herrenhaus gehörten), jener Anschein, der mich am ersten Tag so beruhigt und mir so wohlgetan hatte, war Teil der Begabung, die sie als wurzellose Menschen hatten. Es war eine Begabung, der Jacks nicht unähnlich, wenn sie auch nicht so unmittelbar sichtbar war.

Inmitten des vernachlässigten Wirtschaftshofs und trotz seiner Unsicherheit, was Arbeit und Wohnung betraf, pflegte Jack seinen schmucken Garten und grub die Beete für Gemüse und Blumen um und hielt sein Grundstück in Ordnung. In einer ähnlichen Unsicherheit – da ihr Arbeitgeber jederzeit sterben konnte, und sie dann mit ihren Besitztümern zu einem anderen Job und anderen Räumen weiterziehen müßten – richteten sich auch die Phillips' ihr behagliches Heim ein. Jack war durch die Jahreszeiten und die entsprechenden Gartenarbeiten eingebunden. Die Phillips hatten eine andere Art von Stabilität. Ereignisse außerhalb ihrer Wohnung, Festlichkeiten draußen gaben ihrem städtischen Leben Rhythmus und Gefüge und Reiz: die Ausflüge, die Besuche im Pub zwei- oder dreimal wöchentlich, ihr Jahresurlaub im immer selben Hotel im Süden.

Diese Seite ihres Lebens hätten die Phillips' wahrscheinlich preisgegeben. Ihren sozialen Gewohnheiten nach waren sie keine Dorfbewohner; ihrem Instinkt oder Charakter nach waren sie nicht die Diener eines großen Hauses; sie waren Menschen aus der Stadt, der Welt draußen. Und selbst wenn man mir nichts gesagt hätte, hätte mich stutzig gemacht, daß Mrs. Phillips das alte

Rosenbeet im Garten herunterschnitt. Wie die Rosen im Sommer in dieser Rosenbuschwildnis geblüht hatten! Und dann waren die Büsche im Herbst zu dicken, knotigen, nur ein paar Zentimeter hohen Stümpfen heruntergeschnitten worden, und Mrs. Phillips hatte oft von ihrer Aktion gesprochen. »Ich habe sie richtig zurückgeschnitten.« Sie machte so viele Dinge auf einmal geltend: Sie prahlte mit ihrem Versuch, die Wildnis hinter dem Haus zu zähmen; das strenge »richtige Zurückschneiden« gefiel ihr, und zugleich wollte sie Pitton, den einsamen Gärtner, ein wenig tadeln, der – hätte er sich dafür interessiert, hätte es ihm wirklich am Herzen gelegen – leicht die Rosen hätte schneiden können, die sie nun schneiden mußte.

Es gab nie mehr Rosen. Im nächsten Sommer gab es nur noch Dornengestrüpp, ein ausuferndes, blütenloses Dickicht. Dornengestrüpp verschlang den Nachweis für Mrs. Phillips' Rosenschneiden; und sie erwähnte es nie wieder, unternahm nichts mehr in den Gärten des Herrensitzes, solange Pitton da war. (Und vielleicht wird dieses wilde Dornengestrüpp, wenn der Lebenszyklus des Herrensitzes sich wirklich vollendet hat, wenn jeder, der den Ort kannte, verschwunden ist und neue Menschen mit neuen Plänen über das Anwesen spazieren, als Beweis dafür genommen, was mit nicht gepflegten, nicht geschnittenen Rosen geschehen kann.

Als Neuankömmling hatte ich alles hingenommen und Menschen gesehen, die Musterbeispiele für ihre Rollen waren, aber binnen kurzem machte die Vielseitigkeit der Phillips' Eindruck auf mich, blieb mir im Gedächtnis haften. Sie waren Menschen aus der Welt draußen, die ihre Rolle als Hausdiener spielten. Und die Vielseitigkeit war echt. Mr. Phillips war Pfleger in einer Nervenklinik gewesen; dann hatte er in einem Hotel gearbeitet. Auf einer dieser Stellen – Klinik oder Hotel – war Mrs. Phillips an einem Nervenleiden erkrankt; und wegen der Nerven waren sie zum Herrensitz gekommen, um sich ein wenig zurückzuziehen, um meinen Vermieter zu versorgen.

Mr. Phillips, eigentlich alles andere als ein Diener, hatte beruflich Menschen an Disziplin gewöhnt und in Schach gehalten. Und wie es oft geschieht, daß Menschen andere Menschen anziehen, die sie brauchen, zog Mr. Phillips, der starke Mann, Menschen – wie seine Frau mit ihren schwachen Nerven – an, die er versorgen mußte. Und vielleicht war mit seiner Arbeitsstelle im Haus, mit seinem Vermieter dieser zusätzliche Glücksfall verbunden. Das würde seinen merkwürdig glücklichen, erfüllten Ausdruck an dem Tag erklären, an dem ich ihn mit seinem Arbeitgeber unter den Buchen über das Gesims oberhalb des Flusses hatte fahren sehen.

Er war ein mittelgroßer Mann, vielleicht sogar ein kleiner Mann. Die Kleidung, die er bei kaltem Wetter trug – meistens einen dicken Pullover mit Reißverschluß –, verbarg seinen Körperbau. Erst in meinem zweiten Sommer bemerkte ich – vielleicht aufgrund dessen, was man mir über ihn und was er selbst mir erzählt hatte – seinen kräftig entwickelten Rücken, die breiten Schultern und kraftvollen Unterarme eines Mannes, der daran gewöhnt ist, schwer zu heben.

Jeden Nachmittag gegen drei hörte ich ihn von irgendwo hinter dem Gemüsegarten rufen. Nach einiger Zeit verstand ich, was er rief. Er rief: »Fred!« Damit rief er Pitton zum Tee. Ob dies eine freundschaftliche Geste war; ob sie von ihm verlangt wurde; ob sie alle zusammen Tee im Wohnzimmer oder der Küche der Phillips tranken oder ob Pitton bloß hinging und seinen Tee holte, weiß ich nicht. Gereiztheit und Autorität lag in diesem Ruf, der mich an das andere »Herrenhaus« (wie man es hier am Ort nannte) denken ließ, wo Mr. Phillips – und auch Mrs. Phillips vor ihrem Nervenleiden – gearbeitet hatte.

Einst hatte es sechzehn Gärtner gegeben. Nun gab es nur noch Pitton. Es dauerte eine Weile, ungefähr vierzehn Tage, bis ich ihn kennenlernte und merkte, daß er nicht bloß ein Besucher auf dem Anwesen war; und es dauerte noch einmal eine Weile, bis ich begriff, daß er der Gärtner war, der letzte der legendären sechzehn. Die Rolle paßte nicht ganz zu ihm. Pittons Aussehen hatte nichts Altertümliches oder Verlorenes oder Elegisches. Er war Mitte Fünfzig, eher mittleren Alters als alt; er gehörte ganz gewiß nicht zu den ursprünglichen sechzehn. Es war ein kräftiger Mann, mit einem festen Spitzbauch und äußerst achtbar gekleidet. Er trug – es war Winter, als ich ihn das erste Mal sah – einen Filzhut, einen dreiteiligen Tweedanzug und eine Krawatte. (Pitton trug immer eine Krawatte, winters wie sommers.)

Er sah nicht nur nicht aus wie einer der sechzehn, er sah nicht einmal aus wie ein Gärtner. Zumindest nicht, wie ich mir einen Gärtner vorstellte. Dies ist eine bessere Formulierung, denn alles, was mit Gärten und Gärtnern zu tun hatte, beschwor besondere Bilder und Erinnerungen an Trinidad herauf, beschwor die Geschichte meiner kleinen asiatisch-indischen Gemeinschaft herauf, der bäuerlichen Immigranten vom Ende des neunzehnten Jahrhunderts, und berührte einen wunden Punkt.

Als Kind in Trinidad hatte ich wenige Gärtner gekannt oder gesehen. In den ländlichen Gebieten, in denen die Inder hauptsächlich lebten, gab es nichts, was an einen Garten erinnerte. Zuckerrohr bedeckte das Land. Die Leute zogen immer noch Zuckerrohr, die alte Sklavenfeldfrucht, und lebten davon; das war auch die Erklärung für die Anwesenheit asiatischer Bauern auf der Insel, die nach der Abschaffung der Sklaverei ins Land gebracht worden waren. Zuckerrohr war die Erklärung für die ärmlichen Häuser im indischen Stil und die mehr schlecht als recht mit Stroh gedeckten Hütten entlang der schmalen Asphaltstraßen. In den kahlen Lehmhöfen jener kleinen Häuser und Hütten gab es nichts, das an einen Garten erinnerte. Es gab vielleicht Hecken, hauptsächlich Hibiskushecken, die die Abwässergräben säumten. Es gab vielleicht Blumenbeete – Immergrün, Ixora, Zinnien, Ringelblumen, Frauenschuh und gelegentlich einen kleinen blühenden Baum wie den, den wir Tohabaum nannten. Mehr gab es selten.

In Port of Spain gab es Gärten, aber nur in den reicheren Vierteln, wo die Baugrundstücke größer waren. In jenen Gärten sah ich als Kind auf dem Heimweg von der Schule nachmittags vielleicht einmal einen barfüßigen Gärtner. Aber er war eigentlich nicht so sehr ein Gärtner, nicht so sehr ein Mann, der sich mit Bodenarten und Pflanzen und Düngemitteln auskannte, sondern ein Mann, der einfach in einem Garten arbeitete, Unkraut jätete und Pflanzen goß, ein barfüßiger Mann, die Hosen bis zur Mitte des Schienbeins aufgerollt, der den Strahl aus einem Schlauch auf ein Blumenbeet richtete.

Dieser barfüßige Gärtner war wahrscheinlich Inder – Inder hatten angeblich ein besonderes Händchen für Pflanzen und Land. Dieser Mann war vielleicht in Indien geboren und mit einem Fünfjahreskontrakt nach Trinidad gebracht worden, mit dem Versprechen, danach eine kostenlose Rückfahrt nach Indien oder ein Stück Land in Trinidad zu bekommen. Diese Art Kontraktarbeit mit Indern hatte es noch bis 1917 gegeben – für mich, sagen wir, 1940 längst Vergangenheit; aber für den Barfüßigen im Garten (der vielleicht immer noch nur eine indische Sprache konnte) eine Zeit, an die er sich leicht erinnern konnte. Diese Art Gartenarbeit gab es eigentlich nur in der Stadt, galt kaum mehr als die Arbeit des »Stallburschen«, war vielleicht kaum abgegrenzt von dieser Beschäftigung für Schwarze, die so ohne jede Anforderung und herabsetzend war, daß allein das Wort schon als Beschimpfung benutzt wurde.

Nach dem Krieg entwickelte sich eine neue Landwirtschaft. Port of Spain war gewachsen, und auf dem Land des Gutsbesitzes Aranguez, nicht weit entfernt von Port of Spain, wurde kein Zuckerrohr mehr angebaut. (Aranguez war Ende des achtzehnten Jahrhunderts von den Spaniern nach der Stadt Aranjuez mit den berühmten königlichen Gärten benannt worden). In Aranguez waren bis zu einer gewissen Grenze Häuser gebaut worden; aber nach Süden, am Rand des Sumpflandes, das leicht vom Golf von Paria überflutet wurde, wenn der Orinoco in Venezuela anschwoll, hatten frühere Landarbeiter auf dem Land zu beiden Seiten des Straßendamms, den die Amerikaner im Krieg gebaut hatten, Grundstücke vom Gut gepachtet, jeder Landarbeiter ein paar Morgen, und Gemüsegärten angelegt, langsam das Land dem Sumpf abgerungen und urbar gemacht.

Das Gemüse, das sie anbauten - Auberginen, Bohnen, Okra -, hatte einen kürzeren Wachstumszyklus als Zuckerrohr und war dementsprechend anspruchsvoller. Man mußte es sorgfältiger pflegen, und während des Zyklus konnte man die Gemüsebauern jeden Tag jäten oder graben oder wässern oder sprengen sehen. Selbst wenn in Port of Spain ein Pferderennen oder ein internationales Kricketspiel oder sonst ein großes festliches Ereignis stattfand, arbeiteten sie so, wie Menschen nur arbeiten, wenn sie für sich selbst arbeiten.

Kakao sah aus wie Wald, Zuckerrohr wie hochgewachsenes Gras. Die geraden Linien dieser Gemüsefelder, der menschliche Maßstab, die vielen verschiedenen Schattierungen und Strukturen von Grün vermittelten uns eine neue Vorstellung von Landwirtschaft und beinahe eine neue Vorstellung von Landschaft und Naturschönheit. Die Gemüsebauern waren Inder, doch im bäuerlichen Indien gab es nichts dergleichen. Die Fähigkeiten, die Verfahren stammten von den Versuchsanlagen des - im ganzen britischen Empire berühmten - Imperial College of Tropical Agriculture, das nur ein oder zwei Meilen entfernt war. Viele der indischen Gemüsebauern hatten dort in der Gärterei gearbeitet. Und erst als ich schon ein paar Jahre in England war, sah ich, daß die Landschaft, die die indischen Gemüsebauern zu beiden Seiten der Landstraße südlich von Aranguez geschaffen hatten - eine Landschaft, die kein Vorbild in Trinidad oder Indien hatte -, den Kleingärten glich, die ich in England aus dem Zug am Rand der Städte sah. Englische Kleingärten in einer tropischen und kolonialen Umgebung! Durch Zufall und nicht nach Plan geschaffen gegen Ende des Empire, geschaffen auf den verfallenden alten Zuckerplantagen.

Dreißig Jahre später sollten die Gemüsegärten von Aranguez viele Morgen bedecken, Land, das Jahreszeit um Jahreszeit dem Sumpf abgerungen worden war, flaches, weites, holländisch wirkendes Land, das sich in der einen Richtung bis zum Mangrovensumpf erstreckte und in der anderen anscheinend bis zum Fuß der Trinidad Northern Range reichte, die jetzt nicht mehr grün und leer, sondern auf den tiefer liegenden Abhängen mit den Hütten illegaler schwarzer Einwanderer von anderen Inseln bedeckt war. Die Landschaft, die, als ich ein Kind war, noch etwas von ihren ursprünglichen Zügen aus der Zeit vor der Entdeckung bewahrt hatte, war unwiderruflich verändert und mit ihr die Leute.

Dreißig Jahre später, zur Zeit des Ölbooms, sollten viele dieser Gemüsebauern (oder ihre Nachfahren) reiche Leute werden, deren Kinder Schulen oder Universitäten in Kanada und den Vereinigten Staaten besuchten. Doch am Anfang, direkt nach dem Krieg, als neben der von den Amerikanern gebauten Landstraße im ursprünglichen Schilf und Ried des Sumpfes noch feuchte, mit Palmwedeln gedeckte Hütten standen, wirkte die Arbeit in diesen Gemüsegärten, auch wenn sie wissenschaftlich war, noch brutal und unterbezahlt, eine Fortsetzung des Plantagenlebens mit Schlamm und Sonne und nackten Füßen, feuchten Hütten und fettigen oder verschwitzten Filzhüten, die hinten umgeknickt waren, damit sie wie eine Schirmmütze auf dem Kopf saßen.

Blumen waren schön; alle mochten sie. In Port of Spain gab es die viele Morgen großen Royal Botanical Gardens, die nach der britischen Eroberung der Insel angelegt worden waren, und die Seerosenteiche und Steingärten von Rock Gardens. Beide Einrichtungen waren anerkannt schöne Orte. Doch die Vorstellung von »Gärtnern« gehörte nicht zu der Vorstellung vom Garten, sondern war ihr sogar entgegengesetzt. Der Garten gehörte zu Port of Spain und Wohlbefinden und einem angenehmen Bürojob und Sonntagsfahrten um Queen's Park Savannah herum. Der

Gärtner gehörte zur Plantagen- oder Gutsbesitzervergangenheit. Die Vergangenheit lag außerhalb Port of Spains, in der indischen Landschaft, in den Feldern, den Straßen, den Hütten.

Literatur oder Film hatten (auch wenn mir kein spezieller Film einfällt) bei dem Wort sicher andere Assoziationen ausgelöst. Doch dieses Wissen über Sumpf und Gutsbesitz und Gemüsegarten war das, was ich nach England mitnahm. Dieses Wissen lag meiner Vorstellung vom Gärtner bei P. G. Wodehouse und meiner Vorstellung vom Gärtner in *Richard II.* zugrunde, der sich auf poetische Weise mit einer weinenden Königin unterhielt. Und unvermeidlich kam neues Wissen hinzu. Da gab es einmal die Gärtner der großen Parks von London. Dann gab es den Gärtner meines Colleges in Oxford, einen sanften, humorvollen, Pfeife rauchenden Mann mit (meinte ich) dem Benehmen eines Dons. Und so wie ich gelernt hatte, in den Kleingärten entlang der Eisenbahn das Vorbild der Gärten von Aranguez zu sehen, so wurde, als ich auf den Herrensitz (mit dem Nachhall von großen Gutshäusern und Dienstboten) kam und um mich herum die Überreste landwirtschaftlichen Lebens sah (das weit entfernte, verzerrte Vorbild der Gutsbesitze in Trinidad), dieses frühere Wissen in mir aktiviert.

Doch für Pitton, den letzten der legendären sechzehn, gab es keinerlei Vorbild. Jeden Morgen um neun erschien er vor dem breiten weißgestrichenen Tor am Ende des Rasens. Und da er in seinem dreiteiligen Tweedanzug so völlig anders als ein Gärtner oder Arbeiter aussah, so bemüht vermied, in Richtung meines Häuschens zu schauen, so sorgsam Distanz hielt, sich auf dem Pfad auf der anderen Seite hielt, dachte ich, er gehe hinter dem Anwesen irgendwelchen anderen Pflichten nach und übe einfach ein altes Wegerecht aus, wenn er das weiße Tor öffnete.

Immer wieder einmal betraten oder verließen Leute das Anwesen. Und bis seine Pünktlichkeit und Regelmäßigkeit ihn preisgaben, dachte ich, Pitton sei einer jener Besucher, vielleicht einer, der hinten herum zum Wirtschaftshof oder Kirchhof ging; oder einer, der das Recht hatte, den Wasserhahn am Gartenschuppen neben der wie ein Bauernhaus gebauten Squashhalle zu benutzen.

Auch Tiere besuchten uns. Es gab eine schwarz-weiße Katze, die auf demselben Weg wie Pitton kam und in dem hohen Gras und Unkraut bei der Buchsbaumhecke erfolgreich jagte. Es gab einen Labrador, der genau in entgegengesetzter Richtung ging. Er gehörte zu einem Haus weiter oben im Tal; sein Herr war die Woche über in London, und an Werktagen machte der Hund morgens allein seinen Rundgang über die Flußwiesen. An sonnigen Morgen sah ich vom Wohnzimmer aus seinen Schwanz in der Ferne auf- und abhüpfen, sah dann nichts mehr, bis das Tier schließlich, nachdem es sich durch die Flußwiesen und den überwucherten Obstgarten gekämpft hatte, vor meinem Häuschen stehenblieb, der Bauch schwarz und naß, die Pfoten schwarz und naß. Wie Pitton hielt er sich dicht an die Gebäude auf der anderen Seite des Rasens; und seine hochgezogenen Schultern, der starr geradeaus gerichtete Blick (ein wenig wie Pitton schien er beteuern zu wollen, daß er sich ausschließlich um seine eigenen Angelegenheiten kümmere) zeigten an, daß er wußte, daß er sich auf fremdem Herrschaftsgebiet befand. Nicht alle mochten das elegante rehbraune Geschöpf. Sein morgendlicher Rundgang führte nicht nur über die Flußwiesen. Er stattete auch den Mülltonnen einen Besuch ab. Die Phillips' im Herrenhaus beschwerten sich; selbst Pitton beschwerte sich. Mit dem Hund, das war eine Enttäuschung. Ein wenig wie die Enttäuschung, die ich über Pitton selbst empfand, als ich erfuhr, daß er, die sorgfältig gekleidete, spitzbäuchige, stattliche Erscheinung, bloß der Gärtner war.

Die Wildnis, die die schwarz-weiße Katze und der rehbraune Labrador erkundeten, war die Wildnis, die Pitton verschlang (so sah es jedenfalls aus), die Wildnis, die er als Gärtner jeden Tag betrat. Doch er kam nie so schmutzig und naß heraus wie der Labrador; er kam so sauber heraus wie die Katze.

Der Hauptgrund dafür war seine Stetigkeit, seine Weigerung,

sich zu hetzen. Pitton wußte, welches Tempo er zu halten hatte. Pittons Arbeit hatte nichts von Jacks anfallartigem Ungestüm, wenn ich ihn in seinem kleinen Garten sah. An manchen Sommernachmittagen arbeitete Jack mit bloßem Rücken. Das hätte Pitton nie getan. Pitton lag zu viel an der Idee von Kleidung. Jacks verschiedene Arbeiten und unterschiedliche Kleidung (die ich in seinem Freizeitgarten sah) waren wie die zeitlich aufeinanderfolgenden Illuminationen in einem Stundenbuch, übertrieben und sinnbildhaft. Pitton war ein modernerer Mann, ein modebewußter Mann.

Doch Pittons Modebewußtsein, sein umsichtiger, aber regelmäßiger Kauf von Kleidungsstücken, die der Jahreszeit entsprachen und ausschließlich für diese Jahreszeit bestimmt waren, seine absolute Stetigkeit, das völlige Fehlen von Verschwendung hatte etwas Rituelles. Kleider und Jahreszeiten unterwarfen Pittons Jahr einem Ritual. Es gab eine Zeit für den Filzhut und den dreiteiligen dornensicheren Anzug. Es gab eine Zeit für den Strohhut; es gab eine Zeit, in der aus dem Dreiteiler ein Zweiteiler wurde. Es gab eine Zeit für Pullover, einen Pullover, zwei Pullover. Es gab eine Zeit für »rustikale« Hemden, eine Zeit für leichtere Hemden, eine Zeit für die Steppjacke, eine Zeit für den dunklen, dünnen Regenmantel aus Kunststoff. Seine Kleidung paßte absolut zur Arbeit, die er gerade tat, und zur Jahreszeit. Diese gute Abstimmung von Kleidung und Wetter, seine Stetigkeit und wie er sein Tempo bestimmte, machten Pittons ungewöhnliche Ordentlichkeit aus.

Und seine Kleidung, sein Aussehen, seine Weigerung, wie ein Gärtner oder Landarbeiter auszusehen, machten zum großen Teil seinen Stolz aus. Ich dachte, ein Teil dieser Eitelkeit zumindest komme von Pittons Frau. Sie war eine Frau von großer, zarter Schönheit, ungewöhnlich für jemanden ihrer gesellschaftlichen Stellung; ihr Teint und ihre Züge und ihre Haltung ließen darauf schließen, daß sie guter Herkunft war.

Sowohl Pitton als auch seiner Frau war Eloquenz nicht gegeben. Es fiel ihnen schwer zu sagen, was sie sagen wollten, und deshalb sah es aus, als hätten sie sehr wenig zu sagen. Doch Pittons Frau war derart schön, daß man ihre intellektuelle und zugleich gesellschaftliche Unzulänglichkeit vergaß. Es tat immer gut, sie zu sehen; daß sie nahezu stumm war, überraschte immer wieder. Schönheit ist jedoch Schönheit; und Schönheit ist selten; niemand, der sie besitzt, ist unempfindlich dafür. Und ich dachte, daß Pittons Kleider – entweder von ihm selbst oder seiner Frau – dazu gedacht waren, Mrs. Pittons Aussehen zu entsprechen oder es zu betonen.

Dann brachte mich ein englischer Schriftsteller mittleren Alters, ein alter Freund, der mich eines Tages besuchte, auf eine andere Idee. Als Schriftsteller war er in gesellschaftlichen Dingen skrupulös und wußte, wie man in England sowohl die Karikatur als auch die Selbstkarikatur durchschaute.

Der Schriftsteller sah Pitton – es war Sommer, und Pitton trug Sommerkleidung, seinen Strohhut – langsam zurückgehen zum weißen Tor. Pittons Morgenarbeit war getan; er ging zum Mittagessen nach Hause. Er teilte seine Zeit so ein, daß er zur Mittagspause das weiße Tor mehr oder weniger um Punkt eins erreichte. Pitton war auf der anderen Seite des Rasens, schaute meine Fenster nicht an, starrte wie der rehfarbene Labrador geradeaus.

Tony sagte: »Ist das dein Vermieter?«

»Es ist der Gärtner.«

Tony sagte: »Das beweist eine Theorie, die ich schon lange habe. Die Leute legen sich mit der Zeit das Aussehen ihrer Angestellten zu.«

Ich hatte meinen Vermieter nie wirklich gesehen und wußte nicht, wie er aussah. Tony hatte ihn vielleicht vor Jahren in London gesehen, zu der Zeit, als mein Vermieter gesellschaftlich aktiv war, ein richtiger Städter, der viel ausging, ehe er sich dann zurückzog.

Doch Pittons Ähnlichkeit mit meinem Vermieter – wenn solch

eine Ähnlichkeit bestand – konnte nicht auf die Art entstanden sein, die Tony nahelegte: Der Arbeitnehmer ahmte den Arbeitgeber nach, und der Arbeitgeber ahmte dann, weil er träge, weil er geschmeichelt war, die Imitation seines Arbeitnehmers nach. Pittons Ähnlichkeit mit meinem Vermieter mußte Zufall, ein zufälliges Zusammentreffen sein; denn Pitton war ungefähr zu der Zeit auf den Herrensitz gekommen, in der mein Vermieter sich zurückgezogen, in der seine große Depression begonnen hatte. Selbst jetzt kam mein Vermieter, wie ich von den Phillips hörte, nur an besonders schönen Tagen aus seinem Zimmer; und Pitton sah ihn kaum. Die Phillips vermittelten zwischen meinem Vermieter und dem Gärtner – oder besser gesagt dem Garten.

Mein Vermieter konnte nicht Pittons Vorbild sein. Doch ich hatte sofort das Gefühl, daß etwas an dem war, was Tony über Pitton gesagt oder angedeutet hatte; Pittons Stil war einem Vorgesetzten nachempfunden. Pitton war, hatte ich gehört, bei der Armee gewesen, ehe er auf den Herrensitz kam – wir befanden uns in einem Militärgebiet. Und als ich nach Tonys Besuch über die Frage von Pittons Vorbild nachgrübelte – ehrlich gesagt, ging mir die Idee nie mehr aus dem Kopf, solange ich Pitton sah –, fiel mir ein, daß (ermutigt durch Mrs. Pitton) vor zwanzig oder fünfundzwanzig Jahren Pittons Vorbild sicher ein Armeeoffizier gewesen war, dem Pitton gedient oder unter dem er gedient hatte (jemand, der in Pittons Erinnerung noch lebendig war: Pittons Imitation war vielleicht das größte Erinnerungszeichen an diesen Offizier).

Die Armee war immer noch wichtig für Pitton. Sein Sohn war bei der Armee. Die Karriere – oder die Posten – dieses Jungen waren das einzige Thema, das Mrs. Pitton, rasch zwinkernd, dazu bringen konnte, ein oder zwei Sätze zu sagen; normalerweise lächelte sie nur und sah hübsch aus. Wir trafen uns gelegentlich an der Bushaltestelle, im Schatten der dunklen Eiben und Buchen. Es fuhren nicht viele Busse; die Straße war ziemlich still; und an der Bushaltestelle tönten und hallten Stimmen beinahe wie in einem Zimmer. Wir sprachen über ihren Sohn, als ob er ein Schuljunge sei, recht ordentlich lerne, aber in Schwimmen und Sport etwas besser sei.

Das Wort »Schule« kam tatsächlich vor, wenn Mrs. Pitton vom Armeeleben ihres Sohnes sprach. Sie erzählte mir eines Tages an der Bushaltestelle: »Sie haben ihn auf die Artillerieschule geschickt.« Das war wohl Larkhill. Früher ein passender Name: Die Downs um Stonehenge waren in der entsprechenden Jahreszeit von Lerchengesang erfüllt. Doch nun war Larkhill – auch wenn die grünen Downs unberührt aussahen – der Name der Artillerieschule der Armee, von der tagsüber und manchmal nachts und manchmal, wenn Manöver war, Tag und Nacht das Dröhnen der Geschütze erklang.

Weil Pittons Sohn dort war und Pitton mir von dem großen Ereignis erzählt hatte, ging ich in meinem ersten Sommer zum »Tag der offenen Tür« in der Artillerieschule. Es war wie an den Rudertagen im Sommer in Oxford, wenn die Familien der Studenten die geschmückten Ruderboote des College mit Beschlag belegten. Es war wie beim Sportfest in meiner Schule, Queen's Royal College, im kolonialen Trinidad. Ich erkannte das Ereignis sofort wieder. Anstelle von Lehrern und Schülern waren hier nun Offiziere und Soldaten; anstelle von Sport gab es Schießübungen, Darbietungen von großer Geschicklichkeit. Aber es herrschte die gleiche Volksfestatmosphäre – das Essen und die Kleider der Frauen, ungewöhnliche Farben, normalerweise verborgene Familienbeziehungen, die jetzt in der Öffentlichkeit vorgeführt wurden; die gleichen halb humorvollen Mitteilungen über Lautsprecher, die gleiche Atmosphäre des Sichherausputzens und Angebens, die gleiche Atmosphäre einer Gesellschaft, die eigens für diesen Tag zusammenkam. Schüler und Lehrer glänzten beim Schulsport, Männer und Offiziere spielten sich hier auf, ganze Familien spielten sich auf, Frauen und Mädchen stellten sich zur Schau, die Ärmeren sehr darauf bedacht, nicht ausgestochen zu werden.

Ich konnte spüren, wie faszinierend das Ereignis für die Pittons war. Ich konnte spüren, daß es durchaus das wichtigste gesellschaftliche Ereignis im ganzen Jahr für sie sein mochte. Und der Tag der offenen Tür bot eine Weile zusätzlichen Stoff für die Unterhaltung mit Mrs. Pitton an der Bushaltestelle.

Dann erzählte sie mir eines Tages, daß ihr Sohn seine Ausbildung auf der Artillerieschule abgeschlossen habe. Es war gut gegangen. »Seine Freunde haben ihm ein kleines Momento geschenkt.« Und weil sie vielleicht glaubte, daß das Wort ein Armeeausdruck, ein weiterer spezieller Armeeausdruck sein könne, für mich so neu und verwirrend wie für sie, wiederholte und erklärte sie es. »Ein kleines Momento an seine Zeit mit ihnen. Eine altmodische Messingkanone in klares durchsichtiges Plastik gegossen, wie ein Diamant.«

Ein billiges Souvenir; die lächelnde Frau mit dem leeren Gesichtsausdruck sprach von ihrem Sohn, als sei er noch ein Kind. Das »Momento«, schlechte Kunst: die Realität – die Armee, der Soldatensohn – sollte dazu passen. Doch die Realität war anders. Die Realität war ernst. Der Pitton-Junge wurde zum Killersoldaten, dem britischen Soldaten neuen Stils ausgebildet. Und er eignete sich für die Rolle. Er war ein Riese, mit sehr großen Füßen. Die gute Herkunft, die Mrs. Pittons Züge hervorgebracht hatte, hatte mit ihr aufgehört oder ihren Sohn übersprungen.

Es war erstaunlich, daß die britische Armee sich nach ihrer Unfähigkeit im neunzehnten Jahrhundert, das dennoch das Jahrhundert der großen Macht und Pracht des Empire war, und nach ihren großen, aber verzehrenden Leistungen im Zweiten Weltkrieg, gegen Ende jener imperialen Macht und Pracht, jetzt, da das Land keine großen Kriege mehr zu kämpfen hatte, darauf konzentrieren sollte, diese Art Elitesoldat hervorzubringen. In den kleinen Städten in der Ebene von Salisbury gab es gelegentlich Zwischenfälle; die Taxifahrer hatten nachts manchmal Probleme. Doch in unserem Tal sahen wir selten einen Soldaten oder ein Armeefahrzeug. Die Armeefahrzeuge schienen hier nicht fahren zu dürfen; in unserem Tal lebten wir geschützt vor dem, was uns umgab, so wie im neunzehnten Jahrhundert die großen Industriellen auf Landsitzen außerhalb der Industriestädte gelebt hatten, in denen sie ihr Vermögen verdienten.

Pittons Junge kam eines Wochenendes einmal mit seinem »Mädchen«. Am Sonntagnachmittag führte er sie zum Aussichtspunkt. Damals sah ich die beiden. Ich kam auf dem Rückweg von meinem Spaziergang den Hügel herunter. Das zarte Mädchen klammerte sich an den Riesen, schien ihn zu umschlingen, demonstrativ, wie ich es im Tal noch nie gesehen hatte. Oder vielleicht war ich auch bloß in dem Alter, in dem ich diese Dinge mit Distanz beobachten konnte, der Distanz und dem Wissen, die ich im Sinn hatte, als ich achtzehn war und meine Entwürfe von »Galaabend« verfaßte. Der Junge, das Mädchen; das Elternhaus; der Spaziergang vor dem Tee – das Stammesritual, das den Beobachter auf Distanz hielt.

Aber wie beunruhigend das Gesicht des Jungen war! Trotz seiner Größe konnte man das Kind erkennen, das seine Mutter immer noch sah: die noch nicht ausgebildeten Züge, die Verbindung der zwei sanften Gesichter von Pitton und Mrs. Pitton, der beiden einfachen, sprachunfähigen Menschen, die ich kannte, sprachunfähig, aber mit einer eigenen Eitelkeit; diese beiden Gesichter trafen sich in dem gefährlichen Gehorsam, der neuen Eitelkeit des Soldaten.

Die Eigenschaft des Gehorsams – der Gehorsam, den er seinem Soldatensohn vererbt hatte – trennte Pitton von Jack. Hinter dem Hügel, in einer Art Niemandsland zwischen dem Triftweg und dem halb aufgegebenen Wirtschaftshof machte Jack mehr oder weniger das, was Pitton in der Wildnis des Herrensitzes machte. Doch Jack war auf eine Weise frei, wie Pitton es nicht war und nie sein konnte. Vielleicht lag es an Jacks intellektueller Beschränktheit, seinem rein aufs Körperliche ausgerichteten Wesen, daß er mit dem zufrieden war, was er hatte. Und das war nicht wenig. Unter den gegebenen Umständen hatte Jack Glück: Er hatte sein Häuschen, das Land, das er bearbeiten konnte, und vor allem seine Abgeschiedenheit, die Stille und Einsamkeit, in der er schlafen ging und in der er aufwachte. Zusammengenommen machten diese Umstände seine Beschränktheit bedeutungslos und nicht zu der Bürde, die sie anderswo leicht hätte sein können. Diese Umstände ließen in Verbindung mit dem Wesen des Mannes Jacks Leben wie ein ständiges Fest aussehen. Die Arbeit in seinem Garten nach der Lohnarbeit auf der Farm, die Erschöpfung, dann das Vergnügen des Essens und der Fahrt ins Pub, die benebelnden Getränke, der alljährliche Anblick der süßen oder schönen – und einträglichen – Früchte seiner Arbeit: Warum dann nicht im Sommer der bloße Rücken und im Winter das Feuer?

In Jack steckte ein Lebenshunger und ein Ungestüm und eine Zähigkeit, die weder Pitton noch sein Sohn je besitzen würden. Das Ungestüm des Soldaten, zu dem Pittons Sohn zweifelsohne fähig war, glich eher dem Ungestüm der jungen Studenten im Keller meines College in Oxford vor dem Abendessen: eine Art Kastenverhalten, etwas Erworbenes, so unnatürlich wie förmliches Benehmen.

Pitton hätte nichts an der Primitivität und Beengtheit von Jacks Leben gelegen – Farm, Häuschen, Garten, Pub – alles im Umkreis von wenigen Meilen. Pitton war intelligenter, hatte mehr gesehen. Er hatte Vorbilder, Jack hatte keine. Pitton erwartete mehr für sich; er wollte seiner Frau mehr bieten, auf deren Schönheit er (auch wenn ich ihn nie darüber sprechen oder darauf anspielen gehört hatte) sicherlich stolz war. Doch die überlegenere Intelligenz und das Wissen, das Pitton ehrgeizig machte, machte ihn auch gehorsam und verwundbar; legte sein Leben in die Hände anderer.

Es war also etwas an dem spontanen ersten Eindruck, den Pitton auf mich gemacht hatte – als ich ihn morgens um neun das Anwesen durch das weiße Tor betreten sah.

Er sah nicht aus wie ein Gärtner. Mit seinem Filzhut und

Tweedanzug sah er eher aus wie ein Besucher, wie ein Mann, der einfach vorbeikam. In Wirklichkeit ging er zum Gartenschuppen, der auch sein Umkleideraum war. Er betrat ihn im Anzug als Besucher; er verließ ihn als Gärtner, nachdem er seine Bekleidung der Witterung und der Arbeit des Morgens entsprechend ausgesucht hatte. Doch er sah sich nicht als den letzten der legendären sechzehn. Er hatte eine andere Vorstellung von sich, eine andere Vorstellung von Romantik. Und obwohl er (wie wir sehen sollten, als es soweit war) seine Arbeit auf dem Herrensitz und die Freiheit seiner Arbeit schätzte – niemand beaufsichtigte ihn, und er konnte die Stunden, zu denen er vertraglich verpflichtet war, abarbeiten, wie er wollte –, obwohl es in seiner Macht stand, bei Wilderern oder sogar ein paar Herren aus dem Ort ein Auge zuzudrücken, wenn sie samstagsnachmittags ein wenig schießen wollten, und obwohl in den Augen Außenstehender ein wenig von der Pracht und den Vorrechten des Herrensitzes auf Pitton überging, spielte der Herrensitz für Pittons Vorstellung von Romantik keine Rolle.

Und das enttäuschte mich: daß Pitton auf dem Herrensitz wie die Phillips' und ich zwischen Ruinen kampierte, mit dem lebte, was er vorfand, begeistert war von den Spuren des Lebens der Vergangenheit – wie ein Barbar, der auf eine antike römische Villa in Gloucestershire stieß, vorübergehend begeistert war von dem Wunder und den Ruinen eines Heizungssystems, das er nicht mehr verstand oder brauchte; wie ein Barbar in Nordafrika, der frischen Wüstensand von einem Mosaikfußboden mit Göttern wischte, die nun so geheimnisvoll und überflüssig waren wie das Handwerk des Mosaiklegens, wie das Mosaik, das mit Mustern und Steinen reisende Händler und wandernde Fußbodenleger einst angeboten hatten –, aber nicht auf romantische Art von der Vorstellung jenes Lebens aufgewühlt war, nicht den Wunsch hatte, es neu zu erschaffen oder wiederherzustellen.

Es war Pitton, der mir, nachdem er einen Weg durch das struppige Unterholz und den Obstgarten zu der Ecke mit der »Gartenfreistatt« geschlagen hatte, das zweistöckige strohgedeckte Kinderhaus gezeigt hatte, eine der Raffinessen des Anwesens, doch dem äußeren Anschein nach nie viel von Kindern benutzt, eher eine Raffinesse von Erwachsenen, von der Phantasie und Eleganz seiner Zeit zeugend. Pitton verstand das und hielt das Kinderhaus für wert, gezeigt zu werden. Doch die Gartenfreistatt, die er über die Jahre geschaffen hatte (besonders melancholisch durch verwelkte Blumen und weggeworfene Blumengestecke – nicht alle vom Herrensitz, sondern auch von Beerdigungen in der kleinen Kirche –, die von Tod und Abschiedsritualen zeugten), die befand sich direkt hinter dem Kinderhaus. Das Haus mit seinem hohen Kegeldach diente sogar dazu, den Komposthaufen zu verbergen und machte ihn noch mehr zu einer »Freistatt«.

Doch wäre Pitton nicht so ausgeglichen gewesen, hätte er nicht so leicht mit der Vorstellung von Zerstörung leben können, wäre er einer der ursprünglichen sechzehn und durch elegische Phantasien geschwächt gewesen, hätte er vielleicht nicht machen können, was er machte.

In jenem Sommer, meinem ersten, kam eine Anweisung von seinem Arbeitgeber, meinem Vermieter, daß der »verborgene Garten« geöffnet und gesäubert werden sollte. Verborgen? Gab es etwas auf dem Anwesen – abgesehen vom Rasen und dem Wäldchen und den Spazierwegen auf der anderen Seite des Hauses, die ausschließlich von meinem Vermieter benutzt wurden –, das ich nicht kannte? Es gab in der Tat etwas. Der »verborgene Garten« war, wie sich herausstellte, so erfolgreich verborgen, daß ich, obwohl ich jeden Tag daran vorbeiging, dort nie etwas Ungewöhnliches vermutet hatte. Es war ein Trick, wie unechte Bücher im Regal. Der Garten war hinter der Hauptgarage, und was einfach wie die Mauer des Gemüsegartens hinter der Garage aussah, war in Wirklichkeit die äußere Wand des verborgenen Gartens.

Hinter jener äußeren Mauer, die zugleich die Mauer des Gemüsegartens war, befand sich der verborgene Garten. Er war von allen Seiten umschlossen und nur durch eine Holztür zu betreten.

Diese Tür, an der ich täglich vorbeiging, war ständig verschlossen und schien von außen eine der vielen Türen oder Tore zum Gemüsegarten zu sein, die mit dem weniger werdenden Personal, dem Verschwinden der sechzehn, für immer geschlossen worden war. Diese Tür wurde nun geöffnet, und Pitton machte sich an die Arbeit, schaffte Schubkarren voll alter, nasser, abgestorbener Blätter, die von ihrem eigenen Gewicht flachgedrückt waren, und Erde, die mit alter Buchmast vermischt war, weg. (Dabei fiel mir auf, wie präzise und überlegt er mit der beladenen Schubkarre umging, bevor er losschob. Er stellte sich bedächtig in Positur und ging nach einer Pause, die Arme gerade nach unten, in die Knie, so daß sein Rücken, wenn er die Griffe der Schubkarre umfaßte und hochhob, mehr oder weniger gerade blieb. Das brachte mich auf den Gedanken, daß die Männer, die im achtzehnten Jahrhundert Sänften trugen, ihre Körper wahrscheinlich genau so einsetzten, um sich vor Schmerzen oder Schaden zu schützen.) Eine Schubkarrenladung nach der anderen schaffte Pitton zur Freistatt; und in dem verborgenen Garten tauchte unter den hohen, Blüten tragenden Bäumen mit langen dürren Ästen ein kleiner gefliester Brunnen auf, beinahe wie neu, die Fliesen blaßblau mit Goldeinsprengseln. Eine Frivolität, ein kleines Extra, ein »Vergülden feinen Goldes«, etwas, was man noch tun konnte, wenn bereits alles getan war, etwas aus den zwanziger oder frühen dreißiger Jahren.

Die Phillips' riefen, ich solle ihn mir anschauen. Pitton rief, ich solle ihn mir anschauen. Pflichtschuldig jammerten wir alle darüber, wie geheim der Garten gehalten worden war. Die Phillips' jammerten darüber, daß etwas so Schönes so vernachlässigt werden konnte; wir alle jammerten darüber, daß so viele an dem Ort vorbeigegangen waren, ohne darüber Bescheid zu wissen; und wir hatten das Gefühl, daß wir ein wenig bevorzugt waren, weil wir ihn sahen. Aber dann schien keiner mehr zu wissen, was mit dem verborgenen Garten geschehen solle. Die Tür wurde geschlossen; der Garten und der geflieste Brunnen wurden wieder geheim und zweifelsohne rasch wieder von abgefallenen Blättern und Buchmast und toten Buchenzweigen bedeckt.

Die Phantasie eines Sommers für meinen Vermieter. Etwas – ein eigenartiges Licht, ein Gegenstand im Haus, ein Brief – hatte ihn eines Tages vielleicht an diesen Garten seiner Kindheit erinnert. Er wollte ihn sehen. Er gab eine Anweisung. Pitton arbeitete eine Woche lang. Und als mein Vermieter den Garten gesehen hatte, vergaß er ihn wieder. (Aber hatte er ihn überhaupt gesehen? Hatte er sich so weit von seinem üblichen geschützten Spazierweg entfernt? War er überhaupt so nah an mein Häuschen und das, was er für den öffentlichen Teil des Anwesens hielt, herangekommen? Von Mr. und Mrs. Phillips bekam ich nie zu hören, daß mein Vermieter sich den verborgenen Garten tatsächlich angeschaut hatte.)

Was mich enttäuscht hatte, enttäuschte mich nicht mehr. Pitton hätte die Arbeit, die er verrichtete, nicht verrichten, hätte nicht in dem Bewußtsein arbeiten können, daß seine Mühe schließlich vergeudet sein oder verspottet werden sollte, hätte keine Ordnung halten, den Verfall der Pflanzen nicht zurückhalten können, wenn die Pracht des alten Gartens und des Anwesens Teil seiner romantischen Vorstellung gewesen wären, wenn er einer der legendären sechzehn gewesen wäre. Was Pitton machte, konnte er nur machen, weil seine Phantasie von außen genährt wurde, eine Phantasie der Armee oder eines Armeeoffiziers.

Und folglich, vielleicht weil Pittons freies Leben draußen, seine Selbstgenügsamkeit oder vielleicht sein Benehmen und seine Ansprüche abgelehnt wurden, kursierte die Meinung, Pitton kenne sich in Gartenangelegenheiten nicht wirklich aus. Er zog Gemüse und bestimmte Blumen, die vom Haus – das heißt seinem Arbeitgeber – verlangt wurden. Aber irgendwie wußte er trotzdem nicht richtig Bescheid, war kein richtiger Gärtner, kein Mann im Besitz des Geheimnisses.

Und hinter dieser Kritik oder dieser Ablehnung Pittons stand eine Vorstellung vom Gärtner, die ich als sehr alt empfand, die noch über die Vorstellung vom Gärtner hinausging, den ich in meinem College in Oxford getroffen hatte, zurückging auf den Beginn von Anbetung und die Idee von Fruchtbarkeit, sogar auf die Idee des Urgottes: der Gärtner als Mann, der aus unauffälligem Samen Blätter, Stengel, Knospen, Blüten, Frucht wachsen ließ, all dies aus dem Samen heraufbeschwor, wo es klein und verborgen lag, der Gärtner als Zauberer, Pflanzenkenner, eingeweiht in das Geheimnis von Samen und Wurzel und Pfropfreis, das (zusammen mit dem Geheimnis des Kochens) eins der ersten Geheimnisse ist, die das Kind entdeckt – eins der ersten Geheimnisse, das ich, meine Schwester und meine Vettern entdeckten, als wir in der harten gelben Erde unseres Hofes in Port of Spain, dem Beispiel der anderen folgend und nur um des Zaubers willen, hartes trockenes Getreide säten, drei Maiskörner in ein flaches Loch legten, das Loch mit einer kleinen Palisade aus Stöckchen umgaben (um es vor den Hühnern zu schützen, die frei im Hof herumliefen), und dann drei Tage später morgens, ehe wir zur Schule gingen, das Wunder entdeckten: die Maistriebe, die an dem Morgen die Erde durchbrachen, die grüne Außenhülle, die sich schnell zu einem dünnen Blatt entwickelte, das sich zusammenrollte wie ein Grashalm, wie Zuckerrohr, und sich entwickelte, bis das Kind Langeweile bekam, nicht länger aufpaßte und schützte, und die Hühner die Palisade aus Stöckchen umstießen und die immer noch zarte Pflanze völlig zerpickten.

Diese Empfindung der Kindheit, dieses Entzücken der Kindheit, Dinge wachsen zu lassen, wurde in England angesprochen, als ich neben den Eisenbahnschienen die Kleingärten mit Gemüse am Rand der Städte sah. Ich schrieb den Leuten, die in diesen Kleingärten arbeiteten, etwas von dem zu, was ich als Kind empfand, wenn ich meine Maissamen aussäte, empfand es als überliefert, dieses Gefühl, dieses Bedürfnis, das hier in England, dem ersten Industrieland, in den Herzen der Bewohner der häßlichsten und eintönigsten viktorianischen Industriestädte überlebt hatte, überlebt hatte wie Unkraut, das im künstlichen Licht und der verschmutzten Luft von Bahnhöfen wächst, im öligen Kies zwischen den Schienen beinahe gegen die Puffer wächst.

Dieser Instinkt zu pflanzen, Früchte wachsen zu sehen, zu ernten, hätte als etwas Ewiges erscheinen können, zu dem das Herz des Menschen immer wieder zurückkehren wollte. Doch in der Plantagenkolonie, aus der ich kam – einer Kolonie, die wegen der Landwirtschaft gegründet worden war, wegen des Anbaus einer bestimmten Feldfrucht, wegen der großen, flachen Zuckerrohrfelder, die der Sinn und Zweck für alles waren, die Häuser, die Regierungsform, die gemischte Bevölkerung –, von der Macht und dem Reichtum des industriellen Englands geschaffen, war dieser Instinkt ausgelöscht worden.

Die Gemüsefelder von Aranguez in Trinidad zu beiden Seiten der amerikanischen Landstraße waren ein Zufallsprodukt, ein Abfallprodukt vom zufällig unter den Arbeitern verbreiteten Wissen des Imperial College of Tropical Agriculture. Die Gemüsefelder sahen wie die Kleingärten in England aus, und im Wissen, in der Wissenschaft gab es einen Zusammenhang. Doch die Felder in Aranguez am Rand von Port of Spain und die Gemüsegärten am Rand der englischen Städte verrieten unterschiedliche Instinkte, Bedürfnisse, auch unterschiedliche Herzen. Die alte Welt des Säens und Pflanzens und der Fruchtbarkeit, die ganz frühe Welt, existierte zwar vielleicht in der Kolonie, aber doch nur für kurze Zeit im Herzen des Kindes. Die Augen der Erwachsenen sahen in der Landwirtschaft kein Wunder, sondern Knechtschaft und Häßlichkeit. Und deshalb riefen die englischen Kleingärten etwas so Unbedeutendes und Entlegenes und Verschwommenes wach wie meine Erinnerung, daß ich im Hof meines Elternhauses in Port of Spain drei Maiskörner gesät hatte.

Die Vorstellung, Pitton wisse nicht Bescheid, lag auf dem Herrensitz irgendwie in der Luft. Ich erfuhr erst allmählich davon, als ich meine Umgebung besser kennenlernte. Ich kann mich nicht erinnern, daß Mr. und Mrs. Phillips je eine direkte Bemerkung gemacht hätten. Deshalb nehme ich an, daß mir die Vorstellung von den Phillips' indirekt nahegebracht wurde, ehe ich mich richtig eingerichtet und gelernt hatte, mich umzuschauen und zu einem eigenen Urteil zu kommen.

Ich nahm beispielsweise an, die Vorstellung, Pitton wisse nicht Bescheid, habe dazu geführt, daß Mrs. Phillips in meinem ersten Herbst (und eigentlich, wie ich später begreifen sollte, nicht lange nachdem sie selbst ins Herrenhaus gekommen war, um dort zu arbeiten und zu leben) die alten, zu groß gewachsenen Moosrosen-Büsche in dem überwucherten Rosengarten zurückschnitt und sie dadurch auf wild wucherndes Gestrüpp reduzierte.

Als der Frühling kam und sich unter den siebenblättrigen Stämmen der wilden Rose keine richtigen Rosenblätter zeigten und keine stachligen Rosenknospen hervorkamen, sagte sie nichts; sie ließ das Thema Rosen und Schneiden fallen. Das war eine meiner ersten Lektionen im Tal, was Veränderung, was Dinge betraf, die (wie ich meinte) die Vollkommenheit verloren, in der ich sie vorgefunden hatte. Und obwohl ich noch ein paar Jahre lang jeden Mai, wenn ich da war, trotz des Gestrüpps nach diesen Knospen Ausschau hielt und auf ein Wunder hoffte, ermöglichte das Schweigen über die Rosen mir, mit ihrem Verschwinden fertig zu werden. Was für mich Vollkommenheit war, war für die Leute vor mir Verfall und für die ersten Gestalter oder Gärtner wahrscheinlich kaum vorstellbar.

Nichts mehr über die Rosen also. Doch da hatte Pitton schon seinen »Ruf«. Und ich fand es zunehmend merkwürdig, daß diese Ablehnung Pittons als Mann, der sein geheimnisvolles Handwerk nur ungenügend beherrschte, als Mann ohne wahre Berufung, von Leuten kommen sollte – den Phillips' im Herrenhaus und Bray, Pittons nächstem Nachbarn –, die überhaupt keine Berufung oder ein Gewerbe nachweisen konnten, Leuten, die deshalb in diesem landwirtschaftlichen, nichtindustriellen Teil Englands merkwürdig wurzellos, bindungslos waren.

Die Phillips waren für mich Leute, die gerade eben auskamen. Es beeindruckte mich, der ich mein ganzes Leben lang mit Angst und Ehrgeiz gelebt hatte, zu entdecken, daß sie keine Pläne für die Zukunft, beinahe keine Vorstellung von dieser Zukunft hatten, nichts geplant hatten und in der Annahme lebten, daß es, sollte hier etwas schieflaufen, anderswo immer eine Arbeit mit Wohnung für sie geben würde. Sie beeindruckte mich, und das meine ich nicht ironisch: diese Bereitschaft, sich zu verändern, mit dem zu leben, was kam. Aber sie barg keinerlei Vorstellung von Berufung oder Leistung. Sie barg nur die Vorstellung, eben auszukommen, auszuhalten, seine Zeit zu Ende zu bringen.

Und das gleiche galt für Bray, Pittons Nachbarn. Bray hatte eine Autovermietung; und obwohl er mehr als jeder andere im Dorf verwurzelt und dem Herrensitz so verbunden war, wie man es nur sein konnte – sein Vater hatte früher dort gearbeitet –, hatte er, der Pitton dafür tadelte, nicht mit Gärten Bescheid zu wissen, so wenig Gefühl für Gärten und sogar für das Tal, in dem er lebte, daß er den ganzen vorderen Teil seines Grundstücks für seine verschiedenen, ständig wechselnden Fahrzeuge zubetonierte.

Die Phillips', die Pitton jeden Tag Tee ausschenkten – Mr. Phillips' Ruf »Fred!« klang eher autoritär denn freundschaftlich oder kollegial –, machten mir gegenüber nie eine direkte Bemerkung über Pitton. Bray war da anders. Bray war offener. Es war sein »unabhängiger« Stil; er war stolz auf seinen Stil. Er sprach offen über meinen Vermieter; er wollte, daß man diese Offenheit bemerkte. Er sagte, nachdem er selbst das Thema darauf gebracht hatte: »Wollte ihn nicht im Auto haben. Wie ein verdammter Vogel. Mal will er vorne sitzen. Dann will er hinten sitzen. Dann will er wieder vorne sitzen.« Und über Pitton sagte Bray mehr als einmal: »Er ist sehr arrogant.«

»Arrogant« war wie »niedrig« ein Wort, das Bray gern benutzte. »Arrogant« war hauptsächlich Brays Interpretation von »ignorant«; aber es hatte auch die Bedeutung »arrogant«; und wenn

Bray es mit diesen zwei Bedeutungen und dem aggressiven Klang benutzte, war das Wort sehr stark.

Pitton und Bray lebten in einem Doppelhaus an der öffentlichen Straße. Das Haus hatte ein Schieferdach und Mauern aus Flintsteinen und roten Ziegeln; die Ziegel waren in regelmäßigen Streifen von jeweils zwei Steinen übereinandergelegt. Beide Hälften des Hauses hatten früher zum Herrensitz gehört, und wie die »malerischen« strohgedeckten Häuschen nicht weit weg, wie das Herrenhaus selbst, waren sie vor dem Ersten Weltkrieg vom Besitzer des Landguts gebaut worden. Pittons Haushälfte gehörte noch immer zum Herrensitz; das Häuschen war Bestandteil der Arbeitsstelle. Doch Bray besaß seine Hälfte. Er hatte sie von seinem Vater geerbt, der sein Leben lang auf dem Herrensitz gearbeitet und das Häuschen sehr billig gekauft hatte – der Verkauf war eher eine Gefälligkeit ihm gegenüber gewesen –, als der Gutsbesitz zu schrumpfen begonnen hatte und die Familie anderswo tätig geworden war.

Durch die gerade Linienführung und das Material (rote oder orangefarbene Ziegel und Flintsteine) hatte das kleine, stabile Doppelhaus fast städtisch auf mich gewirkt. Doch dann, als mein Blick sich schärfte, hatte ich den Stil an alten Wirtschaftsgebäuden im weiten Umkreis erkannt, hatte erkannt, daß in der Gegend so mit Flintsteinen gebaut wurde, die es hier reichlich gab; und mir war klargeworden, daß das Haus versuchsweise als »verbesserte« Landarbeiterwohnung gebaut worden war. Dadurch war es zeitlich eindeutiger zuzuordnen als die strohgedeckten Häuschen ein Stück weiter die Straße hinunter. Das strohgedeckte Häuschen entsprach immer noch dem, was man für ländlich malerisch hielt, und das Decken mit Stroh war alles andere als eine aussterbende Fertigkeit; überall in den Tälern Wiltshires arbeiteten Dachdecker mit Stroh. Doch die Bauweise der verbesserten Wohnungen – Flintsteine mit Ziegelstreifen – wurde von den ortsansässigen Maurern nicht mehr angewandt. Die spezielle Fertigkeit, mit Flintsteinen zu bauen, war schwer zu finden; und die soziale Idee, die Wohnungen der Landarbeiter zu verbessern, war überholt.

Bray und Pitton hatten also ähnliche Häuser, Häuser mit einer leicht verständlichen Vergangenheit. Doch auf Brays Seite der Zwischenmauer und des Zauns war die Idee des Eigentums bestimmend. Bray gehörte sein Haus; er wollte, daß man das erkannte. Und hinzu kam noch die Vorstellung, daß er ein freier Mann war, ein Mann, der auf eigene Rechnung arbeitete. Auf Pittons Seite war die Idee des Stils bestimmend. Pitton hielt den Garten in Ordnung, mit Hecke, Rasen und blühenden Bäumchen. Brays Garten war eher ein betonierter Hof für seine Autos und Minibusse. Und das verursachte einige Probleme zwischen den beiden Männern.

Pitton verlor kein Wort über Bray. Alles, was ich über den schwelenden Streit zwischen den beiden Männern erfuhr, erfuhr ich von Bray – ich nahm seine Dienste in Anspruch. Bray erzählte die Geschichten auf seine Weise. Seine eigenen Taten und Provokationen verschwieg er; er berichtete nur, was Pitton tat. Und er erreichte damit, daß aus Pitton – so gut gekleidet, so stetig auf dem Anwesen, sein Gang so gemessen –, der in der Öffentlichkeit ein Ausbund an Vollkommenheit war, zu Hause ein Verrückter wurde.

Bray sagte beispielsweise, wenn er mich zum Bahnhof fuhr: »Dieser Tage hat unser Freund mit Bauen angefangen. Bohrt nachts um drei Löcher in die Zwischenwand. Was halten Sie davon?«

Und Bray gestattete einem dann eine Weile, mit diesem Bild von Pitton zu spielen, wie er nachts mit einem elektrischen Bohrer wie irre durchs Haus tobte, ein Mr. Hyde mit einem modernen Strahlengewehr, der aber irgendwie so rechtzeitig wieder zur Besinnung kam, daß er morgens um neun, ein Dr. Jekyll des Herrensitzes, adrett am weißen Tor hinter dem Rasen erschien.

Und erst am Ende der Fahrt mit Bray oder während der nächsten oder übernächsten Fahrt erfuhr ich vielleicht, daß Bray aus allen möglichen guten Gründen – seiner Leidenschaft für die Arbeit, seinem Selbstvertrauen, seinem Haß auf den Müßiggang, der das Land ruinierte, die Unzuverlässigkeit anderer Leute – auf seinem betonierten Hof bis weit nach Mitternacht Automotoren auseinandergenommen oder richtig eingestellt hatte.

Bray hatte etwas Perverses. Er wußte, daß sein zubetonierter und ölbefleckter Hof und seine halb auseinandergenommenen Autos bei den Leuten Anstoß erregten. Er wußte, daß diese Dinge für Pitton, der nebenan wohnte, besonders anstößig waren; er wußte auch, daß es ungehörig war, eine auffällige Verschandelung des Tals, das er den Touristen unter seinen Fahrgästen so gerne zeigte. Bray wollte jedoch, auch wenn er es geleugnet oder nicht die richtigen Worte dafür gefunden hätte, Pittons Vorstellung von korrektem Verhalten und Stil verletzen. Und hinzu kam noch, daß Bray das Gefühl hatte, er könne mit seinem Grund und Boden tun und lassen, was er wolle, weil er ihm gehörte und weil er – im Gegensatz zu Pitton und beinahe jedem anderen arbeitenden Menschen, den er kannte – ein freier Mann war.

Freiheit war für Bray wichtig. Und obwohl er es als hohe Fertigkeit, beinahe als Berufung, gleichwertig einer jeden anderen, darstellte, Autos zu vermieten und Leute zu den verschiedenen Terminals der vielen Flughäfen zu bringen und ausländische Kinder von den Flughäfen abzuholen, war seine eigentliche Berufung, ein freier Mann zu sein, nicht das zu sein, was sein Vater gewesen war, ein Mann »in Diensten«, ein Diener.

In Diensten – eine längst vergangene und verschwundene Welt. Aber nicht für Bray; das war seine Kindheit, genauso wie meine Kindheit die verschwundene Welt der Zuckerrohrfelder und Hütten und barfüßigen Kinder gewesen war, der Gräben und Hibiskushecken, religiösen Zeremonien, die ich hinnahm, aber nicht verstand; der Schönheit des Lampenanzündens nach dem Gebet am Abend und der Angst vor den Rumschenken und den Streitereien und Kämpfen. Genauso wie »Gutsbesitz«, »Arbeiter«, »Gärtner« spezielle Bilder in mir heraufbeschworen, so lebte Bray mit Bildern von dem Tal, die ich mir nur verschwommen vorstellen konnte.

Er sprach oft mit mir über die Vergangenheit. Er sprach von der Erntezeit und Kindern, die ihren Vätern Tee aufs Feld brachten; von Hirten und ihren Hütten auf den Downs; von Arbeitern, die täglich riesige Bierzuteilungen bekamen; von malerischen Gruppen von Arbeiterhäuschen, mittlerweile abgerissen. Weit davon entfernt also, seinen Hintergrund zu vertuschen, brachte er ihn immer ins Gespräch, um sich (und mich oder jeden, mit dem er sprach) daran zu erinnern, wie weit er es gebracht hatte.

Was war Brays Vater gewesen? Erst hatte Bray gesagt, »Obergärtner«, der oberste der legendären sechzehn. Und vielleicht hätte nur so jemand das Privileg gehabt, sein Häuschen zu einem sehr niedrigen Preis zu kaufen. Doch später hatte Bray auch gesagt, sein Vater sei der Butler gewesen, der Chauffeur (und manchmal sogar der »Kutscher« – in den Schuppen neben dem uralten efeubedeckten Getreidespeicher standen Kutschen). Deshalb ist es möglich, daß Brays Behauptung, sein Vater sei der Vorgesetzte der legendären sechzehn gewesen, nur seine Art war, den »arroganten« Pitton in die Schranken zu weisen.

Was immer sein Vater im Herrenhaus gemacht hatte, Bray war stolz auf seinen Vater; lehnte ihn nicht ab. Doch mit dem Dienst des Vaters im Herrenhaus verband sich eine Erinnerung, die Bray berührte und ihm immer noch schmerzlich war.

Eines Tages begann er mir von der Zeit zu erzählen, in der er während der Ferien der Dorfschule (die es nun nicht mehr als Schule gab, sondern nur noch als Gebäude, ein Haus auf dem Land, ein begehrter Wohnsitz) im Herrenhaus gearbeitet hatte. Es war eine wichtige Erinnerung; sie war ihm immer noch schmerzlich. Mit mir konnte er darüber reden, weil ich ein Fremder war, weil ich Verständnis und weil ich Interesse hatte. Ich hatte seit 1950 eine große Entwicklung durchgemacht, hatte gelernt, wie man redet, wie man nachfragt, und erwartete nicht mehr –

wie auf der *S. S. Columbia* und in der Pension in Earls Court –, daß mir die Wahrheit ins Auge sprang, bloß weil ich Schriftsteller und sensibel war. Ich hatte in mir – immer ein Fremder, ein Ausländer, ein Mann, der seine Insel und Gemeinschaft vor dem Erwachsenwerden, vor jeglicher gesellschaftlicher Erfahrung als Erwachsener verlassen hatte – ein tiefes Interesse für andere entdeckt, einen Wunsch, mir die Einzelheiten und alltäglichen Abläufe ihres Lebens bildhaft vorzustellen, die Welt durch ihre Augen zu sehen; und mit diesem Interesse ging ab einem gewissen Punkt oft ein Gefühl einher – beinahe ein sechster Sinn – für das, was die Gedanken eines Menschen beherrschte.

So begann Bray eines Tages von seiner Ferienarbeit im Herrenhaus zu erzählen. Doch dann kam etwas dazwischen – vielleicht ein Halt an einer roten Ampel, vielleicht ein Wortwechsel mit einem anderen Fahrer oder die Begrüßung eines anderen Fahrers. Und dann wurde der Schmerz der Erinnerung stärker als Brays Wunsch, mir seine Geschichte zu erzählen; und die Tage, die er als Diener im Herrenhaus verbracht hatte, blieben ein Geheimnis. Vielleicht war es ihm schmerzlich, daß er sich in die Rolle gefügt hatte; vielleicht sah er es als Ausnutzung seiner Unschuld, seiner Kindlichkeit. Kinder, deren Erfahrung so begrenzt ist, lassen sich bereitwillig mißbrauchen. Selbst durch das Spiel kann ein Kind dazu getrieben werden, mit einer Situation, in der man es mißbraucht, zu leben, kann jemand zum Masochismus getrieben werden, der eigentlich ganz anders veranlagt ist.

Wenn ich an meine eigene Vergangenheit, meine eigene Kindheit zurückdachte – die einzige Möglichkeit, die Lebensumstände eines anderen zu verstehen, ist durch unsere eigenen Erfahrungen und Gefühle –, fand ich sehr viel Mißbrauch, den ich als selbstverständlich hingenommen hatte. Ich lebte mühelos mit der Vorstellung von Armut, der Nacktheit von Kindern auf den Straßen der Stadt und des Landes. Ich lebte mühelos mit der Vorstellung, daß Kinder mit Prügelstrafen gequält, die Verkrüppelten verspottet wurden, mit den verschiedenen Vorstellungen von

Autorität, die durch unsere Hindu-Familie verkörpert wurden und vor allem dem von Rassen bestimmten Kolonialsystem unserer landwirtschaftlichen Kolonie.

Niemand wird als Rebell geboren. Zur Rebellion müssen wir erzogen werden. Und trotz der Ermutigung durch die Zornesausbrüche meines Vaters - politische Zornesausbrüche wie auch Ausfälle gegen seine Familie und seine Arbeitgeber - nahm ich vieles im Leben und in der Haltung unserer Familie und unserer Insel einfach hin - ein Verhalten, das mich später bedrücken sollte.

Der edelste Impuls von allen - der Wunsch, Schriftsteller zu sein, der Wunsch, der mein Leben bestimmte - war als Impuls am einengendsten, am heimtückischsten und in mancher Hinsicht am verderblichsten, denn durch meine englische Halbbildung kultiviert und deswegen kein reiner Impuls mehr hatte er mir eine falsche Vorstellung von geistiger Tätigkeit gegeben. Der edelste Impuls war in dieser kolonialen Umgebung am hinderlichsten gewesen. Um zu sein, was ich sein wollte, durfte ich nicht mehr sein, was ich war, oder mußte dem entwachsen. Um Schriftsteller zu werden mußte ich den Begriff, den meine Halbbildung mir vom Schriftsteller gegeben hatte, und viele der frühen Vorstellungen, die mit dem Ehrgeiz einherkamen, aufgeben.

Die Vergangenheit war also für mich - als Koloniebewohner und Schriftsteller - bedrückend und beschämend. Doch als Schriftsteller konnte mich mich dazu erziehen, dem ins Gesicht zu sehen. Es wurde sogar mein Thema.

Bray hatte solch eine Erziehung, solch ein Bedürfnis nicht. Die Depression vor dem Krieg, der Krieg, die Reformen nach dem Krieg und der Aufschwung lagen zwischen ihm und seiner Vergangenheit. Je weiter weg er von dieser Vergangenheit geführt wurde, je mehr die Welt sich änderte, desto schmerzlicher wurde ihm die Vergangenheit vielleicht.

Politisch war er konservativ. »Sie kennen mich doch«, sagte er. »Ich bin ein hundertechter Tory.« Er zog die Wörter »hundertprozentig« und »waschecht« zusammen. Mit konservativ meinte er eigentlich, daß er auf eigene Rechnung arbeitete und ein freier Mann war; daß er von Leuten (wie Pitton), die nicht den Willen hatten, frei zu sein, und für andere Leute arbeiteten, wenig hielt und von Leute, die Parasiten des Staates waren, überhaupt nichts und die Vorstellung haßte, Steuern zur Unterstützung dieser Leute zu zahlen. Zu seiner Tory-Anhängerschaft und seinem Haß auf die Labour-Partei und die »Niedrigsten« gehörte jedoch auch eine stark republikanische Haltung. Sein Lebensunterhalt hing von Leuten mit Geld ab; er mochte die seltsamen Gepflogenheiten der Reichen und sprach gern darüber. Gleichzeitig haßte er jedoch Leute, die einen Rolls-Royce fuhren; er haßte Landbesitzer, Leute mit Titel, die Monarchie und alle, die nicht für ihren Lebensunterhalt arbeiten mußten.

Er haßte Adlige und alte Familien und Leute mit ererbtem Reichtum auf eine Art und Weise, die ich bei einem Engländer für unmöglich gehalten hätte, bis ich William Cobbett las. Dort, in den Vorurteilen und im Starrsinn und Radikalismus, eines vor einhundertfünfzig Jahren durch die Französische Revolution genährten Radikalismus (der einem bei Cobbett, in der lebendigen, halsbrecherischen Geschwindigkeit seiner Prosa immer noch nahe schien), fand ich viele von Brays Haltungen wieder. Ein Imperium lag dazwischen, eine große neue Woge des Reichtums und der Macht; doch Brays Leidenschaften waren wie durch ein Wunder immer noch wie die Leidenschaften einer rein landwirtschaftlichen Grafschaft, gehörten zu Herrenhäusern und großen Farmen und abhängigen Arbeitern. Bei Bray gründete vieles davon in der Verbindung seiner Familie zum Herrensitz und einer immer noch nagenden Demütigung im Zusammenhang mit seinen Ferien »im Dienst« dort.

Pitton, der sorgfältig gekleidete Gärtner mit dem zum Herrensitz gehörenden Häuschen, strebte irgendwie den Stil eines Landedelmannes an. Bray, der freie Mann, trug die Schiebermütze eines Fahrers. Er sagte (als unsere Geschäftsbeziehung schon ein paar Monate bestand und sich zu so etwas wie einer Dorfbekanntschaft entwickelt hatte), er trage die Mütze, weil sie ihm bei der Polizei helfe. Und er hatte recht, wie ich bei vielen Gelegenheiten, besonders auf dem Flughafen, sah. Die Polizisten, selbst uniformiert, erkannten die Schiebermütze an, reagierten darauf und waren angesichts dieses Gewerbeabzeichens in jeder Hinsicht umgänglicher.

Ein andermal sagte er, er trage die Mütze, um sich von den gewöhnlichen Taxifahrern zu unterscheiden, die so viel Zeit parkend und Späße treibend müßig am Taxistand verbrächten. Doch die hielten die Schiebermütze für servil und verspotteten Bray deswegen, so wie sie ihn wegen seiner niedrigen Fahrpreise kritisierten (die sie auch für Servilität hielten). Und das – Brays »Servilität« und generelle Altmodischkeit – war der Grund, weshalb Bray, der wegen seiner Pünktlichkeit und Zuverlässigkeit und Fairneß einen größeren Kundenkreis aufgebaut hatte, als er allein bewerkstelligen konnte, keinen Fahrer bekommen konnte, der über längere Zeit für ihn arbeitete. Bray forderte zuviel von den Fahrern, die er anstellte; er wollte, daß sie genauso lange arbeiteten wie er; er wollte, daß sie sich förmlich kleideten, sogar eine Uniform trugen.

Bray selbst kleidete sich nicht förmlich. Er trug die Schiebermütze. Doch was er sonst trug, stand im Widerspruch zu dem, was die Mütze andeutete, zu der unterschwelligen Ehrerbietigkeit. Meistens trug er eine Strickjacke, sehr selten ein Jackett. Eine Strickjacke kann auf vielerlei Weise zugeknöpft oder aufgeknöpft sein; sie kann Förmlichkeit, Nachlässigkeit Gleichgültigkeit andeuten; sie kann, wie es bei Bray oft geschah, andeuten, daß der Mann gerade von Kaminfeuer und Pantoffeln und Fernseher weggeholt wurde. Und die Schiebermütze, unterschiedlich schief aufgesetzt, konnte Hochachtung oder Mißachtung ausdrücken. Korrekt aufgesetzt konnte diese Mütze (zusammen mit einer zugeknöpften Strickjacke) weniger Ehrerbietung andeuten denn einen Mann, der vorsichtig mit sich umging: eher einen Mann mit Selbstrespekt denn einen respektvollen Mann.

Die Mütze half Bray, sich durchzusetzen, Meinungen und Urteile über Leute, mit denen er in Berührung kam, zu fällen. Ohne die Mütze wäre es schwerer für ihn gewesen; er hätte Worte, verschiedene Gesichtsausdrücke finden müssen. Als Folge hätte er sich in einem ständigen Kampf befunden (so wie das Autovermietungs- oder Taxigeschäft nun einmal ist). Die Schiebermütze mit ihren vielen Möglichkeiten, sie aufzusetzen, und die verschiedenen Möglichkeiten, die Strickjacke zu tragen, ermöglichten es Bray, eine ganze Reihe subtiler Urteile auszudrücken (und zwar deutlich).

In Wirklichkeit hatte Bray, gerade weil ihm die untertänige Haltung seines Vaters widerstrebte, die unbeständige, leicht veränderliche Persönlichkeit des Dieners: die unterschiedlichen Akzente, Stimmen, Ausdrücke. Bray hatte im Gegensatz zu Pitton kein Vorbild. Und weil er auf sich selbst gestellt war, erweckte er deutlich den Eindruck der Kauzigkeit. Und weil Bray diese unbeständige, leidenschaftliche Persönlichkeit hatte, diese vielseitige Persönlichkeit, war er vielleicht zutiefst ungefestigt. Er arbeitete nicht für das Herrenhaus. (Es hatte vielleicht einen Streit gegeben, von dem ich nichts wußte: Die Phillips' erwähnten nie etwas, und der Streit war vielleicht vor ihrer Zeit gewesen.) Doch seine ablehnende Haltung gegenüber Pitton war auch teilweise die ablehnende Haltung gegenüber jemandem, den er als Eindringling empfand. Denn er, Bray, fühlte und behauptete, er wisse mehr über den Herrensitz und unseren Vermieter, als Pitton je wissen könne.

Ähnliche Häuser, verbesserte Landarbeiterwohnungen und beide von Arbeitern bewohnt, die trotz aller Differenzen und Konflikte dasselbe Ziel hatten: Würde.

Pitton war also sowohl da, wo er lebte, von Spannungen umgeben, als auch da, wo er arbeitete. Denn auf dem Herrensitz zahlte Pitton es den Phillips' heim oder ließ an ihnen aus, daß Bray ihn als Außenseiter und Eindringling ablehnte. Pitton hatte trotz seines zugeknöpften Aussehens und seiner mangelnden Ausdrucksfähigkeit seine Möglichkeiten, seine »Gefühle« zu verstehen zu geben; und so sehr die Phillips' ihn auch spüren lassen mochten, daß er nicht Bescheid wisse, konnte er ihnen doch zu verstehen geben, daß sie Städter, Neuankömmlinge auf dem Herrensitz waren.

Diese drei Gruppen von Menschen, die so nahe beieinander wohnten und auf verschiedene Weise alle »in Diensten« waren, lebten also in einem Gefüge gegenseitiger Ressentiments. Merkwürdig an ihnen war, wie verschieden sie sich kleideten. Die Auswahl an Kleidung – billige Versionen von modischen Kleidern – war durch das Angebot der Geschäfte in Salisbury begrenzt. Und obwohl ich rasch das Geschäft oder den »Herrenausstatter« kennenlernte, wo Pitton seine Landedelmann-Kleidung kaufte (und sie war nicht gerade billig), und das»Sportgeschäft« (viel billiger), wo die Phillips' ihre wattierten Anoraks oder Pullover mit Reißverschluß kauften, und obwohl ich nicht umhin konnte, die Kleider als Handelsartikel zu sehen, die nicht wirklich Ausdruck der Persönlichkeit des Trägers, sondern eher Beispiele aus einem riesigen Vorrat waren, und obwohl die Geschäfte in Salisbury so dicht beieinanderlagen, war dieser »Unterschied« in der Kleidung ihnen doch allen wichtig.

Und all diese Leute waren zäh – oder für ihre Lebensumstände unempfindlich oder teilweise blind; das mußten sie sein. Bray verdiente die Freiheit, auf die er so stolz war. Er lehnte nie einen Auftrag ab und arbeitete unendlich viele Stunden; so etwas wie ein ungestörtes Privatleben kannte er nicht und bekam auch nur selten eine ganze Nacht Schlaf. Die Phillips' waren robust – selbst Mrs. Phillips, »nervös« und zu Kopfschmerzen neigend –, sonst hätten sie nicht so leben können, ohne etwas beiseite gelegt zu haben und mit dem Wissen, daß sie vielleicht jeden Augenblick weggehen und anderswo leben müßten, mit anderen Menschen, anderen Beziehungen, anderen Lebensumständen.

Und Pitton lebte nicht nur mit der Gereiztheit von Bray und den Phillips, sondern auch in dem Wissen, daß seine ganze Arbeit – nicht freiwillig wie Jacks, sondern bezahlte Lohnarbeit –, abgesehen vom Gemüsegarten, in der Wildnis des Herrensitzes stattfand: eintönige harte Arbeit, die kaum jemand bemerkte, wie das Wegschaffen der toten Blätter im Herbst; sinnlose Arbeit, wie das Säubern des verborgenen Gartens, der dann einfach wieder verschlossen worden war; Arbeit in einem Anwesen, das einen Nachfolger erwartete.

Seine verbesserte Landarbeiterwohnung; der Gartenschuppen; das Land des Herrenhauses. Das war sein kleiner festgelegter Bereich – eine entsetzliche Beschränkung, wenn das alles war, was er hatte. Er brauchte diese andere Vorstellung, die er hegte, die Vorstellung vom Landedelmann. Ohne Aufsicht, ohne festgelegte Arbeitsstunden hätte er, wenn er nicht diese andere Vorstellung und das daraus resultierende »Naturell« gehabt hätte, nachlässiger werden, zu einem Tramp verkommen können, ein Jack ohne die Begeisterung, die wahre Urwüchsigkeit, die Lebendigkeit.

Eine Kostprobe von Pittons Naturell bekam ich in meinem zweiten Sommer. Ich war fort gewesen, auf Reisen, und erst gegen Ende des Sommers zurückgekommen. Ich sah, daß das Gras um mein Häuschen in meiner Abwesenheit überhaupt nicht geschnitten worden war. Vertragsmäßig mußte ich nur einen schmalen Streifen um das Häuschen pflegen und »in Schuß halten«. Fünf Minuten Arbeit mit dem Rasenmäher, mehr nicht. Doch diese kleine Fläche hatte Pitton bedachtsam in Ruhe gelassen, obwohl sie das Erscheinungsbild des Rasens verdarb.

Mrs. Phillips sagte: »Die Menschen sind komisch.« Als habe ich endlich eine Vorstellung davon bekommen, womit sie alles fertig werden müßten.

Sie mußte gesehen haben, wie Gras und Unkraut wuchsen, während ich fort war. Sie mußte mit Freuden darauf gewartet haben, wie ich reagieren würde, wenn ich zurückkam.

Ich hatte jedoch nicht den geringsten Wunsch, mich in die Ressentiments und Streitereien auf dem Herrensitz hineinziehen zu lassen. Als ich Pitton auf dem Anwesen sah, ging ich hin und bat ihn, mir seinen Rasenmäher zu leihen. Er war peinlich berührt. Er hatte seit ein paar Wochen unter den Augen der Phillips' einen kleinen Streit, eine kleine Spannung initiiert. Und nun – da der Höhepunkt, die Zeit des Streites gekommen war – war er peinlich berührt. Was er getan hatte, hatte er unter den Augen der Phillips' getan. Aber er wußte nicht, wie er mit mir, einem Fremden streiten sollte. Es war rührend. Er begann irgendeine Erklärung zu murmeln, besann sich dann jedoch eines Besseren. Er ging schnurstracks zum Schuppen, holte den Rasenmäher und eine Büchse mit Treibstoff hervor. Er war eifrig bemüht; er gab mir sogar einen Lappen, mit dem ich das Gehäuse abwischen konnte, nachdem ich den Tank gefüllt hatte.

Als ich mit Mähen fertig war, stellte ich den Rasenmäher und die Treibstoffbüchse achtsam direkt vor der verschlossenen Tür seines Gartenschuppens ab – als wolle ich ihn durch dieses stumme Spiel (früher war ich nicht so achtsam gewesen, wenn ich seinen Rasenmäher benutzt hatte) wissen lassen, daß ich sein Verhalten nicht als selbstverständlich hinnahm. Und er reagierte auf eine Weise, die ich nie erwartet hatte. Am Donnerstag nachmittag brachte er meine Mülltonne in den Hof des Herrenhauses, da am Freitagmorgen die Müllabfuhr kam. Er hob die gefüllte Metalltonne an nur einem Griff hoch, mit nur einer Hand und änderte weder seinen Gang noch das Tempo – eine Demonstration seiner großen Kraft, trotz Alter und Bauch und augenscheinlicher Langsamkeit.

So wurden wir Freunde. Und an manchen Nachmittagen im späten Sommer und frühen Herbst – Sonnenschein und Schatten auf dem Rasen – arbeiteten wir zusammen. Er erlaubte mir, ihm beim letzten Rasenschnitt zu helfen – ich mähte immer gerne den Rasen. Und ich half ihm beim Einsammeln der Blätter – eine angenehme Tätigkeit mitten am Nachmittag (für eine Stunde oder so), merkwürdig friedlich. Man häufte die Blätter in einen rohgezimmerten zweirädrigen Sprossenwagen, schob ihn durch den Obstgarten und am Kinderhaus vorbei zur »Freistatt«, zog die Vorderklappe des Karrens ab, kippte ihn nach vorne und verteilte dann die Blätter auf dem federnden, rutschigen Blätterberg.

Ein paar Tage vor Weihnachten ging ich zu Pittons Haus, um ihm eine Flasche Whisky zu bringen. Es war feucht und kalt; die Straße war naß; die Buchen und Platanen schienen, auch wenn sie jetzt keine Blätter mehr hatten, immer noch die Sonne abzuhalten. Bei Pitton waren das Tor und der asphaltierte Pfad zu seiner Haustür gepflegter als bei Bray. Erst als ich direkt vor Pittons Tür stand, bemerkte ich, wie dringend Tür und Holzrahmen gestrichen werden mußten und daß die Rahmen der Flügelfenster nach vorne heraus halb verfault waren.

Es dauerte lange, bis Pitton zur Tür kam. Vielleicht hatte er sich fertigmachen, anziehen müssen. Und er war so verlegen, hatte ein solch verschlossenes Gesicht, daß ich wußte, er mochte es nicht, in seinem Haus »ertappt« zu werden.

Das Haus war viel ärmlicher, als ich gedacht hatte. Die verbesserte Landarbeiterwohnung von vor sechzig Jahren war, so stabil sie auch von außen aussah, innen ein wenig heruntergekommen und schäbig. Der schmale Flur war so abgewetzt, daß er glänzte und kaum noch eine Farbe zu erkennen war. Das Mobiliar des kleinen vorderen Zimmers war zusammengewürfelt.

Bescheidene Möbel, die, obwohl alt, einen immer noch an die Geschäfte denken ließen, in denen sie gekauft worden waren; bescheiden der Fernsehapparat und die Stereoanlage, die auch an Billigläden denken ließen; billige, ungesäumte Vorhänge. Nur die Photos – zusammen von Pitton und seiner Frau, als sie jünger waren; von Mrs. Pitton allein, vor zwanzig Jahren (ein Photo, auf dem sie über die Schulter sah und das ihr offensichtlich gefiel); ein Photo von dem Sohn – machten das Zimmer persönlich, in dem Pitton schon so lange wohnte.

Die Flügelfenster waren, wie ich von innen deutlicher sehen

konnte, verzogen; im Zimmer zog es. Warum hatte Pitton nichts renovieren lassen? Ich weiß, was er gesagt hätte. Malerarbeiten waren Sache des Guts; das Haus gehörte nicht ihm. Er wartete darauf, daß man sich auf dem Gut um die Renovierung seines vorderen Zimmers und zweifelsohne auch des Rests des Hauses kümmerte; es machte ihm nichts, Zeit, einen ganzen Abschnitt seines Lebens in trister Umgebung zu verbringen. Es war enttäuschend. Das war die eigentliche Unterwürfigkeit, der eigentliche Gehorsam des Mannes. Angesichts seiner Würde, seiner gemessenen Bewegungen, seines gewichtigen Benehmens, seiner Selbsteinschätzung war es schwer, jene andere Seite zu verstehen. Von dem Geld, das er verdiente, wurde also viel für seine und Mrs. Pittons Kleider aufgewandt, für diese Schau vor der Außenwelt, auf die sie beide so viel Wert legten.

Ich gab ihm den Whisky. Er bedankte sich, aber er sah nicht besonders erfreut aus; sein verschlossener Ausdruck verschwand nicht und wurde auch nicht weicher. Sein Ausdruck wurde erst weicher, die Muskeln seines Gesichts entspannten sich, als ich, um den, wie ich jetzt erkannte, Irrtum meines Besuches zu überspielen, Konversation machte und seine Stereoanlage erwähnte. Ich sagte, so etwas habe ich nicht. Anstelle des verschlossenen, verlegenen Ausdrucks zeigte Pittons Gesicht nun ein törichtes selbstzufriedenes Lächeln. Er war froh – es war verblüffend –, daß seine Besitztümer mich überrascht hatten.

Und Pittons törichtes Lächeln versetzte mich zurück in meine frühe Kindheit – hier in diesem Tal, in Pittons Haus einem Traum vergleichbar – und weckte schmerzliche Erinnerungen. Innerhalb unserer Großfamilie war unsere kleine Familie arm; und ich erinnerte mich, wie stark bei den ein oder zwei Malen, als entfernte, reichere Verwandte uns besuchen kamen, unser Instinkt zu prahlen, anzugeben war, vorzutäuschen, wir seien reicher, als wir zeigten. Ein merkwürdiger Instinkt: Wir prahlten nicht gegenüber Leuten, die genauso arm waren wie wir; wir prahlten gegenüber Leuten, die reicher waren, die unsere Eitelkeit leicht durchschauen konnten. Das hatte ich auch bei anderen beobachtet; meine frühesten Beobachtungen als Kind galten den Lügen der Armut, den Lügen, die die Armut den Leuten aufzwang. Wir waren eine sehr arme landwirtschaftliche Kolonie zur Zeit einer weltweiten, zu Ende gehenden Depression. Sehr wenige Leute hatten Geld; große Gutsbesitze mußten für sehr wenig verkauft werden, weil das Geld knapp war; und unter den Arbeitern herrschte große Not. Und doch sah ich als Kind Leute gegenüber ihren Arbeitgebern, gegenüber jenen, die sie jede Woche bezahlten, so tun, als seien sie, die Bezahlten, reicher als der Bezahlende wußte; als hätten sie, die täglich oder wöchentlich bezahlt wurden, Leute, die jeden Tag acht Stunden oder länger für weniger als einen Dollar arbeiteten, geheime Geldmittel und – beinahe – ein ganzes geheimes Leben.

Etwas davon – eine vage Vorstellung von Hütten und Feuchtigkeit und den Sümpfen meiner Kindheit – überkam mich Weihnachten in diesem Tal in Wiltshire, in Pittons verbesserter Landarbeiterwohnung. Er war arm. Ich entdeckte jetzt, daß seine Armut ihm weh tat, ihn beschämte. Ich entdeckte nun, daß seine Nerven blank lagen, viel mehr als die der Phillips oder Brays. Er war viel verwundbarer als sie.

Der Ruf »Fred!« erklang immer gegen drei irgendwo auf dem Herrensitz. Ich hatte eine Weile gebraucht, bis ich herausfand, was da gerufen wurde, weil der Ruf mir erst als eins der vielen Geräusche auf dem Land vorgekommen war: der Schrei eines Tieres; der weit entfernte kuckuckähnliche Ruf des Kuhhirten, der die Kühe von den Flußwiesen zurück in den Melkstall trieb (er rief einfach: »Weiter! Weiter!«); Landwirtschaftsmaschinen; Vögel; das Flügelschlagen der Tauben, wenn sie über ihren Stangen oder ihren Schlafplätzen im dichten Efeu an der Mauer des alten Getreidespeichers herumflatterten; die veraltete Melkmaschine der Farm hinter dem Kirchhof – diese Maschine steigerte sich, kurz bevor sie abgestellt wurde, zu einem Kreischen und machte einem in der darauffolgenden vergleichsweisen Stille das Gequietsche bewußt, mit dem man in den vergangenen zwei Stunden gelebt hatte, ein Gequietsche, das in der Luft hängenblieb wie Ohrensausen oder Zikadenzirpen; das Brummen und Dröhnen der Militärflugzeuge.

Nachdem ich ihn einmal richtig verstanden hatte, wurde der Ruf »Fred!« von Mr. Phillips deutlich vernehmbar; und ich dachte, er sei eine alte Gewohnheit, etwas, das es bereits lange vor meiner Zeit gegeben hatte. Bald entdeckte ich, daß dem nicht so war. Und ich konnte den Charakter des Rufs und die Stimmung erkennen und die mitschwingenden Spannungen verstehen. Pitton, stellte ich fest, gab nie zu verstehen, daß er den Ruf gehört hatte, antwortete auch nicht.

Der Ruf erklang nachmittags. Doch manchmal – besonders im Frühling – konnte man ihn auch morgens hören. Das bedeutete dann, daß Mr. Phillips zwischen meinem Vermieter und Pitton die Verbindung herstellte. Im Frühling wollte mein Vermieter Blumen sehen, einkaufen gehen, manchmal auch beides miteinander verbinden. Andere Gärten besuchen wollte er nicht (die Häuser oder den Bereich anderer Menschen zu betreten hätte ihn zu sehr mitgenommen). Er ging lieber in Blumengeschäfte und Garten-Center; und er wollte, daß Pitton ihn begleitete.

Wo saß Pitton im Auto des Herrensitzes, wenn er zu diesen Ausflügen gerufen wurde? Saß er vorne neben Mr. Phillips, dem anderen Diener des Herrensitzes? Oder saß er allein hinten, auf andere Weise ganz für sich?

Ich habe das Gefühl, Pitton wurde mitgenommen, weil er meinem Vermieter Gesellschaft und (im Verein mit der Mr. Phillips') Schutz bot. Pitton wurde sicherlich nicht bloß wegen seines Rates als Gärtner mitgenommen, denn die gekauften Pflanzen – die Pitton versorgen mußte – waren nicht immer geeignet. Einmal waren es Azaleen, erinnere ich mich, die für unseren Kreideboden nicht geeignet waren und die Pitton alle in Sandtöpfe pflanzen mußte. Ich fragte ihn wieso, und er verhaspelte sich, konnte sich nicht klar ausdrücken, bis ihm die Erleuchtung kam, sein Gesicht sich erhellte, und er sagte: »Mineralien.« Nachdem er die Azaleen in Sand gepflanzt hatte, mußte er sie, bis sie eingingen, täglich mit einer teuren »Eisen«lösung »füttern«. »Füttern« war ein ganz passendes Wort, denn diese kleinen Azaleen mußten mit Pipetten »gefüttert« werden, so wie man vielleicht Vögel oder junge mutterlose Tiere fütterte.

In meinem dritten Jahr, meinem dritten Frühling erklangen die morgendlichen Rufe öfter als sonst. Dies hatte mit einer Veränderung im Gesundheitszustand meines Vermieters zu tun. Nachdem er so schwer krank und mit seiner Acedia beinahe unbeweglich gewesen war – ungefähr zu der Zeit, da die Phillips' ins Herrenhaus zogen, um ihn und sein Haus zu versorgen –, begann mein Vermieter sich nun langsam zu erholen. Man hatte eine Arznei oder Droge gefunden, die die lähmende Acedia neutralisierte und die Persönlichkeit (oder jenen Teil davon), die die lange Zeit seiner Zurückgezogenheit und Unausgefülltheit überlebt hatte, wieder zur Geltung brachte. Eine Operation hatte ihm dann teilweise das Sehvermögen wiedergegeben.

Die Phillips' trugen sehr viel dazu bei, daß mein Vermieter wieder zum Leben und seiner besonderen Welt erwachte. Mr. Phillips war professionell, verständnisvoll, fürsorglich, ein starker Mann, dem der Kranke, zugleich Arbeitgeber und Abhängiger, sich anvertrauen konnte. Zur Stärke ihres Mannes kam Mrs. Phillips' Zärtlichkeit und Bewunderung für die künstlerische Seite des Arbeitgebers hinzu, der Gedichte schrieb und nun, mit seinem wiederhergestellten Sehvermögen, auch noch zu zeichnen begann. Seine Zeichnungen waren merkwürdig fließend, geübt, leicht, als habe er sie schon viele Male gemacht, als kämen sie aus einem Abschnitt jenes vergangenen Lebens meines Vermieters, das er gerade wiedergewonnen hatte: Zeichnungen wie von Beardsley, aus einem anderen Zeitalter, mit langen rankenden Linien und kleinen pointillierten Flächen, die die großen weißen Flächen hervorhoben.

Manche dieser Zeichnungen – in Reproduktionen: eine anhaltende oder wiedererwachte Extravaganz – ließ er mir nun durch Mrs. Phillips anstelle der alten gedruckten Blätter mit Gedichten schicken, die er in meinem ersten Jahr geschickt hatte.

Bei diesem Wiedererwachen, dieser Wiedergeburt kam mein Vermieter den Phillips' entgegen. Er war nett zu ihnen, wie sie berichteten. Sie gehörten zu dem Leben, von dem er sich seiner Meinung nach verabschiedet hatte. Folglich hatten die Phillips' das Gefühl, daß sie gebraucht wurden; dieses Gefühl hatte man ihnen vielleicht in keiner ihrer früheren Stellen gegeben. Und sie wiederum wurden weicher, weniger abweisend, sich ihrer Stellung im Herrenhaus sicherer. Ihre Zähigkeit war nun teilweise erklärt: Es war die Zähigkeit von Menschen, die so zäh sein wollten, wie sie die Welt erlebt hatten, und sich für alles bereithielten, was das Schicksal ihnen zudachte. Die Phillips' wurden, da sie im Herrenhaus selbstsicherer wurden, nicht mehr fremd im Haus waren, glücklicher; auf ihre Art so glücklich wie ihr Arbeitgeber im Sommer. Dieser wiederholte morgendliche Ruf »Fred!« schien das alles auszudrücken. Wie auch eines Tages der flüchtige Eindruck von einem glücklichen Mr. Phillips, der – wie ein Impresario – mit seinem Arbeitgeber im Auto des Herrensitzes über die Straße unter den alten Buchen fuhr.

Diese Stimmung hielt bis in den nächsten Sommer an. Pitton mußte oft auf einen Ausflug mit, und manchmal, wenn er zurückkam, hatte er eine kleine Neuigkeit für mich. »Ich habe heute kaum etwas getan. Ich wurde heute früh gerufen.« Er beklagte sich nicht; die Vorstellung, »gerufen« zu werden, gefiel ihm; er bewahrte seine Freude über die neue Muße im Gedächtnis, die neue Nähe zu seinem Arbeitgeber und das plötzliche Gefühl von Luxus, das seine Arbeit dadurch bekam: Autofahrten, Einkaufsausflüge, Besichtigungstouren, alles an einem Werktagmorgen. »Er sagte: ›Pitton‹ – so nennt er mich, wissen Sie: Er nennt mich nicht Mr. Pitton.« Ich nannte ihn Mr. Pitton, deshalb gab er mir diese Erklärung. »›Pitton, ich glaube, heute morgen sollten wir einmal zu Woolworth gehen. Ich habe gehört, daß es da eine gute Gartenabteilung gibt.‹ Woolworth«, sagte Pitton, amüsiert, aber respektvoll. »Stellen Sie ihn sich einmal bei Woolworth vor.«

Über diese Sommerausflüge meines Vermieters bekam ich manchmal von Mr. Phillips einen zweiten Bericht. Und über manche sogar einen dritten. Diesmal von Alan, einem Literaten aus London, einem entfernten Verwandten meines Vermieters, der jetzt manchmal ein Wochenende auf dem Herrensitz verbrachte, den er, sagte er, schon seit dem Krieg von Besuchen als Kind kannte.

Alan war Ende Dreißig. Er war ein kleiner Mann, so klein wie ich. Seine Statur war etwas, das ihn quälte. Er erzählte mir beinahe sofort, als wir uns kennenlernten – wie um das Thema zur Sprache zu bringen, ehe ich es tat –, daß ihn in der Schule jemand, ein Lehrer, glaube ich, als »zwergenhaft« bezeichnet habe. Diese Sorge um seine körperliche Erscheinung erklärte vielleicht Alans Clownerien, sein mächtig explodierendes Lachen, den extravaganten Schnitt und die Farbigkeit und Auffälligkeit der Kleidung, die er auf Partys in London trug, wo ich ihn von Zeit zu Zeit sah. Seine lustige Kleidung und sein ungestümes Benehmen standen im Gegensatz zu seinen nervösen, beinahe unsteten Augen; und auch im Gegensatz zu seiner Einsamkeit und der Zurückhaltung in Kleidung und Benehmen, die er sich auferlegte, wenn er das Herrenhaus besuchte, wo man manchmal überraschend die Falten einer alten Frau in seinem Gesicht sah, ehe die Falten zu Lachfalten wurden.

Alan schien viele Stunden allein zu verbringen, wenn er auf dem Herrensitz war. Man konnte ihn zu merkwürdigen Zeiten über das Anwesen spazieren sehen, sorgfältig, meist rustikal gekleidet – aber es gab kein Publikum für seine Kleidung oder seine Stimmungen. Was hatte er von seinen Besuchen? Er sagte, daß er das Haus mochte, die Atmosphäre; und daß er von meinem Vermieter fasziniert sei, den er sehr »historisch« fand, aus der historischen Periode, wie Alan sagte, »vor der Sintflut«, einer »vorsintflutlichen« Periode.

Er hatte von meinem Vermieter über den Ausflug zu Woolworth mit Pitton gehört. Als er mir das erzählte, barst er beinahe vor Lachen. »Er hat gesagt, Pitton habe sich zu sehr geschämt, um hineinzugehen, und mußte richtig hineingezogen werden.«

Wer hatte die Geschichte, die ich von Pitton gehört hatte, aufpoliert – die Geschichte, in der Pitton von dem Ausflug in die Gartenabteilung bei Woolworth einfach amüsiert gewesen war? War es mein Vermieter, der neuerwachte Einsiedler? Oder war es Alan?

Alan hatte kein eigenes Buch vorzuweisen. Er schrieb gelegentlich Rezensionen und besprach Bücher und Filme und kulturelle Ereignisse fürs Radio. Seine Funkarbeiten waren besser als seine Artikel, weil seine Stimme und Sprache größere Intelligenz und größere Begeisterung nahelegten und vermittelten. Doch welch unbedeutender Name, welch unbedeutende Leistung für jemanden, der bald vierzig war, jemanden, der seine Persönlichkeit und seinen Weg und das Ziel seines Ehrgeizes bereits mehr oder weniger fest umrissen hatte.

Seine Stimme und Angriffslust und Witzigkeit im Radio deuteten an, daß diese wenigen Minuten im Studio nur ein Zwischenspiel in einem geschäftigen, ausgefüllten, abgerundeten Leben waren: ein Leben, um das man ihn beneiden konnte. Wenn man ihm zuhörte, hatte man das Gefühl, daß in dem Mann, in seiner Sensibilität, Kultiviertheit, seinem Intellekt noch sehr viel mehr steckte; daß er noch sehr viel mehr gesagt haben würde, wenn er die Zeit gehabt hätte. Diesen Eindruck machten auch – allerdings in geringerem Maße – seine Artikel: die wenigen Absätze, die man las, schienen bloß Splitter von einem umfassenderen, reflektierteren Blick auf Leben und Kunst und Geschichte zu sein und sogar von einem reflektierteren Blick auf das Buch oder Stück, über das er da schrieb. Doch diese kleinen Kritiken und kurzen Radiokommentare und flüchtigen Diskussionen, die von einem

Moderator abrupt beendet wurden, wenn die Nachrichten kamen – das war die Summe von Alans Werk und Leben. Eine andere Arbeit hatte er nicht.

Wenn man erwähnte, daß man seinen Namen kannte, irgend etwas Unbedeutendes, was er getan hatte, ging er jedoch nicht – wie man von einem so weltläufigen Menschen hätte erwarten können – peinlich berührt darüber hinweg. Es ermunterte ihn, von seiner Arbeit zu sprechen. Er erinnerte sich an alle Redewendungen, die er gebraucht hatte, Redewendungen, die im Radio ganz natürlich aus ihm hervorzusprudeln schienen und gedruckt manchmal ein wenig mißglückt wirkten. Er sagte beispielweise: »Wie ich in der Kritik dieses Buches über Montgomery sagte, schien der Verfasser als Baby von einem Militär auf den Kopf geschlagen worden zu sein –« Und er brach ab und lachte schallend über seinen Witz wie über den – ob nun von ihm oder meinem Vermieter – über Pitton, der sich vor dem Eingang zu Woolworth schämte und wand und von dem langhaarigen Einsiedler unnachgiebig hineingeführt werden mußte.

»Ist es nicht schön, reiche Freunde zu haben?« sagte Alan an einem Wochenende. Und weil er das Gefühl hatte, er habe etwas Freimütiges und Komisches gesagt, klimperte er mit den Wimpern; und die Koketterie, die so unerwartet war, offenbarte eine andere Seite seiner Unzufriedenheit und Unausgefülltheit.

Wenn Alan von reichen Freunden sprach, dachte er mehr an sich als Schriftsteller, Mann, der Mäzene und herrschaftliche Häuser zur Verfügung hatte. Doch wir alle waren in jenem Sommer vom neuerwachten Sinn für Luxus meines Vermieters umfangen und schwindelig, von seiner neuerwachten Extravaganz, seinem ständigen Wunsch, den verstreichenden Augenblick festzuhalten und zu steigern, jede Erfahrung zum Stillstand zu bringen und zu vervollkommnen. Dies waren die Manieren und der Stil, wie Alan sagte, um seine Ansicht zu erklären, von »vor der Sintflut«.

Nun brachte Mrs. Phillips neue Drucke von Zeichnungen,

einen Einkaufskorb, Blumen in mein Häuschen – elegante Geschenke, für die mich zu revanchieren schwerfiel, denn der Mann und die Natur seiner Geschenke schienen eine entsprechende elegante Leichtigkeit zu erfordern, und ich ertappte mich in meinen Briefen an ihn dabei, daß ich nach Effekten haschte, versuchte, mich seiner Großzügigkeit wert zu erweisen und mich empfindsam wie er zu geben.

Eines sonnigen Morgens, ungefähr zur Kaffeezeit sah ich Pitton neben dem Rasen vor der überwucherten, mit einer Buchsbaumhecke umgebenen Einhegung stehen, die einst zu dem Haus gehört hatte, das laut Bray früher an der Stelle gestanden (und wahrscheinlich noch ältere, religiösen Zwecken dienende Vorläufer) hatte.

Das Unkraut in der Einhegung war groß geworden, hoch aufgeschossen, mit schönen weißen Blüten. Doch Pitton hatte seinen alljährlichen Pfad durch das Unkraut zum Obstgarten geschnitten, eine Schwade hinauf, eine Schwade hinunter. Der Pfad war niedrig geschnitten, hatte ebenmäßiges dichtes Gras, die eine Schwade im entgegengesetzten Strich zum Gras der anderen, so daß die beiden Schwaden zwei deutlich unterschiedliche Farben zeigten, eine grün, eine beinahe grau.

Und nun stand Pitton mitten am Morgen auf dem Rasen vor der Einhegung, stand ganz still da und schaute auf das Gras hinunter. Der zu groß gewordene Buchsbaum bildete über dem Eingang zur Einhegung einen Bogen. Von diesem wilden grünen Bogen war Pitton eingerahmt; hinter ihm lag der zwei Schwaden breite Pfad zwischen dem hohen Unkraut mit den weißen Blüten wie ein Gang durch einen Irrgarten. Er stand vornübergebeugt und schaute starr nach unten, die Beine merkwürdig gespreizt, als stehe er auf abfallendem oder unebenem Grund. Seine Strickkrawatte – Pitton trug winters wie sommers eine Krawatte – hing gerade nach unten; die Krawatte ruhte nicht auf seinem Spitzbauch.

Er erinnerte mich an einen Mann, den ich vor dreizehn Jahren einmal gesehen hatte, einen Indianer in einer neuen Missionsstation im Hochland von Guyana in Südamerika. Die Station befand sich am Ufer eines Flusses, nicht einem der großen, den Kontinent durchquerenden Flüsse, sondern einem schmalen Fluß des Hochlandes mit großen abgeschliffenen Steinen am Ufer und großen glatten Steinen, die manchmal gerade durchgebrochen waren, im Flußbett.

Es war ein Sonntagmorgen, und der Indianer war so förmlich gekleidet wie jetzt Pitton. Der Indianer trug eine blaue Sergehose und ein weißes Hemd. Er hatte die Sonntagsmesse in der Missionskapelle besucht. Die Station befand sich in einer neuen Rodung; die Stümpfe der gefällten Bäume sahen noch roh aus; der Wald kam an drei Seiten dicht heran. Und nach der Morgenmesse war der Indianer nun auf dem Rückweg zu seinem Walddorf, ging über den Pfad am Rand der Rodung, direkt oberhalb des Flusses, der im Sonnenlicht die Farbe hellen Weines hatte und in der Dämmerung schwarz wurde. Die Nacht machte hier ängstlich. Das Tageslicht war immer beruhigend.

Irgend etwas auf dem Pfad hatte die Aufmerksamkeit des Mannes gefesselt und ihn erschreckt; er war stehengeblieben, um zu betrachten, was er gesehen hatte, ein Ding, das nicht zum Pfad gehörte – ein Zweig vielleicht, ein Blatt, eine Blume – und vielleicht auf eine schreckliche Gefahr hindeutete. Für die Indianer hier gab es keinen natürlichen Tod. Überall und immer lauerte ein Mörder, der *kanaima,* ein Mann, der wie jeder andere aussah, den man nie als Mörder erkannte oder verdächtigte und der dann schließlich jeden tötete. In seiner blauen Hose und dem weißen Hemd stand also der Indianer, der von der Kapelle zurückkam, stockstill auf dem Pfad oberhalb des Flusses im morgendlichen Sonnenlicht und fragte sich, ob das Ding, das er gerade auf dem Pfad gesehen hatte (ganz gleichgültig, was die Missionare ihm und den Seinen erzählt hatten), nicht ein Zeichen dafür war, daß der *kanaima,* der am Ende jeden holte, nun für ihn gekommen war. Es war ein schmaler Pfad mit großen eingesunkenen Flußsteinen; der Indianer machte mir nicht Platz, als ich ihn erreichte. Ich ging um ihn herum; er schaute mich nicht an.

In einer ähnlichen Haltung und Versunkenheit stand Pitton vor der überwucherten Einhegung. Doch er wußte, daß er meine Aufmerksamkeit auf sich gezogen hatte, und wartete darauf, daß ich zu ihm kam. Als ich beinahe bei ihm war, hob er das linke Bein an und schwenkte es langsam herum, so daß er aufrecht stand. Eine steife, bewußte Bewegung – es hätte ein Holzbein sein können. Doch das Gesicht, das Pitton mir entgegenhob, glühte vor Erregung. Ich hatte ihn noch nie so aufgewühlt gesehen. Seine starren Augen glänzten feucht; die Nasenflügel bebten. Er war voller Neuigkeiten, barst vor Neuigkeiten.

Er sagte: »Ich habe Champagner getrunken. Er hat mich in seinen Garten gerufen und mir Champagner angeboten.«

Und Pitton war von mehr als nur dem Alkohol beduselt. Es war der Sonnenschein, das Ereignis, der Luxus, die morgendliche Stunde, die unerwartete Entwicklung dieses verwirrenden Sommers, in dem ein Spiel auf das andere folgte. Wenn er mich nicht getroffen hätte, wäre er, hatte ich das Gefühl, nach Hause gegangen, um diese Neuigkeit mit seiner Frau zu teilen.

Er sagte noch einmal, mit jeder Minute beduselter, den Zeitpunkt bedenkend, die Augen beinahe irr: »Champagner.«

Eine andere Version dieses Ereignisses hörte ich ungefähr einen Monat später von Alan. Der Sommer war so gut wie vorüber. Alan wanderte in Matrosenkleidung über das Anwesen, wie eine Seemannsgestalt aus einem der ersten Gedichte, die mein Vermieter mir in meinem ersten Sommer nach den Gedichten über Shiva und Krishna geschickt hatte.

Alan sagte: »Er ist in großer vorsintflutlicher Form. Ich habe gehört, er hat Pitton Champagner Rosé eingeflößt.« Und die Vorstellung amüsierte Alan so, daß er beinahe an dem Gelächter, in das er ausgebrochen war, erstickte. Als er wieder zu sich kam, sagte er: »Champagner Rosé um zehn Uhr morgens. Er hat mir erzählt, daß Pitton absolut hin und weg war. Absolut hin und weg.«

Und nun beschlich mich das Gefühl, daß diese andere Geschichte, die über Woolworth, nicht von Alan, sondern von meinem Vermieter aufpoliert worden war. Er hatte sich die Geschichte von Pitton und dem Champagner aufbewahrt, wie Pitton selbst (und zweifellos auch Pittons Frau) sie aufbewahrt hatte. Er hatte sie sich aufbewahrt, um sie Besuchern wie Alan zu erzählen, Leuten, die seinen Ruf als Mann mit einem vorsintflutlichen Stil kannten und würdigten. Doch der Impuls an jenem Morgen, das Bedürfnis, den Augenblick zu feiern, war sicherlich echt gewesen. Später waren wohl die Vorstellungen dazugekommen, wie romantisch er doch war; später war wohl der Wunsch dazugekommen, die Geschichte auszumalen, die Begebenheit zu erzählen, seine Legende zu verbreiten.

Nach der langen krankhaften Zurückgezogenheit, dem Beinahe-Tod der Seele, war er wieder aufgelebt. Doch auch die Vorstellung davon, wer er war, war wieder aufgelebt. Das zeigte sich in den unverhältnismäßig großen und dicken Buchstaben seiner Unterschrift auf den neuen Zeichnungen; sie war noch größer als die Unterschrift auf den gedruckten Gedichten über Shiva und Krishna, die er mir geschickt hatte, als er noch sehr deprimiert, sehr in sich verschlossen war. Der Mann, dessen Persönlichkeit die Krankheit überlebt hatte, hatte nun einen kleineren Spielraum, auch eine kleinere Persönlichkeit. Er konnte nur mit Leuten wie Alan – es gab nicht viele wie Alan, nicht viele, die die Legende meines Vermieters noch kannten – und Pitton spielen.

»Ist es nicht schön, reiche Freunde zu haben?« hatte Alan gesagt. Doch das war Alans Phantasie; diese Vision von dem Ort, an den er so gerne kam, hatte er am liebsten. Die Phillips' wußten es besser. Sie wußten, was im Herrenhaus alles getan werden mußte; sie wußten, wie wenig getan werden konnte.

Das Herrenhaus war auf dem Höhepunkt der Macht und des Reichtums des Empire gebaut worden, in einer Zeit mit bedeutender, sogar extravaganter Architektur bei Häusern der Mittelklasse. Die Extravaganz von Gebäuden wie dem Herrenhaus lag zum Teil darin, wie ausgetüftelt die modernen Systeme waren – sanitäre Installation, Heizung, Beleuchtung –, die von Anfang an eingebaut waren. Was für einen architektonischen Stil oder was für Spielereien auch immer sie hatten, und auch wenn sie mit bestimmten Details (Strohdach, Flintsteinen) einen für die Gegend typischen, rustikalen Effekt erzielten, Gebäude wie das Herrenhaus glichen ein wenig Dampfschiffen. Sie waren mit solchem Vertrauen gebaut worden; nicht bloß dem Vertrauen auf Reichtum, sondern auch dem Vertrauen der Architekten und Techniker in die Systeme, die sie einbauten. Und dieses industrielle oder technische Vertrauen – das Vertrauen, das in anderer Hinsicht den Reichtum geschaffen hatte, mit dem das Herrenhaus gebaut worden war – machte nun das Herrenhaus im Unterhalt so teuer. Das Herrenhaus war wie ein Dampfschiff gebaut. Aber wie ein Dampfschiff veraltete es auch zwangsläufig und ging kaputt. Eines Tages explodierte im Herrenhaus ein Heizkessel; ein anderes Mal wurde ein Stück Dach weggeweht. Jeder Vorfall mußte Tausende kosten.

Das ganze Installations- und Abwassersystem war veraltet. Wenn spätabends im Herrenhaus Wasser in größeren Mengen gebraucht wurde und die Zisterne sich langsam wieder füllte, summten in meinem Häuschen in der Totenstille die Metallrohre; tagsüber wurde dieses Summen von anderen Geräuschen überdeckt. Durch die Metallrohre, die in die Mauern meines Häuschens eingelassen waren (so groß war das Vertrauen der ursprünglichen Erbauer in ihr Material und System gewesen), war auch so viel Feuchtigkeit in die Mauern gedrungen, daß die Rohre sich auf der Oberfläche der Mauern in Linien oder Spuren von grauschwarzem Schimmel als dunkle Schatten abzeichneten, wie der Pelz, den eine Ratte in ihrem Nest oder Versteck hinterläßt.

Der Regen von über siebzig Jahren, der Kreide und Flintsteine und Schlamm von den Downs gespült hatte, hatte an manchen Stellen die Abflußrohre verstopft. Der Rasen war nicht einfach eine ebenmäßige Fläche, auch wenn er so aussah. Er verbarg Abflußrohre aus der Zeit der Jahrhundertwende, die nun unter der Erde gebrochen waren, ohne daß man genau wußte, wo. In dem Winter mit der großen Überschwemmung öffnete sich an einem Morgen mit schwerem Regen plötzlich ein kleines Loch im Rasen, wie ein Kaninchenloch; das Loch schien in sich zusammenzustürzen, am Rand wegzubröckeln; und dann strömte eine halbe Stunde lang ein brauner Sturzbach aus diesem wegbröckelnden Loch hervor – zunächst sah es nur wie die hektische Betriebsamkeit eines Tieres aus: ein Maulwurf, der sehr schnell Erde hinausschaufelte.

Von Zeit zu Zeit besuchte uns der Verwalter des Guts. Das erinnerte uns daran, daß wir nicht aus der Welt, in der andere lebten, ausgeschlossen waren; daß alles hier eine praktische Seite hatte: Einkünfte, Rechnungen, die Notwendigkeit, Einnahmen und Ausgaben auszugleichen.

Am Anfang hörte ich zuerst einmal von den Phillips' von diesen Besuchen. In der Zeit, ehe die Phillips' selbstsicherer wurden, schienen sie diese Besuche des Verwalters als Inspektionen anzusehen und bereiteten sich dementsprechend darauf vor. Sie übertrieben den Eifer nicht, aber aus einem gewissen Maß von Geschäftigkeit im Hof des Herrenhauses und manchmal sogar aus Anspielungen, die über die Blätterhaufen vor meiner Nordwand fallengelassen wurden (unmöglich, diese ganz beiseite zu schaffen: Die Mauer war der natürliche Platz, an dem Buchenblätter aus dem Umkreis von zwei- oder dreihundert Metern sich sammelten), ließ sich vorhersagen, daß ein Besuch des Verwalters erwartet wurde.

Doch dann stellte sich oft heraus, daß der Verwalter ein sehr junger Mann war, ein junger Angestellter, frisch von der Schule oder vom College, der gerade erst in den Betrieb eingetreten war und unser Gut nutzte, um den Beruf des Gutsverwalters von der Pike auf zu lernen. Verwalter hatten hier Fischereirechte, einen Kilometer nach dem anderen, unter sich, ein Revier nach dem anderen; Tausende von Morgen Ackerland, Tausende von Morgen Waldland. Unsere wenigen Morgen Brachland, im Grunde genommen unbearbeitet, wenn auch für uns eine Welt, boten keinem Gutsverwalter eine Herausforderung oder gar Ausbildung. Und oft geschah es, daß die jungen Männer, die kamen, in ihrem Betrieb oder einem anderen Betrieb schnell zu höheren oder größeren Dingen aufstiegen und nie wiederkamen. Deshalb war es kaum der Mühe wert, sich um sie zu bemühen oder auch nur ihre Namen zu lernen. Und nachdem wir die Besuche des Verwalters erst als Inspektionen angesehen hatten, begannen wir – oder zumindest die Phillips' – sie allmählich als Gelegenheiten anzusehen, bei denen man um Dinge bitten konnte, hier eine Reparatur, dort ein Anstrich. Und nachdem wir uns erst herausgeputzt hatten, um Lob zu erheischen (das irgendwo weit weg auf höherer Ebene weitergegeben werden könnte), versuchten wir dann, so heruntergekommen auszusehen wie nur möglich.

Nach jenem wunderbaren Sommer mit den Autoausflügen und den Blumen und dem Champagner sahen wir allmählich tatsächlich sehr heruntergekommen aus. Drei der Buchen am Rasenrand wurden als gefährlich eingestuft, weil sie in den Hof des Herrenhauses fallen konnten. Und innerhalb einer Woche wurden sie gefällt und ihre Äste zerteilt und zu Klaftern geschichtet, von denen manche in einem Nebengebäude gestapelt, andere von den Holzfällern als Teil ihres Lohns mitgenommen wurden. So verlor ich innerhalb einer Woche urplötzlich etwas von dem grünen Schatten, der grünen Düsternis, von der ich mich immer umfangen gefühlt hatte, wenn ich von einer Reise, ob lang oder kurz, auf den Herrensitz zurückkehrte.

Nur die Eiben und Buchen vor dem Haus trennten mich von der Straße; und obwohl die Buchen, groß wie sie waren, keinen wirklichen Lärmschutz boten, bildete ich mir nach dem Fällen dieser drei Buchen ein, der Lärm von der Straße sei lauter, besonders nach fünf – so daß ich mir zum ersten Mal hier des abendlichen Berufsverkehrs bewußt wurde. Und ich bildete mir ein, auch die Militärflugzeuge stärker zu hören.

Wie gefährdet meine kleine Welt hier war! Nur Blätter und Äste. Nur Blätter und Äste schufen die Farben und die Einhegung, in der ich lebte. Wenn man die Bäume entfernte – die Arbeit eines Morgens mit einer Kettensäge –, war direkt dahinter, weniger als hundert Meter entfernt, die öffentliche Straße, und alles war offen und zur Schau gestellt.

Wie oft hatte ich mit Pittons Rasenmäher das dünne, blaßgrüne, spärliche Gras unter jenen Buchen gemäht, war neben den überwucherten Eiben bis zum Ende des Rasens gefahren, bis dahin, wo der Boden nicht mehr aus Gras oder Rasen, sondern eher aus alten Ästchen und Buchmast und alter, nach Licht hungernder Erde bestand. Es war nie befriedigend, dort den Rasenmäher einzusetzen; aber es war notwendig, denn es vervollständigte die Arbeit, schuf den perfekten, sauberen, gepflegten Eindruck im Gesamtbild, so daß es mir ein oder zwei Tage nach dem Mähen immer Freude machte, anzuschauen, was ich getan hatte, die Schwaden, die ich in üppigem Gras und kümmerlichem Gras, von einem Ende des Rasens zum anderen geschaffen hatte.

Nun wuchs auf der freien Fläche, nachdem die drei Buchen gefällt worden waren, selbst im Herbst auf dem von Ästen übersäten, staubigen Boden langsam Gras. Den ganzen Winter und Frühling über, bis das Gras wieder richtig zu wachsen begann, blieben jedoch buchstäblich die Abdrücke der gefällten Buchen auf dem Rasen zurück. Die Holzfäller hatten sie in einem bestimmten Winkel fallen lassen, so daß die Buchen, auch wenn sie nicht mehr existierten, auf der neuen freien Fläche, in dem neuen Licht um den Hof des Herrenhauses noch ein halbes Jahr lang geisterhafte Schatten zu werfen schienen.

Der Entschluß, die Buchen zu fällen, war vernünftig. Die Stürme waren heftiger als gewöhnlich im Frühling. So heftig, daß ich in der Küche meines Häuschens stand, und durch ein niedriges

Fenster sah, wie die Buchen vorne in Mitleidenschaft gezogen wurden, und durch das Glas oben in meiner Küchentür, wie die Bäume hinten litten. Es war merkwürdig, aber um mich selbst hatte ich in meinem Häuschen nie Angst. Und ich sah tatsächlich, wie die beiden großen Espen hinten im Garten des Herrensitzes durchbrachen, zweimal, die Kronen wurden abgerissen, und dann krachten die Stämme tiefer unten abrupt nach hinten um. Wenn einem das Prinzip der Beschädigung klar war, war es ein wenig, als beobachte man, wie sich ein Mensch oder ein Tier etwas brach. Ich hatte diese Bäume nicht gepflanzt; aber ich sah, wie sie zerstört wurden.

Im Frühling und Sommer hatten die drei Espen, vielleicht drei Meter voneinander entfernt gepflanzt, wie ein großer grüner flimmernder Fächer über der Gartenmauer gewirkt. Nun waren zwei der drei Espen wie Zweige durchgebrochen und sahen – allerdings in größerem Maßstab – ähnlich aus wie durchgebrochene Zweige. Und die Überreste lagen zwischen der Flußwiese und der Mauer des Gemüsegartens, direkt hinter dem wildwuchernden Gestrüpp auf dem alten Rosenbeet.

Man brauchte mehr als Pitton und seine Handsäge, um dieses Durcheinander zu beseitigen. Ich versuchte ihm zu helfen. Aber selbst wenn wir an einem relativ dünnen Ast arbeiteten, kam immer der Augenblick, in dem die Säge in dem nassen, saftigen Holz steckenblieb und heißlief.

Pitton sagte dann: »Sie blockt. Wir hören besser auf.«

»Sie blockt, Mr. Pitton?«

Das Wort gefiel mir. Ich hatte es nie zuvor gehört; aber es war voller Anspielungen und schien stimmig. Pitton wurde verlegen, so verlegen, wie damals, als ich ihn gefragt hatte, was an dem Sand gut für die Azaleen sei, die er pflanzen sollte. So verlegen wie damals, als er mir sagte, daß mein Vermieter die Päon*ien* (auf »Agonien« reimend) vor meinem Häuschen mochte und er sich gezwungen fühlte, die gespreizte edwardianische Aussprache meines Vermieters zu übernehmen, aber gleichzeitig zeigen wollte – ohne unehrerbietig oder illoyal zu sein –, daß er auch die andere, übliche und korrekte Aussprache kannte.

Die gefällten Bäume stellten ein großes Hindernis dar, wenn ich nun am Fluß entlang spazierengehen wollte. Das zerklüftete weiße Holz der Espenstümpfe – fünf oder sechs Meter hoch – verlor langsam sein verwundetes Aussehen; im Frühling und Sommer zeigten sich sogar neue Triebe.

Derjenige, der den Garten gestaltet oder angelegt hatte, hatte sicher, als die Sämlinge oder Schößlinge jeweils drei Meter auseinander gepflanzt worden waren, den Fächereffekt vor Augen, den die drei Bäume haben sollten. Damals und auch in den nächsten fünf Jahren oder so hatte es sicher so ausgesehen, als ständen sie weit auseinander; aber immer noch zu dicht beieinander, wie sich herausstellte: Die Bäume an der Seite hatten sich, als sie gewachsen waren, aus der Vertikalen geneigt. Diesen Fächereffekt hatte ich gesehen. Ich hatte gesehen, wie die drei Bäume jedes Jahr ein Stück gewachsen waren. Ich hatte auch gesehen, woran der Gestalter des Gartens sicherlich nicht hatte denken wollen: genau die Sekunde, länger dauerte es nicht, in der die beiden seitlichen Bäume durchbrachen. Die Bäume hatten sicher die Lebenszeit meines Vermieters umspannt oder waren zu seinen Lebzeiten gepflanzt worden. Er mußte gesehen haben, daß zwei der Espen nicht mehr da waren; er mußte die mächtigen Überreste im hinteren Garten gesehen haben. Aber von Mr. und Mrs. Phillips hörte ich kein Wort darüber, daß mein Vermieter das gesehen oder eine Bemerkung darüber verloren habe.

Seit dem Herbst war bei uns alles so heruntergekommen, daß es nur folgerichtig erschien, als wir im Frühsommer eines Tages mitten am Vormittag nicht von einem, sondern von zwei Männern der Verwaltung Besuch bekamen. Und diesmal nicht bloß von jungen Männern wie normalerweise. Einer war dabei, der aber von einem älteren Mann begleitet wurde, einem größeren, schweren Mann Ende Vierzig oder Anfang Fünfzig.

Ich sah die beiden Männer auf dem Rasen mit Mr. Phillips –

Mr. Phillips war kleiner als die beiden anderen, aber viel muskulöser in seiner Windjacke mit Reißverschluß; der junge Mann trug einen marineblauen Blazer; der schwere ältere Mann von der Verwaltung einen abgetragenen grauen Anzug, ein rustikales Hemd und ein altmodisches, getupftes Einstecktuch in der Brusttasche.

Sie schauten den Getreidespeicher an. Sie öffneten die Garagen oder Wagenunterstände neben dem Getreidespeicher. Sie öffneten das Bauernhaus und schauten sich das an. Sie gingen weiter, an der Einhegung mit der Buchsbaumhecke entlang; sie tauchten wieder auf. Der junge Mann im Blazer kam zu mir herein. Der ältere Mann ging mit Mr. Phillips über den Weg zum Herrenhaus, an der überwucherten Eibenhecke und der neuen freien Fläche vorbei, wo einst die drei Buchen ihren Schatten geworfen hatten.

Als er über die Verwüstung, die er im hinteren Garten gesehen hatte, redete, sagte der junge Mann: »Es ist grausam, das zu sagen, aber das Beste wäre, man fällte alle Buchen und pflanzte neue.«

Es war grausam, das zu sagen. Es würde den Ort und die Umgebung, in der ich lebte, zerstören. Doch der junge Mann sprach nicht mit großer Überzeugung oder Betroffenheit. Seine Augen glänzten vor Freude. Den ganzen Morgen war er durch die Anwesenheit seines Vorgesetzten, des Manns im grauen Anzug, ein wenig unterdrückt gewesen; und jetzt, im Häuschen, war er – jünger, als er aus der Ferne aussah – merkwürdig übermütig und ausgelassen und entspannt. Ganz und gar nicht aus dem Holz eines Verwalters geschnitzt, dachte ich. Und bald schon stellte sich heraus, daß er nicht mit dem Herzen bei der Sache war.

Die Bemerkung über die Bäume hatte er bloß gemacht, weil er sie – vielleicht – verschiedentlich von anderen Leuten im Betrieb gehört hatte. Das gleiche galt für seine Bemerkung, als er auf die Koppel, wo der Schweizer von der Nachbarfarm sein Pony gehalten hatte und wohin das einst berühmte alte Rennpferd zum Sterben gekommen war, schaute und sagte: »Man könnte ein paar Stück Rind dorthin stellen und mästen.«

Ein paar Stück Rind - war das wirklich seine Sprache, sein Stil? Nein, dieses Selbstbewußtsein oder dieses Selbstverständnis lag so dicht an der Oberfläche seiner Gedanken, daß man eine Unterhaltung nur zu beginnen brauchte, um das herauszufinden. Sein Vater war Wildhüter auf einem richtigen Gutsbesitz nicht weit von hier. Durch die Empfehlung des Arbeitgebers seines Vaters war er von der Verwaltung für eine Probezeit angenommen worden; und er hatte das Angebot angenommen - dieser dünne junge Mann mit dem lächelnden, ausdruckslosen, ungeformten Gesicht -, um sowohl seinem Vater als auch dem Arbeitgeber seines Vaters einen Gefallen zu tun. Doch mit dem Herzen war er bei etwas anderem; er wußte nicht genau, wobei; ein Leben in der Armee hätte ihm gefallen, Offizier zu sein hätte ihm sehr gefallen. Doch durch irgendeine körperliche Unzulänglichkeit - und vielleicht auch eine nicht bestandene Prüfung - war er nicht zugelassen worden.

Er sagte: »Man ist nie einer von ihnen.«

Ihnen? Wen meinte er mit »ihnen«? Bei »ihnen«, so stellte sich heraus, ging es um die anderen jungen Männer des Verwaltungsbetriebs. Am Ende des Tages gingen sie einfach nach Hause. Es kam nicht in Frage, mit »ihnen« in ein Pub oder nach Hause zu gehen.

Und auf seine übermütige, rastlose, oberflächliche Art offenbarte er seine Persönlichkeit innerhalb weniger Minuten. Und als der große Mann in dem grauen Anzug mit Mr. Phillips vorbeischaute, hatte er eigentlich nichts mehr zu sagen. Der junge Mann im Blazer hörte auf zu reden und lächelte freundlich, ausdruckslos weiter.

Der große Mann setzte sich in meinen schäbigen Lehnsessel, und er schien aufrichtig müde, aufrichtig glücklich, sich hinzusetzen, glücklich, den Kaffee zu trinken, den man ihm anbot. Er versuchte den Eindruck zu erwecken, daß er, ohne hinzuschauen, in Wirklichkeit alles anschaute; aber ich hatte nicht das Gefühl, daß er irgend etwas anschaute; ich hatte das Gefühl, daß er bereits genug gesehen hatte. Er war aufgeschwemmt, die Aufgeschwemmtheit seines Körpers, der einst robust und aktiv gewesen war, war relativ neu. Er war Ende Vierzig; er atmete schwer; und sein Haar war dünn und flachgedrückt und glanzlos. Das getupfte Einstecktuch in seiner Brusttasche war ein merkwürdiger Hauch von Fröhlichkeit.

Er interessierte sich nicht für mich, meine Vergangenheit oder für das, was ich tat. Er interessierte sich auch bereits nicht mehr für Mr. Phillips. Er war bereits, obwohl er in meinem Lehnsessel saß, weit weg, hatte sich in sich zurückgezogen, in seine Einsamkeit. Was konnte solch einen Mann interessieren? Was für Dinge hatten einst seine Neugierde geweckt oder ihn überrascht? Vielleicht war er nun – er machte den Eindruck – ein wenig melancholisch, daß das aktive Leben schon so schnell vergangen war. Vielleicht war er von der Verwahrlosung, die er im Herrenhaus und auf dem Anwesen gesehen hatte, gerührt; vielleicht entsprach das seiner eigenen Stimmung und verstärkte diese Stimmung.

Er sagte, zweifelsohne von Mr. Phillips informiert: »Hübscher Fleck zum Schreiben.«

Ich sagte: »Es ist schön. Aber ich weiß, daß es so nicht bleiben kann.«

Er sagte leise: »Niemand kann sich irgendeiner Sache sicher sein.« Und er schien die Worte, obwohl sie so banal waren, weniger zu mir als zu sich selbst und über sich selbst zu sagen.

Urplötzlich war die Inspektion – wenn es eine gewesen war – vorüber. Alle drei gingen. Sie gingen über den Weg zwischen dem Häuschen und dem Gemüsegarten zum Herrenhaus zurück. Der Mann im grauen Anzug ging schwerfällig, bedächtig, machte mir bewußt,wie hart der Weg war mit dem Splitt oder den in die Oberfläche gepreßten schweren Kalksteinen, mit vom Wasser angeschwemmten Buchmastklumpen und Blätterabfall in den Furchen, die von Autoreifen stammten. Sie gingen an dem verborgenen Garten vorbei, den Pitton vor ein paar Sommern eine

Woche lang gereinigt hatte – Mr. Phillips muskulös und gleichmäßig und bereits in halb beschützender Haltung gegenüber dem schweren, atemlosen Mann im grauen Anzug zu seiner Linken und dem schlanken, leichtfertigen, sogar leicht hüpfenden Wildhütersohn im Blazer zu seiner Rechten.

Ungefähr eine halbe Stunde später, vor dem Mittagessen, suchte Mrs. Phillips mich auf. Sie trug ihre blaue wattierte Jacke, in der sie aufgebläht aussah, so, als trage sie eine Schwimmweste – wie in der Illustration auf der Karte im Flugzeug, auf der die Notausgänge beschrieben werden und was man tun muß, wenn das Flugzeug eine Wasserlandung macht. Die dunkle Haut unter ihren Augen, die dunklen Tränensäcke von ihren Nerven hatten etwas weniger Krähenfüße und nervöse Fältchen, waren sogar weniger dunkel. Obwohl sie sich immer noch benahm wie eine Kranke, jemand, der versorgt werden mußte, ging es ihr schon seit langem besser. Mrs. Phillips' Haar war dünn geworden, von der Stirn zurückgewichen, so daß sie die hohe weiße Stirn einer Dame auf einem elisabethanischen Gemälde hatte. In ihrem Gesicht mischten sich so Grobheit und Zartheit.

Sie stand in der Küchentür, ohne hereinzukommen. Hinter ihr der steinige Weg, die aufgegebenen Frühbeete, die Mauer des Gemüsegartens mit der gefliesten Krönung und der Schwarzdorn, der in den letzten fünf Jahren zu beiden Seiten der Mauer gewachsen war: Auf der anderen, der sonnigen Seite der Mauer gedieh er und sah über die Mauer; doch auf meiner Seite, der Seite, die ich sehen konnte, war er dünn und hatte lange Stengel, weil er in einer kümmerlichen Ecke stand und hauptsächlich, schien es, zum Licht hin wuchs. Diese Schwarzdornschößlinge, die Blüten und dann die Früchte, hatten die Phillips immer beunruhigt. Obwohl sie ihr Leben lang hier in der Gegend gelebt hatten (und Mrs. Phillips' Vater nur ein paar Meilen entfernt geboren war), wußten sie nur begrenzt über ländliche Dinge Bescheid. In der Ferne erhob sich aus der Flußwiese, die verwilderter denn je war, gegen den weiten südlichen Himmel, den ich so gerne anschaute, der zerstörte, verstümmelte Espenfächer, dessen schartige, abgerissene Stümpfe zu beiden Seiten deutlich zu sehen waren. Es würde fünfzehn oder zwanzig Jahre dauern, ehe Espengrün, so wie ich es gekannt hatte, der Aussicht wieder Schatten und Ausgewogenheit geben würde.

Mrs. Phillips sagte: »Ich dachte, ich sollte Ihnen Bescheid geben.«

Das war ihr fürsorgliches Verhalten, das sie mit Mr. Phillips gemeinsam hatte und worin sie ihn bis zu einem gewissem Grad vielleicht nachmachte. Die Kehrseite dieses Verhaltens bei Mr. Phillips war seine Autorität, seine Kraft, seine Reizbarkeit. Bei Mrs. Phillips war es das Verhalten einer Kranken, die dünne dunkle Haut, die sich unter den Augen dunkel verfärbte und Falten bildete, die dünnen Adern, die blau wurden und hervortraten, beinahe zu platzen schienen und zusammen mit den vielen feinen nervösen Falten auf der Stirn unendliches Leiden und Zerbrechlichkeit andeuteten.

Sie sagte: »Ich dachte, ich sollte Ihnen Bescheid geben. Ich weiß, daß Sie ihm nahestehen. Sie lassen Mr. Pitton gehen.« Das »Mister« war um meinetwillen; so nannte ich ihn, und so sprach ich über ihn. Sie und Mr. Phillips nannten ihn Fred. »Natürlich«, sagte sie ein wenig munterer, »war es schon seit einiger Zeit abzusehen.«

Und das stimmte, wenn ich auch der Tatsache nie hatte ins Auge sehen oder zu genau hatte nachfragen wollen, halb an Zauberei glauben wollte, daran, daß die Dinge so weitergehen würden, wie ich sie vorgefunden hatte, und – wie Alan bis zu einem gewissen Grad – an den großen Reichtum meines Vermieters glaubte und an die Fähigkeit der Leute, die sich um seine Angelegenheiten kümmerten, finanzielle Bravourstücke zu vollbringen. Doch ich wußte, daß Pitton und sein Haus Geld kosteten; und die Phillips kosteten Geld; und das Herrenhaus selbst war sehr teuer im Unterhalt, selbst unter den jetzigen Bedingungen. Und mir war klar, daß der Gutsbesitz – eher ein Naturschutzgebiet als zu bewirtschaftendes Land – sehr wenig abwarf.

Die hohe Inflation Mitte der siebziger Jahre hatte sicher jede Art von Einkommen, die mein Vermieter hatte, grausam beschnitten. Und das Herrenhaus mußte intensiv gewartet werden. Es war kein Haus, das man einfach sich selbst überlassen konnte. Es war nicht wie mein Häuschen; sein Maßstab war übermenschlich; es übertrieb die menschlichen Bedürfnisse. Menschen mußten dazu erzogen werden, Gebäude wie das Herrenhaus zu benutzen; und deshalb waren diese Gebäude – wie die antike römische Villa in Chedworth in Gloucestershire – vergänglich. Die Menschen konnten leicht ohne sie auskommen.

Als der Heizkessel im Herrenhaus explodierte und der Keramik- oder Beton- oder Asbestmantel des an eine Wand gebauten hohen Metallschornsteins in tausend Scherben über den ganzen Hof des Herrenhauses geflogen war, hörte ich – entweder von den Phillips' oder von Michael Allen, dem jungen Heizungsinstallateur, der mit seinem Lieferwagen kam und viele Tage im Hof verbrachte –, daß die jährlichen Heizkosten des Herrenhauses vier- bis fünftausend Pfund betrugen. Das konnte eine Übertreibung sein. Männer wie Michael Allen, die reiche Häuser zum ersten Mal wegen ihrer Fertigkeiten oder ihres Berufs betraten, übertrieben die Bedeutung ihrer adligen Kunden vielleicht gern. Dennoch, fünftausend Pfund für eine Heizkostenrechnung – das zeigte, wie instabil Preise und unsere Welt geworden waren.

1857 konnte Flaubert in *Madame Bovary* den sechsprozentigen Zinssatz des Geldverleihers als Wucher, Aderlaß bezeichnen. Jetzt lebten wir bequem mit diesem Zinssatz. 1955, als ich noch sehr jung und gerade nach London gekommen war und zu schreiben versuchte, wollte ich nicht mehr als fünfhundert Pfund pro Jahr; und, bescheidener als Virginia Woolf dreißig Jahre vorher, hätte ich von diesen fünfhundert Pfund auch noch mein gemietetes Zimmer bezahlt. 1962 setzte ich bei einem Mittagessen in einem Londoner Club mit einem humoristischen Schriftsteller und einem Karikaturisten – die beiden hatten mich gefragt – mein Einkommensminimum auf ungefähr zweitausend Pfund im Jahr fest: Ich war von dem gemieteten Zimmer in eine Mietwohnung gezogen. Diese Summe hatten meine Tischgenossen, ältere Männer, als bei weitem zu niedrig und empörend gefunden. Und tatsächlich hielt ich bloß drei Jahre später, als ich ein Haus gekauft und ein Darlehen aufgenommen hatte, fünftausend Pfund im Jahr für gerade angemessen. Jetzt war das eine Summe, die man im Gespräch als Heizkosten erwähnen konnte. Nicht viele Vermögen hätten diese Art Unkosten, eine unter vielen, verkraften können; und mein Vermieter hatte sich 1949 oder 1950 aus der Welt zurückgezogen, ein paar Jahre, ehe ich fünfhundert Pfund im Jahr als ausreichend für meine Bedürfnisse gehalten hatte.

Ich hielt Ausschau nach Pitton. Er hatte die Gabe – manchmal sah es trotz des Gleichmaßes und der Würde seiner Bewegungen so aus, als spiele er ein kleines Spiel mit sich selbst –, das weiße Tor am Ende des Rasens mehr oder weniger um Punkt eins zu erreichen.

Er erschien vier oder fünf Minuten vor der vollen Stunde auf dem Rasen vor meinem Häuschen, nachdem die morgendliche Arbeit verrichtet war. Er erledigte dann, was er im Gartenschuppen zu erledigen hatte – räumte Werkzeuge weg (wenn das notwendig war), legte wieder förmliche Kleidung für den kurzen Weg über die öffentlich Straße zu seinem Haus an, schloß den Schuppen ab und machte sich dann, das Schrittempo der zur Verfügung stehenden Zeit anpassend, auf den Weg zum Tor. Manchmal kam er durch ein altes Holztor in der Gartenmauer (auch dieses Tor war übergenau geplant, nun durch seine Robustheit und das eigene Gewicht verzogen) vom Gemüsegarten auf den Rasen. Manchmal kam er, sauber wie eine Katze aus dem sommerlichen Gestrüpp tretend, aus dem überwucherten Obstgarten durch die von Buchsbaum überwucherte Einhegung.

Heute morgen kam er aus der Einhegung. Erst in der letzten

Woche hatte er seinen ersten Sommerpfad durch das hohe Unkraut dort geschlagen, eine Schwade hinauf, eine Schwade hinunter. Er trug weder seinen Plastikregenmantel noch Gummistiefel. Er war ziemlich förmlich gekleidet, ohne Jackett, aber mit einem rustikalen Hemd und einer Strickkrawatte. Er mußte sich nicht umziehen. Was er im Gartenschuppen zu tun hatte, dauerte nicht lange. Auf dem Weg zum Tor ging er sehr langsam, mit baumelnden Armen. So ging er nicht, wenn er das Tor um neun Uhr morgens aufstieß; so ging er nicht, wenn er arbeitete. So äußerst langsam ging Pitton, wenn seine Arbeit getan war, wenn seine Zeit ihm wieder gehörte. Und in seinem Gang deutete nichts auf das Ende einer Routine hin; nichts bei seinem Ritual vor dem Mittagessen ließ auf einen aufgeregten Mann schließen, einen Mann im Besitz der Nachricht, die Mrs. Phillips mir vor einer halben Stunde mitgeteilt hatte.

Um zwei war er wieder da. Er riegelte das weiße Tor auf, das den kurzen dunklen, von Eiben überwölbten Weg von dem offenen Rasen des Herrenhauses trennte, verriegelte es hinter sich, und sein Gang, wenn auch ohne Eile, ließ auf einen Mann schließen, der wieder bei der Arbeit war.

Ich meinte, es sei vielleicht ein Irrtum gewesen; Mrs. Phillips habe sich verhört oder mir etwas als Entschluß mitgeteilt, was nur eine Idee gewesen, was vielleicht diskutiert und dann fallengelassen worden war. Pitton war so unbesorgt: Ich dachte, er wisse es besser als Mrs. Phillips.

Anderthalb Stunden später, nach meinem Spaziergang über die Downs, vorbei an Jacks Häuschen, zwischen den Grabhügeln zum Aussichtspunkt auf Stonehenge, anderthalb Stunden später, als ich zum Anwesen zurückkam, hörte ich den Ruf »Fred!« von Mr. Phillips, der Pitton vom Herrenhaus zurief, ihn irgendwo im hinteren Garten rief. Keine Antwort. Das war normal. Und um fünf dann das Ritual, als Pitton wegging – er schloß den Gartenschuppen ab und ging äußerst langsam zum vorderen Tor, um zum Ausdruck zu bringen, daß sein Tagewerk beendet war.

Doch am nächsten Morgen erschien er nicht um neun am Tor. Er erschien auch nicht um halb zehn oder um zehn. Erst später, mitten am Vormittag, kurz vor elf, sah ich ihn. Er trommelte gebieterisch gegen meine Küchentür, die einzige Tür, die ich benutzte, die Tür, die auf die aufgegebenen Frühbeete hinausging. Deren schwere holzgerahmte Glasdeckel lehnten an der hohen Gartenmauer, hinter und zwischen dem Glas waren die Nesseln in die Höhe geschossen, und hinter der Wand, in einiger Entfernung, bei den Flußweiden, waren die hohe mittlere Espe und die verstümmelten, aber bereits wieder ausschlagenden Stümpfe der anderen beiden Espen zu sehen.

Der törichte Stolz, den er gezeigt hatte, als ich ihn in seinem Haus besucht und Komplimente über seine Stereoanlage gemacht hatte; die Heuchelei, daß er völlig unabhängig von seinem Lohn als Gärtner eine üppige Geldquelle habe; die Leidenschaft, die starren aufgerissenen Augen, die bebenden Nasenflügel an dem Morgen mit dem Champagner Rosé, als er so linkisch vornübergebeugt, die Krawatte vom Hals baumelnd, vor den wuchernden Buchsbäumen stand und darauf wartete, daß ich zu ihm kam – all das, die Torheit, der Stolz, die Wildheit, die Leidenschaft standen ihm ins Gesicht geschrieben. Doch anstelle der Überraschung über den Champagner beherrschte ihn nun die Verwirrung der Wut, eine Wut, die ihn zu einer Gefühlstiefe gebracht zu haben schien, auf die er nicht vorbereitet war, Wut, die ihn an den Rand des Wahnsinns getrieben zu haben schien.

Er sagte: »Haben Sie es gehört? Haben Sie es gehört?«

Er trug keine Krawatte. Das Hemd vom Tag zuvor, aber keine Krawatte. Ohne Krawatte sah ich ihn nur manchmal sonntags morgens im Sommer, wenn der Eiswagen vor dem Mittagessen vorbeikam und mit der Glocke läutete, und wir beide hinausgingen, um Eis zu kaufen.

Er wollte, daß jemand Zeuge seiner Empörung war und sie teilte; er konnte es nicht ertragen, mit sich allein zu sein. Doch er hatte nicht die Gabe der Worte, hatte sie nie gehabt. Die ganze Erregung drückte sich in seinem Gesicht aus – wie die Champagner-Überraschung, aber verzerrt und um ein paar Grade intensiver – und in seinen abrupten Bewegungen.

Ich öffnete die Tür weit, damit er hereinkommen konnte. Doch er blieb draußen, als erkenne er, daß er nichts mehr zu sagen hatte. Abrupt drehte er sich um und ging schnell und mit ruckartigen Bewegungen – als habe er plötzlich ein festes Ziel – über den Weg zwischen meinem Häuschen und der Eibenhecke und der »Waldhüterhütte« auf der einen und dem an die Gartenmauer gebauten Häuschen auf der anderen Seite, in dem ich Kohle und Holz und anderes lagerte. Ein Stück hinter diesem angebauten Häuschen – und wie gut kannte ich durch mein Rasenmähen in dieser vernachlässigten Ecke den unebenen Boden, der zum Teil aus Holzasche bestand, und die derben Grasbüschel – war das hohe Tor in der Mauer des Gemüsegartens.

Das war Pittons Tor. Es wurde jeden Abend mit einem Vorhängeschloß verschlossen, und Pitton hatte den Schlüssel. Das Tor, so alt wie das Herrenhaus, hatte einen schweren Holzrahmen, in der unteren Hälfte solide Bretter und in der oberen vertikale Eisenstangen. Es war durch sein eigenes Gewicht und seine Robustheit verzogen. Immer, wenn Pitton das Tor öffnete, mußte er es leicht anheben; und das Stück der Eisenstange, das er dabei fünf oder sechsmal an jedem Arbeitstag anfaßte, war glatter und viel dunkler als das restliche Eisen, das verrostet und rauh und trocken war.

Zu diesem Tor ging Pitton, schnell, mit ruckartigen Bewegungen. Sein eigenes Tor, das auf sein eigenes Territorium führte. Doch er hatte den Schlüssel nicht. Der war im Gartenschuppen. Auf diese neue gehetzte Art ging Pitton über den Rasen zum Gartenschuppen, der an der Seite des »Bauernhauses« angebaut war. Neben der grüngestrichenen verblichenen Tür war eine alte Kletterrose. Pitton schnitt sie jedes Jahr; sie brachte nur wenige Rosen hervor, aber es waren große, kohlkopfähnliche Blüten, hellrosa. Pitton hatte den Schlüssel zum Gartenschuppen bei sich. Er hing an einer Kette; die Kette war an einer Gürtelschlaufe seines Hosenbundes befestigt. Er stieß die grüne Tür auf. Der Schuppen war innen dunkel. Der Schlüssel für das Gartentor, den er holen wollte, war in Vergessenheit geraten. Pitton ließ die Schuppentür weit offen und ging über den Rasen – das Stück, das noch wie geisterhafte Schatten den Abdruck der drei gefällten Buchen trug – in den offenen Hof des Herrenhauses.

Die weit geöffnete Tür des Gartenschuppens, einfach aufgelassen, war ganz untypisch für Pitton. Eine Weile später ging er wieder an meinem Häuschen vorbei zu dem schweren Tor in der Gartenmauer. Er vergaß wieder, daß er den Schlüssel für das Vorhängeschloß nicht hatte; daß er deswegen zum Gartenschuppen gegangen und abgelenkt worden war.

Er war verwirrt, seine Raserei kam in diesem raschen, ruckartigen Hin- und Herlaufen zum Ausdruck, der Anhänglichkeit an seine alte Routine, dem Wunsch, seinen Garten zu versorgen, die Arbeiten zu verrichten, die er sich für den Morgen vorgenommen hatte; und dann wurde ihm von neuem sein Verlust bewußt. Wie eine Ameise, deren Bau gerade zerstört worden war, lief er hierhin und dorthin. Irgendwann einmal schloß er die Tür des Gartenschuppens; und dann ging er – aber nicht durch das weiße Tor.

Mittags kam Mrs. Phillips zu mir und verhielt sich wie eine mißbilligende Krankenschwester. Sie sagte, als spreche sie mit einem Patienten über einen anderen, der sich schlecht benommen hatte: »Ihr Mr. Pitton war heute morgen ein völlig anderer Mensch. Er kam und beschwerte sich über alles mögliche auf der Welt. Warf uns alle möglichen Dinge vor, die ihm nur einfielen. Als hätten wir etwas damit zu tun. Er wußte sehr wohl, was passieren würde. Er wußte gestern schon alles. Ich weiß nicht, warum er so getan hat, als wüßte er es nicht. Es war nur Heuchelei, wissen Sie. Er hat kein Wort gesagt, morgens nicht, mittags nicht, als er mit uns Tee trank, nicht. Typisch Pitton.«

Sie sprach, als sei Pittons Weigerung, seine Kündigung oder die Nachricht schon am vorherigen Tag anzuerkennen – als sie sicher auf seine Reaktion gewartet hatte –, böse und verdiene die Strafe, die ihn nun ereilte. Sie sprach, als erkläre diese Boshaftigkeit Pittons alles, befreie uns alle von der Notwendigkeit, Mitgefühl mit Pitton und Angst um uns selbst zu haben.

Und es war merkwürdig, dieses Schweigen von Pitton am vergangenen Tag. Hatte er nicht begriffen, hatte er nicht kapiert, was ihm gesagt worden war? Hatte er einfach nicht zugehört? Hatte der Mann im grauen Anzug nicht Klartext geredet? War die Nachricht für Pitton zu schockierend gewesen, als daß er sie glauben konnte? Oder war es seine eigene Art von Zauber? Ich erinnerte mich, als Jack krank geworden und sein Garten verwildert war, als der Schornstein im Sommer qualmte und Jack im Schlafzimmer lag und versuchte, sich zu wärmen, versuchte, die Eisblöcke aufzutauen, die seine Lungen gewesen sein mußten, ich erinnere mich, wie Jacks Frau da geleugnet hatte, daß etwas mit dem Garten nicht stimme, und ihr Verhalten sogar angedeutet hatte, daß ich etwas Unhöfliches und Falsches gesagt habe.

Ganz plötzlich also, von einem Tag auf den anderen, brach ein Teil des Alltagsablaufs des Herrensitzes, der mir lieb geworden war, Teil meines neuen Lebens und meiner Behaglichkeit, meines privaten, lebendigen Stundenbuches, auseinander.

Ich sah Pitton nie mehr um neun das breite weiße Tor am Ende des Rasens aufriegeln oder um eins und dann um fünf mit dem besonders langsamen Schritt eines Mannes zurückgehen, der die Arbeit des Morgens und dann des Tages verrichtet hatte. Hatte er noch persönliche Dinge im Gartenschuppen zurückgelassen – Gummistiefel, einen Plastikregenmantel, eine Jacke? Holte er diese Dinge später, oder ließ er sie mit dem Gartenschlüssel zurück? Dem Schlüssel, den er immer bei sich getragen hatte, an einer Kette, die von einer Schlaufe seines Hosenbunds zu seiner rechten Hosentasche geführt hatte. Diesen Schlüssel hatte er Mr. Phillips zurückgeben müssen.

Und von da an blieb die verblichene grüngestrichene Tür des

Gartenschuppens (neben dem dickstieligen Rosenbusch, nun beinahe ein Bäumchen, das Pitton jedes Jahr geschnitten hatte) tagsüber zu merkwürdigen Zeiten offen – Pittons Schuppen war den Blicken preisgegeben, Pittons Herrschaftsgebiet gehörte nicht mehr Pitton (weder Schuppen noch Schlüssel, noch Werkzeuge und auch nicht das schwere, schiefe Tor zum Gemüsegarten). Die offene Tür des Gartenschuppens, die Pitton immer so bedacht geschlossen gehalten hatte – ich konnte sie vom Fenster meines Zimmers aus sehen, und sie verunsicherte mich. Ich wollte sie schließen; wollte sie wie einen Spiegel oder ein Bild gerade rücken, das schief an der Wand hing. Diese offene Tür zusammen mit den anderen Veränderungen – es war, als sei der Mann, den sie betrafen, auf unheilige Weise gestorben und als könne nun alles, was ihm gehört hatte, ohne weitere Umstände behandelt werden.

Als Jack – hinter dem Hügel – krank geworden war, verwilderte sein Blumen- und Obstgarten; und sein Gemüsegarten in dem Ödland zwischen dem Schrottabladeplatz des Wirtschaftshofes unter den Buchen und dem Anfang der bestellten Downs lag brach. Pittons Gemüsegarten lag nicht brach. Er wurde den Sommer über gepflegt, und das Gemüse wurde geerntet. Viele Fremde kamen nun auf den Grund des Herrensitzes, um unregelmäßig, hier einmal und da einmal, die Arbeit zu tun, die Pitton gemächlich und systematisch getan hatte, um die er seine Vormittage und seine Nachmittage, seine Woche, sein Jahr angeordnet hatte, die Arbeit, deren Ende er nach jedem Abschnitt mit einem eigenen Ritual gekennzeichnet hatte. Die Zerstückelung seiner Arbeit war wie eine weitere Degradierung des Mannes, mit dieser Degradierung wurde jetzt alles, was er in der Vergangenheit getan hatte und gewesen war, der ganze sorgfältige Ablauf seines Alltags degradiert.

Manche der Fremden auf dem Herrensitz waren Gelegenheitsarbeiter, wurden stunden- oder tageweise bezahlt und von den Phillips ich weiß nicht wo angeheuert, vielleicht an den Stellen, wo Mr. Phillips vorher gearbeitet hatte. Manche waren Freunde.

Einer, der schon bald kein Fremder mehr war, war Mr. Phillips' verwitweter Vater.

Er war viel kleiner als sein Sohn und leichter gebaut. Körperlich gehörte er einer anderen Generation, einer anderen Welt an: Man konnte den Körperbau der Landarbeiter auf alten Photos bei ihm erkennen. Seit dem Tod seiner Frau, Mr. Phillips' Mutter, war der alte Mann allein gewesen. Daß ihm das Anwesen des Herrensitzes (auf dem er nur gelegentlich samstags nachmittags zu Besuch gewesen war) geöffnet wurde und er dort ein wenig leichte Arbeit verrichten konnte, war für den alten Mann ein Segen.

Er lebte viel in der Vergangenheit und redete gern von der Vergangenheit. Er war gesellig. Das Alleinsein hatte er sich nicht ausgesucht. Es war wie das Alter: etwas, mit dem zu leben er hatte lernen müssen. Er war nicht weit weg von hier geboren und hatte sein ganzes Leben in der Grafschaft gelebt. Bei unserer ersten Begegnung, direkt vor meiner Küchentür, erzählte er mir, daß er als Laufbursche angefangen habe – der Spediteur, für den er arbeitete, verdiente seinen Lebensunterhalt damit, Waren und Pakete für Leute zu befördern, die entlang der acht Meilen zwischen Amesbury und Salisbury lebten. Der alte Mann sprach von dieser Stelle, seiner ersten, wie von etwas unbeschreiblich Großartigem und Lohnendem, der reinen Verzauberung.

Er kleidete sich adrett mit Jackett und Krawatte, wie Pitton, ganz anders als sein Sohn, der lässigere und »sportliche« Kleidung bevorzugte. Und auch ganz anders als sein Sohn trug der alte Mann Pastelltöne: Es war, als habe die Kreide der Downs, von denen er sein Leben lang umgeben gewesen war, seinen Farbengeschmack beeinflußt, ihn Nuancen sehen lassen, wo jemand anders nur etwas Neutrales gesehen hätte. Der alte Mann kam nun oft, um einfach über das Anwesen zu spazieren; und für diese Spaziergänge im Gestrüpp des Herrensitzes kleidete er sich wie für einen Gang durch die Stadt – darin war er wie Pitton, so wie ich ihn von Anfang an in Erinnerung hatte. Manchmal ging der alte Mann auch, im Anzug oder mit Sportjackett und Krawatte, an einem Stock, wie ich ihn noch nie zuvor gesehen hatte: schulterhoch, mit einer Gabel oder Forke oben, in der der Daumen ruhte. Der Laufbursche ging nun ungehindert, als Vater seines Sohnes privilegiert, mit seinem altmodischen Stock über den überwucherten Park eines großen Hauses, das erbaut wurde, als er noch ein Laufbursche war. Knüpfte der alte Mann diese Verbindung?

Die Arbeiten des Sommers waren getan. Die umgestürzten Espen – umgeben von verfitzten, zerbrochenen Ästen, zwischen denen hohe, dunkle Gräser und Unkräuter wuchsen, ein Biotop – wurden mit einer Kettensäge zerschnitten und die Scheite im hinteren Garten gestapelt. Nun wuchs hohes Gras um die Holzstöße. Auch um die Teile des Stammes, die zu groß waren, um geschnitten zu werden und die mehr oder weniger da liegenblieben, wohin sie gefallen waren, waren von ihnen besonders angezogene Pflanzen und Gras zu einem Dickicht gewachsen. Und bald sahen die Stümpfe alt aus, wie alter Abfall, ein Zeichen, daß die Wildnis der Flußwiese sich immer weiter in den hinteren Rasen vorschob. Das Gras dieses Rasens wurde gemäht – die Fläche, auf die die Espen gefallen waren, erholte sich nie wieder ganz, wurde nie wieder zu Rasen und dem Unkraut und den Pflanzen des Sumpfes überlassen –, und der Rasen vor meinem Häuschen wurde gemäht. Und der Gemüsegarten wurde versorgt.

Dieser Garten war von meinem Häuschen durch eine hohe Mauer verborgen. Hinter dem angebauten Häuschen, meinem Schuppen, war das schwere Tor mit den Eisenstangen in die Mauer eingelassen. Dieses Tor hing schief, doch Pitton hatte den Kniff herausbekommen, wie man es schloß. Seine Nachfolger kannten diesen Kniff nicht. Das Tor, unverriegelt, schleifte immer mehr und blieb schließlich offenstehen: Pittons Garten, der Schauplatz seiner geheimen Arbeiten, war nun den Blicken preisgegeben.

Erstaunlich jetzt, wenn ich hineinging, um mich umzuschauen, erstaunlich wie immer, das völlig unterschiedliche Gefühl von

Raum, daß auf der anderen Seite der Gartenmauer alles so offen war. Die Mauer auf jener Seite war warm, von der Sonne gebleicht; alte Obstbäume waren daran hochgezogen und befestigt worden. Auf meiner Seite war die Mauer feucht, immer im Schatten, und nur im Sommer wuchs in der kargen Erde an ihrem Fuß Unkraut. Die Mauer, die ich von meinem Häuschen aus sah, war eine Nordwand. Die Mauer auf der anderen Seite war mediterran: Teil der Pracht der ursprünglichen ummauerten Gartenanlage mit ihren Pfaden, ihren Saatbeeten, ihren Gemüsebeeten, dem gestalteten Obstgarten. Pitton hatte nur einen Teil des Gartens bewirtschaften können; doch er hatte die architektonische Anlage, den Plan und die ihm innewohnende Würde in Ehren gehalten. Nun, nachdem seine Nachfolger den Gemüsegarten wie eine Goldmine ausgeplündert hatten, brachten sie nur noch einen Kleingarten zustande.

Ein Zyklus im Leben des Herrensitzes war zu Ende gegangen. Eines Tages würde vielleicht ein neuer Zyklus beginnen. Doch für den Augenblick oder auch nur für die nächsten Jahre war der große ummauerte Garten, der der Arbeit vieler Hände bedurfte, zu einem bescheidenen menschlichen Maßstab zurückgekehrt, zum Hintergrund für einen Kleingarten geworden.

Das breite weiße Tor am Ende des Rasens – Pittons Tor – wurde aus Sicherheitsgründen mit einem Vorhängeschloß versehen. Und da die Gutsbesitze entlang des Flusses so wenig gesichert, so offen waren und die Gegend nun so viele Gruppen von Aussteigern und Vagabunden anzog – eine neue Woge von Müßiggängertum ergoß sich über die leeren Flächen Südwestenglands –, wurde um der höheren Sicherheit willen eine Unmenge abgeschnittener Äste, die rasch braun und trocken und dürr wurden, gegen das Tor gehäuft.

Ich hatte die Vorstellung von Verfall, die Vorstellung von einem Ideal, die Grund für so viel Kummer sein kann, durch die Vorstellung von dauerndem Wandel ersetzt. Doch nun änderten sich ganz gegen meinen Willen die Assoziationen, die ich mit dem Herrensitz verband. Ich sah an vielen Stellen Pittons Hand – an der »Freistatt«, dem riesigen Blättergrab, das er (gemeinsam mit mir, wenn wir manchmal nachmittags zusammen arbeiteten) für den Komposthaufen (der jetzt nicht mehr gebraucht wurde) gesammelt hatte; an jener offenen Tür des Gartenschuppens und dem schweren Tor in der Gartenmauer, das sich nicht mehr schließen ließ. Doch ich wußte auch, daß, was mir Freude bereitet hatte, als ich auf den Herrensitz kam, jemandem, der vor mir dagewesen war, sicher Kummer bereitet hatte; so wie das, was mir jetzt Kummer bereitete, für den alten Mr. Phillips mit seinem Anzug und seinem Stock die reine Freude war. Er war glücklich in dem wilden Anwesen und dem Kleingarten.

Die Erinnerungen an Pitton, die noch vorhandenen Zeichen seiner Arbeit, einer Arbeit, zu der der Mann nun nie mehr etwas hinzufügen würde, waren wie Erinnerungen an einen Verstorbenen. Und doch war er noch unter uns, wohnte noch in seiner verbesserten Landarbeiterwohnung neben Bray. Wegen dieses Häuschens – des Häuschens, das zu seiner Arbeitsstelle gehörte – hatte er gehen müssen. Das Häuschen war wertvoll geworden – robust gebaut, nicht in einem bestimmten Stil, aber alt und stilvoll genug, um interessant zu sein, und von gut zu handhabender Größe. Es war viele Tausende wert, hundert Mal mehr als die zwei- oder dreihundert Pfund, die Brays Vater für sein Häuschen gezahlt hatte; und der Gutsbesitz brauchte das Geld.

Doch das glaubte Pitton nicht. Ich traf ihn eines Samstagmorgens in Salisbury. Er sah mehr denn je wie ein Landedelmann aus – der Anzug, das Hemd, die Schuhe, der Hut, die ganze sorgfältig einstudierte Aufmachung, die sein Geld verschlang. Pittons Salisbury-Hut! So stilvoll, so elegant und gentlemanlike die Geste, mit der er ihn lüftete, um zu grüßen! Dieses Nachahmen war nun so alt, die Geste so gewohnheitsmäßig, daß sie in Pittons Denken wahrscheinlich nichts mehr mit einer Vorstellung von Stil zu tun hatte.

Das Gesicht, das unter dem gezogenen Hut zum Vorschein kam, widersprach dem Stil der Geste: Es war immer noch das schockierte Gesicht, das ich gesehen hatte, als ich auf sein gebieterisches, zorniges Klopfen hin die Küchentür geöffnet hatte. Er hatte immer noch diesen Ausdruck im Gesicht: als rufe unser Treffen – das zufällig in einer Fußgängerzone nicht weit von dem Geschäft stattfand, wo Pitton seine Kleider kaufte und wo Kleider wie die Pittons noch im Fenster zu sehen waren – all die komplizierten Gefühle in ihm wach, die sich mit Worten nicht lösen oder ausdrücken ließen.

Man habe ihm gesagt, sagte er, es sei für den Gutsbesitz nötig, sein Haus zu verkaufen. Aber er glaubte diese Geschichte nicht. Wer wollte schon ein Haus direkt neben Bray kaufen? Es war ein Landarbeiterhäuschen, ein zum Herrensitz gehöriges Häuschen, etwas für einen Gärtner, etwas, das niemand besonders gepflegt hatte. Und so wie er damals, als ich ihn Weihnachten in seinem Haus besuchte, angedeutet hatte, daß er neben seinem Gärtnerlohn noch eine andere Einkommensquelle habe, so deutete er jetzt, als er von dem Haus sprach, in dem er über fünfundzwanzig Jahre gewohnt hatte, an, daß er es, wäre es eine andere Art Haus gewesen, anders gepflegt hätte; es war beinahe, als wolle er andeuten, daß sein richtiges Haus anderswo sei. Doch er wollte nicht aus seinem Landarbeiterhäuschen ausziehen. Und obwohl viele Monate vergangen waren, seit er nicht mehr auf dem Herrensitz arbeitete, versuchte er nicht wirklich, eine andere Arbeit zu finden. Es war, als habe er das Gefühl entwickelt, daß er, wenn er nicht anfange, eine andere Arbeit zu suchen, vielleicht auch keine mehr finden müsse.

Er war verwirrt, unentschlossen, hilflos. Er schien genau die Behauptung zu beweisen, die Mrs. Phillips aufstellte. Sie hatte weiterhin nach einer Erklärung für Pittons Entlassung gesucht, die sie für alle leichter erträglich machte; und sie war auf die Idee verfallen, daß Pitton in seinem letzten Jahr auf dem Herrensitz sehr komisch geworden sei, daß er schließlich von der Einsamkeit seiner Arbeit – einer vorgetäuschten Arbeit, halb Müßiggang – in der Wildnis zermürbt worden und »durchgedreht« sei.

An ihrer letzten Arbeitsstelle, sagte Mrs. Phillips, habe sie jede Menge Leute gesehen, die durchgedreht seien; es drehten nicht nur Leute durch, über die man in der Zeitung las. Ich hatte gedacht, Mrs. Phillips übertreibe es zu sehr mit ihren Erklärungsversuchen. Doch wenn ich Pitton später an der Bushaltestelle im Tal oder auch manchmal in Salisbury traf und mit ihm über seine Probleme sprach, die er eisern als unlösbar betrachtete, hielt ich es für möglich, daß Mrs. Phillips auf die merkwürdige Mischung aus Leidenschaft und Unterwürfigkeit und Gespreiztheit und Stolz und Unabhängigkeit in seinem Charakter reagierte.

Gärtner wollte er nicht mehr sein, erzählte er mir. Diese Arbeit konnte er auf dem Herrensitz tun; aber nirgendwo anders und für niemand anders - sie sei zu unwürdig. Er wollte auch keinen Job in der Stadt. Der Landedelmann in ihm oder besser der freie Landarbeiter in ihm, fürchtete die Anonymität, die Bedeutungslosigkeit des städtischen Arbeiters.

Ich traf Pitton öfters an der Bushaltestelle im Tal. Dann unterhielten wir uns, bis der Bus kam. Im Bus unterhielten wir uns nie. Wir saßen auf verschiedenen Bänken. Wir begegneten uns auch weiterhin manchmal in Salisbury; und manchmal begegneten wir uns im Dorf auf der öffentlichen Straße, wenn ich von meinem Spaziergang über die Downs zurückkam. Unsere Gespräche drehten sich im Kreis. Er erzählte mir von seinen Ideen, davon, was er tun könne; ich ermutigte ihn; und dann wies er meine Ermutigung zurück und kehrte zu der Vorstellung zurück, daß ihm jemand »übel«wolle.

Pittons Schwierigkeit - wie ich verstand, wenn ich mich an seine Stelle versetzte und mich und meine Ängste erforschte - lag darin, daß ihm die Vorstellung von Arbeit abhanden gekommen war. Tatsächlich fürchtete er nach dem Herrensitz, der Freiheit dort, der alltäglichen Routine, die er sich geschaffen hatte, der Ruhe, die er für sich erreicht hatte, seiner Beziehung zu den Jahreszeiten, zum Jahr, zur Zeit an sich, nicht so sehr die Arbeit wie eine Anstellung – und vielleicht nicht so sehr eine Anstellung wie die Vorstellung von einem Arbeitgeber.

Am Ende nahm er still und beschämt einen Job an. Er fuhr Wäsche aus. Ich erfuhr es erst, als ich ihn den Lieferwagen fahren sah, die lederne Geldtasche der Reinigung über den Kleidern des Landedelmanns wie einen Patronengurt über Schultern und Brust gehängt. Und am Ende zog er auch aus seinem Häuschen aus und bekam eine Sozialwohnung in der Stadt, an der alten Postkutschenstraße nach London.

Gegen Ende, als er unter dem Druck gestanden hatte, auszuziehen, Eigentum und Kapital, die das Haus für den Gutsbesitz darstellte, freizugeben, konnte es nicht angenehm für ihn gewesen sein. Ich vermutete, daß er glücklich war, eine andere Wohnung gefunden zu haben, und noch dazu eine so annehmbare. Doch aus der Leidenschaft heraus und den komplizierten Gefühlen, die ihn nun ständig bewegten, beschwerte er sich. Die Wohnung sei schäbig. In welcher Hinsicht? Sie sei nicht renoviert. Sie erwarteten von ihm, daß er selbst renoviere; so wurde er behandelt.

Pittons Verhalten war so überzeugend, daß es immer schwer war, sich klarzumachen, daß er eine gehorsame Seele, Vater eines gehorsamen Soldaten war; daß – trotz all seiner Leidenschaft – die Unterwürfigkeit oder Abhängigkeit tief in seinem Wesen verwurzelt war.

Bray sagte: »Unser Freund ist also ausgezogen.«

Ich saß neben ihm im Auto, und er sprach aus dem Mundwinkel, der mir zugewandt war.

Bray sagte: »Ein arroganter Mann.«

Unter der Fahrermütze glichen Brays Augen, zugleich auf die Straße konzentriert und mit einem Ausdruck inneren Vergnügens, Schlitzen, die schräg in seinem Gesicht standen. Und dann sprach Bray von der Familie auf dem Herrensitz, als seien alle noch da, als existiere der Herrensitz noch in seiner alten Form, von der sein Vater ein Teil gewesen war, und sagte: »Komische

Familie.« Hochachtung und auch Stolz schwangen in seinen Worten mit.

Er griff nach einem Buch auf der Ablage unter dem Armaturenbrett und gab es mir, etwas abwesend wie ein Mann, der sich auf die Straße konzentrierte, aber auch ungeschickt wie ein Mann, der nicht an den Umgang mit Büchern gewohnt ist. Geheimnisvoll sagte er: »Schauen Sie sich das mal an, wenn Sie nach Hause kommen.« Als würde das Buch, das geheimnisvolle Objekt, viel erklären; als würde das Buch ihn, Bray, von der Notwendigkeit befreien, mehr zu sagen.

Das Buch war von meinem Vermieter geschrieben. Es war beinahe fünfzig Jahre alt, aus den zwanziger Jahren. Es war eine kurze Geschichte in Versen, mit vielen Illustrationen. Das Papier war gut, das Buch teuer in Leinen gebunden; und obwohl es den Namen eines angesehenen Londoner Verlegers jener Zeit trug, war klar, daß die Veröffentlichung eines solch unbedeutenden Werkes auf solch verschwenderische Weise entweder vom Autor subventioniert oder bezahlt worden war.

Die Geschichte war simpel. Eine junge Frau wird der englischen Gesellschaftskreise müde – hier boten sich viele Möglichkeiten, Zeichnungen der Kleidung der zwanziger Jahre einzustreuen. Sie beschließt, Missionarin in Afrika zu werden. Man verabschiedet sich; die zurückgelassenen Liebhaber schmachten auf verschiedene Weise. Ein Schiff, der Ozean, die afrikanische Küste, ein Urwald. Die junge Missionarin wird von Afrikanern, Eingeborenen, gefangengenommen. Sie hat Phantasien von sexuellen Übergriffen des afrikanischen Häuptlings, in dessen Dorf sie verschleppt wird; desgleichen Phantasien vom Harem und schwarzen Eunuchen. Statt dessen wird sie in einem Kannibalentopf gekocht und gegessen; und alles, was von ihr bleibt, alles, was einer ihrer Londoner Liebhaber findet, ist ein über ein Holzkreuz drapiertes Kleid der zwanziger Jahre, einer Vogelscheuche vergleichbar.

Dies, ein Witz, war die Weltkenntnis, die der achtzehnjährige

Junge erlangt hatte; dies war das Wissen (das wahrscheinlich den Augenschein von Weltläufigkeit hatte), das vom Herrensitz und dem ganzen Anwesen inspiriert worden war. Und auch später war das Wissen vielleicht nicht über den Witz hinausgegangen: Außerhalb Englands und Europas ein Phantasie-Afrika, ein Phantasie-Peru und -Indien oder -Malaya. Und vielleicht war auch die Leidenschaft nie über den Kitzel der Beardsley-ähnlichen Zeichnungen dieses Buches hinausgegangen. Und das war das Erstaunlichste an dem Buch, das Bray aufbewahrt und in Ehren gehalten hatte: die Zeichnungen.

Sie waren genau im Stil der Zeichnungen, die Mrs. Phillips mir im vergangenen Sommer, dem der Einkaufsausflüge und des Champagners, als Geschenke meines Vermieters gebracht hatte. Er hatte in jungem Alter seine Form gefunden und Bewunderung für seinen Stil gewonnen; er war früh zur Vorstellung dessen, wer er war, seiner Bedeutung und seiner Empfindsamkeit gelangt; und dort war er stehengeblieben. Vielleicht war er in einem, wenn man es so nennen wollte, Zustand der Vollkommenheit stehengeblieben. Doch diese Vollkommenheit – dieses Fehlen von Rastlosigkeit und kreativer Reibung, diese Aussicht aus seinen nach hinten gelegenen Fenstern auf eine vollkommene, unberührte, ungestörte Welt, hatte sich in Morbidität, Acedia, den Tod der Seele verwandelt.

Diese Morbidität war wie ein langer Schlaf gewesen. Dann war er wunderbarerweise erwacht und hatte seine Welt um sich herum wiedergefunden. Er wußte, daß die Großzügigkeit früherer Tage vergangen war. Doch er war darauf vorbereitet, wie er es immer gewesen war, mit dem zu leben, was er vorfand – so, mich in ihn hineinversetzend, deutete ich ihn jedenfalls.

Er mochte Efeu. Wenn die Bäume in seinem Garten zusammenbrachen, beklagte er sich nicht. Er hatte sich viele Jahre an dem Efeu gefreut, und nun mußte er sich mit anderen Dingen begnügen. Genauso war es mit Menschen; wenn ihre Zeit kam, dann kam sie. Er verlor – nach dem, was ich von den Phillips' hörte – keine Bemerkung über das Fallen der Espen, die er mindestens fünfzig Jahre lang gesehen haben mußte. Weil ihm nun klar war, daß es keinen Gärtner mehr gab, fragte er – nach dem, was die Phillips' sagten – nie nach Pitton, mit dem er im vergangenen letzten Sommer sein Spiel getrieben und über den er Geschichten erfunden hatte, die er den Leuten, die ihm, wie Alan, noch blieben, erzählen konnte. (Wie ein zwei- oder dreijähriges Kind, das jeden Tag mit seiner Großmutter spielt, aber dann, wenn die Großmutter plötzlich stirbt, kein einziges Mal nach ihr fragt.)

Manchmal sah ich Pitton, der seinen Wäschewagen fuhr. Es war schwer, in ihm den Mann zu erkennen, dessen alltägliche Routine, dessen Erscheinen an dem weißen Tor Teil des neuen Lebens und der Behaglichkeit und Genesung gewesen waren, die ich im Tal gefunden hatte.

Manchmal begegneten wir uns samstags in Salisbury. Einmal kam er hinter mir her und rief mich beim Namen. Ein merkwürdiges Verhalten von einem zugeknöpften, wortlosen Mann. Doch ich hatte ihn in seiner Blütezeit gekannt; ich hatte in dem großartigen Garten des Herrensitzes geholfen, beim Gras, bei den abgefallenen Buchenblättern geholfen. Und ich hatte ihn Mr. Pitton genannt.

Er würde schäbiger. Bruchstücke seiner Kleidung eines Landedelmannes überlebten an ihm, in anderen Zusammenstellungen; doch sein Stil änderte sich. Der Wäschemann, der die Runde durchs Tal machte und Pitton kannte, sagte über ihn, aber nett und verständnisvoll: »Er ist ein bißchen mürrisch.«

Doch dann änderte sich Pitton. Der Wäschemann im Tal – tolerant, so zufrieden mit dem Rhythmus seiner wöchentlichen Runde, dem Rhythmus seines Jahres, seinen zwei Wochen Urlaub im Jahr, so zufrieden mit dem Verstreichen der Zeit, wie Pitton es einst gewesen war – verstand auch diese Veränderung Pittons und sagte über Pittons sich besserndes Benehmen, seine nachlassende Mürrischkeit: »Man gewöhnt sich daran.«

Doch es steckte mehr dahinter. Im letzten Jahrzehnt seines Arbeitslebens entwuchs Pitton dem, was er einst gewesen war. Er lernte mehr Leute kennen, bei der Arbeit und in der Sozialsiedlung, in der er wohnte. Wo er Anonymität befürchtet hatte, fand er Gemeinschaft und ein wenig Kraft. Er sah sein früheres Leben aus Distanz. Er hatte immer – in seiner Kleidung, dem Stolz auf das Aussehen seiner Frau, dem merkwürdigen Verhalten des armen Mannes, eine andere Einkommensquelle vorzutäuschen – versucht, eine Distanz zu dem, was er war, zu bewahren. Nun bestand keine Notwendigkeit mehr dafür. Allmählich hörte er auf, mich aus dem Wäschewagen zur Kenntnis zu nehmen. Eines Tages sah er mich in Salisbury, in jener Fußgängerzone, in der er versucht hatte, seine Ängste auf mich zu übertragen. Und dann »sah« er – der neue Mann – mich nicht mehr.

4. Krähen

Alan sagte: »Pitton ist also weg. Wichtige Figur meiner Kindheit.«

Das war Alan, der Schriftsteller, der Mann mit der Kindheit, der Mann mit der Sensibilität. Ich begriff seine Vorstellung vom Schriftsteller, weil sie der meinen, als ich nach England kam, so glich. Damals hätte ich Alan um das Material, das ihm zur Verfügung stand, beneidet: meinen Vermieter, das Herrenhaus, die Umgebung, seine genaue Kenntnis der ganzen Umgebung, die Partys in London, wo ich ihn gelegentlich sah. Doch Alan schien mit seiner Vorstellung vom Schriftsteller und seinem Material ebensolche Probleme zu haben, wie ich sie gehabt hatte.

Anfangs machte er immer nur Anspielungen, daß er an einem Buch arbeite - machte Anspielungen, daß das, was man von ihm sah, was er auf dem Herrensitz oder auf einer Party in London von sich erkennen ließ, nur ein Bruchteil seiner Persönlichkeit oder sogar eine Verkleidung sei; daß seine wahre Persönlichkeit sich in dem Buch, das er schrieb, offenbaren werde. Seine Radiokritiken und Diskussionen und kurzen Artikel suggerierten das gleiche, daß er nämlich an anderer Stelle mit einem größeren Unterfangen völlig ausgelastet sei.

Doch es kam kein Buch von Alan. Kein Roman oder autobiographischer Roman (der die Ansprüche einlöste, die Wahrheit hinter der prachtvollen farbigen Kleidung und den Clownerien zeigte); keine kritische Untersuchung der zeitgenössischen Literatur (über die er manchmal sprach); kein Isherwood-ähnliches

Buch über Deutschland nach dem Krieg, über das er auch manchmal sprach. Schließlich gab er mir gegenüber die Anspielungen auf, daß er schreibe. Doch er redete immer noch wie ein Schriftsteller und benahm sich auch so.

Und teilweise war Alans Schriftstellerpersönlichkeit echt und nicht betrügerischer als meine, als meine Vorstellung von mir als Schriftsteller es 1950 gewesen war. So wie ich damals beim Schreiben meine Erfahrung vor mir versteckte, mich vor meiner Erfahrung versteckte und zu einem gewissem Grad die Dinge verfälschte, mich dabei aber bei jedem verriet, der die konventionellen Worte und Formen und Haltungen durchschaute, die ich im Sinn hatte, so enthielten all die literarischen Seiten seines Charakters, die Alan an den Tag legte, all die Bücher, die er angeblich schrieb, Anspielungen auf Wahrheiten, die für ihn genauso schwer zu ertragen waren, wie gewisse Dinge es für mich gewesen waren.

Das Isherwood-ähnliche Buch über das Nachkriegsdeutschland spielte auf die Enttäuschungen und Qualen seines Gefühlslebens und seine Affäre mit einem jungen Deutschen an, um dessentwillen er für einige Zeit nach Deutschland gezogen war. Anfangs sprach er nur in Andeutungen von dieser Beziehung, als wolle er meine Reaktion auf ein erotisches Geständnis (halb gespielt, halb komisch dargestellt) testen, als wolle er meine Reaktion auf gleichgeschlechtliche Liebe auf die Probe stellen. Entweder befriedigte meine Reaktion ihn nicht, oder er änderte seine Meinung; oder seine Haltung zu dieser unglücklichen Affäre änderte sich, als er mir, einem Fremden, davon zu erzählen begann. Er ließ das Thema fallen; die Schilderung des jungen Deutschen blieb unvollendet; und Alans Bemerkungen über Deutschland danach waren entweder eindeutig politischer oder kultureller Natur.

Und dann sein autobiographischer Roman, die Geschichte seiner Kindheit und die Entwicklung seiner Sensibilität. Es sollte ein vollständiges Resümee dieser Art Bücher werden. Sein

Wunsch (den ich nur zu gut verstand) war, der Welt mitzuteilen: »Auch ich habe diese Dinge erlebt und diese Gefühle empfunden.« Doch hinter dem Wunsch, all das zu tun, was bereits getan worden war, zu zeigen, daß er die Schauplätze (oder etwas Entsprechendes) kannte, wo ähnliche Bücher spielten, lag etwas, was ihn in seiner Kindheit oder seiner Erziehung oder seinem Familienleben tief verletzt und zur Einsamkeit, Unsicherheit, zu einem unausgefüllten Leben verurteilt hatte.

Die literarische Annäherung an seine Erfahrung, die Selbstachtung, die mit der »Freimütigkeit« (zweifelsohne bei bewährten Themen – Homosexualität, Masturbation, gesellschaftlichem Aufstieg) einherging, verbarg vielleicht vor ihm selbst den Grund seines Ungenügens. Und wenn ich ihn so in London betrachtete, seine übermäßige Ausgelassenheit auf Partys, seine auffällige, sich selbst ironisierende Kleidung, seine Nervosität in Gegenwart von Leuten, die er bewunderte, seine überschwenglichen Schmeicheleien gegenüber diesen Leuten, hatte ich oft das Gefühl, ich betrachte ein Bild meiner selbst vor vielen Jahren. Und ich hatte eine Ahnung, daß auf diese übermäßig glanzvollen Augenblicke Alans in der Einsamkeit seines Zimmers oder seiner Wohnung Selbstekel, Wut, Elend folgten. Und ich erkannte, daß die Einsamkeit des Herrensitzes, die Spaziergänge in dem zerstörten Garten (abgesehen davon, daß sie sich zur literarischen Verarbeitung eigneten) für ihn sicher eine Art Therapie waren. Eine Therapie, die über das Vergnügen, »reiche Freunde« zu haben, hinausging (denn Schriftsteller, wie Cyril Connolly einmal sagte, sollten reiche Freunde haben); über das Vergnügen hinausging, mir (weil es altmodisch, »vorsintflutlich« war) zu sagen: »Ich rufe an und lasse mich von Phillips am Bahnhof abholen« – nicht »Mr. Phillips« oder »Stanley« oder »Stan«.

Und dann das Haus selbst. Es hatte Personal, und es wurde noch mehr oder weniger wie ein herrschaftliches Haus geführt. Es bot ein Zimmer und ein Bad mit erneuerter Installation. Es bot aus den Fenstern nach hinten (nahm ich an: ich hatte es nicht gesehen) einen Blick auf den Garten, den Fluß, die Flußwiesen zu beiden Seiten und die verlassenen Downs dahinter: eine ungehinderte Aussicht, eine Aussicht ohne andere Häuser oder Menschen, eine beruhigende Aussicht. Für Alan war es sicher ein Haus frei von jeder Anspannung, weil es nichts von ihm forderte, nicht von ihm verlangte, zu schauspielern oder eine bestimmte Persönlichkeit vorzutäuschen.

Dann war da mein Vermieter. Für mich wäre es eine Belastung gewesen, mit ihm im Haus zu leben, eine Belastung, ihn zu treffen und, wenn auch unfreiwillig, seine Idiosynchrasien und Gespreiztheiten zu erleben; es hätte den Zauber zerstört. Doch mein Vermieter war – abgesehen von dem literarischen Wert als »Material« für Alan, jemand aus einem früheren Zeitalter – der einzige Mensch, für den Alan beinahe eine Autoritätsperson war. Für meinen Vermieter – erst kürzlich von seiner Acedia genesen – war Alan immer noch ein Abenteurer in der reizvollen Welt, aus der er selbst sich zurückgezogen hatte. Mein Vermieter war der einzige Mensch, dem Alan Neuigkeiten berichten konnte. Und doch kamen sie sicher nicht oft und nicht lange zusammen. Von Mr. Phillips hörte ich, daß mein Vermieter Unterhaltungen und Menschen, gesellschaftliche Begegnungen schnell leid wurde; daß er plötzlich rastlos werden und selbst alte Freunde wegschikken konnte. Ich hörte – indirekt – von den Phillips', daß Alan im Herrenhaus gewöhnlich allein aß. (Und vor meinen Augen stand nicht das Bild von einem Tablett, das Alan ins Zimmer gebracht wurde, sondern von einer trüben Glühbirne an der Decke, die ein bescheidenes Mahl auf einem alten Spitzentischtuch in einem modrigen Raum beleuchtete, in dem es nach altem Zedernholz und Bohnerwachs roch.)

Die Einsamkeit, die ich sah, war also in der Tat Einsamkeit. Und wenn Alan es »gruselig« fand, daß ich so lange auf dem Anwesen leben konnte, ohne meinen Vermieter kennenzulernen, fand ich es merkwürdig – bis ich begriff, welch besonderen Trost das Anwesen ihm bot –, daß er überhaupt aus den Gründen, die er angab, zu Besuch kommen wollte: um an dem Ort zu sein, der in seiner Kindheit wichtig gewesen war, um des Romans willen, an dem er arbeitete oder den er plante, und auch (um eines anderen Buches willen) um mit meinem Vermieter zusammenzusein, seine Sprache und Gespreiztheiten zu studieren, die Gespreiztheiten eines eleganteren Zeitalters, des Zeitalters vor der Sintflut (diesmal nicht des Zeitalters, das 1914 zu Ende gegangen war, sondern des Zeitalters, das Alan zufolge 1940 zu Ende gegangen war), in dem Häuser wie das meines Vermieters nicht nur gesellschaftlich bedeutend waren, sondern auch zu literarischem und künstlerischem Ruf verhalfen.

Alan gab zu verstehen, daß seine Besuche auf dem Herrensitz trotz seiner offensichtlichen Muße, seinen Streifzügen durch Obstgarten und Park, seiner Bereitwilligkeit, stets in mein Häuschen zu kommen, Zeiten der Arbeit waren; daß er Bände voll »Notizen« mit zurücknahm. Manchmal weihte er mich in das Geheimnis der Notizen ein, die er machte oder gemacht hatte. Mein Vermieter hatte einmal zu ihm gesagt: »Möchtest du gerne Toast? Soll ich dir von Phillips Toast in der Wärmepfanne bringen lassen?« Und Alan hatte sich vor Lachen ausgeschüttet wie bei der Geschichte von Pitton und dem Champagner Rosé. »Eine Wärmepfanne!« sagte er. »Haben Sie schon einmal von einer Wärmepfanne sprechen hören?«

Deshalb hatte ich nicht nur das Gefühl, daß Alan (wie ich vor fünfundzwanzig Jahren in Earls Court) eine richtige Vorstellung von dem hatte, was er als Schriftsteller zu finden erwartete, sondern daß auch mein Vermieter selbst in seiner klein gewordenen Welt und der Dunkelheit seiner Acedia noch eine Vorstellung von dem hatte, was von ihm erwartet wurde.

Aber da war Alans Einsamkeit, so deutlich sichtbar auf dem Herrensitz, so klar und deutlich in der Melancholie seines knubbeligen kleinen Gesichts, wenn man ihn in einem unerwarteten Augenblick ertappte. Diese Einsamkeit war echt, so echt wie der Schmerz seiner Kindheit; so echt wie die Acedia meines Vermieters und die greifbare Vernachlässigung der Dinge, die diese Acedia überall um ihn herum verursacht hatte. Diese Einsamkeit Alans war, wenn er durch den Garten und über das Anwesen spazierenging, wie eine Demonstration des seelischen Schadens, den er einmal erlitten hatte. Ein Teil von ihm empfand Schmerz, ein Teil, an den man nie herankommen konnte und in dem er immer allein war; und seine Bildung, seine all zu literarische Einstellung zur Erfahrung, seine Bewunderung für gewisse Schriftsteller und Künstler des Jahrhunderts, sein Wunsch, für sich wieder neu zu schaffen, was sie geschaffen hatten, all dies bewirkte, daß er die Realität vor sich verbarg. Die Einsamkeit des Herrensitzes war ein Trost. Draußen, das bedeutete Bedrohung und die Vorstellung von seiner Unzulänglichkeit.

Das glich er aus, indem er den Leuten schmeichelte, die er bewunderte und deren Kraft er gerne gehabt hätte. Wie ein Kind, das seinen Kameraden Süßigkeit anbietet, um sich Frieden zu kaufen, erzählte Alan vielen Leuten, er mache für sein dickes Buch über zeitgenössische Literatur Notizen über sie. Er behielt so viele Menschen im Blick, hielt ihre Unterhaltung fest, bewahrte ihre Briefe auf; er wollte über so viele Leute schreiben. Und wenn Alan einmal jemandem erzählt hatte, daß er »Notizen« über ihn mache, war es schwer, ihn zu ignorieren, schwer, sich nicht (wie sogar mein Vermieter) gegenüber einem intelligenten, freundlichen Mann aufzuspielen, der vielleicht wirklich über alles, was man sagte, Notizen machte.

Das glich er durch Verachtung für die Schriftsteller aus, in denen er Spielarten seiner selbst sah – Nachäffer, Leute, die schrieben, was andere in Gesellschaftsberichten geschrieben hatten, und die zeigen wollten, daß sie es auch konnten. Gegenüber diesen Schriftstellern, deren Fehler er sehr deutlich sah, war er erbarmungslos. Ein solcher Schriftsteller – körperlich größer als Alan, aber auch irgendwie dandyhaft gekleidet –, den ich in London sah, erzählte mir: »Dieser kleine Giftzahn stolzierte bei Clarissa quer durchs Zimmer auf mich zu und sagte: ›Mein Lieber, am kommenden Samstag müssen Sie zu Hause bleiben und *The Critics* hören. Ich habe Sie geschlachtet.‹ Haha.«

Aber es gab nicht viele solcher Leute, denen gegenüber Alan offene Feindseligkeit zum Ausdruck brachte. Allgemein bekannter Gegenstand von Alans Abneigung waren hauptsächlich bestimmte Häuser, Bilder, Gärten, Blumen. Und hier machte nicht einmal mein Vermieter eine Ausnahme. Mein Vermieter mochte Gladiolen. Pitton zog sie für ihn im Garten. Alan haßte sie, weil sie so knallig bunt und groß waren. Er schloß die Augen und sagte erschaudernd: »Sie sollten so hoch sein« – bückte sich und hielt die offene Hand vors Schienbein. Er konnte vor Widerwillen erschaudern, wenn er von diesen Dingen sprach – Blumen, Bildern, Häusern –, als mache er durch seine heftige ästhetische Reaktion die ganze Zurückhaltung wieder wett, die er sich bei anderen Leuten auferlegte, all das Gerede, daß er über sie »Notizen« mache und über sie schreiben wolle (»Das wandert alles ins Tagebuch«, sagte er oder personalisierte es: »Das ist für Tagebuch« oder »Tagebuch wird es sich schon merken«), all die Bonbons, die er der Welt anbot, um sich Frieden zu kaufen. Diese ästhetische Heftigkeit – die im Grunde ganz aufrichtig war, eine aufrichtige Sensibilität widerspiegelte, eine wahre Anteilnahme am Geistesleben – gab seinen Radiovorträgen und -diskussionen ihren Biß und ihre Angriffslust und suggerierte, daß dies bloß ein flüchtiger Einblick in ein reicheres Leben und eine großartigere Persönlichkeit war.

Manchmal vergingen Monate, ohne daß wir uns sahen. Er kam vielleicht nicht aufs Land, oder ich war weg, wenn er kam. Eines Tages rief er mich, was ganz ungewöhnlich war, aus London an; und erst da wurde mir bewußt, daß ich ihn seit vielleicht einem Jahr oder länger nicht mehr gesehen hatte. Im Hintergrund war Musik zu hören. Die Musik war sehr laut; sie veranlaßte mich zu fragen, von wo er anrief. Er rief aus seiner Wohnung an. Er sagte: »Sie reden wie meine Nachbarn. Natürlich ziehe ich alle Register.« Und er lachte sein lautes kehliges Lachen.

Der alte Alan, so konnte es scheinen. Aber es war nicht der alte

Alan. Er war betrunken; und als er zu sprechen begann, wurde klar, daß er sehr betrunken war. Alkohol und Musik: die Stützen in der Einsamkeit. Das war mir neu: nicht die Einsamkeit, sondern das Trinken. Ich hatte Alan nie für einen Trinker gehalten. Doch selbst Trunkenheit änderte nicht Alans Charakter oder zeigte die andere Seite des Mannes; Trunkenheit befreite ihn nicht. Sie übertrieb den verbindlichen, bekannten Teil seines Charakters, zog Alan ins Lächerliche. Kaum in der Lage, seine Worte zu kontrollieren, versuchte er bloß, Botschaften der Zuneigung zu übermitteln, mir zu schmeicheln, mit mir über meine Arbeit zu sprechen.

Und er verlangte keine Gegenleistung. Denn es gab eigentlich keine Möglichkeit, an die Person, aus der das alles hervorbrach, heranzukommen. Die Person, die sich Frieden von der Welt kaufen wollte, war für die Welt nicht erreichbar, war, konnte man sagen, Alan selbst kaum bekannt. Es spielte keine Rolle, wie sehr man seinerseits schmeichelte; es spielte keine Rolle, wie sehr man die Zuneigung erwiderte, an die wahre Person kam man nie heran.

Ein paar Monate später erschien er wieder auf dem Herrensitz. Er hatte sich sehr verändert. Seine Augen, einst scheinbar so unstet und durchtrieben, waren tot, glanzlos geworden; eine uralte Traurigkeit lag darin. Das knubbelige kleine Gesicht war weiß und weich geworden; es sah wie das Gesicht einer gebrechlichen alten Frau aus. Und es war, als gestatte diese Verwandlung einen flüchtigen Blick in die Ambiguität der Persönlichkeit, vielleicht nur eine der vielen Ambiguitäten, die Alan gequält hatten.

Besonders die Haut seiner Wangen fiel mir auf. Sie war sehr weiß und schien sehr dünn geworden zu sein, schien, wenn Alan sprach oder den Mund zu schnell schloß, über dem Fleisch zu vibrieren (als sei zwischen Haut und Fleisch ein Leerraum). Diese dünne, zarte Haut erinnerte mich an das äußerste Blütenblatt einer verblühten Rose; sie schien etwas von dessen Struktur zu haben. Sie erinnerte mich auch an die ausgeblichene schwarze

Plastikplane, die den alten hausförmigen Heuschober am Triftweg bedeckte, eine Plastikplane, die von Wind und Regen so zerzaust worden war, daß sie nicht nur ihren Glanz und ihre Spannung verloren hatte, sondern in der dünnen Schicht auch kleine Blasen oder Lufttaschen entwickelt zu haben schien.

Der Mann hatte sich verändert. Und – er war in meinem Häuschen, saß oder lag halb in meinem Ohrensessel, wirkte klein, über dem Kopf die Polsterbacken, die Knie ordentlich zusammen – es war ein wenig (jedenfalls kam mir diese Idee), als sei der Mann, den man kannte, von der uneingestandenen Persönlichkeit, die in ihm steckte, beinahe einem moralischen Angriff ausgesetzt gewesen; als sei der Mann von dieser inneren Persönlichkeit entmutigt worden, die ihm nun wie ein wachsamer Hüter auf der Schulter saß und das einzige Wesen war, mit dem Alan sich wirklich unterhalten konnte. Von der alten Persönlichkeit blieb nur die Kleidung, die das Polster des Sessels schäbig aussehen ließ. Diese Kleidung war so sorgfältig ausgewählt wie immer; doch der Mann darin war so ruhig, so wenig übersprudelnd, seine Bewegungen waren so langsam und bedächtig, daß die Kleidung nicht mehr die alte Persönlichkeit suggerierte.

Von den Phillips hörte ich später, daß Alan ungefähr zu der Zeit – oder vielleicht kurz vorher –, als er mich angerufen hatte, öfters betrunken im Herrenhaus angerufen hatte. Die ersten drei oder vier Mal waren die Telefongespräche entgegengenommen worden. Doch dann – vielleicht hatte Alan sein Glück zu sehr aufs Spiel gesetzt, hatte begonnen, zu merkwürdigen Zeiten anzurufen, vielleicht Dinge gesagt, die er zu mir nicht gesagt hatte –, hatte mein Vermieter sich beunruhigt. Alans Verwirrung, die so offenkundig war, hatte meinem Vermieter wieder seine Acedia, seine eigene Hölle vor Augen geführt. Wenn man sich vor dieser Art Krankheit fürchtete, hieß es im Grunde, wieder krank zu werden. Und für kurze Zeit hatte mein Vermieter einen Rückfall.

Alans Telefonanrufe waren nicht entgegengenommen worden; Mr. Phillips hatte Alan befohlen, nicht mehr anzurufen, er hatte Alan verboten, ins Haus zu kommen. Die ganze Fürsorge von Mr. Phillips für seinen Arbeitgeber, den Kranken, erwachte; das Besuchsverbot für Alan wurde erst wieder aufgehoben, als Mr. Phillips sicher war, daß Alan mit dem Trinken aufgehört hatte.

Doch der Mann, der da wieder auf dem Herrensitz erschienen war, war am Ende. Das Altfrauen-Gesicht war das Gesicht eines unheilbar Kranken. Und obwohl er das Glas Wein, das ich (ganz ahnungslos, weil ich damals von den Vorfällen der letzten Zeit nichts wußte) anbot, ablehnte, aber (mit wunderbarer Höflichkeit, beinahe als sei er mein Gastgeber) darauf bestand, daß ich ein Glas Wein trank, war seine scheinbare Heilung – wie bei einigen anderen schlimmen Krankheiten – doch nur eine vorübergehende Erscheinung. Sie ermöglichte ihm, vielleicht grausamerweise, vielleicht im Geist der Wiederaussöhnung, sich die Welt, die er verließ, noch einmal anzuschauen und Lebewohl zu sagen.

Er sagte Lebewohl. Er kam nie wieder. Ein oder zweimal hörte ich ihn noch im Radio – so übersprudelnd wie eh und je. Wenn er nur dort und in diesem Tempo, in der Atmosphäre eines Aufnahmestudios hätte leben können, in etwas wie dieser künstlichen gesellschaftlichen Ordnung, anstatt nach Hause zu gehen und allein sein zu müssen. Und dann hörte ich eines Tages – einige Tage nachdem es passiert war –, daß er eines Abends nach einem Trinkgelage ein paar Schlaftabletten genommen hatte und gestorben war. Ein theatralischer Tod. Das Theater war an dem Abend Alans Gedanken sicher nicht fern gewesen. Es hätte leicht anders gehen können. Jemand hätte anrufen können, oder er hätte jemanden anrufen können, er hätte in auffälligen Kleidern auf eine Party gehen können, witzig oder schmeichelhaft oder unverschämt sein und diesen theatralischen Augenblick des Selbstmords überwinden können. Doch höchstwahrscheinlich hätte seine Einsamkeit ihn wieder dorthin gebracht.

Die Nachricht wurde vor meinem Vermieter geheimgehalten.

Mr. Phillips meinte, es sei schlecht, es ihm zu sagen. Doch irgendwie fand mein Vermieter es heraus. Für ihn gab es einen Menschen weniger in seiner kleiner werdenden Welt; noch ein Mensch, der nicht mehr erwähnt werden durfte.

Von Alans Büchern und »Notizen« war natürlich so gut wie nichts vorhanden. Aus Liebe zum Geistesleben und zur Sichtweise und zu den Fähigkeiten des Künstlers hatte er sehr vielen Leuten geschmeichelt. Und es war diese Schmeichelei, die man merkwürdigerweise ungefähr eine Woche lang in Andenken behielt. Eine Reihe von Leuten, die nach Alans Tod über ihn schrieben, schrieben mit dem Teil ihrer Persönlichkeit, der durch Alans Schmeichelei eigentlich überhaupt erst geschaffen worden war. Ihre Nachrufe waren voll merkwürdiger Selbstachtung; diese Leute zollten Alan – der in diesen kurzen Artikeln als Exzentriker, als wandelnder Anachronismus, als jemand von »vor der Sintflut« (diese Worte kamen in einem Text tatsächlich vor) dargestellt wurde – nicht mehr Hochachtung als sich selbst, weil sie Alan nahe und mit ihm befreundet gewesen waren, weil sie sein Talent und seine Sensibilität entdeckt hatten, weil sie von ihm für seine Vertraulichkeiten, seine traurigen Geständnisse auserwählt worden waren. Niemand sprach von seinen Schmeicheleien. Und mehr als einer, stellte sich heraus, war nur ein paar Tage, ehe Alan starb, von ihm in der Not angerufen worden.

Mr. Phillips gestattete sich, als er Alans Tod erwähnte, eine traurige Miene, einen Anflug von Bedauern. Doch dann umwölkte sich sein Gesicht sogleich wieder mit der Reizbarkeit, die ich für seinen üblichen Ausdruck in der Öffentlichkeit hielt. Diese Reizbarkeit war wie Brays Schirmmütze; sie ermöglichte Mr. Phillips, vieles auszudrücken. Er konnte seine Reizbarkeit einfach so zur Schau tragen; oder er konnte sie spöttisch oder selbstironisch zur Schau tragen. Er konnte sie einsetzen, um Autorität auszudrücken oder ein unterdrückter Arbeiter zu sein; oder sie konnte die Reizbarkeit eines Mannes sein, der sein Glück schützte und nicht frohlocken wollte.

Nun verband seine Reizbarkeit seine menschliche Reaktion auf Alans Tod mit seinem professionellen Stolz als Pfleger und als Beschützer des Herrenhauses. Er habe Alan sofort durchschaut, sagte er. Er habe Alans depressive Veranlagung erkannt. Er habe recht gehabt, Alan das Haus zu verbieten. Mit der Trunksucht wäre es einfach nicht gegangen. Ihre Auswirkungen auf meinen Vermieter wären verheerend gewesen; und dann hätte Alan leicht im Herrenhaus tun können, was er zu Hause getan hatte. Man stelle sich nur den Ärger, das Durcheinander, die weitere Auswirkung auf meinen Vermieter vor, der sich an den Resten der eigenen Klarheit und Gesundheit festhalte.

So erinnerte man sich an Alan an dem Ort, den er für seine besondere Zufluchtsstätte hielt. »Ich rufe an und lasse mich von Phillips am Bahnhof abholen.« So dachte Alan oder wollte so (in einer bestimmten Stimmung) von seiner Zeit und Stellung im Herrenhaus denken. Es war eine halb gesellschaftliche, halb literarische Vorstellung: Das »am Bahnhof abgeholt werden« mit der Anspielung auf altmodische Wochenenden in Landhäusern; der Gebrauch des Namens Phillips ohne die Anrede »Mister« – obwohl Alan Mr. Phillips Stanley oder Stan nannte und Mr. Phillips ihn Alan nannte.

Mr. Phillips' alter Vater sagte zu mir: »Ihr Freund Alan ist also tot. Netter Mann, habe ihn kaum gekannt. Habe ihn ein paarmal gesehen. Er war immer sehr angenehm.«

Er, der alte Mr. Phillips, der kleine, adrette Mann, ging mit seinem langen, hohen, oben gegabelten Stock (dem Zeichen, daß er zum Spazierengehen und nicht zum Arbeiten auf das Anwesen gekommen war) spazieren. Er war sorgfältig gekleidet, in Pastelltönen – ohne Muster auf Krawatte, Jackett oder Hemd, und das Fehlen eines Musters verstärkte zusammen mit den breiten Revers, den Kragen und Krawatten der damaligen Zeit den Pastellton seiner Kleidung und erweckte den Eindruck, als ob unter den Farben Kreide sei, so wie die Kreide der Downs die Farbe von jungem Gras oder Mais dämpfte und bei trockenem Wetter ein gepflügtes Feld weiß färbte.

Der alte Mann sagte: »Immer, wenn ich so etwas höre, denke ich an meinen Vetter. Er starb, als er acht war. 1911, im Krönungsjahr.«

Wir standen vor meinem Häuschen unter den Buchen. Der alte Mann hob leicht das Gesicht nach oben. Er lächelte; seine Augen tränten. Ich kannte den Ausdruck. Das Lächeln war kein Lächeln, die Tränen waren keine Tränen. Dies passierte einfach immer mit seinem Gesicht, wenn er von seiner Kindheit oder seiner Jugend zu sprechen begann.

Aber nun konnte er nicht von seinem Vetter erzählen. Wir wurden beide von einem lauten krächzenden Lärm abgelenkt. Der Lärm kam von einer Schar Krähen, die über unseren Köpfen kreisten. Große schwarze Schnäbel, große schwarze flatternde Flügel. Ich hatte sie noch nie hier gesehen. Ich hatte mich an die Stare gewöhnt, die in kreischenden Scharen plötzlich angeflogen kamen und sich wie schwarze Blätter auf den Bäumen niederließen. Doch Krähen in dieser Zahl hatte ich noch nie gesehen. Sie flogen langsam umher und krächzten, als wollten sie uns taxieren. In meinem ersten Jahr hatte ich auf einem meiner anfänglichen Erkundungsgänge, ein oder zwei Downs entfernt, auf einem bewaldeten Hügel hinter Jacks Häuschen Kadaver von diesen Vögeln gesehen, die mit ausgebreiteten Schwingen von Jacks uraltem und gebeugtem Schwiegervater an einen Zaun genagelt worden waren.

Der alte Mr. Phillips sagte: »Sie haben überall im Tal ihre Nester verloren. Sie haben ihre Nester verloren, als die Ulmen starben. Sie suchen das Gelände ab. Sie brauchen hohe Bäume. Sie werden die Buchen wählen. Sie wissen doch, was man von Krähen sagt. Sie bringen Geld ins Haus. Irgend jemand im Herrenhaus wird zu Geld kommen. Was meinen Sie, wer? Natürlich ist es nur eine alte weise Geschichte.« »Eine alte weise Geschichte« – das sagte er; und der Ausdruck, so wie er ihn benutzte, mit Ironie und Verständnis, klang echt und nicht wie eine Verfälschung. »Wenn man glaubt, daß es Todesvögel sind, kann man den Lärm nicht ertragen. Wenn man an Geld denkt, macht er einem nichts aus.«

Und in dem Lärm der krächzenden, das Gelände absuchenden Krähen erzählte der alte Mann mir von dem Tod, den er nicht vergessen hatte, dem ersten Tod, an dem er alle anderen maß, dem Schmerz, der schmerzlicher als alle anderen war und den er auch nach fünfundsechzig Jahren noch spürte.

Er und sein Vetter tollten herum. Sie liefen hinter einem Pferdewagen her, der einer ortsansässigen Firma gehörte. Sie sprangen auf die Futterbeutel, die an der Hinterachse befestigt waren. Der Kutscher sah sie nicht. Sie fuhren ein oder zwei Meilen auf den Futtersäcken mit und aßen Äpfel. Dann wurde ihnen langweilig. Sie sprangen ab. Ein Auto, ungewöhnlich in jenen Tagen, kam die Straße entlanggefahren und wirbelte weißen Staub auf, der zwei, drei Zentimeter dick auf der nicht gepflasterten Landstraße lag. Beide Jungen wurden von der weißen Staubwolke eingehüllt. Seltsamerweise kam in dem Augenblick ein weiteres Auto, und der alte Mr. Phillips sah, wie sein Vetter umgefahren wurde. Mehr konnte er nicht sehen, und er bekam Angst. Er lief zum Flußufer und versteckte sich bis zum Nachmittag in einem Weidengestrüpp. Von dort sah er, wie die Staubwolke sich legte. Er sah, wie seine Tante, die Mutter seines Vetters, kam. Er sah, wie der Junge in einem Krankenwagen weggebracht wurde. »Ins Militärkrankenhaus – die Armee war sogar schon damals da.«

Dort starb der Junge. Niemand dachte daran, den alten Mr. Phillips zu verprügeln – das hatte er nämlich befürchtet. Im Haus seiner Tante sah er an jenem Abend den aufgebahrten Leichnam seines Vetters – mit dem er am Morgen den Ausflug gemacht hatte.

»Diese Dinge dringen einem erst später ins Bewußtsein«, sagte der alte Mann. Die Beerdigung war am nächsten Tag. »Sein kleiner Sarg«, sagte der alte Mr. Phillips, und nun liefen ihm wegen dieses Todes vor über fünfundsechzig Jahren echte Tränen übers Gesicht.

Dann riß er sich zusammen, änderte den Ton. »Nein, nicht klein. Ein recht großer Sarg. Meine Tante bat mich und die anderen Jungen, Moos zu sammeln. So verbrachte ich den Tag der Beerdigung. Mit Moossammeln. Es wurde ins Grab gelegt, um das Weiß der Kreide in der Sonne zu dämpfen. Das machen die Leichenbestatter immer noch. Sie hängen eine grüne Matte, die wie Gras aussieht, über die Seiten des Grabes. Natürlich kommen sie später zurück, wenn die Trauernden weg sind, und holen sie wieder.«

Die feuchten Flußufer, die Downs: Jeder sah andere Dinge. Der alte Mr. Phillips mit seiner Erinnerung an Kreide und Moos; mein Vermieter, der Efeu liebte; die Gestalter des Gartens auf dem Herrensitz; Alan; Jack; ich.

Die das Gelände absuchenden Krähen machten solch einen Radau, daß ich mich fragte, wie ich ihn ertragen würde – noch ein Geräusch, das den Lärm der Flugzeuge zu gewissen Tageszeiten verschlimmerte; das Artillerie-Sperrfeuer von den Schießständen an manchen Abenden (durch deren Lärm hatte man die Vorstellung, die Luft sei wie eine Substanz, die bis zu einem gewissen Grad elastisch war, aber platzte, wenn man sie darüber hinaus beanspruchte); den Berufsverkehr am Ende des Tages, der mit jedem Jahr zunahm und durch einen dünner werdenden Schirm von Buchen und Eiben bis an mein Häuschen drang.

Doch der Radau an diesem Tag war ungewöhnlich. Das Krächzen der langsam umherflatternden großen Vögel war wie das Gekrächz einer Beratung; nachdem sie beraten und das Gelände abgesucht hatten, flogen die Vögel fort. Und als der erste Trupp Siedler, die ersten Nestbauer kamen, bauten sie nur ein einziges Nest. Es war, als prüften sie die Bäume, den Ort, die Leute. Der steinige oder kiesige Weg unter den Buchen war mit biegsamen Ästlein übersät, Material für das Nest, das heruntergefallen und nutzlos war und darauf schließen ließ, daß für jeden Zweig, der erfolgreich ins Nest eingearbeitet worden war, drei oder vier oder fünf verlorengegangen waren. Endlich erschien es ganz oben in einer Buche: ein Krähennest.

Dann kam eine Pause, lang genug, um das Gefühl zu vermitteln, daß in diesen vom Winter entlaubten Buchen keine Krähennester mehr gebaut würden. Doch dann tauchte sehr schnell ein zweites und ein drittes Nest auf und dann hoch oben viele weitere, große dunkle Scheiben, die von räuberischen Wesen nicht mehr erreicht werden konnten und bald vom Frühlings- und Sommerlaub versteckt werden sollten. Aus dem Zug nach London sah ich überall in Wiltshire und Hampshire die gleichen Kolonien; überall tauchten Krähennester auf, wo vorher keine gewesen waren.

Die Ulmen im Tal waren schließlich eingegangen. Viele waren, ehe sie endgültig eingingen, gefällt und zerschnitten worden; andere waren aufrecht eingegangen, kahl und immer grauer gegen das Sommergrün. Und die Straße durchs Tal war plötzlich offen. Kurven, einst von Grün überwölbt, geheimnisvoll und tief, wirkten nun unscheinbar; gepflügte Downs neigten sich ohne einen Saum von Ulmen und wilden Schößlingen einfach zur Asphaltstraße. Grundstücke wirkten nun unscheinbar, und die Häuser und ihre angebauten kleinen Wellblechschuppen sahen nackt aus. Der flache Fluß und seine feuchten Ufer blieben bezaubernd; doch das Land zu beiden Seiten wurde gewöhnlich.

Auch für mich änderte sich die Zeit. Anfangs hatte sie sich wie in der Kindheit vor mir erstreckt. Im ersten Frühling hatte es so viel Klares und scharf Umrissenes gegeben – die Moosröschen, die einzelne blaue Iris, die Päonien unter meinem Fenster. Ich hatte darauf gewartet, daß das Jahr sich wiederholte. Dann begannen die Erinnerungen sich zu vermengen; die Zeit begann zu rasen, die Jahre begannen sich übereinanderzuschieben; es wurde schwer für mich, Dinge zu datieren.

Bray, der Mann mit der Autovermietung, früher der Nachbar

von Pitton, dem Gärtner (dessen Haus für einen Preis, der ernüchternd auf Bray wirkte, von einem jungen Landvermesser mit einem Büro in Salisbury gekauft worden war), begann mit mir über Religion zu sprechen. War das, bevor oder nachdem die Krähen gekommen waren? Bevor oder nachdem der junge Vagabund entdeckt worden war, der eine Zeitlang auf dem Herrensitz kampiert hatte?

Dieser Mann hatte in dem Kinderhaus im überwucherten Obstgarten bei Pittons »Gartenfreistatt« gelebt. In den Sommern davor waren Landstreicher gesehen worden; doch dieser Mann war einer von den vielen neuen Herumtreibern – nun keine Zigeuner, sondern junge, manchmal kriminelle Städter –, die in alten Autos und Lieferwagen und Wohnwagen auf der Suche nach Festivals, Gesellschaft, Lagerplätzen durch Wiltshire und Somerset zogen. Die Entdeckung dieses Mannes löste Angst aus. Andere hätten ihm leicht folgen und weitererzählen können, daß es das Kinderhaus gab. So wurde das Kinderhaus – von den Kindern, für die es geplant war, selten genutzt, sechzig oder siebzig Jahre nach seiner Erbauung immer noch mehr oder weniger intakt, auch wenn an einer Stelle das Strohdach verrutscht war – schließlich verschlossen; Tür und Fenster wurden vernagelt und mit Holzplanken verbarrikadiert. Und zur weiteren Abschreckung ließ Mr. Phillips Stacheldraht um das runde Gebäude ziehen.

Wie das Schließen des breiten, weißen Tors am Ende des Rasens nach Pittons Weggang, als dürre Zweige an der Innenseite des Tors aufgehäuft wurden, damit es geschlossen blieb, war auch die Aufgabe des Kinderhauses ein Ereignis. Doch ich konnte es nicht datieren. Die Ordnung, die Pitton nicht nur dem Anwesen, sondern auch meiner Vorstellung von den Jahreszeiten gegeben hatte, diese Ordnung war verschwunden. Mir fehlte eine Ordnung, von der sich die Ereignisse abhoben, Ereignisse, die sich nun, da die Zeit dahinraste, vermengten – sogar die Ankunft der Krähen, sogar Brays Gerede über Religion.

Wie jedes vergleichbare Gebiet in Ägypten oder Indien war die Gegend (einst eine riesige Beerdigungsstätte) voller heiliger Stätten: die Holz- oder Steinkreise, die großen Grabhügel, die mittelalterlichen Kathedralen und Abteien und die Kirchen, die oft nicht weniger großartig waren. Und der Glaube war dort nicht stehengeblieben. Verstreut um diese Monumente, diese kulturellen Heiligtümer, und manchmal Seite an Seite mit ihnen befanden sich Relikte jüngerer Verehrung.

Im Zentrum von Salisbury, nur durch eine schmale Fußgängergasse von einer bekannten Konditorei getrennt, stand eine gotische Kirche mit großartigen Fenstern. Am Ende der Kanzelwand befand sich direkt unter dem Dach ein primitives Gemälde vom Jüngsten Gericht. Die Farben des Gemäldes, Magentarot und Grün, waren verblaßt: Auf der linken Seite nackte mittelalterliche Figuren im Himmel, auf der rechten in der Hölle. Die Beschaffenheit des Gemäldes und die anatomische Kenntnis schienen Verstand und Seele im Mittelalter zu entsprechen: Menschen nackt in einer Welt, die außerhalb ihrer Kontrolle lag, die Schwingen der tröstenden Engel genauso furchterregend und unnatürlich wie die Vögel oder Reptilien, die die Verdammten verschlangen. Gegenüber von diesem Monument mittelalterlicher Frömmigkeit war die betriebsame Konditorei, deren hinterer Raum einmal eine viktorianische Sonntagsschule gewesen war. Eine gemeißelte Steinplatte, einem Wappenschild ähnlich, hielt diese Tatsache und das Gründungsdatum der Schule in neugotischen Lettern fest. Kuchen und Quiche und Kaffee auf lackierten Kieferntischen in einem Raum, in dem vor nicht allzulanger Zeit Kinder Bibelgeschichten und Kirchenlieder und Respekt gelernt hatten.

In einem Flußtal außerhalb Salisburys, oberhalb eines Fußwegs, der vom Fluß heraufführte, stand noch eine kleine »Missionshütte« mit nur einem Raum. Es war ein roher Schuppen aus Bauholz und Wellblech, der vielleicht kurz vor dem Ersten Weltkrieg errichtet worden war. In seiner Schlichtheit war genausoviel

Stolz und Religion enthalten wie im Mittelalter Scheu und Ehrfurcht in der mittelalterlichen Pracht. Nun hatte die Hütte keine Funktion mehr. Ein Stück weiter die Straße hinunter, auf dieser Seite des Flusses, befand sich ein rotes Ziegelgebäude mit neugotischen Fenstern. Auf diesem Gebäude stand oben immer noch METHODISTISCHE KAPELLE. Das war es schon lange nicht mehr; es war jetzt ein Privathaus, und die neugotischen Bögen und Buchstaben gehörten zum ungewöhnlichen »Charakter« des Wohnhauses.

Ganz anders – und nicht nur, weil sie noch als Kirche diente – war die renovierte Pfarrkirche in der Nähe vom Herrenhaus und von meinem Häuschen. Diese Kirche war ein ganzes Zeitalter entfernt von der frommen Angst des Gemäldes vom Jüngsten Gericht in St. Thomas in Salisbury: dem Empfinden einer willkürlichen Welt voller Schrecken, in der Menschen nackt und hilflos waren und nur Gott Schutz bot. Die Pfarrkirche war zu der Zeit renoviert worden, in der die großen viktorianischen Häuser und Herrenhäuser der Gegend gebaut worden waren. Und sie zeugte von dieser Ära der Zuversicht: Sie verherrlichte, ebensosehr wie einen Glauben, eine Kultur, einen Nationalstolz, eine Macht, Menschen, die ihr Schicksal völlig unter Kontrolle hatten.

Diese Atmosphäre strahlte sie immer noch aus, auch wenn die Menschen, die in die Kirche kamen, nun lange nicht mehr so reich und auch nicht so einflußreich waren wie die viktorianischen Magnaten und ihre Häuser bescheiden im Vergleich zu den großen viktorianischen Wohnsitzen. Gerade durch die Ärmlichkeit der Pfarrgemeinde – sie konnte sich nun nur noch einen Gottesdienst im Monat leisten und nicht mehr einen in der Woche – wurde die Vorstellung von einer in sich geschlossenen, alles andere ausschließenden kulturellen Feier aufrechterhalten: das Geräusch von Autotüren, das liebenswürdige Geplauder vor und nach dem Gottesdienst, bei dem, gedämpft von den dicken, renovierten Mauern aus Stein und Flintsteinen in Karomuster, zum

Klang einer Orgel (die immer noch in der kleinen Kirche stand und immer noch funktionierte!) Choräle gesungen wurden.

Dort war kein Platz für Jack, der das Leben feierte, solange er lebte. Kein Platz für Mr. Phillips oder die fremden Menschen, die jetzt aus der Stadt kamen, um für ein paar Stunden die grobe Arbeit im Park des Herrensitzes zu verrichten. Und kein Platz, hätte ich gedacht, für den alten Bray, den Mann mit den verblüffenden Ansichten, dieser Mischung aus äußerstem Konservatismus und grenzenlosem Republikanertum, aus Verehrung für die Reichen (die seine Autos benutzten) und Haß auf ererbten Reichtum und Titel. Die alte methodistische Kapelle (nun zu einem privaten Wohnhaus mit passenden gotischen Fenstern ausgebaut), die leere Missionshütte, die viktorianische Sonntagsschule, nun Teil der Konditorei – das war die populäre Religion des neunzehnten Jahrhunderts, die, ins zwanzigste herüberreichend, Menschen wie Bray zum Teil geprägt hatte, es war die Religion der Einengung und Disziplin und nicht der Feier. Bray und Tausende wie er waren dieser Einengung entwachsen; deshalb überzogen diese Relikte des jüngeren Christentums die Gegend. Es gab hier so viele Arten von Religion, so viele Relikte.

Doch nun redete Bray über Religion. Mir fiel das Gerede nur langsam auf. Mir war nicht klar, wie ernst er es meinte, als er von »dem guten Buch« sprach. Ich nahm es kaum wahr, hörte es einfach als Teil seiner dahingeplapperten alltäglichen Ironie. Ich saß neben ihm im Auto, warf von der Seite einen Blick auf seine Schirmmütze und seine schrägstehenden Schlitzaugen, die zusammengekniffen auf die Straße schauten. Diese zusammengekniffenen Schlitzaugen, der Ausdruck seines Gesichts und das, was ich über sein Naturell wußte, verleiteten mich zu dem Gefühl, er scherze.

Ich hatte sein Auftreten und Benehmen zu lange mit dem Mann verbunden, der schlüpfrig und zynisch über Politiker, gewisse Mitglieder der königlichen Familie, Gewerkschaften, Geschäftsleute, die in der Öffentlichkeit von sich reden machten oder vor Gericht standen, und alle möglichen anderen aktuellen Themen sprach. Über die neue Pfundnote beispielsweise, die von einer Labour-Regierung eingeführt und von ihm allein deshalb abgelehnt wurde: »Ich nenne das Mickey Maus-Geld.« Das hatte er wahrscheinlich von jemandem gehört. Bei Bray war nur die Verbindung der Ansichten originell. Die Ansichten selbst waren – wie ich immer wieder feststellte – Radio- oder Fernsehprogrammen und populären Zeitungen entlehnt.

Sobald ich begriffen hatte, daß er im Ernst sprach, änderte sich mein Bild von ihm. Nun sah ich in denselben charakteristischen Zügen, derselben Art zu sprechen nicht mehr die Schlüpfrigkeit seines Zynismus, sondern persönliches Gefühl und bald auch Leidenschaft.

Später dachte ich, daß es wahrscheinlich noch einen weiteren Grund gab, warum ich eine Weile gebraucht hatte, bis ich begriff, daß Bray es ernst meinte, wenn er von Religion sprach. Es lag daran, daß er selbst lernte, daß er in eine neue Lehre eingeführt wurde, die er angenommen hatte, ohne sie ganz zu verstehen, und dann erlernen mußte. Eine neue Lehre: Denn die Religion, die Bray angenommen hatte, war nicht die Religion der viktorianischen Relikte, die er und Tausende mit ihm zurückgewiesen hatten. Die Religion, in die er Woche um Woche tiefer eindrang, hatte, wie sich bei seinem Reden herausstellte, mit Heilung oder besser einem Heiler zu tun: einer weisen Person (das Geschlecht der Person verheimlichte Bray); einer Bibel, die während eines »Gottesdienstes« zufällig aufgeschlagen wurde; den Worten auf den dann gedeuteten Seiten; den knienden Gläubigen, die alle eine persönliche Botschaft, persönliche Führung erhielten. Ein Heiler, »Sitzungen« um eine Bibel als heiligen Gegenstand, gemeinsames Essen, eine Andeutung von Kameradschaftlichkeit, sogar Geselligkeit in Frömmigkeit.

Dieses Reden über Sitzungen erinnerte mich an eine »spiritualistische« Versammlung, die ich vor zwanzig Jahren in einem Vorort im Norden Londons besucht hatte, aus Interesse (weil ich die sensationellen Sitzungen so beiläufig an dem roten Ziegelgebäude angekündigt sah) und auch in der Hoffnung, Material für eine Fünfminuten-Radiosendung in einem Magazin des Überseedienstes der BBC zu finden.

Die Sitzung fand im ersten Stock in einem Raum statt, den man über eine Treppe direkt vom Bürgersteig erreichte; auf der Lampe über dem Eingang stand einfach HALLE. Die meisten der drinnen wartenden Leute kamen regelmäßig. Auch ein paar Kinder waren darunter, gesund, verspielt, ein wenig unruhig. Sie saßen in der ersten Reihe. Das Medium war eine dicke, gewöhnliche Frau mittleren Alters. Sie entschuldigte sich, weil sie zu spät kam; sie sagte, sie müsse von irgendwo südlich des Flusses anreisen. Dann fing sie sehr munter und frisch an. Es gab für alle von uns Botschaften. Es gab sogar eine für mich, von meinem Großvater, der sehr weit weg sei, sagte das Medium, und dessen Stimme nur schwach zu ihr dringe.

Doch am schrecklichsten waren die Botschaften für die Kinder, drei oder vier, sehr hübsch und gepflegt, mit unruhigen Füßen. Vor diesen Botschaften griff das Medium sich an den Hals und sagte, sie müsse ersticken, könne kaum atmen. Und die Frau mit den Kindern, eindeutig die Mutter, ernst und angstfrei, beugte sich vor (sie saß in der Reihe hinter den Kindern) und nickte, wie um die Identität des Geistes zu bestätigen, der diese Botschaft übermittelte. Ihr Mann, der Vater der Kinder, war gehenkt worden. Und ich erfuhr nie (ich fragte die Person nicht, die es mir erzählte), ob der Vater vom Staat – in England oder im Ausland – gehenkt worden war oder sich selbst erhängt hatte. Alle vierzehn Tage kam nun die Familie des Gehenkten, um Verbindung zu ihm aufzunehmen – was zweifelsohne ihre Haltung erklärte: Sie waren Gläubige. Für jedes Kind gab es eine einfache Botschaft – hilf Mutti, sei brav in der Schule; und jedes Kind wartete auf seine Botschaft und wurde ernst, wenn die Botschaft kam. Welche Erinnerungen würden sie an diese Besuche behalten! Ein neuer Charakter, neue Leidenschaften wurden ihnen gegeben, die sie von ihren Kameraden trennten. Zwanzig, dreißig Jahre danach würde dieser Charakter (in einem erwachsenen Körper und mit erwachsenen Bedürfnissen) diese Leidenschaften ausleben.

Etwas von dem Schauder von vor zwanzig Jahren überkam mich, als Bray mir von seinen Sitzungen erzählte. Er selbst war genauso gefaßt wie die Frau und die Kinder des Gehenkten vor zwanzig Jahren. Sie waren von einer schrecklichen Not getrieben worden, das war für jedermann zu sehen. Doch welche Not hatte Bray getrieben?

Er redete so viel, steckte so voller Meinungen, Gerüchte, daß es mir nicht in den Sinn gekommen war, darüber nachzudenken, ob sein Leben überhaupt befriedigend war. Eine verheiratete Tochter lebte in Devon; sie war dorthin gezogen, nachdem ihr Mann »ein Stück Land« (Brays Worte) gefunden hatte; sie kam nie zu Besuch. Bray nannte viele Gründe dafür, als er das zum ersten Mal erwähnte; doch dann nannte er keine mehr. Wozu sollte sie auch zurückkommen? Und wenn ich so an Bray dachte, versuchte, ihn vom Standpunkt der Tochter zu sehen, die lieber wegblieb, bekam ich eine andere Vorstellung von dem Mann, erkannte, wie übermächtig er sein, wie einengend das Leben in seinem Haus sein konnte. Und zu dieser neuen Vorstellung von Bray kam die von dem Mann mit den Erinnerungen an Felder voller Arbeiter zur Erntezeit, an Bierrationen oder Kinder, die ihren Vätern und Großvätern Tee brachten, dem Mann mit der geheimgehaltenen Erinnerung an die Scham über seinen kurzen Ferienjob als Junge im Herrenhaus, dem Mann mit dem Wunsch nach Unabhängigkeit, und verband sich mit den drei oder vier Charaktereigenschaften, die Bray, ohne sich dessen bewußt zu sein, als Diener hatte, als jemand, der dazu erzogen war, andere zufriedenzustellen.

Daß er ein wenig ungefestigt war, hatte ich gespürt. Doch was war jetzt über ihn gekommen? Nach dem, was ich hörte, hatte Bray sich bei diesen Sitzungen (in einer Stadt an der Südküste), beim Teilen des Essens, dieser Kommunion, Menschen angeschlossen, die der radikale Konservative in ihm verachtete: Arbeitern, Leuten auf Arbeitssuche, Menschen, die Bray, der freie Unternehmer, verachtete, der nach dem Dienstbotenleben seines Vaters und Großvaters seine Freiheit feierte. Der Mann, der über Pitton spottete, sich über dessen Sturz freute, zeigte jetzt Mitgefühl für Menschen wie Pitton, Menschen, für die es in England, selbst in diesem wohlhabenden Teil, keinen Platz mehr gab: Leute, die aus den Midlands herunterkamen und sich ohne Besitz, ohne Unterkunft oder Sicherheit fanden, Leute, die (im Gegensatz zu den nackten Seelen auf dem Gemälde vom Jüngsten Gericht in St. Thomas) wußten, was es hieß, Verantwortung für ihr Schicksal zu haben, aber spürten, daß sie die Kontrolle darüber verloren hatten.

Je mehr ich von Brays Sitzungen hörte, desto mehr dachte ich an diese Londoner Sitzung vor zwanzig Jahren. Und der Schauplatz fügte sich bis in alle Einzelheiten wieder zusammen, bis zur Lampe, auf der HALLE stand und die schwach in der ruhigen Straße leuchtete. Es war damals in diesem Viertel Londons abends ruhig, wo wenige Leute ausgingen und es wenige Autos gab. Die Straße war so gewöhnlich und langweilig, aber die Leute dort oben, in dem Zimmer am Ende der hohen Treppe, waren verzweifelt.

»Es ist wie mit allem anderen«, sagte Bray. »Man kriegt nur das raus, was man reinsteckt. Je mehr man reinsteckt, desto mehr kriegt man raus. Das gute Buch ist immer für dich aufgeschlagen.«

Von Mrs. Bray erfuhr ich mehr. Eigentlich kannte ich sie kaum. Ich kannte sie hauptsächlich als Stimme am Telefon. Sie beantwortete das Telefon, wenn Bray unterwegs war, und nahm Bestellungen für ihn entgegen; er rief sie regelmäßig an, wenn er unterwegs war. Sie war flink (Brays Anweisung, damit seine Kunden Telefongebühren sparten); sie war tüchtig. Nichts Überflüssiges wurde gesagt. Eine fröhliche dünne Stimme am Telefon, deren Besitzerin man kaum sah. Sie lebte im Haus – es gab keinen Garten: Brays betonierter Hof ließ keinen Platz dafür. Bray fuhr sie nach Salisbury oder Andover zum Einkaufen; sie nahm selten den Bus. Manchmal grüßte Bray sie vom Auto aus in Salisbury. Dann sah ich sie: eine sehr kleine, dünne Frau, sehr schmächtig, kaum vorhanden – als habe das Leben mit Bray, dem Fahrer, dem Mechaniker, dem Mann mit den festen Ansichten, dem Schwerarbeiter, der eigenartigerweise die Schönheit des Tales vernachlässigte, sie verschlissen. Von ihr hörte ich jetzt mehr über Brays Religion und »Sitzungen«.

»Ich kann dieser Tage nichts für ihn zusagen. Er ist bei einer dieser Sitzungen, vermute ich. Er hat die Tiefkühltruhe leergemacht. Daher weiß ich es. So geht man nicht mit einer Tiefkühltruhe um. Ich verstehe ihn nicht. Wenn man eine Tiefkühltruhe hat, füllt man sie auf. Man leert sie nicht in einem fort.«

Von der Tiefkühltruhe hatte ich von Bray gehört. Sie war ihm wichtig. Ich selbst hatte keine, und er genoß es, mir von den damit zusammenhängenden Ritualen zu erzählen. Die Großeinkäufe (offensichtlich zu herabgesetzten Preisen in bestimmten Geschäften), das Kochen und Einlagern großer Vorräte – die Tiefkühltruhe rückte Essen in den Mittelpunkt eines neuartigen Rituals, sorgte für eine neue Art des Einkaufs, neue Ausflüge, stellte eine Vorstellung von Fülle und Ernte und Feiern wieder her.

Mrs. Bray hatte ihre eigenen Vorstellungen. In Bezug auf die Tiefkühltruhe verhielt sie sich wie ein Eichhörnchen, hortete und wollte die Speisekammer voll halten. Und als ich sie eines Tages ungewöhnlicherweise an der Bushaltestelle traf (gewöhnlich fuhr Bray sie nach Salisbury oder Amesbury oder Andover oder irgendeinen besonderen Discount-Laden am Rand von Southampton) –, war sie immer noch schrecklich erregt wegen der Tiefkühltruhe. So klein, so dünn, so erregt.

Sie sagte, während die Krähen über uns krächzten und flatterten: »Wenn man eine Tiefkühltruhe hat, füllt man sie auf, man leert sie nicht in einem fort.« Sie sprach, als würde sie in einer idealen Welt die Tiefkühltruhe immer gefüllt halten und nie anrühren. Sie sprach, als sei – trotz der offensichtlichen Schwierigkeiten, obwohl Bray und das Auto nicht da waren – das Auffüllen der Tiefkühltruhe der Anlaß ihres Ausflugs nach Salisbury. Sie wiederholte: »Man füllt sie auf.«

Am Ende der Straße tauchte – nicht mehr von den Ulmen und den Schößlingen am Straßenrand zwischen den Ulmen verdeckt – der rote Bus auf.

Sie wartete, bis der Bus beinahe stand. Sie sagte: »Es ist wegen seinem Liebchen.«

Die Worte brachen aus ihr heraus. Als habe die Ankunft des Busses, das plötzliche Dunkelwerden an der Bushaltestelle, das Aufklappen der Türen, der Lärm des Motors ihr den korrekten dramatischen Augenblick geliefert, um dies zu enthüllen, jegliche Höflichkeit aufzugeben und über Dinge zu sprechen, die ihr nicht ganz klar waren. Und weil sich ihre Erregung noch um ein paar Grad gesteigert hatte, stampfte sie in den Bus, knallte dem Fahrer die Münzen auf die Kasse und tat überhaupt alles, um so viel Aufmerksamkeit wie möglich auf sich und ihren Zorn zu ziehen.

Sie setzte sich ganz vorne hin – solches Getue, solch eine Aufregung bei so einer kleinen Person – und schenkte mir keinerlei Aufmerksamkeit mehr. Und ich fragte mich, ob ich es 1950, als ich achtzehn war und neu in England, neu im Erwachsenenleben, überhaupt für möglich gehalten hätte, wenn ich eine Frau in diesem Alter gesehen hätte, die sich so in einem Bus aufführte, daß der Zorn einer so alten und kleinen und weißhaarigen Frau etwas mit dem »Liebchen« ihres Mannes zu tun haben könnte.

Diese Worte aus dem Mund einer so kleinen Frau schockierten mich. Ich hatte sie so lange als freundliche, flinke Stimme am Telefon gekannt, die meine Stimme erkannte und der es Freude machte, meinen Namen zu erraten, ehe ich ihn auch nur nannte. »Das geht«, »Ist gut«, »Vielen Dank, Sir« - diese Worte (schnell am Telefon gesprochen, damit ich nicht weitere Münzen einwerfen mußte) verband ich mit ihr. »Liebchen« war entsetzlich – es setzte sie herab, setzte die Frau herab, über die sie sprach (wenn solch eine

Frau existierte), setzte ihren Mann herab, setzte (wie es auch obszöne Ausdrücke tun) uns alle herab.

Und von dieser anderen Frau hörte ich nun von Mrs. Bray am Telefon, an der Bushaltestelle (wo sie nun öfter auftauchte) und in den Einkaufsstraßen Salisburys. Wie hatte Bray diese andere Frau kennengelernt? Wer fühlte sich wohl von Bray angezogen? Ich hatte mir Bray nie als Partner von jemandem vorgestellt; aber das war eine männliche Sicht. Wenn es darum geht, einen Partner zu spüren oder zu erkennen, lebt eine Frau sicherlich in einer anderen Welt.

Anfangs hatte ich meine Zweifel an der Existenz dieser Frau. Doch nach Mrs. Brays weitschweifigen Geschichten glaubte ich ziemlich schnell, daß es die Frau gab; und nach Mrs. Brays Geschichten konnte ich auch den Punkt erkennen, bis zu dem Bray offen und unschuldig über die Frau gesprochen hatte. Er hatte über den kuriosen Zufall ihres Zusammentreffens gesprochen, wie er über jeden anderen kuriosen Zufall im Zusammenhang mit seinen Taxifahrten hätte sprechen können.

Sie war eines Abends spät mit einem Bummelzug aus dem Süden auf dem Bahnhof von Salisbury eingetroffen. (Mrs. Brays Geschichten enthielten nur sehr wenige Einzelheiten über Aussehen und Alter dieser Frau; und ich hatte keine Ahnung, ob diese Einzelheiten aus der Geschichte stammten, wie Bray sie Mrs. Bray erzählt hatte.) Sie hatte dem Schaffner, der am Ausgang die Fahrkarten einsammelte, erzählt, daß sie keine Fahrkarte, keine Stelle zum Übernachten habe. Er oder ein Kollege hatten die Polizei gerufen; die (diese merkwürdige, selbstverständlich hingenommene Menschlichkeit des britischen Staates und seiner Beamten) hatte dafür gesorgt, daß die Frau über Nacht in einer Pension untergebracht wurde; höhere Beamte sollten am nächsten Tag entscheiden, was mit ihr geschehen solle. Die Pension wurde von einem Mann geführt, der damit das magere Einkommen aus seinem eigentlichen Geschäft, einem Laden für Bilderrahmen, Trödel und Antiquitäten, aufbesserte.

Auf Bitten der Polizei (oder eines Polizisten) war dann Bray (der nette, zuverlässige, zu jeder Tages- und Nachtzeit arbeitsbereite) zum Bahnhof gefahren und hatte die Frau zu der Pension gebracht. Das mußte Eindruck auf ihn gemacht haben – die hellen Lichter des beinahe leeren Bahnhofs, die Einsamkeit der Frau.

Doch am nächsten Tag waren auch seine Gefühle angesprochen worden, als er morgens zur Pension gefahren war, um die Frau zur Polizei zu bringen. Als sie von der Haustür den kurzen gepflasterten Weg herunterkam, sah er (wie er Mrs. Bray erzählt hatte) den schlechten, pickligen Teint der Frau, den zu großen Tweedmantel, den sie trug (der einwandfrei jemand anders gehört hatte), das übliche Verhalten der Aussteiger oder »Herumtreiber« der Gegend, gegen die er solche Abneigung hegte. Doch dann hatte sie ihn plötzlich, als sie durch das Törchen auf den Bürgersteig getreten war (wie er Mrs. Bray erzählt hatte), mit Wut, Sarkasmus, Verachtung angegriffen. Und sie – mit schmalen, dicht beieinanderstehenden Augen – hatte zu ihm gesagt, hatte beinahe gebrüllt: »Aber ich habe kein Geld, das wissen Sie.«

Mrs. Bray gab den Sarkasmus der Frau selbst sarkastisch wieder. Trotzdem konnte man noch erkennen, daß Bray verblüfft gewesen war und auch gerade von der Aggressivität der Frau, dem Mut, den sie in diesem besonderen Augenblick zeigte, angezogen worden war, daß er ihrer Schwäche, ihrer Bedürftigkeit, ihrer Abhängigkeit von ihm augenblicklich verfallen war. Dann hatte sie mit anhaltender Feindseligkeit und Stolz (gleichzeitig sicher ein Appell an jemanden, den sie hatte zögern sehen) zu ihm gesagt: »Sie wissen doch, wohin die mich zurückschicken, oder?« Nicht das Gefängnis; wäre es das gewesen, hätte Bray nicht reagiert. Es war eine Art Heim für Menschen mit Nervenleiden. Und diese erwachsene Frau hatte etwas von einem Kind, das noch erwartete, daß seine Bitten Erwachsene rührten, andere rührten.

Das hatte Bray Mrs. Bray erzählt. Dort hörte die ehrliche Geschichte auf, die er zu Beginn erzählt hatte. Und der Grund war, daß Bray für das verletzte, bittende Kind in diesem Frauenkörper, für die hinter diesen Augen gefangene Seele eine ungeheure Leidenschaft und all die Fürsorge, die in seinem Wesen lag, empfunden hatte. Immer wenn ich an die Frau und Bray dachte, dachte ich an diese Sätze. Mrs. Bray sagte sie oft: Die einzige Vertraulichkeit des Paares, zu der sie zugelassen war. »Aber ich habe kein Geld, das wissen Sie.« »Sie wissen doch, wohin die mich zurückschicken, oder?«

Bray brachte sie nicht zur Polizeiwache, damit sie nicht in irgendwelchen Papierkram dort verwickelt wurde. Er bot an, sie in der Pension wohnen zu lassen. Er kannte den Mann, den Trödler, der als Bilderrahmer begonnen hatte und seinen Laden Galerie nannte.

Dieser Mann war wie so viele andere Ladeninhaber oder Möchtegern-Ladeninhaber gewesen, die Salisbury aufgrund seiner angenehmen Atmosphäre und seines Reichtums und der Landschaft angezogen hatte, die aber die Verkehrsführung, die Anlage der Parkplätze, das ganz um die Stadt herumführende Einbahnstraßensystem nicht genügend studiert oder nicht verstanden hatten, wie sich die Einkäufer durchs Stadtzentrum bewegten.

Ein Geschäft konnte bloß zwei oder drei Minuten zu Fuß vom Marktplatz, aber dennoch völlig abseits der Einkaufsstraßen liegen. Viele kleine Geschäfte gingen ein – schnell, sichtbar. Besonders mitleiderregend waren die Geschäfte, die – ohne daß begriffen wurde, daß Leute, die wichtige Einkäufe zu erledigen hatten, diese gewöhnlich in London tätigten – besonders stilvoll sein wollten. Wie schnell diese Boutiquen und Bekleidungsgeschäfte trübselig wurden, wie sich die Hysterie ihrer Eigentümer in den Schaufenstern zeigte! Nicht im Durcheinander oder der Unordnung der Dekoration, sondern im Gegenteil in einer melancholischen Genügsamkeit, nicht der Genügsamkeit des guten Geschmacks oder der Altmodischkeit, sondern eher der eines nervösen Zustandes, als wünsche das Fenster, nicht gesehen werden zu müssen. In dieser Genügsamkeit des Fensters drückte sich der Wunsch des Besitzers aus, das Projekt aufzugeben, wegzulaufen.

Keine Girlande mehr aus einem Fischernetz mit Plastikseesternen oder bemalten Holzfischen oder echten Muscheln; keine Stückchen Treibholz mehr; keine Herbstblätter mehr. Nichts dergleichen mehr; es sah eher aus, als würden nicht abgeholte Kleidungsstücke in einer Wäscherei verkauft: bloß die Kleidungsstücke, die Röcke und die Blusen, Dinge, die nicht geliebt wurden, nicht einmal von der Inhaberin des Ladens – die man manchmal, wenn das Licht richtig fiel und die Straße sich nicht im Fenster spiegelte, inmitten ihres kleiner werdenden, häufig angefaßten Bestands erblickte: geistesabwesend, mürrisch, unfreundlich, sie, die am Anfang äußerst charmant gewesen war und gefallen wollte, über die geschäftlichen Höflichkeiten hinaus kleine Aufmerksamkeiten (eine Tasse Kaffee vielleicht oder klassische Musik) angeboten hatte. Jetzt schien sie es darauf angelegt zu haben, jeden zu vertreiben, völlig zu versagen, jede Ermutigung oder Entschuldigung zum Wiedereröffnen ihres Geschäftes auszuschließen. Und das alles bloß ein paar Meter vom Trubel und Erfolg und Getrappel der Touristenfüße entfernt.

Über einem solchen Laden, der Einrahmungen machte, einer »Galerie«, wohnte Brays Geliebte. In Salisbury bestand keine Nachfrage nach so viel Einrahmungen, wie der Laden sie brauchte; und der Laden hatte nicht das Sortiment an Rahmen oder Passepartouts, um das Geschäft, so wie es gehen sollte, anzukurbeln. Sätze von zehn oder zwölf Rahmenecken, elegant in der Diagonalen abgeschnitten, hingen über Haken: Kleinen geschmückten Galgen vergleichbar, waren diese Muster schnell unter den Gebrauchtmöbeln und Haushaltswaren, in dem Trödel- oder Antiquitätenhandel verschwunden, in den das Geschäft sich verwandelt hatte, bis selbst der in der Pension aufgegangen war, die der arg bedrängte Besitzer in den zwei oberen Stockwerken eröffnet hatte.

Dort hatte Bray durch die Frau oder das Mädchen oder durch den Mann von der Pension von dem Heiler und den Sitzungen erfahren. Und so schnell er etwas über das Heilen gelernt hatte, so schnell sprach er auch mit mir über das Gelernte. Am Anfang hatte er nicht mit großer Sachkenntnis gesprochen. Das war ein Grund, warum es eine Weile dauerte, bis ich verstand, daß er es ernst meinte.

Allmählich kam dann eine Darstellung über sein neues religiöses Leben zustande: die »Heilsitzungen«, das »gute Buch«, das für alle der Reihe nach zufällig irgendwo aufgeschlagen wurde und dessen Worte dann ausgelegt wurden. Allmählich kam auch die neue Vorstellung von der Gemeinschaft heraus, die er gefunden und der er sich überlassen hatte: die Entdeckung von Menschen, deren Verstand und Seele verletzt waren, für die die materielle Welt sich als zuviel erwiesen hatte und die ihrer Kontrolle entglitten war. Nicht die willkürliche mittelalterliche Welt des Gemäldes vom Jüngsten Gericht in St. Thomas: Diese Welt hatten die Menschen nie verstanden oder für kontrollierbar gehalten. In dieser Welt konnten Menschen nur überleben, indem sie beschwichtigten, Opfer darbrachten, Rituale vollzogen. In der heilenden Welt Brays war das anders: Wie in der antiken römischen Welt zu Beginn des Christentums entwickelten sich der Schmerz und die religiöse Gemeinschaft aus dem Gefühl, daß die Welt einst unter Kontrolle gewesen und es nun nicht mehr war.

Und im Mittelpunkt seiner Zärtlichkeit und seines Mitgefühls stand die Frau, die er auf dem Bahnhof gesehen hatte und die sich am nächsten Tag seiner Barmherzigkeit ausgeliefert hatte, die Frau, die völlig von ihm abhängig war. Über ihr Aussehen erfuhr ich nicht mehr als das, was ich bereits gehört hatte: der zu große Tweedmantel, das strähnige Haar, die unglücklichen, dicht beieinanderstehenden Augen, die schlechte Haut. Das hatte Bray Mrs. Bray am ersten und zweiten Tag berichtet; das war alles, woran Mrs. Bray sich halten konnte; das war alles, was sie ausschmücken konnte.

Meiner Meinung nach war die Frau für Bray unter anderem deswegen so faszinierend, weil ihr offensichtlich jegliche Koketterie fehlte. Wäre die Frau kokett gewesen, hätte Bray sich vielleicht unwohl gefühlt, hätte vielleicht das Gefühl gehabt, ausgenutzt zu werden, hätte vielleicht die Vorstellung gehabt, daß es neben ihm noch andere Männer gab oder geben könnte. Die Frau, die er gefunden hatte, trug nur die Not eines Kindes in einer grausamen Welt in sich, und Bray meinte vielleicht, daß nur er dafür empfänglich sei. Und ab und zu zeigte sich in diesen aggressiven, unglücklichen Augen vielleicht einmal eine Anerkennung für Brays beschützende Haltung.

Mrs. Bray sagte über Bray: »Wenn ich dem Taxiverband oder dem Stadtrat sagte, wo er sein Liebchen her hat, dann würden sie ihm wahrscheinlich die Lizenz wegnehmen.«

Ich glaubte nicht, daß ihre Macht so weit reichte; ich glaubte nicht, daß sie selbst das glaubte; und ich glaube nicht, daß sie Bray schaden wollte. Vielmehr empörte sie seine neue Gelassenheit. Was ihn betraf, so benahm er sich, als gebe es zu Hause keinen Streit. Und vielleicht gab es auch keinen; vielleicht waren Mrs. Brays Wutanfälle für Leute wie mich bestimmt, die Brays anderes Leben gekannt hatten. Doch über die andere Frau hörte ich nur von Mrs. Bray. Von Bray hörte ich nur über das Heilen und die Sitzungen. Seine Sitzungen nahmen immer mehr Zeit in Anspruch. An bestimmten Nachmittagen und Abenden war er nun nicht mehr frei; doch abgesehen davon verbrachte er weiterhin sein Leben mit Taxifahren und dem Vermieten von Autos.

Eines Tages sagte er zu mir im Auto, nach einem Schweigen, das er absichtlich hatte eintreten lassen, vielleicht um seinen Worten größere Wirkung zu verleihen: »Ich zahle jetzt den Zehnten.«

Er sprach die Worte voller Stolz, Angabe, Freude aus. Es war wie damals, als er mit heruntergezogenem Mundwinkel über Pittons Weggang gesprochen und mit geheimnisvoller Geste, als tue er mir einen Gefallen, aus der Handschuhablage das Buch geholt und mir überreicht hatte, das mein Vermieter in den zwanziger Jahren veröffentlicht hatte.

Den Zehnten! Solch ein altes Wort. Den Zehnten des Ertrags für die Kirche. Immer wieder Gegenstand radikalen Protestes.

Vielleicht hatte man sich dem sogar im Mittelalter, als die Menschen noch in der Welt des Gemäldes vom Jüngsten Gericht in St. Thomas lebten, widersetzt. Doch nun prahlte Bray, der Privilegien und Steuern haßte, damit, seinem Heiler den Zehnten zu geben – sprach vom Zehnten, als habe er sich bis zum Gipfel des Berges gemüht und die schöne Aussicht erblickt.

Er sagte: »Und das muß vor den Steuern geschehen, verstehen Sie. Ich gebe den zehnten Teil meines Bruttoeinkommens. Das tut weh. Natürlich tut es weh. Es soll weh tun. Das Opfer muß man bringen.« Und dann sagte er, ohne zu wissen, daß ich durch seine Frau eine Vorstellung von der Person hatte, über die er redete: »Ich kenne da jemanden. Machte ein kleines Second-Hand-Geschäft auf. Ging aber nicht so gut. Fing an, ausländische Studenten aufzunehmen. Franzosen, Deutsche. Von denen haben wir hier viele. Das ging aber auch nicht gut. Die Agenturen wollten, daß die Studenten in Familien wohnen. Er wollte schon den Kopf in den Ofen stecken. Dann begann er, den Zehnten zu zahlen. Es tat weh. Es war wie der letzte Strohhalm. Aber er hielt daran fest. Und wissen Sie, was? Seit zwei Monaten schickt das Sozialamt ihm Leute. Zum ersten Mal seit ein paar Jahren nimmt er regelmäßig Geld ein. Wie Churchill im Krieg sagte, wechselt der Strom der menschlichen Geschäfte. Wir müssen, wenn der Strom uns hebt, ihn nutzen. Genauso ist es mit dem Zehnten. Man kriegt nur das raus, was man reinsteckt. Es muß weh tun. Dann bekommt man das Doppelte zurück.«

Unter den lärmenden Krähen – deren Ankunft nach den weisen alten Geschichten entweder Tod oder Geld ankündigte, wie Mr. Phillips' Vater sagte – überkam Bray Gelassenheit. Er nahm immer noch Motoren im Durcheinander seines betonierten Hofes auseinander (aber er war gegenüber seinem Nachbarn, dem Landvermesser, rücksichtsvoller als gegenüber Pitton); er trug immer noch seine informell-formelle Uniform mit Schirmmütze und Strickjacke; er redete immer noch viel im Auto. Doch seine alte Bereitschaft, aufzubrausen und zu kritteln und zu toben, war gedämpft oder eher aufgegangen in seinem Reden über Religion, war damit eins geworden. Er war ein Mann in Einklang mit sich, ein Mann mit einem Geheimnis, einer inneren Vision.

Mrs. Brays Aufregung war ihm gleichgültig. Doch vielleicht war diese Aufregung, vermutete ich, bloß für Außenstehende: eine Nummer, eine Rolle, die es ihr (die so lange im Haus versteckt gelebt hatte) erleichterte, unter Menschen zu gehen. Und weil sich diese Rolle Mrs. Brays in der Öffentlichkeit nie änderte, weil ich immer sehen konnte, wohin ihr Gerede führte, grauste mir davor, sie (die früher nicht mehr als eine sanfte alte Stimme am Telefon gewesen war) zu treffen, wie es mir eine Weile zuvor davor gegraust hatte, Pitton zu treffen, dessen Gartenrituale zu beobachten mich am Anfang bezaubert hatte.

Eines Tages hielt ein großes Auto neben mir an der Bushaltestelle. Darin saß ein neuer Nachbar. Er wohnte noch kürzer hier als der Landvermesser. Anzuhalten und anzubieten, mich mit nach Salisbury zu nehmen, war seine Art, sich vorzustellen. Ein großes Auto, ein Mann mittleren Alters, vielleicht Ende Fünfzig, ein großes Haus (ich hatte gehört, daß es zum Verkauf angeboten war, aber nicht gehört, wer es gekauft hatte, wußte nicht einmal, daß es überhaupt verkauft worden war). Der Nachbar hatte noch eine ländliche Aussprache; er wollte mir zu verstehen geben, daß er von hier stammte, das Tal schon lange kannte und mit den Menschen (auch wenn er neu im Haus war) bereits vertraut war.

Er sagte: »Letzte Woche habe ich Mrs. Bray mitgenommen. Sie ist ganz schön aufgebracht dieser Tage. Kennen Sie John Bray? Warum fordert er so wenig Geld? Er muß arbeiten, bis er stirbt. Er bringt doch eine ordentliche Dienstleistung. Er ist zuverlässig, hat eine Menge Stammkunden, die Leute mögen ihn. Ich habe ihm oft gesagt, daß er mit seiner Autovermietung soviel fordern soll, wie der Markt hergibt. Aber er geht seinen eigenen Weg.«

Wir fuhren an einer alten Farm vorbei, eingefallene alte Mauern, ein schlammiger Hof.

Mein neuer Nachbar sagte: »Meine Mutter wuchs in dem Haus da auf. Jetzt sind natürlich andere Leute drin.«

Das war seine Art, nicht unangenehm, sein Anrecht auf das Tal geltend zu machen, sein Anrecht auf die Verwandtschaft mit den Bewohnern des Tals geltend zu machen. Ich dachte an Mr. Phillips' Vater, dem beim Gedanken an seine Jugend, den Beginn des Jahrhunderts im Tal und seine erste Stelle als Laufbursche die Augen tränten; an sein Abenteuer als Junge, als er sich in einem Weidengestrüpp versteckt hatte, nachdem sein Vetter von dem Auto umgefahren worden war. In all dem, was mein Nachbar sagte, steckte ein Wunsch, mit dieser Art von Vergangenheit verbunden zu sein, der Vergangenheit, die auch Brays Erinnerung an Erntezeit und Kinder einschloß, die ihren Großvätern Tee aufs Feld brachten. Doch zugleich hatte mein Nachbar – mit seinem großen leisen Auto, das ohne Eile am Fluß entlanggesteuert wurde – etwas von einem unbeugsamen reichen Mann.

»Wie geht es Mrs. Phillips?«

Ich wußte nicht, daß ihr irgend etwas fehlte. Mir war nur aufgefallen, daß Mrs. Phillips sich wie mein Vermieter nach seinen zwei prachtvollen Sommern der Aufgeschlossenheit zurückgezogen hatte und weniger oft zu sehen war. Aber ich hatte mich nicht erkundigt, warum.

Mein Nachbar sagte: »Ich glaube, ihre Nerven holen sie ein.«

Mrs. Brays Wutanfälle, Brays Fahrpreise, Mrs. Phillips' Nervenzustand – ich war beeindruckt, wie genau mein neuer Nachbar Bescheid wußte, und ich glaube, er wollte mich beeindrucken. In meiner Vorstellung – durch das Dahinfliegen der Jahre, eine Folge meines Alters und meiner sich wiederholenden Erfahrung der Jahreszeiten im Tal (zu der nun jedes Jahr weniger neues Wissen hinzukam) und durch die das Gedächtnis verwirrenden kürzlichen Ereignisse (wie Pittons Weggang) – in meiner Vorstellung war mein neuer Nachbar gerade erst im Tal eingetroffen.

Wir kamen zu dem Dorf mit der Brücke über den Fluß. Mein Nachbar bog von der Hauptstraße, die durchs Tal führte, ab und lenkte sein großes Auto sanft über die schmale, mit einem Geländer versehene Brücke.

Er sagte: »Diese Straße nehme ich oft. Hier gibt es ein paar schöne kleine Stückchen.« Er war voll Besitzerstolz und Feiertagsstimmung zugleich, feierte Tal und Fluß, wie ich es in meinen ersten Jahren getan hatte. Für mich jedoch hatten die Jahre begonnen, sich zu überlagern, die Jahreszeiten kehrten immer wieder. Für ihn nicht. Doch er war ein älterer Mann und hier tief verwurzelt. Vielleicht hatte sein tiefes Wissen, das noch zu seinem Besitzerstolz, dem Eigentum des großen Hauses hinzukam, ihm diese besondere, beinahe ehrerbietige Sicht eingegeben.

Die Brücke war die einzige, die im Tal über den Fluß führte. Sicher befanden sich Brücke und Dorf an alten Stätten; und obwohl es hier keine Hügelgräber und Tumuli gab und die Gebäude des Dorfes zum größten Teil aus diesem Jahrhundert stammten, hatte man doch ein Gefühl von Vergangenheit, nicht von Tempeln oder Geheimnissen, sondern von menschlicher Besiedlung, Landwirtschaft, Feldern oder Weiden, die es hier innerhalb der Begrenzung durch die Flußwiesen schon seit Jahrhunderten gab.

Dieses Gefühl war besonders bei dem großen Feld spürbar, an dem wir nun entlangfuhren. Ich hatte dieses Feld nie gepflügt gesehen. Seine Hecke zur Straße fiel durch riesige Eichen auf, dicke, gerade Stämme in breiten und gleichmäßigen Abständen. Diese Eichen (die man aus der Hecke hatte herauswachsen lassen) sahen aus, als ob sie vor über hundert Jahren gepflanzt worden waren (und mit welcher Sicherheit, welcher Überzeugung, daß diese Ecke der Welt so fortbestehen würde, wie sie war, als Hecke und Eichen gepflanzt wurden).

In meinem zweiten oder dritten Jahr im Tal war in einem Winter mit schweren Überschwemmungen, als der Fluß an vielen Stellen über die Ufer getreten war und überall im Tal neue, rasch dahinfließende, geräuschvolle Wasserläufe durch die Flußwiesen gegraben hatte, das ganze Feld mit den großartigen Eichen auf der Grenze überschwemmt worden und hatte, je nachdem wie das Licht fiel, den Eindruck eines großen weißen Sees erweckt; und die Schwäne und Teichhühner und Bläßhühner und die kleineren Wildenten und andere Wasservögel hatten den vertrauten Flußlauf verlassen und waren – so lange es den See gab – über dieses Feld gepaddelt, als seien sie froh, einen großen neuen Futterplatz zu finden, und auch erregt, an einem Ort auf dem Wasser zu sein, wo normalerweise nur Land war. Das Hochwasser ließ, als es nach ein paar Tagen abfloß, das Feld aufgeweicht und rissig aussehend zurück. Im Gras hatten sich schwarze Schlammhäufchen verfangen, als habe die Bewegung des Wassers das Gras in die falsche Richtung gedrängt. Seitdem wartete ich jeden Winter, wenn das schwarz-gelbe Hinweisschild der Stadtverwaltung HOCHWASSER neben der Straße aufgestellt wurde, darauf, daß dieses Schauspiel sich wiederholte.

Die Straße führte über ein Gesims in einer Kurve am Hügel entlang. Der Fluß lag rechts, mal näher, mal weiter entfernt, mal beinahe auf einer Höhe mit der Straße, mal ein Stück darunter. Ein schmaler Fluß, der sich durch ein breites Tal wand – er bot viele verschiedene Ansichten. Diese Fahrt war ganz anders als die Fahrt auf dem anderen Ufer; es hätte ein anderer Fluß sein können.

Die Straße wand sich steil hoch; der Fluß blieb zurück, Felder trennten ihn von der Straße. Dann kam ein buschiger, von Gestrüpp überwucherter Weg, der quer durch die Felder zum saftigen, üppigen Grün des Flusses hinunterführte.

Mein Nachbar sagte: »Hier bin ich immer Fahrrad gefahren, als ich ein Junge war. Ich bin sehr gern auf den Hügel gefahren, um dann diesen Weg runterzurollen. Er endet in einer Fußgängerbrücke über den Fluß.«

Als er ein Junge war: vor fünfundvierzig Jahren vielleicht, in den dreißiger Jahren, als der Krieg aufzog. Stille Straßen, ein beinahe leerer Himmel; kein ständiges militärisches Gedröhne wie jetzt, kein Anzeichen von den aufeinander folgenden Kondensstreifen der Passagierflugzeuge einige Meilen nach Westen und meilenhoch. Die Kondensstreifen verschwanden gewöhnlich wie Kreidespuren, doch bei außergewöhnlichen Witterungsbedingungen verdichteten sie sich und bildeten von einem Ende des Horizonts bis zum anderen einen dicken weißen Wolkenbogen, der deutlich die Krümmung der Erde zeigte.

Mein Nachbar wies mit dem Kopf auf die zwei heruntergekommenen Häuschen aus rotem Ziegelstein, die am Weg lagen. Es waren die einzigen Gebäude dort.

Er sagte: »Oft denke ich, es wäre schön, da zu wohnen. Früher, als es noch mehr Schafe gab, haben Hirten dort gewohnt.«

Zum ersten Mal sah ich die Häuschen, in die ich ziehen sollte, als ich mein Häuschen auf dem Anwesen des Herrensitzes verließ. Aber als ich über die Häuschen verhandelte, erinnerte ich mich nicht daran, daß ich sie in Begleitung meines neuen Nachbarn gesehen hatte, daß er sie mir gezeigt hatte. Damals schenkte ich den Häuschen wenig Aufmerksamkeit. Ich interessierte mich mehr für meinen Nachbarn, sah in seinem Wunsch, in zwei Landarbeiterhäuschen zu wohnen, ein weiteres Zeichen seiner »Unbeugsamkeit«, ein weiteres Zeichen der Weichheit, die darauf schließen ließ, daß er noch andere Kräfte in Reserve hatte.

Ich erinnerte mich an die Fahrt und die Häuschen erst sehr viel später, nachdem ich umgezogen war und an dem Weg wohnte.

Eines Samstagnachmittags kam ein Auto den Weg herunter. Es raste an den Häuschen vorbei und fuhr dann mühsam (der Weg hinter den Häuschen war sehr schmal, kaum breit genug für ein Auto) rückwärts in meine Einfahrt und blieb dort stehen. Das Auto wurde von einem jungen Mann gefahren; sein Fahrgast war eine sehr alte Frau.

Die alte Frau stieg aus und ging den Weg hinunter, an den Häuschen vorbei, dann wieder zurück. Sie spähte durch die Hekke. Der junge Mann erklärte: Seine Großmutter besuche alte Stätten ihres Lebens, und sie suche das Häuschen, in dem sie als Kind zu Besuch bei ihrem Großvater, dem Hirten, gewesen war. Sie erinnerte sich an einen Weg, der sich zu einem Fußpfad und dann zu einer Fußgängerbrücke über den Fluß verengte; den Weg war sie morgens immer gegangen, um von der Farm auf der anderen Seite des Flusses Milch zu holen. Der Weg schien der richtige zu sein, sagte der junge Mann; doch das Häuschen ihres Großvaters erkannte seine Großmutter nicht wieder.

Und ich war schrecklich verlegen. Verlegen, weil ich mit den Häuschen gemacht hatte, was ich gemacht hatte, all die Dinge, die die alte Dame in die Irre geführt hatten und sie sich fragen ließen, wo sie war: der neue Eingang und die Auffahrt; der Umbau der Rückseite der Häuschen, wie die alte Dame sie in Erinnerung hatte, zur Vorderseite des renovierten Hauses; der Ausbau des Hauses, der die Hälfte von dem Gebäude, in dem ihr Großvater gewohnt hatte, hatte verschwinden lassen; der von einem Landschaftsgärtner gestaltete Garten, der den Küchengarten mit Obst und Gemüse ersetzt hatte, an den die alte Dame sich wahrscheinlich erinnerte. (Doch sicher gab es auch den nicht brennbaren Haushaltsmüll von Jahren, von dem ich noch einen Teil geerbt hatte, weil er die Heckenwälle stützte, und der Garten, mit Gestrüpp überwuchert, als ich ihn übernahm, hatte sicher schon viele Veränderungen, viele Zyklen erlebt.)

Verlegen in Gegenwart der alten Dame, weil ich gemacht hatte, was ich gemacht hatte, weil ich war, was ich war, ein Eindringling, nicht aus einem anderen Dorf oder Land, sondern aus einer anderen Hemisphäre; verlegen, weil ich für die alte Dame die Vergangenheit zerstört oder verdorben hatte, die für mich an anderen Orten zerstört worden war, auf meiner alten Insel und selbst hier, im Tal meines zweiten Lebens, in meinem Häuschen auf dem herrschaftlichen Anwesen, wo der Ort, der mich begeistert und willkommen geheißen und zu neuem Leben erweckt hatte, sich immer mehr verändert hatte, bis es Zeit für mich gewesen war, wegzugehen.

Und erst als die alte Dame (mit ihren siebzig Jahre alten Erinnerungen) zu meinem neuen Haus kam, erinnerte ich mich an die Fahrt und den Umweg mit meinem neuen Nachbarn; wie er von den Menschen und der Schönheit der verschiedenen »Stückchen« geredet und mir die Häuschen an dem Weg gezeigt hatte, die damals im großen und ganzen noch die Häuschen waren, die die alte Dame als Kind gekannt hatte, doch die sie, als sie sie besuchen wollte, endgültig auf immer und ewig verloren hatte.

Der Krankenwagen kam nicht für Mrs. Phillips; nicht für meinen Vermieter. Er kam für Mr. Phillips. Er brach eines Tages im Herrenhaus zusammen und starb, ehe der Krankenwagen kam.

Und auf der Stelle begriff man – selbst ich in meinem Häuschen –, wie sehr das Herrenhaus sich auf ihn verließ, seine Energie, seine Kraft, sein fürsorgliches Verhalten. Er war ein Beschützer, seinem Instinkt und seiner Ausbildung nach; er weckte bei Menschen, die er anzog, Schwäche, Schutzbedürftigkeit; eine Beziehung zwischen Gleichen war ihm nicht möglich, hätte er nicht verstanden. Menschen gegenüber, die ihn nicht brauchten, zeigte er sich nur von seiner mürrischen, gereizten Seite, tat sie auf diese Weise ab.

Als ich in mein Häuschen zog und Mr. Phillips in der alles akzeptierenden Stimmung des Fremden meinem Katalog von englischen »Typen« im Geiste hinzufügte und ihn als typisches Beispiel für einen Landhausdiener sah, war er in Wirklichkeit gerade erst eingezogen, beinahe genauso ein Neuankömmling wie ich, war er sich der Stellung und seiner Reaktion auf die nahezu vollständige Einsamkeit des Herrensitzes noch nicht sicher und kannte meinen Vermieter kaum.

Er war in die Stellung hineingewachsen und hatte sie sich zu eigen gemacht; und über die Jahre hatte er Achtung für meinen Vermieter entwickelt, für die Weichheit, die Verwundbarkeit, den Stolz, die Halsstarrigkeit, all die Dinge, die meinen Vermieter zu einem ungeselligen Menschen machten und bei denen man hätte annehmen können, daß sie einen Mann wie Mr. Phillips ungeduldig machten. Doch besonders für die künstlerische Seite meines Vermieters hatte er Achtung entwickelt. Obwohl er politisch genauso hitzköpfig wie Bray war und gern die »schlagkräftigen« Vereinfachungen der Boulevardzeitungen annahm, spottete Mr. Phillips über die künstlerische Seite meines Vermieters genausowenig wie Bray. Bray hatte mir eines Tages, als wolle er mir den Schlüssel zum Charakter meines Vermieters anbieten, mit der unbeholfenen Geste eines Mannes, der den Umgang mit Büchern nicht gewöhnt ist, die illustrierte Verserzählung gegeben, die mein Vermieter in den zwanziger Jahren veröffentlicht hatte. Für diese beiden zähen, praktisch orientierten Männer, die mit höchster Wahrscheinlichkeit »moderne« Kunst haßten, war es außerordentlich: diese Vorstellung vom Künstler oder Menschen mit künstlerischer Veranlagung als ungeselligem Menschen. Vielleicht führte diese Vorstellung – wie beispielsweise auch die vom verrückten Wissenschaftler, der direkt von der überlieferten Figur des besessenen und sündigen Alchimisten herstammte – vom Künstler, vom Menschen, der die Welt neu erschaffen wollte, direkt zurück zu der Zeit, als alle Kunst oder Gelehrtheit religiös, Ausdruck des Göttlichen, dem Göttlichen untertan war.

Ich profitierte von dieser Achtung Mr. Phillips' für die künstlerische Seite meines Vermieters. Diese Achtung wurde nämlich auf mich übertragen. Sie war Teil der Sicherheit meines zweiten Lebens im Tal, einer der Zufälle, die dieses Leben überhaupt ermöglichten. Und nun war diese Sicherheit urplötzlich weg.

Mrs. Phillips beschloß, daß nun auch Mr. Phillips' Tod meinem Vermieter verheimlicht werden sollte, so wie Mr. Phillips ihm Alans Tod verheimlicht hatte. Sie glaubte nicht, daß er die Nachricht ruhig hinnehmen würde; und sie fürchtete, sie würde nicht mit meinem Vermieter fertig werden, wenn sein Benehmen irgendwie auffällig werden sollte. Und so trat Mrs. Phillips, wenn sie sich auch wegen ihrer Nerven eine Weile zurückgezogen hatte, nun noch einmal hervor und versuchte, die Verantwortung zu übernehmen: Mrs. Phillips mit den dünnen blauen Adern in der dunklen, zarten, faltigen Haut unter den Augen und den vorstehenden Adern an den Schläfen und unter ihrem dünnen Haar, die von Belastung und Schmerz zeugten.

Sie gewöhnte sich an, mich anzurufen; und am Telefon erzählte sie nun weitschweifig immer wieder das gleiche. Sie erzählte mir immer wieder, daß Mr. Phillips ihr zweiter Mann war und daß die Trauer um Mr. Phillips, obwohl sie sein Andenken nicht herabsetzen und nicht haben wollte, daß jemand glaube, sie liebe ihn weniger, doch eine Wiederholung sei, wie eine Fortsetzung des Kummers um ihren ersten Mann; daß der Kummer, den sie um ihn, Mr. Phillips, gefühlt habe, außerdem von all den Dingen überlagert worden sei, die sie nach seinem Zusammenbruch habe tun müssen, und all der Mühe, die Nachricht vor meinem Vermieter zu verheimlichen.

Sie erzählte immer wieder das gleiche. Doch eigentlich berichtete sie über eine kontinuierliche Entdeckung ihrer selbst und die Entwicklung ihres Kummers. Der Kummer hatte so etwas wie ein Eigenleben. Vielleicht sagte sie auch – vielleicht nur zu sich selbst –, daß sie vorhabe, im Herrenhaus zu bleiben und zu versuchen, die Arbeit zu tun, die sie und Mr. Phillips gemeinsam getan hatten.

Und erst als sich meine Reaktion auf das Ereignis und Mrs. Phillips' Telefongespräche schon mehrere Stufen weiterentwikkelt hatte, erkannte ich, daß plötzlich eine neue Unsicherheit in Mrs. Phillips' Leben gekommen war. Ich war erschrocken gewesen, als ich erfuhr, daß die Phillips' keine Zukunftspläne hatten, nichts beiseite gelegt hatten. Dann hatte ich sie um ihre Abenteuerlust beneidet, ihre Bereitwilligkeit, weiterzuziehen, sich an einem anderen Ort einzurichten. Natürlich konnten sie so abenteuerlustig sein, weil sie nie daran zweifelten, daß es immer irgendeine neue Stellung für sie geben würde – und man konnte sagen, daß diese Erwartung an sich eine Art Sicherheit war.

Ich glaube nicht, daß sie auch nur in Erwägung gezogen hatten, je in Ruhestand zu gehen. Sie wußten sehr wohl, daß sie eine altmodische Arbeit angenommen hatten, aber sie sahen sie als eine

Art Rückzug, und sie hatten sich wahrscheinlich vorgestellt, daß sie so weitermachen würden, bis sie alt waren. Nun war der aktive Partner aus dem Leben gerissen, und Mrs. Phillips' Aussichten, wenn sie das Herrenhaus verließ, schienen mir besorgniserregend zu sein.

Zweifelsohne übertrieb ich. Weder kannte ich die Freunde der Phillips', noch wußte ich, wie sie lebten oder sich miteinander vergnügten. Insbesondere wußte ich nichts über ihre Arbeit, ihre Arbeitswelt und was sie als Arbeiter zum Ausgleich anstrebten, um ihren Stolz zu bewahren. Ich erinnerte mich nur, wie Mrs. Phillips aufgrund ihrer eigenen Sicherheit im Herrenhaus bereit gewesen war, Pitton vertreiben zu lassen; wie verloren Pitton gewesen war, als er gehen mußte, wie passiv er geworden war und sich aus einer unausgesprochenen Furcht vor einem Arbeitgeber weigerte, Arbeit zu suchen.

Doch was für Mrs. Phillips' Kummer galt, traf überhaupt nicht auf den Kummer des alten Mr. Phillips zu. Er war mit dem Tod von Vater, Mutter, Schwester, Frau fertig geworden. Der Tod seines Vetters 1911 hatte ihn – wie er mir mehr als einmal erzählt hatte – auf all diese Todesfälle vorbereitet. Nun hatte er zu seiner großen Überraschung, als er schon über siebzig und dem Ende seines Lebens nahe war, im unerwarteten Tod seines Sohnes einen Kummer gefunden, der jeden früheren Kummer übertraf. Es habe ihm das Herz gebrochen, erzählte Mrs. Phillips mir. Das Anwesen des Herrensitzes, das ihm solches Vergnügen bereitet hatte, nachdem Pitton weg war – er konnte es nicht mehr ertragen, sich dort aufzuhalten. Und er kam nicht mehr, um im Gemüsegarten zu arbeiten oder, bekleidet mit einem Anzug oder einer Kombination in den Pastelltönen, die er mochte, mit seinem gegabelten Stock spazierenzugehen.

Es war, als sei auch er gestorben. Als habe er von diesem Tod – dem seines Sohnes – gesprochen, als wir die ersten Krähen über den Buchen des Herrensitzes hatten krächzen hören und flattern sehen.

Efeu war schön. Es durfte ungehindert an den Bäumen hinaufwachsen. Die Bäume starben schließlich und brachen zusammen, aber sie hatten viele Jahre lang Freude bereitet; und es gab andere Bäume, die man anschauen konnte, andere Bäume, die die Lebenszeit meines Vermieters überdauern würden. So war es auch mit Menschen gewesen. Sie waren da gewesen; wenn die Zeit kam, waren sie gegangen; und dann waren wieder andere Leute gekommen. Doch mit Mr. Phillips war das nicht so. Er war für meinen Vermieter zu wichtig gewesen. Aus seiner langen Acedia erwachend, hatte mein Vermieter das Mitgefühl und die Hochachtung von Mr. Phillips gefunden; und den Tod dieses starken fürsorglichen Mannes konnte man nicht länger als vierzehn Tage verheimlichen.

Mein Vermieter war erzürnt, als er es herausbekam, erzürnt, daß man ihn darin bestärkt hatte, von einem Menschen, der gestorben war, als Lebendem zu denken und zu reden. Er beklagte sich und machte Szenen. Er warf Gläser um, kippte volle Aschenbecher um, stieß Tabletts mit Essen vom Bett und versuchte in jeder Hinsicht, alles in Unordnung zu bringen. Kummer war nicht seine Sache, war zu erschreckend für ihn. Er konnte nur Groll zum Ausdruck bringen, und sein Groll konzentrierte sich auf Mrs. Phillips.

Sie hielt das für ungerecht. Was sie getan hatte, erzählte sie mir am Telefon, habe sie um seinetwillen getan. Sie hielt es für egoistisch: Seine Wutanfälle waren rücksichtslos gegenüber ihren Gefühlen über den Tod ihres Mannes. Und sie hielt es für kindisch. Sie sagte: »Nichts, was er macht, kann Stan zurückbringen.«

Anfangs war sie voller Hochachtung für den Herrensitz und seinen Besitzer gewesen. Für die künstlerische Seite meines Vermieters, die wie eine Fortsetzung seiner Privilegien war, zeigte sie entsprechende Verehrung. Vor den kleinen Geschenken, die sie mir von meinem Vermieter gebracht hatte – ein Gedicht in Versen oder Prosa, eine Zeichnung, einen erlesenen kleinen Korb, einen Fächer aus Sandelholz, ein paar indische Räucherstäbchen –

empfand sie so etwas wie heilige Scheu. Manchmal hatte sie in jener ersten Zeit sogar (vielleicht unaufgefordert) die Prosagedichte oder -stücke getippt, und das Tippen hatte sie über ihre Arbeit als Haushälterin gehoben. Was sie tippte, war ihr vielleicht nicht immer verständlich; aber das hatte das Geheimnis und die Schönheit für sie nur vergrößert.

Die Verehrung für die künstlerische Seite meines Vermieters hatte sie Mr. Phillips vermittelt. Doch während bei Mr. Phillips die Verehrung zugenommen hatte, war sie bei Mrs. Phillips geringer geworden. Sie ging mit allem nüchterner um. Je mehr Sicherheit sie auf dem Herrensitz erlangte, desto mehr verlor sie ihr ursprüngliches Gefühl heiliger Scheu, je mehr Sicherheit sie erlangte, desto mehr schaute sie nach innen, konzentrierte sich auf ihre Nerven und überließ sich (wie ihr Arbeitgeber) der Fürsorge ihres Mannes.

Nun, da ihr Mann nicht mehr da war, hatte sie ihre Sicherheit verloren. Die Arbeit im Herrenhaus, die so lange so leicht gewesen war, wurde plötzlich anstrengend; im Herrenhaus herrschten Spannungen. Und im Umgang mit meinem Vermieter verhielt sie sich nun wieder wie eine Krankenschwester. Doch ihr fehlte jetzt die stützende Kraft für dieses Verhalten. Der Mann sei kindisch, sagte sie; er verlange Aufmerksamkeit um der Aufmerksamkeit willen. Früher hätte sie gewußt, wie sie damit umzugehen hatte; jetzt nicht mehr. Die Arbeit begann, sie zu verschleißen.

Das Gemüsebeet in dem ummauerten Garten wurde aufgegeben. Aber immer noch kamen einige der fremden Männer auf das Anwesen, die Mr. Phillips geholt hatte, um Gelegenheitsarbeiten zu verrichten. Solange Mr. Phillips noch lebte, hatten diese Männer wie Leute, die keine Aufmerksamkeit erregen wollten, sich beeilt und schnell bewegt, hatten ihre Arbeit getan und waren wieder gegangen. Doch nun gab es keine Autorität mehr; und das Verhalten dieser Männer änderte sich. Sie gingen langsamer, sie gingen an den Fenstern meines Häuschens vorbei, sie redeten laut.

Als ich eines Nachmittags von meinem Spaziergang am Fluß zurückkam, sah ich zwei Männer in dem überwucherten Garten. Sie hielten Hippen in der Hand. Sie standen bei dem alten Stapel zersägter Espenstämme. Ein Mann war klein, viel kleiner als Alan (der sich solche Sorgen wegen seiner Größe gemacht hatte). Dieser Mann hatte ein verschlagenes, gefährliches Gesicht; in seinen Augen war ein Ausdruck, der mir das Gefühl gab, er sei erwischt worden und nehme es übel. Der andere Mann war größer, wenn auch nicht viel, mit dunklen Haaren und dunkler Haut um die Augen.

Der größere Mann sagte, ohne gefragt zu werden: »Wir bringen die morschen Stämme weg. Margaret weiß Bescheid. Sie hat es erlaubt.« Margaret war Mrs. Phillips.

Ich hatte es mir zur Regel gemacht, mich nicht einzumischen, wenn ich Leute auf dem Anwesen sah, nicht den Wächter zu spielen. Doch die Hippen und die tanzenden blauen Augen des kleinen Mannes beunruhigten mich.

Ich sagte zu dem Mann, der gesprochen hatte: »Wie heißen Sie?«

Er richtete sich auf. Er hielt beinahe die Hände an die Hosennaht. Er sagte: »Mr. Tomm. Mit zwei m. Deutsch.«

»Deutsch?«

»Ich bin Deutscher. Mr. Tomm.«

Stellte er sich immer so vor? War Deutscher zu sein (sein Akzent klang nach den Midlands) für ihn das Wichtigste? Hatte er das Gefühl, er müßte das so schnell wie möglich klären? Oder scherzte er?

Er sagte: »Mein Vater war ein Kriegsgefangener. Er arbeitete auf einer Farm in der Nähe von Oxford. Er blieb und heiratete die Tochter des alten Fuhrmanns. Vor fünf Jahren ist er gestorben. Meine Mutter ist letztes Weihnachten in Birmingham gestorben. Dort habe ich gewohnt. Aber ich habe meine Stelle verloren, und meine Frau hat mich verlassen. Deshalb bin ich hier.« Er machte eine Sensenbewegung mit der Hippe, als schneide er Gras. »Ich gärtnere gern. Das ist das einzige, was ich tun möchte. Das habe ich von meiner Mutter.«

Ich schaute den kleinen Mann an, um zu sehen, was er aus der Geschichte machte. Er, der Kleine, betrachtete mich gespannt. Seine kleinen Wangen bewegten sich krampfhaft; er würde nicht mit mir sprechen. Auf seinen zarten dünnen Unterarmen sah ich Tätowierungen in Grün, Rot und Blauschwarz. Diese farbigen Tätowierungen, mit modernen Werkzeugen ausgeführt, waren eine neue Mode, die sich ganz ohne Propaganda oder Reklame in der Gegend verbreitete; Bray hatte mir davon erzählt. Zumindest was die Tätowierungen anging, hielt der kleine Mann mit seinen größeren Kumpeln mit.

Der Sprecher sagte: »Ich habe gerade eine Pechsträhne.«

Ich ließ sie stehen. Direkt vor der buchsbaumgesäumten Einhegung, jetzt ganz verwildert, stand, nicht weit von meinem Häuschen, mit der Rückseite zum Eingang ein kleiner Lieferwagen. Nur für morsche Stämme? Ich hatte das Gefühl, daß andere Dinge - Gartenstatuen, Brunnen, Steintöpfe, sogar Gewächshaustüren - in Gefahr waren; daß diese beiden Männer eher Plünderer als richtige Diebe waren.

Mrs. Phillips wurde nachdenklich, als ich anrief. Doch sie kannte den Namen des Deutschen. »Er hat immer für Stan gearbeitet. Er ist ein Deutscher, wissen Sie.«

Nur ein paar Tage später kam der Lieferwagen wieder. Der Deutsche stieg aus und mit ihm ein größerer, dicker, unrasierter Mann mit rötlichem Haar, das ihm bis auf die Schultern reichte. Der Dicke trug ausgestellte Jeans und hielt in der Hand einen zusammengerollten leeren Nylonsack, fast in der gleichen Farbe wie sein Haar. Der Dicke schaute mich nicht an, tat, als sei ich nicht da. Seine Augen waren klein und anderweitig in Anspruch genommen; seine Unterlippe war dick und rot und naß.

Der Deutsche sagte: »Das ist mein Bruder. Er hat keine Bleibe. Letzte Woche hat er im Haus einer alten Dame einen Job mit Unterkunft bekommen. Der Rechtspfleger hat das arrangiert. Aber sie wollten ihn als Diener. Die alte Dame klingelte immer morgens um fünf nach Tee. Er hat gerade eine Pechsträhne.«

Zur Zeit Pittons waren die bekannten und halb geduldeten Eindringlinge in den Gärten und den Flußwiesen Herren aus dem Ort, die samstagsnachmittags ein wenig schießen wollten. Nun gab es keinen Pitton mehr; seine Zeit und seine Ordnung schienen so entrückt und unerreichbar wie die ursprüngliche Pracht des Gartens, als ich gerade eingezogen war und zwischen den Relikten dieser Pracht nur Pitton vorfand. Nun gab es auch keinen Mr. Phillips mehr, weder den alten noch den jungen. Und die Leute, die nun in dem, was vom Garten übergeblieben war, arbeiteten, waren Marodeure, Vandalen.

Genau die Art Leute, die in der Blütezeit des Herrensitzes als Zimmerleute, Steinmetze, Maurer ihr Bestes gegeben, Vorstellungen von Schönheit und Kunstfertigkeit gehabt und Anerkennung ihrer Geschicklichkeit und ihres Handwerks und ihrer Mühe gesucht hätten, genau die Art Leute schienen jetzt, weil sie das Fehlen von Autorität und den Verfall einer Ordnung spürten, vom entgegengesetzten Instinkt erfüllt zu sein: den Verfall voranzutreiben, zu plündern, alles kaputtzumachen. Und man konnte nachvollziehen, wie eine antike römische Villa in dieser Provinz Britannien nach zwei oder drei Jahrhunderten plötzlich einfach, weil die Autorität schwand und nicht weil die arbeitende Bevölkerung verschwand, verfallen und die Geheimnisse des Bauens und der bescheidenen Technologie, so lange Zeit allgemein bekannt, verlorengingen.

Und Mrs. Phillips wußte nicht wirklich, was auf dem Anwesen um sie herum geschah. Sie hatte nicht die Fähigkeit, Menschen zu beurteilen, Gesichter zu beurteilen. Auf sich allein gestellt, wurde sie in einem fort von Menschen überrascht. Die im Lauf der Zeit aufgebaute, subjektive Kenntnis von Charakter und Physiognomie, die die meisten Menschen haben – und die ganz einfach mit der Assoziation von einer bestimmten Eigenschaft mit einem bestimmten Gesicht beginnt, beispielsweise der Assoziation von

Gier mit einem fetten Gesicht, um es auf den einfachsten Nenner zu bringen –, diese sonst vorhandene Kenntnis war ihr verwehrt.

Das gehörte zu ihrer Unzulänglichkeit, ihrem neuerlichen Unglücklichsein. Und das erwies sich wieder, als sie versuchte, Hilfe zu bekommen, Anzeigen für Frauen aufgab, die im Herrenhaus helfen sollten, und immer wieder überrascht war, daß sie Menschen wie sie selbst bekam, Frauen ohne Halt, unzulänglich, ohne die Fähigkeit, Menschen zu beurteilen, die ebensosehr einen emotionalen Zufluchtsort wie eine Stellung suchten, alleinstehende Frauen mit ihren wertvollen Sachen (die nur für sie irgendwelche Bedeutsamkeit hatten), aber ohne Männer oder Familien, Frauen, die aus verschiedenen Gründen aus einer Beziehung oder Lebensgemeinschaft gedrängt worden waren.

Wie ein Phantom erschien mir einmal mittags, als ich zur Bushaltestelle ging, die erste dieser Damen. Sie stand unter den Eiben, in leuchtendes Grün gekleidet; und auch das Gesicht, das sie mir zuwandte, hatte grüne und blaue und rote Tupfer, Grün war auf den Augenlidern. Die Farben auf dem Gesicht der alten Dame glichen den Farben einer Toulouse-Lautrec-Zeichnung, erweckten den Eindruck, als gehöre die Frau zu einem anderen Zeitalter. Grün war die Farbe des Absinth: Es erinnerte an Bilder anderer Künstler von einsamen Absinthtrinkern; es ließ mich an Bars denken. Und wahrscheinlich war irgendwo im Hintergrund dieser Dame eine Bar oder ein Hotel an der Südküste, ihr letzter Zufluchtsort, ihr vergangenes Leben.

Wie lange mußte sie gebraucht haben, um dieses grell geschminkte Gesicht zustande zu bekommen, das selbst an diesem Sommertag zur Mittagszeit glitzernd überpudert war! Wohin – und zu wem – ging sie an ihrem freien Tag? So entsetzlich kokett, so begierig zu gefallen, so instinktiv willfährig in der Anwesenheit eines Mannes – alles an ihr war durchs Alter karikiert, und die Karikatur wurde durch die ländliche Umgebung, die Eiben, die Buchen, die Landstraße noch mehr betont.

Was hatte Mrs. Phillips in dieser Frau gesehen? Wieso hatte sie gedacht, daß ihr im Gegensatz zu den anderen Bewerberinnen, die sie gehabt haben mußte, ausgerechnet diese Frau helfen würde, das Haus und meinen Vermieter zu versorgen?

Und bald folgten die Beschwerden. Bald stellte Mrs. Phillips, die sich über das »Personal« beschwerte, sich einmal mehr auf die Seite meines Vermieters, machte – beinahe so wie Mr. Phillips es getan hatte – gemeinsame Sache mit ihm gegen die rohe, verständnislose Welt.

»Er hat geklingelt und um ein Glas Sherry gebeten. Sie ist mit der Flasche in der einen und einem Glas in der anderen Hand zu ihm gegangen. Sah aus, als habe sie selbst einen Tropfen zuviel getrunken. Eine Flasche in der einen und ein Glas in der anderen Hand – ich bitte Sie. Das hat ihm ganz und gar nicht gefallen. ›Ein bißchen Förmlichkeit, Margaret‹, hat er zu mir gesagt. ›Ein bißchen Förmlichkeit, das ist alles, worum ich bitte. Ein Drink ist nicht einfach ein Drink. Er ist ein Ereignis.‹ Und ich glaube, er hat das Recht auf ein bißchen Förmlichkeit. Ich habe es ihr gesagt, wissen Sie. Bringen Sie ihm nichts ohne Tablett. Ich habe es ihr gesagt.«

Arme Dame in Grün! Kurz danach machte sie wieder etwas schrecklich falsch – ich glaube, Mrs. Phillips sagte, sie habe wieder eine Flasche und ein Glas ohne Tablett hinaufgebracht: Sie war zu alt zu lernen. Sie bestand die Probezeit nicht. Ich sah nicht, daß sie ging. Dieser flüchtige Eindruck von ihr, Grün (das leuchtende Grün ihres Kleides) im dunkelgrünen Schatten von Eiben und Buchen auf dem schwarzen Asphaltweg zur öffentlichen Straße und der Bushaltestelle, dieser flüchtige Eindruck von ihr in ihrem kurzen ländlichen Exil (so wirkte es jedenfalls) war das einzige, was ich von ihr zu sehen bekam.

Von ihren Nachfolgerinnen sah ich eine oder zwei. Viele sah ich nicht. Ich hörte bloß die sensationelleren Geschichten, hörte über sie durch Mrs. Phillips. Die Ankunft einer konsternierte alle: Ein großer Umzugswagen mit ihren »Sachen« fuhr im Hof des Herrenhauses vor. Keine hielt sich. Eine wollte nichts tun; eine wollte alles übernehmen und Anweisungen geben; eine stellte in einer Reihe Zimmer die Möbel um. Vielleicht war unter ihnen eine, die es sehr gut gemacht hätte, aber aus genau dem Grund gehen mußte – Mrs. Phillips wollte keine Rivalin und mögliche Nachfolgerin ausbilden oder heranziehen.

Die ganzen Umstände mit »Hilfe« oder »Personal« wurden zuviel; gemeinsame Küche und Unterkunft wurde zuviel. Es wurde beschlossen, daß Leute von draußen eine getrennte Unterkunft bekommen sollten. Ein oder zwei der geschlossenen Räume des Herrenhauses wurden geöffnet. Ein Anstreicher erschien.

Ich hatte das Gefühl, daß meine Zeit in meinem Häuschen zu Ende ging, nun da Unterkünfte für neue Angestellte bereitgestellt wurden, die vielleicht nicht immer alleinstehende Frauen waren, sondern die eine Familie oder Freunde haben konnten, die alle das Privileg hätten, frei über das Anwesen zu streifen. Zufälle, eine ganze Reihe von Zufällen hatten mir in einer gefährdeten Situation Schutz geboten. Nun hörte dieser Schutz auf. Die Krähen, die gekrächzt und in den Buchen oben Nester gebaut hatten – vielleicht hatten sie auch dies angekündigt.

Der Anstreicher – er sah wie ein Bote oder Gewährsmann von Veränderung aus, war es aber nicht mehr als der alte Mr. Phillips, als er nach Pittons Weggang angefangen hatte, auf dem Anwesen zu arbeiten und herumzuspazieren – war ein kleiner, rundlicher Mann mit rosiger Haut oder sah zumindest in seiner weißen Latzhose sehr rosig aus.

Allmählich erkannte ich den Rhythmus seines Tages, das Tempo, das er sich bei seiner einsamen körperlichen Arbeit vorgab. Ab und zu ließ er für einen festgesetzten Zeitraum, fünfzehn Minuten am Morgen und am Nachmittag, eine Stunde am Mittag, seine Spachtel und Farbrollen und Tapezierbürsten und Farbkannen liegen und setzte sich ins Auto. Er breitete die Seite mit dem Rennsport übers Steuerrad, trank in der Morgen- und Nachmittagspause Tee mit Milch aus seiner Thermoskanne und aß in der Mittagspause belegte Brote. Er hatte keine Eile, seine Butterbrotdose zu öffnen, sondern gönnte sich erst noch einmal gut fünfzehn Minuten mit der Rennsportseite seiner Zeitung und aß dann, nachdem er das fettabweisende Papier um sein ordentliches Päckchen auseinandergefaltet hatte langsam, gleichmäßig und ohne Hast, aber auch ohne Genuß.

Anfangs parkte er den Wagen auf dem Weg direkt vor der Hintertür meines Häuschens. Als ich ihm, eher mit Gesten denn mit Worten, zeigte, was er getan hatte, fuhr er ohne ein Wort näher an den Hof des Herrenhauses heran, zu einer Stelle, wo sein Auto sowohl vor dem Herrenhaus als auch vor mir verborgen stand.

Sein Auto war wie seine Burg. Außerhalb des Autos war er auf der Arbeit, an einem fremden Ort; im Auto war er zu Hause. Er sah gelassen, selbstgenügsam aus. In der Brusttasche seiner Latzhose (über einem sehr dicken, handgestrickten blauen Pullover) hatte er eine leere, offene Zigarettenschachtel mit aufklappbarem Deckel. Das war sein Aschenbecher; die Bewegung, mit der er Asche in diese Schachtel schnippte, war geübt. Es war eindeutig eine alte Gewohnheit, ein altes Verfahren, gehörte zu seiner Ordentlichkeit als Anstreicher. Die Ordentlichkeit, die Konzentration, die er zum Streichen brauchte, die Art, wie er sein Gesicht manchmal dicht an die streichende Hand heranführte, die Stille, in der er neunzig Minuten hintereinander arbeitete, seine Einsamkeit, all dies machte ihn zu einer beunruhigenden Erscheinung, ließ ihn mehr verkörpern als seine Arbeit und sein Aussehen, die rosige Haut und die weiße Latzhose. Und als ich mich mit ihm zu unterhalten begann, fand ich heraus, daß er eine merkwürdige Stimme hatte: Sie war leise, monoton, kindlich, passiv.

Die Zigarettenschachtel als Aschenbecher nahm er sehr ernst. Ich sagte, die Idee gefalle mir. Er ging nicht über die Bemerkung hinweg oder machte einen Scherz darüber. Er sprach sehr ernst darüber. Er erzählte mir, wann ihm die Idee gekommen und wie es überhaupt dazu gekommen sei; die Leute machten immer eine Bemerkung darüber, sagte er.

Und als wir uns in den folgenden Tagen verschiedentlich unterhielten – er unterhielt sich immer gern: Seine Einsamkeit war wie etwas, das ihm auferlegt worden war, etwas, das er nicht ungern aufgab –, fand ich heraus, daß er alles, was mit ihm zu tun hatte, sehr ernst nahm, daß er sich selbst mit einer Art heiliger Scheu sah. Und noch etwas: Er schien sich, alle seine Gewohnheiten, seine Rituale wie aus der Distanz anzuschauen. Was er sah, erfüllte ihn mit Scheu: Er verstand nicht, was er sah.

Selbst dieses gelegentliche Sitzen im Auto – selbst das erstaunte ihn, denn dann nahm er auch seine Pillen. Er nahm seine Pillen und studierte die Rennsportseite, denn er träumte davon, ein professioneller Spieler, ein ernsthafter Spieler zu werden. Nicht wie ein Rentner auf Außenseiter zu setzen, sondern immer auf die Favoriten: Das war die einzige Möglichkeit, sich mit Wetten den Lebensunterhalt zu verdienen. Er brauchte seine Pillen; er nahm viermal am Tag zwei verschiedene Sorten. Ohne seine Pillen konnte er nichts tun; ohne seine Pillen ging er nirgendwohin. Die Pillen hielten ihn in Gang. Und die Pillen hatte er vor langer Zeit durch Mr. Phillips entdeckt. Das war die Verbindung zu Mrs. Phillips, obwohl er, wie er sagte, Margaret nicht so gut kannte.

Vor den Pillen war er in der Öffentlichkeit immer in Tränen ausgebrochen, ganz grundlos; er hatte einfach angefangen zu weinen. Er wußte nicht, warum. Es ging ihm gut, besser als vielen Leuten, die er kannte. Er hatte ein Haus, eine Frau, ein Auto. Erst begriffen die Leute auf seiner Arbeitsstelle nicht, daß er weinte; sie meinten, er sei bloß gegen Schutzlack oder die neuen synthetischen Lacke allergisch. Doch eines Tages überwältigten ihn die Tränen, und er mußte ins Krankenhaus.

Er kam auf eine Station, wo die Betten keine Laken, sondern bloß Matratzen und Decken hatten. Zwischen den Betten war sehr wenig Platz. Es gab einen Pfleger. Trotz seiner Tränen erkannte er, daß das merkwürdig war. Der Pfleger, Stan, Mr. Phillips gab ihm ein paar Pillen; und er schlief ein. Er hatte noch nie so tief und fest geschlafen; er wachte auf und fühlte sich so wohl, daß er Stan danach auf ewig dankbar war. So war er den Pillen verfallen.

Und Stan half ihm noch mehr. »Er war so gut zu mir. Eines Tages sagte er zu mir: ›Passen Sie auf, wenn Sie sich nicht zusammenreißen, lasse ich Sie als geistig behindert eintragen. Sie glauben vielleicht, daß Sie dann mehr Unterstützung vom Sozialamt bekommen, aber ich sage Ihnen: Da ist *nichts* für Sie drin. Es gibt keine Sonderzulage. Fragen Sie den Sozialarbeiter.‹ Und er hatte recht. Es war nichts drin für mich. Deshalb riß ich mich zusammen. Das ist sehr traurig mit Stan. Ich habe immer gedacht, daß ich, wenn ich mal richtig dick beim Pferderennen gewinnen würde, zu Stan gehen und ihm alles schenken würde. Alles. Einfach so.« Er machte eine Bewegung, als hebe er etwas hoch, als komme das Geld wie in einem Comicstrip in Münzen, die in Säcken abgepackt waren. »Ich habe gedacht, ich würde hingehen und sagen: ›Stan, das ist das Größte, was ich je getan habe. Ich möchte, daß du es nimmst, weil du so gut zu mir warst‹.«

Tränen stiegen ihm in die Augen, die jedoch ausdruckslos, starr blieben. Sein Gesicht änderte nicht die Farbe; seine Stimme verlor nie ihren kindlichen Ton.

»Jetzt habe ich alles verloren. Haus, Möbel, Frau. Aber da hörte auch das Weinen auf. Als ich meine Frau verließ. Als ich sie verließ, habe ich alle meine Sorgen zurückgelassen. Ich habe sie an einem Mittwoch mit dem Mann erwischt. Ich habe sie geschlagen. Bis zum Freitag hatten sie mich aus dem Haus raus.«

Das war die Geschichte, die er mir über viele Tage hinweg erzählte, und er sparte dieses Detail bis zum Schluß auf. Und selbst bei diesem Detail war vieles ausgelassen worden. Sicher war beispielsweise dieser Entdeckung am Mittwoch vieles vorausgegangen. Aber so sah er das Ereignis; das hatte ihm zugesetzt.

Er saß in seinem Auto, schnippte Asche in die Zigarettenschachtel in der Brusttasche seiner Latzhose und stieß einen trokkenen Schluchzer aus, wie ein kleiner Krampf.

Er sagte: »Nicht wegen ihr. Es ist wegen Stan.«

Das Wetter war kühl, Sommerende, Frühherbst. Gutes Wetter für den Außenanstrich, sagte der Anstreicher: Die Farbe habe eine bessere Konsistenz, die mit Farbe gesättigte Bürste lasse sich leichter führen. Das war eine der wenigen gescheiten Erkenntnisse – eine Erkenntnis, die nichts mit ihm persönlich zu tun hatte –, die er hatte. Doch die Luft, die gut für die Bürste des Anstreichers war, war auch voll spätsommerlichen Staubs und verschiedener Ausdünstungen.

Als ich eines Nachmittags spazierenging, direkt hinter Jacks ehemaligem Garten, zwischen dem Abfall des Wirtschaftshofs, Schrott und Bauholz und Stacheldraht, die Buchen auf der einen Seite des Wegs und die tiefe Kreidegrube zur Müllverbrennung auf der anderen (die Zweige der nun großen Silberbirken waren vor rund einem Monat von einem zu üppig gespeisten Feuer versengt worden), bekam ich einen Erstickungsanfall.

Ich ging um den alten Wirtschaftshof herum und weiter auf dem Triftweg, so tief durch den Mund atmend, wie ich konnte, um das beengende Gefühl loszuwerden.

Zur Rechten war der breite niedrige Abhang, wo mich früher das schwarz-weiße Vieh, besonders, wenn ich es gegen den Himmel sah, an die Büchsenmilchetiketten erinnert hatte, wie wir sie als Kinder in Trinidad gekannt hatten; mich besonders an einen Malwettbewerb für Schüler erinnert hatte, zu dem die Büchsenmilchfirma einmal aufgerufen hatte. Die schemenhafte Zeichnung oder Skizze, die ausgemalt werden sollte, war eine vergrößerte Version des Etiketts. Was für eine Freude, so viel Skizzenblätter zu bekommen, wie man wollte! Was für Landschaften stellte sich ein Kind vor, das Vieh und glatte Grashügel wie auf dem Bild (eindeutig ohne Schlangen) nicht kannte!

Wenn auf diesem Spazierweg die Sonne schien und besonders, wenn sich oben auf dem Abhang ein paar Kühe gegen den Himmel abhoben, hatte ich in einem Winkel meiner Phantasie immer das Gefühl, eine winzige, ferne Sehnsucht – so fern wie eine flimmernde, beinahe vergessene Kinoerinnerung aus der frühen

Kindheit – sei befriedigt worden und ich befinde mich im Original des Büchsenmilchetiketts.

Zur Linken, auf der anderen Seite des breiten, mit hohem Gras bewachsenen Triftwegs war ein Stück Weide, das jetzt hinter Stacheldraht lag. Über die ganze Länge dieser Weide zog sich eine Kiefernschonung, die Kiefern waren mittlerweile ausgewachsen. Das Kiefernholz hatte dunkel und dick ausgesehen, bis eines Tages das Stoppelfeld dahinter angezündet worden und der dünne Schirm der dunklen Kiefernstämme gegen das Feuer zu erkennen war. Es dröhnte wie ein Wasserfall im Dschungel, den ich einmal gehört hatte, und gab mir die Vorstellung, daß alle Materie eins sei und jeglicher Aufruhr, ob von Feuer oder Wasser oder Luft, gleich. So wie die Schießstände hinter Stonehenge durch ihr Geknalle nahelegten, daß Luft durchlöchert werden könnte, und so wie die Militärflugzeuge, die jedes Jahr mehr Himmel und Luft zerstörten, mittlerweile wie riesige Eisenbahnen tönten, die auf dröhnenden Eisenschienen über den Himmel kreisten: eine Verstärkung des Eisenbahngeräuschs, das für mich, als ich es 1950 hinter der hohen Ziegelsteinmauer am Ende des Gartens in Earls Court hörte, früh am Morgen und spät am Abend hörte, das ganze Drama und die ganze Verheißung des großstädtischen Lebens zu enthalten schien, um dessentwillen ich die Reise unternommen hatte.

Zwischen dem Abhang mit dem Vieh und dem Schirm aus Kiefern verschwand das beengende Gefühl in meiner Brust so plötzlich, wie es gekommen war. Ich ging bis zum Ende der eingezäunten Weide und der Wand aus Kiefern; bis dahin, wo vor Jahren in einer Senke zwischen Abhängen die großen Heurollen aufgestapelt und nie benutzt und nie abgeholt worden waren. Diese Rollen waren nun zu schwarz, an manchen Stellen zu moosgrün, völliger Fäulnis zu nahe, als daß man sie für riesige Biskuitrollen hätte halten können; zu schwarz, als daß man sie für größere Zeitungspapierrollen für die Zeitungsrotation hätte halten können. Waldstreu, Abfall, das Gras, das jetzt schwarz war, aber doch zur

Aussicht gehörte wie das lange flache Tal dahinter, das offen, nie gepflügt, mit Kreidestückchen und Flintsteinen übersät war, so daß es aussah wie ein Tal in einer höher gelegenen, wilderen Gegend, übersät mit schmutzigen Klümpchen alten Schnees. Dahinter stieg auf dem Triftweg das Land sanft zu den Lerchenhügeln an, den Hügelgräbern und Tumuli mit ihren groben Grasbüscheln und verkrüppelten, windzerzausten Bäumen.

Ich kannte den Weg auswendig, wie ein Musikstück. Ich ging nicht bis oben auf den Hügel. Das war nicht nötig. Ich wußte, was ich in diesem Licht von dort sehen würde. Ich kehrte um; alle Aussichten des Spazierwegs boten sich erneut dar.

Später an dem Abend, in meinem Häuschen, wiederholte sich der Erstickungsanfall noch einmal. Ich spürte, wie meine Bronchien sich zusammenzogen und anspannten. Ich wartete, daß der Anfall vorüberging. Doch er ging nicht vorüber; alles verspannte sich, wurde davon ergriffen. Innerhalb weniger Stunden war ich schwer krank, aber merkwürdig benommen. Und in dieser benommenen Stimmung – wobei ich aber alles mit großer Klarheit sah, mit Überraschung und Freude den ungewöhnlichen Anblick des Tals durch die dunklen Fenster des Krankenwagens wahrnahm – wurde ich zum Hospital in der Stadt gebracht.

Ich kannte das Gebäude seit Jahren und wußte, daß es das Hospital, das Krankenhaus war, hatte aber trotz des Kommens und Gehens auf dem asphaltierten Vorplatz nie darüber nachgedacht. Ich hatte es nur als Gebäude wahrgenommen. Ich hatte die Überreste des Backsteingebäudes aus dem achtzehnten Jahrhundert gesehen (nachdem ich gelernt hatte, das Alter im roten oder rötlichen Backstein zu erkennen, den ich 1950 sehr gewöhnlich gefunden hatte, Baumaterial für kleine Häuser). Ich hatte die eleganten Buchstaben der Inschrift gesehen, die in einen Querstein ganz oben in der schmucklosen Fassade eingemeißelt war. Die Inschrift gab das Gründungsdatum des Hospitals, 1767, an und tat kund, daß es eine freiwillige Organisation war.

Das Hospital lag an der Straße zum Bahnhof. Es lag hinter der

Brücke: Hier trafen die Flüsse der Kreidetäler rundherum zusammen und flossen gemeinsam weiter. Das Wasser war immer klar und ließ den mitschwimmenden Abfall hier und da außergewöhnlich strahlend aussehen. Es schien (wie Fotos oder Briefbeschwerer aus Glas) die Kraft zu haben, alltägliche oder wohlbekannte Gegenstände zu isolieren und ihre Details dem Auge aufzuzwingen.

Vor zehn Jahren war aufgrund einer Krankheit meine Entdekkung des Frühlings im Garten des Herrenhauses ein erhebendes Erlebnis gewesen, hatte eine besondere Qualität bekommen. Die Krankheit damals - durch geistige Erschöpfung und Reisen hervorgerufen - war für mich, obwohl sie viele Woche lang gedauert hatte, wie die vorübergehenden tropischen »Fieber« meiner Kindheit gewesen; Fieber, die zur Regenzeit gehörten, Fieber, die meiner Meinung nach einen zu raschen Verlauf nahmen und nach denen ich mich sehnte. Diese Fieber der Kindheit waren mir willkommen gewesen, weil sie mit ihrer großen entspannenden inneren Wärme den Tastsinn und den Gehörsinn angenehm verzerrten, die Welt weit wegrückten und dann nah heranholten, das Zeitgefühl überlisteten, mich zu vielen verschiedenen Zeiten zum selben Ereignis zu wecken schienen. Und weil sie so dramatisch und immer wieder neu waren (und es besondere Speisen und Suppen gab), vermittelten Fieber einem immer das Gefühl, zu Hause und beschützt zu sein.

In einem Fieber dieser Art (und mit all dem Schutz und Wohlgefühl, das es zum ersten Mal in England für mich beinhaltete) hatte ich die Päonie unter meinem Fenster gesehen (in meinem Fieberwahn - ich war halb im Delirium - war die geschlossene rote Knospe auf dem Stengel gewachsen und hatte im Wind an mein Fenster geklopft) und die einzelne blaue Iris zwischen den Nesseln und die dornigen, duftenden Moosröschen und die verfaulenden Brücken über die schwarzen Bäche, die sich in der Pracht des Flusses »auffrischten«.

Jetzt war es eine richtige Krankheit, mehr als eine vorübergehende Unpäßlichkeit, eine Erschöpfung, die über den Körper hinaus bis zum Herz und Motor meines Seins vorgedrungen zu sein schien, eine Erschöpfung, die mir erst abverlangte, sehr sorgfältig abzuschätzen, wie viele Minuten ich auf sein und dann wieviele hundert Meter ich gehen konnte, ohne meine Kraft aufzuzehren und wieder krank zu werden. Noch krank begann ich, als ich aus dem Hospital zurückkam, nach einer Weile kurze Ausflüge in den aufgeweichten, zerstörten Garten des Herrenhauses zu machen. Lange Jahre, nachdem ich nach England gekommen war, war ich dem Winter gegenüber unempfindlich gewesen, hatte nie das Bedürfnis nach einem Mantel oder Handschuhen oder selbst einem Pullover gespürt, doch jetzt hatte ich ein Gefühl innerer Kälte, wie ich es nie zuvor gehabt hatte; mir war kalt bis in die Lungen.

Gras und Unkraut waren hoch und naß, an den Wurzeln schwarz angefault. Früher hatte der Herbst seinen eigenen Zauber gehabt, wenn die Bäume und Büsche auf jeweils verschiedene Art und Weise, in verschiedenen Schattierungen »niederbrannten«, wenn die Pilze die Farbe und Form der abgefallenen toten Blätter nachahmten, zwischen denen sie wuchsen; wenn die abgestorbenen Espenblätter vom letzten Jahr wie Spitze oder tropische Fächerkorallen aussahen, die weiche Substanz zwischen den Rippen und den Adern oder dem »Skelett« jedes Blattes verfault, es aber immer noch gewellt und elastisch war. Allmählich hatte ich die Namen der Sträucher und Bäume gelernt. Dieses Wissen, das mir half, in einer vielfältigen Vegetation die Pflanzen optisch auseinanderzuhalten, wurde schnell mehr als nur ein Namenswissen und hatte meine Aufnahmebereitschaft gestärkt. Es war, als lernte man eine Sprache, nachdem man schon von ihrem Klang umgeben gelebt hatte. Wenn man nun, da das Unkraut wuchs und die Sumpfpflanzen vorrückten und das Rosenbeet verschwunden war, im Garten war, schien man sich inmitten von ununterscheidbarem Gestrüpp zu befinden. Die Stücke der umgefallenen Espenstämme, die zu groß waren, um zersägt oder weggeschafft zu werden, waren unter Gestrüpp verschwunden.

Die Farben des Herbstes im Garten waren nun Braun und

Schwarz. Ich hatte gelernt, das Braun der toten Blätter und Stengel als eigene Farbe zu sehen; ich hatte Gräser und Schilfgräser gesammelt und mich daran gefreut, wie die Farbe sich langsam von Grün in Hellbraun verwandelte. Ich hatte mich sogar an den bräunlichen Schattierungen von Blumen gefreut, die in Vasen getrocknet waren, ohne daß die Blütenblätter abfielen; ich hatte solche Blumen nicht gern weggeworfen. An Herbst- oder Wintermorgen war ich hinausgegangen, um zu sehen, wie die braunen Blätter und Stengel mit Rauhreif umrändert waren. Nun griff die Hand des Menschen nicht mehr im Garten ein; im Sommer war alles unkontrolliert gewachsen; und ich spürte nur die Kälte und sah das hohe Gras und die Nässe und das Schwarz und Braun. Auf diesen kurzen Spaziergängen im zerstörten Garten des Herrenhauses, die ich jedesmal ein wenig weiter ausdehnte, an den Espen vorbei, dann an dem großen immergrünen Baum vorbei, dann auf das große, weißgerahmte Gewächshaus zu, das nach all dieser Zeit noch immer so solide und unversehrt aussah wie eh und je, auf diesen Spaziergängen wurde Braun für mich wieder das, was es in Trinidad gewesen war: keine richtige Farbe, sondern die Farbe toter Pflanzen, nicht etwas, worin man Schönheit fand, sondern Abfall.

Und gegen dieses Braun sah ich eines Tages, als ich am Gewächshaus vorbeiging, in Richtung des Flusses, wo ich auf meinen ersten Spaziergängen ein Tor (das damals noch funktionierte) und Brücken über die schwarzen, mit Blättern gefüllten Bäche gefunden hatte, einen neuen Zaun mit Pfosten und Latten. Das neue Holz war gelblich-rot wie die Haarfarbe des unrasierten, dikken Mannes, von dem der Deutsche gesagt hatte, er sei sein Bruder, wie die Farbe des Nylonsacks, den der unrasierte, dicke Mann trug, um die morschen Stämme, oder was auch immer er klauen wollte, wegzubringen.

Von diesem Zaun oder dem Landverkauf, den er implizierte, hatte ich nichts gehört. Rundherum war der Grund verwildert; selbst wenn ich die Energie gehabt hätte, wäre es schwer gewesen, weiter als bis zum ersten Bach zu gehen. Doch ich konnte sehen, daß die Linie des neuen Zauns quer über den alten Pfad mit den Brücken verlief, der vom Garten zum Fluß führte. Die Linie eines Landvermessers, auf der Landkarte gezogen; keine Linie, die Rücksicht darauf nahm, wie das Land genutzt worden war.

Ich hatte mir angewöhnt, an Veränderung zu glauben, um Kummer zu vermeiden und Verfall nicht zu sehen. Das war notwendig gewesen, weil die Umgebung dieses zweiten Lebens sich zu verändern begann, kaum daß ich mir dieser Wohltat bewußt geworden war. Die Moosrosen wurden heruntergeschnitten, der offene Triftweg von einem Stacheldrahtzaun in zwei Teile zerschnitten, Felder umzäunt. Jacks Garten wurde nach und nach zerstört und letztendlich zubetoniert. Das breite Tor am Ende des Rasens vor meinem Häuschen wurde nach Pittons Weggang geschlossen, und abgeschnittene Zweige hatten dort den Weg versperrt. Und dann wurde – wirklich einschneidend – Stacheldraht um das Haus gezogen, das als Kinderspielhaus im Obstgarten gebaut worden war.

Ich hatte mit der Vorstellung von Veränderung gelebt, hatte sie als etwas Beständiges angesehen, hatte eine Welt in dauerndem Wandel gesehen, hatte das menschliche Leben als eine Reihe von Zyklen gesehen, die sich manchmal überschnitten. Doch jetzt ließ mich die Philosophie im Stich. Land ist nicht bloß Land, etwas, das einfach es selbst ist. Land hat Teil an dem, was wir ihm einhauchen, wird von unseren Stimmungen und Erinnerungen beeinflußt. Und dieses Ende von einem Zyklus in meinem Leben und dem des Herrenhauses, verbunden mit dem Gefühl des Alterns, das meine Krankheit mir aufzwang, verursachte mir Kummer.

Ich mochte den Nachbarn. Ich hatte nichts gegen ihn – er hatte mir, ohne es zu wissen, gezeigt, wohin ich ziehen sollte. Er empfand Ehrfurcht gegenüber dem, was er erwerben wollte; und er gehörte auf besondere Weise zum Tal und zum Land. Seine Mutter hatte als Mädchen auf einer Farm (nun teilweise verfallen) am Fluß gewohnt. Auch da fehlte es nicht an Ehrfurcht; und ich hatte immer gewußt, daß es keine Möglichkeit gab, eine Landschaft zu bewahren, die – in ihrer für mich besonderen Reinheit – nach jenem ersten Frühling für mich nur im Herzen existierte. Seit jenem ersten Frühling wußte ich, daß ein solcher Augenblick kommen würde. Doch nun, da er gekommen war, erschreckte er mich. Und wie bei einem Todesfall wurde alles, das hier eine Quelle der Freude und der Überraschung gewesen war, alles, was mich willkommen geheißen und geheilt hatte, nun Ursache für Schmerz.

Eine Hilfe für das Herrenhaus kam, wohnte eine Weile in den zwei frischgestrichenen Zimmern, jede Frau auf ihre Art und mit ihren eigenen geheiligten Dingen, und ging dann wieder. Doch endlich schien jemand richtig zu sein; und Mrs. Phillips fühlte sich sicher genug, die Fäden ihres Privatlebens wieder aufzunehmen.

Das Privatleben, das sie und Mr. Phillips gemeinsam gehabt hatten, war voll gesellschaftlicher Vergnügungen gewesen – Pubs, Klubs, Hotelbars, bescheidene Kleinstadtrestaurants mit Tanzflächen oder Kabarettvorführungen –, Vergnügungen, die dem Jahr der Phillips' mehr Stabilität und Rhythmus vermittelt hatten als ein Haus oder die Bindung an einen Ort oder eine Stelle oder eine Berufung. Dieser Rhythmus, stärker als ihr Kummer, nahm Mrs. Phillips nun wieder in Anspruch; und zu Beginn des Frühjahrs, zu der Zeit, da sie und Mr. Phillips immer zum ersten Mal in Urlaub gefahren waren, fuhr sie mit alten Freunden vierzehn Tage fort.

In ihrer Abwesenheit kam ihre Gehilfin aus dem Schatten des Herrenhauses, zeigte sich und erkundete ohne Einschränkung das Anwesen. Eine dünne Frau von ungefähr fünfzig, so froh über die Einsamkeit und Weitläufigkeit des Anwesens wie jene andere Frau vor so vielen Jahren, die ihre Hemdschöße über dem nackten Bauch zusammengeknotet hatte. Diese ältere Frau war anders gekleidet: Sie trug einen teuren Tweedrock. Sie hatte viel Geld in diesen Rock investiert. Sie war wie Pitton, dachte ich: lebte, wie der Ort es erforderte, und auch, obgleich eine Angestellte, ein wenig im Wettstreit damit. Wie sie den Ort für mich veränderte! Ich fühlte mich nach all diesen Jahren wieder unter Beobachtung.

Als Mrs. Phillips wiederkam, zog die fremde Dame sich zurück, wurde verzagt, nervös, als wolle sie nicht, daß ich ihre Beziehung zu Mrs. Phillips zu deutlich sah.

Der Urlaub hatte Mrs. Phillips sehr gutgetan. Ihre Stirn war glatter; die Haut unter ihren Augen war weniger dunkel, hatte weniger Krähenfüße; und ihre Stimme war unbeschwerter. Diese Unbeschwertheit in der Stimme machte sich besonders am Telefon bemerkbar. Sie klang richtig keck, als sie mich, zwei Wochen, nachdem sie aus dem Urlaub zurück war, anrief, um zu sagen, daß sie ein Geschenk für mich habe und es herüberbringen wolle.

Sie trug ihren sportlichen Steppanorak. Sie hielt einen Spazierstock leicht mit beiden Händen umfaßt, hielt den Stock horizontal; und als sie ihn in einer Hand hielt, geschah das mit der Haltung von jemandem, der nicht an einen Spazierstock gewöhnt war, nicht wußte, wie man ihn hielt oder damit ging.

Sie sagte: »Ich habe am Sonntag Stans Vater besucht. Er möchte, daß Sie diesen Stock haben.«

Es war der gegabelte Stock, der Stock, in dessen Gabel Mr. Phillips' Daumen ruhte, wenn er über das Anwesen spazierte. Er war der erste Mensch, den ich je diese Art Stock hatte benutzen sehen. Ich selbst benutzte gern Stöcke auf meinen Spaziergängen. Von meinem Vater – der sie in Trinidad zum Spaß von bestimmten Waldbäumen geschnitzt hatte – hatte ich einen Hang für Spazierstöcke geerbt; und in meiner ersten Zeit als Reisender hatte ich immer versucht, aus dem Land, das ich bereiste, einen Stock mitzubringen.

Über seinen gegabelten Stock hatten der alte Mr. Phillips und ich uns zuerst unterhalten. Er wußte, daß er, wenn er damit über das Anwesen spazierte, meine Aufmerksamkeit auf sich zog. Und nun schenkte er ihn mir. Als ich den Stock als neuen Gegenstand, als Geschenk untersuchte, merkte ich, daß er kürzer war, als ich ihn in Erinnerung hatte. Ich meinte mich zu erinnern, daß er dem alten Mann bis zur Schulter gereicht hatte; er war in Wirklichkeit so hoch wie der Stab des Stockkämpfers, reichte bis zur untersten Rippe. Die Rinde der Gabel und des Holzes war bis ungefähr einen Zentimeter unter der Gabelung abgeschält. Und direkt unter dieser kleinen Dekoration gab es eine weitere: einen messingfarbenen Metallreif. Der war mir vorher an dem Stock, den der alte Mann benutzte, nicht aufgefallen; und der Lack des Stocks, den Mrs. Phillips mir gebracht hatte, glänzte so neu, daß ich dachte, der alte Mann habe einen neuen für mich gekauft. Aber die über einen Zentimeter hohe schwarze Kappe unten am Stock, die aus Gummi oder sonst einem Mischmaterial war, war vorne und hinten abgenutzt. Es war der Stock des alten Mannes; er hatte ihn verschönert, weil er ihn verschenken wollte.

Ich sagte zu Mrs. Phillips: »Ich werde ihn behalten, solange ich lebe.«

Noch vor ein paar Jahren hätte ich diesen Ausspruch großartig gefunden. Nun hatte ich bei den Worten, kaum daß sie ausgesprochen waren, das Gefühl, daß, auch wenn ich das Geschenk des alten Mannes bewahren wollte, dies kaum möglich sein würde; daß, so wie bestimmte Erinnerungen an Downs und Fluß, Kreide und Moos mit dem alten Mann sterben, unübertragbar sein würden, ich die Assoziationen, die sich mit dem Stock verbanden, nicht weitergeben konnte, selbst wenn ich ihn einem einfühlsamen Erben vermachen sollte. Ohne diese Assoziationen würde der Stock genauso wie die hell-dunkle Scheibe des von Efeu erstickten Kirschbaums, die ich geschmirgelt und lackiert hatte, ein Erinnerungsstück an das späte Leben des Herrenhausgartens sein und ein Beweis dafür, würde nichts weiter sein als irgendein Gegenstand.

Mrs. Phillips sagte: »Komischer alter Mann.«

Merkwürdige Worte; merkwürdig der Abstand zwischen ihr und dem alten Mann. Der Abstand zeigte sich auch in ihrem Gesicht: der glatteren Haut, der neuen Klarheit der Augen, der fehlenden Erschöpfung. Und im Klang ihrer Stimme schwang belebende Ironie und Lebenslust mit.

Sie sagte: »Ich glaube, ich sollte es Ihnen sagen, ehe Sie es von jemand anders hören. Sie wissen ja, wie der Klatsch durchs Tal fliegt. Ich habe gekündigt.«

So kam zu dem geschenkten Stock noch eine weitere Assoziation hinzu. Daß Mrs. Phillips ihn persönlich übergab – diese beinahe mutwillige Stimme am Telefon, dieser Abstand zwischen ihr und dem alten Mr. Phillips, der bis vor kurzem noch mit besonderen Vorrechten ausgestattet über das Anwesen spaziert war –, dieses Geschenk war wie die Beendigung ihres Lebens auf dem Herrensitz. Wie leicht es ihr zu fallen schien! Sobald ich die Phillips' kennengelernt und sie nicht mehr nur als beispielhaft für ihre Rollen gesehen hatte, hatte ich sie bewundert, weil sie so unternehmungslustig waren, weil sie mit so wenig auskamen, so bereit waren weiterzuziehen. Doch nun gab Mrs. Phillips' Neuigkeit der Schönheit des Geschenks, das sie gebracht hatte, etwas Trauriges.

Sie sagte: »Ihnen muß ich es ja nicht sagen. Es war kein richtiges Leben mehr hier, seit Stan tot ist. Stan hätte damit fertig werden können. Ich allein kann es nicht. Er ist sehr schwierig.« Das bezog sich auf meinen Vermieter. »Und es wird nicht besser. Das macht es so schwer. Man hat dabei nicht das Gefühl, daß das, was man tut, die Dinge verbessert.«

Sie ging auf die Tür zu. Sie blieb stehen; sie schaute durch die Glasscheiben oben in der Küchentür auf die gefallenen Espen, deren Stümpfe wieder kräftig ausgeschlagen waren.

Sie sagte, und ihr Ton war vertraulich, halb fragend, halb Bestätigung heischend – ich hätte ein Verwandter sein können: »Ich habe im Urlaub jemanden kennengelernt. Er ist einmal abends mit uns essen gegangen. Man hat so viele Kuppler unter seinen Freunden. Kaum zu glauben. Egal. Ich dachte, ich teile es Ihnen lieber mit, ehe Sie den Klatsch hören. Stan und ich waren uns darin einig. Wer übrigblieb, sollte wieder heiraten.«

Es war merkwürdig. Sie war mir gegenüber nie so ungezwungen gewesen, so unbelastet, nicht belastet von ihrem Fremdsein im Herrenhaus, ihrer Unsicherheit mir gegenüber, nicht belastet von ihrer Krankheit, dann ihrer Einsamkeit. Und vielleicht, dachte ich jetzt, auch ohne von ihrem Leben mit Mr. Phillips, diesem überaus starken Mann, belastet zu sein. Und ich hatte mich ihr, als reagiere ich auf ihre neue Persönlichkeit, nie so nahe gefühlt.

Die Neuigkeit verbreitete sich, wie Mrs. Phillips gesagt hatte, schnell durchs Tal, erreichte Bray. Sein erster Gedanke galt meinem Vermieter, dem Herrn des Herrensitzes. Er sagte, und es war, als spreche er für sich: »Das Alter ist eine brutale Sache. Ich vermute, sie verkaufen einfach. Am Ende ist nichts mehr übrig.«

Ich sagte: »Es hat sein Leben lang Bestand gehabt. Das können nicht viele Leute sagen. Das ist Glück.«

Er hing seinen Gedanken nach. »Wenn man jung ist, kann man sich wehren. Wenn man alt ist, können sie mit einem tun, was sie wollen.«

Seine Schlitzaugen verengten sich; eine Träne lief ihm über seine schlaffe, gealterte Wange. Trotz seines Geredes war ihm die Würde des Hauses immer wichtig gewesen. Er hatte sich immer für dessen Angelegenheiten interessiert. Die Würde des Hauses hatte Brays Unabhängigkeit wertvoll gemacht; er maß seine eigene Würde daran. Sein Innerstes, der Teil mit den verborgenen Erinnerungen, den Erinnerungen, die mit ihm sterben würden, war sein Charakter als Diener.

Mit zusammengekniffenen Augen auf die Straße schauend, während ihm die Tränen über die Wangen liefen, sagte Bray: »Sie ist weg. Sie ist sehr krank geworden und mußte ins Heim zurück.«

Das war das erste Mal, daß er die Frau erwähnte, die er um Mitternacht auf dem Bahnhof von Salisbury gesehen hatte, die einsame Frau in dem zu großen Tweedmantel unter den hellen Lichtern des beinahe leeren Bahnhofs.

5. Abschiedszeremonie

Als ich Ende Dreissig war, war mein ständig wiederkehrender Traum von Enttäuschung und Erschöpfung ein Traum von einem explodierenden Kopf: Ich träumte von einem so lauten und anhaltenden Lärm im Kopf, daß ich mit dem überlebenden Teil des Gehirns empfand, dies könne das Gehirn nicht überleben; dies sei der Tod. Nun, mit Anfang Fünfzig, nach meiner schweren Krankheit, nachdem ich das Häuschen auf dem Herrensitz verlassen und diesen Abschnitt meines Lebens abgeschlossen hatte, wurde ich von Gedanken an den Tod, an das Ende der Dinge geweckt; und manchmal von nicht einmal ganz klaren Gedanken, nicht einmal begründeter oder eingebildeter Angst, sondern von einer großen Melancholie. Diese Melancholie durchdrang im Schlaf meinen Geist; und wenn ich dann von dieser Anwandlung erwachte, war ich so von der Melancholie vergiftet, so wenig aktiv (wie die Menschen es an jedem Tag ihres Lebens sein müssen), daß ich den längsten Teil des Tages brauchte, um sie abzuschütteln. Und dieser verschwendete oder düstere Tag verstärkte noch die Schwermut, wenn ich mich auf die Nacht vorbereitete.

Seit Jahren dachte ich schon über ein Buch wie *Das Rätsel der Ankunft* nach. Die mediterrane Phantasievorstellung, die mir gerade einen Tag, nachdem ich im Tal eingetroffen war, gekommen war – die Geschichte von dem Reisenden, der fremden Stadt, dem zu Ende gelebten Leben –, hatte sich über die Jahre verändert. Die phantasievolle Vorstellung und der Schauplatz der antiken Welt waren fallengelassen worden. Die Geschichte war persönlicher geworden: meine Reise, die Reise des Schriftstellers, der Schriftsteller, der sich über seine Entdeckungen beim Schreiben und seine Sicht der Dinge definierte und nicht so sehr durch seine persönlichen Abenteuer, der Schriftsteller und der Mensch, die zu Beginn der Reise auseinandergingen und in einem zweiten Leben kurz vor Ende wieder zusammenkamen.

Mein Thema, die Erzählung, die es vermitteln sollte, meine Charaktere – seit ein paar Jahren hatte ich das Gefühl, daß sie mich bedrängten und darauf warteten, sich zu offenbaren und von mir Besitz zu ergreifen. Doch erst aus diesem neuen Bewußtsein des Todes heraus begann ich endlich zu schreiben. Der Tod war das Leitmotiv; er war vielleicht die ganze Zeit das Leitmotiv gewesen. Der Tod und wie man damit umging – das war das Leitmotiv der Geschichte von Jack.

Ein journalistischer Auftrag verhalf mir zum Anfang. Im August 1984 war ich für die *New York Review of Books* zum Wahlparteitag der Republikaner nach Dallas gefahren. Ich hatte nichts gefunden, worüber ich schreiben konnte. Die Veranstaltung war überinszeniert, im voraus festgelegt und in sich hohl; und die Vorstellung, daß Tausende fleißiger Journalisten einfach neue Worte für Geschichten fanden, die in Wirklichkeit bereits für sie geschrieben worden waren, machte mich beklommen. Erst als ich wieder in Wiltshire war, weit weg von der Beklemmung und den Flugblättern des Kongreßzentrums, konnte ich mir allmählich eingestehen, worauf ich reagiert hatte: nicht auf das offizielle, inszenierte Ereignis, sondern auf die Dinge am Rand des Ereignisses. Und plötzlich gab es, wo es erst nichts gegeben hatte, worüber ich schreiben konnte, sehr viel zu schreiben: die Erfahrung einer Woche, eine ganz neue Erfahrung, die ohne das Schreiben verschwunden und für mich verloren gewesen wäre. Mit der Entdeckung dieser Erfahrung kam dann auch die Sprache und der Ton, die dieser Erfahrung entsprachen.

Aus der Erregung heraus, dort Erfahrung zu finden, wo es meiner Meinung nach keine gegeben hatte, und aus der neuerwachten Freude an der Sprache heraus, begann ich unmittelbar danach, mein Buch zu schreiben. Ich ließ meine Hand übers Papier gleiten. Ich schrieb die ersten Seiten vieler verschiedener Bücher; brach ab, fing wieder von vorne an. Dann kam aus scheinbar weiter Ferne die Erinnerung an Jack, einer eher peripheren Gestalt in meinem Leben, und damit die Überzeugung, daß über Jack zu schreiben, der beste Weg sei, anzufangen, das Material von *Das Rätsel der Ankunft* wieder heraufzubeschwören, den Schauplatz und die Themen festzusetzen, den zeitlichen Rahmen des Buches, das ich schreiben wollte, zu planen. Ein paar Wochen lang begann ich immer wieder von neuem, ließ meine Hand übers Papier gleiten, setzte an verschiedenen Stellen an.

Es gab Unterbrechungen. Ein kranker Backenzahn. Er wurde gezogen – ganz plötzlich, schien es mir. Als ich zum Zahnarzt ging, der gewöhnlich alles rettete, hatte ich nicht damit gerechnet, daß der Zahn gezogen werden müßte; und es überkam mich ein Gefühl unausweichlichen Verfalls, als ich durch die Betäubung spürte, wie der starke Finger des Zahnarztes gegen den schmerzfreien Zahn drückte; eine Todesahnung. Zwei Tage später, mein Mund war noch salzig-wund, wurde anläßlich einer Preisverleihung an einen alten Schriftstellerfreund in London ein Essen gegeben – dieses Ereignis fiel zusammen mit der Suche nach einer neuen Wohnung in London und der besonderen Schwermut, wenn man sich alte Wohnungen, andere Leben, andere Ansichten anschaute. Dann wurde in Delhi Indira Gandhi von ihrem Leibwächter erschossen. Gleich danach folgte ein Besuch in Deutschland für meinen Verleger dort: Ost-Berlin, nach vierzig Jahren noch stellenweise zerstört, Schößlinge hoch oben auf dem zerstörten Mauerwerk mancher Gebäude waren zu Bäumen geworden; die Vision einer Welt, die sich selbst zugrunde richtete, versetzte mir einen Schock. Das alles war mir neu. Ich hätte lange zuvor hinfahren sollen, um mir das anzuschauen. Am Morgen meines letzten Tages in Deutschland ging ich in West-Berlin ins Ägyptische Museum. Ich kehrte nach Wiltshire zurück, wo ich die Nachricht vorfand, daß meine jüngere Schwester Sati an diesem Tag in Trinidad eine Gehirnblutung erlitten hatte: genau zu der Zeit, als ich das Museum verließ. Sie lag im Koma; sie sollte nicht mehr zu sich kommen. Über dreißig Jahre lang, seit dem Tod meines Vaters 1953, hatte ich ohne Kummer gelebt. Deshalb nahm ich die Nachricht kühl auf; dann bekam ich einen Schluckauf; dann war ich betroffen.

Als ich 1950 Trinidad verließ, als mich das kleine Flugzeug der Pan American Airways fortbrachte, waren es noch sieben Wochen bis zu Satis sechzehntem Geburtstag. Als ich sie das nächste Mal sah und ihre Stimme hörte, war sie fast zweiundzwanzig und verheiratet. Seitdem war Trinidad beinahe so etwas wie ein imaginärer Ort für mich geworden; doch sie hatte, abgesehen von kurzen Ferien im Ausland, ihr ganzes Leben dort verbracht. Sie hatte die Krankheit meines Vaters 1952 und seinen Tod 1953 miterlebt, die politischen Veränderungen, die Rassenpolitik seit 1956, die Gefahren der Straße, die drohende Revolution und Anarchie 1970. Sie hatte auch den Ölboom miterlebt; sie hatte viele Jahre im Wohlstand gelebt; sie konnte ihr Leben als erfolgreich betrachten.

Drei Tage nach ihrem Tod, als sie in Trinidad eingeäschert wurde, breitete ich auf dem niedrigen Couchtisch im Wohnzimmer meines neuen Hauses in Wiltshire ihre Fotos vor mir aus. Seit Jahren hatte ich vorgehabt, diese Familienfotos zu sortieren, sie in Alben zu kleben. Es schien immer Zeit zu haben. Auf diesen Fotos hatte ich, solange sie lebte, ihr Alter nicht bemerkt. Nun sah ich, daß viele dieser Fotos – besonders die kleinen Schnappschüsse aus ihren Flitterwochen – ein junges Mädchen mit schlanken Armen zeigten. Dieses Mädchen war nun jemand, dessen Leben gelebt war; der Tod hatte diesen Schnappschüssen auf schmerzliche Weise Jugend verliehen. Ich schaute die vor mir ausgebreiteten Bilder an und dachte intensiver über Sati nach denn je zuvor. Nach fünfunddreißig oder vierzig Minuten – während in Trinidad die Einäscherung stattfand, wie ich dachte – fühlte ich mich geläutert. Ich hatte keine Regeln, denen ich folgen konnte; aber ich hatte das Gefühl, das Richtige getan zu haben. Ich hatte mich auf diese Person, dieses Leben, diesen einmaligen Charakter konzentriert; ich hatte die Person geehrt, die gelebt hatte.

Zwei Tage später fuhr ich nach Trinidad. Die Familie wollte, daß ich kam. Mein Bruder war am Tag der Einäscherung unserer Schwester hingeflogen. Er war sechs Stunden nach der Einäscherung eingetroffen; er hatte dann darum gebeten, daß man ihn zur Einäscherungsstätte brachte. Mein ältere Schwester fuhr ihn hin. Es war Abend; nach sechs Stunden glühte der Scheiterhaufen noch. Mein Bruder ging allein zu der Glut, und meine Schwester beobachtete vom Auto aus, wie er den glühenden Scheiterhaufen betrachtete.

Zwei Wochen vorher war mein Bruder zu Indira Gandhis Einäscherung in Delhi gewesen. Dann hatte er in London einen größeren Artikel geschrieben; nun war er, kaum daß der Artikel abgeschlossen war, nach Trinidad geflogen. Moderne Flugzeuge machten diese weiten Reisen möglich; konfrontierten ihn mit diesen Todesfällen. 1950, als ich Trinidad verlassen hatte, waren Flugreisen noch ganz und gar unüblich gewesen. Ins Ausland zu gehen konnte heißen, daß ein Leben auseinandergerissen wurde: Es dauerte sechs Jahre, ehe ich Mitglieder meiner Familie wiedersah oder -hörte; sechs Jahre ihres Lebens waren mir entgangen. 1953, als mein Vater starb, kam es nicht in Frage, daß ich nach Hause zurückkehrte. Mein Bruder, damals acht, vollzog die schrecklichen letzten Riten der Einäscherung und war dabei Zeuge. Dieses Ereignis zeichnete ihn. Dieser Tod und diese Einäscherung waren seine geheime Wunde. Und nun kam die Einäscherung seiner Schwester: Nach seinem Flug aus London glühte da immer noch ein Scheiterhaufen. Bald brachte ein Flugzeug ihn nach London zurück. Und andere Mitglieder der Familie wurden von Flugzeugen an andere Orte gebracht.

Ich blieb für die religiöse Zeremonie, die als Ergänzung zur Einäscherung ein paar Tage später stattfand, in Trinidad. Sati war nicht religiös gewesen; wie mein Vater machte sie sich nichts aus Ritualen. Doch als sie starb, wünschte die Familie, daß alle Hindu-Riten für sie vollzogen wurden und nichts außer acht gelassen wurde.

Der Pandit, ein großer schwerer Mann, kam zu spät zu dieser Zeremonie. Er war auch zur Einäscherung zu spät gekommen, hatte ich gehört. Nun sagte er irgend etwas, daß er zuviel zu tun habe und überfordert sei, daß er sich mit der Uhrzeit vertan habe; dann machte er sich an seine Aufgabe. Die Sachen, die er brauchte, standen für ihn bereit. Auf einem Brett auf dem Terrazzoboden von Satis Veranda war ein flacher Erdalter errichtet worden. Für mich war das Ritual gerade in dieser Umgebung – dem Vorstadthaus mit Garten, der Vorstadtstraße – neu und fremd. Meine Erinnerungen waren alt; ich verband ein solches Ritual eher mit ländlicher Szenerie.

Der Pandit saß in seiner seidenen Tunika mit gekreuzten Beinen auf der einen Seite des Altars. Satis jüngster Sohn saß ihm gegenüber auf der anderen Seite. Satis Sohn trug Jeans und Pulli – und auch diese zwanglose Kleidung war mir neu. Die Erdriten, die der Pandit auf der Veranda zu verrichten begann, schienen Satis Einäscherung nachzuahmen; doch diese Riten erweckten eher die Vorstellung von Fruchtbarkeit und Wachstum als die von der Rückkehr des Körpers durch Feuer zur Erde, zu den Elementen. Opfer und Nahrung – das war das Thema. Immer wurde in den arischen Schriften Nachdruck auf Opfer gelegt!

Wie so viele Hindu-Zeremonien hatte auch diese Zeremonie einen komplizierten äußeren Ablauf: Man mußte wissen, wo man die Opferblumen auf dem Altar hinzulegen hatte, wie und wann man die Verse zu singen hatte, wie und wann und wohin man verschiedene Substanzen zu gießen hatte: die ganze praktische Seite des Priesterberufes. Der Pandit führte Satis Sohn durch all diese komplizierten Vorgänge, sagte ihm, welche Opfergaben er dem geweihten Feuer darbringen sollte, sagte ihm, daß er swa-ha sagen sollte, wenn die Opfergaben mit einer nach unten zeigenden Handbewegung hingestellt wurden, und shruddha, wenn mit einem Fingerschnippen die Opfergabe von der offenen Handfläche über das Feuer gestreut wurde.

Dann begann der Pandit noch ein wenig mehr zu tun. Er wurde sich der Menschen auf der Veranda, seines Publikums, bewußt, und er wandte sich teilweise, während er Satis Sohn unterwies, in einem allgemein religiösen Sinn an uns. Er sagte Satis Sohn, daß er seine Begierden unterdrücken müsse, er begann, Texte und Worte zu verwenden, die auch bei vielen anderen feierlichen Ereignissen ihren Zweck erfüllt hätten. Und noch etwas war mir neu: Der Pandit war auf eine Weise »ökumenisch«, wie er es in meiner Kindheit nicht gewesen wäre. Er setzte den Hinduismus – spekulativ, vielseitig, mit animistischen Wurzeln – mit den Offenbarungsreligionen des Christentums und Islams gleich. Tatsächlich sagte der Pandit an einer Stelle – immer indirekt, als seien wir auf einer öffentlichen Versammlung in Trinidad und viele von uns anderen Glaubens –, die Gita sei wie der Koran und die Bibel. Damit wollte der Pandit sagen, daß auch wir ein Buch hatten, damit wollte er in einem veränderten Trinidad unseren Glauben und unsere Sitten verteidigen.

Trotz seiner Jeans nahm Satis Sohn alles sehr ernst. Er war demütig in der Gegenwart des Pandits, der kein konventionell gebildeter Mann war und für den er – an einem anderen Tag, in einer anderen Umgebung – wahrscheinlich wenig Zeit gehabt hätte. Er schien von dem Pandit Trost zu erwarten, einen größeren Beistand, als das Ritual geben konnte. Er lauschte allem, was der Pandit sagte. Der Pandit, der weiter das komplizierte Ritual mit Erde und Blumen und Mehl und geklärter Butter und Milch vollzog und dabei moralische und religiöse Lehren verkündete, sagte, daß unser vergangenes Leben das gegenwärtige bestimme. Satis Sohn fragte, wie denn Satis Vergangenheit die Grausamkeit ihres Todes bestimmt habe. Der Pandit gab keine Antwort. Satis Sohn hätte, wäre er ein besserer Hindu gewesen, wäre er mehr vom Hinduismus geprägt gewesen, die Idee des karma verstanden und die Frage nicht gestellt. Er hätte sich dem Geheimnis des Rituals überlassen und die Worte des Pandits als Teil des Rituals hingenommen.

Der Pandit fuhr mit dem praktischen Teil seiner Aufgabe fort. Das erwarteten die Leute von einem Pandit; sie wollten sehen, daß das so korrekt wie möglich ausgeführt wurde – dieses Zusammenkneten von Reisbällen und dann von Erdbällen, dieses Anordnen von Blumen und Ausgießen von Milch auf Häufchen von diesem und jenem, dieses beständige Speisen des geweihten Feuers.

Anschließend aß der Pandit zu Mittag. Früher hätte er mit gekreuzten Beinen auf Decken oder mit Baumwolle belegten Mehl- oder Zuckersäcken gesessen. Man hätte ihm sorgsam zu essen gegeben und ihn unablässig bedient. Nun aß er – üppig bewirtet, aber alles wurde auf einmal aufgetragen – an einem Tisch auf der Veranda. Er aß allein. Er aß große Mengen und benutzte dazu die Hände, so wie er vorher mit der Erde und dem Reis und den Opfergaben auf dem Erdaltar hantiert hatte.

Satis Mann und Sohn saßen bei dem Pandit, während er aß. Sie fragten ihn, während er aß und als wisse er es, weil er ein Pandit war, wie Satis Chancen für ein Leben nach dem Tode standen. Es war eigentlich keine Frage für einen Hindu; und nach dem Ritual, dem wir beigewohnt hatten, klang sie merkwürdig.

Satis Mann sagte: »Ich würde sie gern wiedersehen.« Seine Stimme klang voll; doch in seinen Augen standen Tränen.

Der Pandit gab keine direkte Antwort. Die Hindu-Vorstellung der Reinkarnation, die Vorstellung, daß Menschen nach einer Reihe gut geführter Leben aus dem Zyklus der Wiedergeburt entlassen werden – wenn der Pandit daran dachte, dann konnte er es Menschen, die so tief bekümmert waren, sicher nicht vermitteln.

Satis Sohn fragte: »Wird sie wieder zurückkommen?«

Satis Mann fragte: »Werden wir wieder zusammensein?«

Der Pandit sagte: »Aber Sie würden nicht wissen, daß sie es ist.«

So interpretierte der Pandit die Vorstellung der Reinkarnation. Und sie bot keinerlei Trost. Sie brachte Satis Mann zur Verzweiflung.

Ich bat darum, die Gita zu sehen, die der Pandit bei der Zeremonie gebraucht hatte. Sie stammte aus einer Druckerei in Südindien. Nach jedem Vers kam eine englische Übersetzung. Zwischen seinen rituellen Handlungen und während er einige weniger wohlbekannte Sanskrit-Verse sang, hatte der Pandit die englische Übersetzung dieser Gita benutzt.

Der Pandit sagte, er verschenke Gitas. Dann sagte er, einen (wie ich annahm) ökumenischen Ausdruck benutzend, er »teile« Gitas. Die Leute gaben ihm Gitas; er gab den Leuten Gitas. Ein Gläubiger kaufte immer Gitas im Dutzend und gab sie ihm; er gab sie dann an andere weiter.

Und dann, nachdem er seine Pflichten erfüllt und zu Mittag gegessen hatte, wurde der Pandit gesellig, mitteilsam, so wie ich es von Pandits in meiner Kindheit kannte, wenn sie ihre Pflichten erfüllt hatten.

Er begann eine Geschichte zu erzählen. Ich begriff sie nicht. Ein wichtiger Mann der Gemeinschaft hatte ihn eines Tages gefragt: »Was ist Ihrer Meinung nach die beste heilige Schrift der Hindus?« Er, der Pandit, hatte geantwortet: »Die Gita.« Dann hatte der Mann zu jemand, der dabeistand, gesagt: »Er sagt, die Gita ist die beste heilige Schrift der Hindus.« Bei der Geschichte fehlte etwas. Aber es kam nichts mehr. Entweder war das das Ende der Geschichte, soweit sie den Pandit betraf – eine Erwähnung von Lokalberühmtheiten, ein Glaubensbekenntnis in Anwesenheit berühmter Leute. Oder er meinte, die Geschichte führe ihn in Bereiche, die er nicht wollte; oder er hatte die Pointe der Geschichte vergessen. Oder die Pointe war so, wie er sie wiedergegeben hatte: daß er meinte, die Gita sei die wichtigste heilige Schrift der Hindus. (Obwohl er am Ende, bevor er wegging, sagte, daß seine Pflichten als Pandit ihm wenig Zeit ließen, die Gita zu lesen.)

Und um die intellektuelle Beliebigkeit des Ereignisses noch zu vergrößern, begann der Pandit unaufgefordert, leidenschaftlich von der internen Kontroverse unter Hindus zwischen den Konservativen, auf deren Seite der Pandit stand, und den Reformisten, die der Pandit für Heuchler hielt, zu erzählen. Ich hatte gemeint, dieses Thema sei schon seit fünfzig Jahren in Trinidad nicht mehr aktuell und gehöre beinahe zu unserer pastoralen Vergangenheit, als das Leben unserer Gemeinschaft noch mehr auf sich selbst beschränkt war. Ich konnte mir nicht vorstellen, daß dieses Thema die Rassenpolitik und die Spannungen der Unabhängigkeit überstanden hatte. Doch der Pandit sprach davon, als spiele es noch immer eine Rolle.

Der Pandit war ein Verwandter, ein Vetter ersten Grades. Und die große Ironie – oder gerade das Passende – an der Situation war folgendes: Durch das Abenteuer des Schreibens – wobei Neugierde und Wissen einander ergänzten und einen nicht nur zwangen zu reisen, sondern auch die Vergangenheit zu erforschen – hatte ich entdeckt, daß die Großmutter und Mutter meines Vaters aus ihm einen Pandit hatten machen wollen. Mein Vater war nicht Pandit geworden. Er war statt dessen Journalist geworden; und seine literarischen Ambitionen hatten die literarischen Ambitionen seiner beiden Söhne hervorgebracht. Doch weil seine Familie aus ihm unbedingt einen Pandit machen wollte, war meinem Vater trotz äußerster Armut vor dem Ersten Weltkrieg eine Schulbildung ermöglicht worden, während der Bruder meines Vaters als Kind für acht Cent am Tag zur Arbeit aufs Feld geschickt worden war. Die beiden Zweige der Familie hatten sich daraufhin von einander entfernt. Der Bruder meines Vaters hatte es zum kleinen Zuckerrohrbauern gebracht; gegen Ende seines Lebens ging es ihm bei weitem besser als meinem Vater, dem Journalisten. Mein Vater war 1953 nach langer Krankheit in Armut gestorben; der Bruder meines Vaters hatte sich an den Kosten der Einäscherung beteiligt. Doch zwischen unseren Familien gab es wenig Kontakt. Selbst körperlich waren wir verschieden. Wir waren (bis auf meinen Bruder) sehr klein; die Söhne des

Bruders meines Vaters waren alle über einen Meter achtzig groß. Und nun, nach dem Auf und Ab des Schicksals, war aus der Familie ein Pandit hervorgegangen; und dieser Pandit, der schwere, ein Meter achtzig große Mann, der das Ritual auf der Veranda meiner Schwester vollzogen hatte, kam aus der Familie des Bruders meines Vaters. Dieser Pandit hatte der Familie meines Vaters gedient, hatte ihr beim ersten Tod unter den Kindern meines Vaters beigestanden. Sicher erklärte die Familienbeziehung etwas vom Verhalten des Pandits, seinen Wunsch, sich unter uns zu behaupten.

Die andere, tiefere Ironie war, daß mein Vater, obwohl er dem spekulativen hinduistischen Gedankengut gläubig folgte, Rituale immer abgelehnt und schon in den zwanziger Jahren zu der reformistischen Gruppe gehört hatte, die der Pandit nicht mochte und nun als Heuchler abtat. Auch meine Schwester Sati hatte nichts für Rituale übrig gehabt. Doch nach ihrem Tod hatte ihre Familie den Wunsch, das Ereignis zu heiligen, den Wunsch, die alten Rituale zu vollziehen, etwas zu tun, von dem man dachte, daß es uns und unsere Vergangenheit besonders repräsentiere. Deshalb war der Pandit gerufen worden; und deshalb waren auf dem Terrazzofußboden der Veranda meiner Schwester symbolisch Zeremonien auf einem Erdaltar nachgestellt worden. Deshalb wurde ein Miniaturscheiterhaufen aus duftender Pechkiefer und Blumen und Zucker aufgebaut, der, als er mit geklärter Butter getränkt und angezündet wurde, süßen Karamelduft verströmte.

Wir hatten seit unvordenklichen Zeiten auf dem Lande, weit entfernt von Fürstenhöfen gelebt, hatten nach Ritualen gelebt, die wir nicht immer verstanden, aber dennoch nicht entwürdigen wollten, weil uns das von der Vergangenheit, der geweihten Erde, den Göttern abgeschnitten hätte. Diese Erdriten reichten weit zurück. Sie waren zum Teil sicher immer geheimnisvoll gewesen. Doch jetzt konnten wir uns ihnen nicht mehr hingegeben. Wir waren uns unserer selbst bewußt geworden. Vor vierzig Jahren war das noch nicht so gewesen. Wir hätten alles hingenommen;

wir hätten uns weniger haltlos gefühlt, mehr in Übereinstimmung mit dem Land und dem Geist der Erde.

Sicher war uns auch leichtergefallen, alles hinzunehmen, weil vor vierzig Jahren alles sehr viel ärmer, sehr viel näher an der indischen Vergangenheit gewesen war: Häuser, Straßen, Fahrzeuge, Kleider. Nun hatte das Geld bei uns seine Spuren hinterlassen – so wie ein in Gold getauchter Zweig oder das Zweiglein eines Baumes, je nach der extravaganten Laune eines Designers, die Form bewahrte. Generationen mit einer neuen Bildung, Reisen und die Geschichte trennten uns von unserer Vergangenheit. Und das Geld, zu dem unsere Insel durch Öl und Erdgas gekommen war.

Das Geld, diese unerwartete Gabe, hatte die Landschaft entstellt und neu geschaffen, in der unser Anfang in der Neuen Welt gelegen hatte. Als ich ein Kind war, waren die Hügel der Northern Range, die ich anschaute, wenn ich mit einer Geschwindigkeit von zehn Meilen in der Stunde im Zug nach Port of Spain fuhr, kahl – teilweise sogar noch Urwald. Nun zogen sich bis zur halben Höhe des Hügels die Hütten und Schuppen der illegalen Einwanderer von den anderen Inseln, kleinen Inseln im Meer. Sklavenbaracken auf den Plantagen, Sklaverei und Afrika waren dort zwei Jahrhunderte lang schwärend isoliert gewesen: Emigranten von diesen Inseln hatten unsere Landschaft, unsere Bevölkerung, unsere Stimmung verändert.

In dem ehemaligen Sumpfgebiet am Fuß der Northern Range, wo die Feuchtigkeit der Lehmhütten sich bis zur halben Höhe der Lehmmauern gezeigt hatte, gab es jetzt eine holländische Landschaft: Morgen um Morgen mit Gemüse bepflanzt, mit schnurgeraden Ackerfurchen und Bewässerungskanälen. Zuckerrohr als Erntefrucht hatte keine Bedeutung mehr. Keines der indischen Dörfer glich den Dörfern, die ich gekannt hatte. Keine schmalen Straßen, keine dunklen, schattenspendenden Bäume, keine Hütten, keine Lehmhöfe mit Hibiskushecken, kein zeremonielles Anzünden der Lampen, keine Schattenspiele an der Mauer, kein Kochen auf Veranden mit halbhohen Mauern, kein irrlichternder Feuerschein, keine Blumen an den Abwässerkanälen oder Gräben, wo nächtelang die Frösche quakten. Statt dessen Autobahnen und Autobahnkreuze in Kleeblattform und Straßenschilder: bewaldetes Land war kahlgeschlagen worden, seine Geheimnisse lagen offen da.

Wir hatten uns selbst neu geschaffen. Die Welt, in der wir uns gefunden hatten – die Vorstadthäuser mit Gärten –, wo die Abschiedszeremonie für meine Schwester stattgefunden hatte, war eine Welt, die wir teilweise selbst geschaffen und nach der wir uns gesehnt hatten, als wir uns nach Geld und einem Ende der Mühsal gesehnt hatten; wir konnten nicht mehr zurück. Es gab nun kein Schiff mehr in antiker Form, das uns zurückbrachte. Wir waren dem Alptraum entronnen; und wir konnten nirgendwo anders hin.

Der Pandit erteilte seine letzten Anweisungen. Ein Messingteller mit geweihtem Essen sollte irgendwohin gestellt werden; ein weiterer Teller mit Essen sollte in den Fluß geworfen werden, der Satis Asche fortgetragen hatte: eine letzte Opfergabe. Dann stieg der Pandit, ein großer, in cremefarbene Seide gekleideter Mann – durch die Seide sah man, wie dick er um die Taille war –, in sein Auto und fuhr fort. (Solche Erinnerungen hatte ich an Sonntagsbesuche, Feiertagsausflüge mit meinem Vater zum Haus seiner Familie – dem Haus des Bruders meines Vaters – vor vierzig und mehr Jahren: Rundherum flache Zuckerrohrfelder, grasbewachsene Feldwege zwischen den Feldern, vereinzelte Hütten und Häuser auf Pfählen und hohen Säulen, abends schwach beleuchtet, in manchen Höfen Tiere, mit Gras gespeiste Gartenfeuer, um die Moskitos abzuhalten, Krämerläden mit Steildächern aus Wellblech, Stille.)

Ein Besucher, ein alter Mann, ein entfernter Verwandter des Mannes meiner Schwester, begann – vielleicht wegen der Zeremonien, die stattgefunden hatten – von unserer Vergangenheit zu erzählen und dem Unterschied zwischen uns, die wir aus der

Ganges-Ebene stammten und seit 1845 in die Neue Welt eingewandert waren, und den anderen Indern in anderen Teilen der Insel, besonders in den Dörfern nordwestlich von Port of Spain.

Dieser Mann sagte: »Diese anderen sind nicht erst seit 1845 hier, wissen Sie. Sie sind lange, lange vorher gekommen. Sie haben doch sicher von Kolumbus gehört? Also, die Königin Isabella hat dieses Land allen geöffnet, vorausgesetzt es waren Katholiken. Und da kamen die Franzosen. Sie waren katholisch, wissen Sie. Nun haben Sie doch sicher von einer Stadt in Indien mit Namen Pondicherry gehört? Das war die französische Gegend in Indien, und von dort haben sie diese Inder in der Nähe von Port of Spain herübergebracht. Diese Inder da oben in Boissière und ähnlichen Orten, die sind nicht wie wir – sie sind seit vier-, fünfhundert Jahren hier.«

Geschichte! Er hatte die Ereignisse von 1498, als Kolumbus auf seiner dritten Reise die Insel für Königin Isabella entdeckt hatte, und 1784, als die spanischen Behörden nach dreihundert Jahren der Vernachlässigung aus dem Wunsch heraus, ihr Imperium zu schützen, die Insel für katholische Einwanderer geöffnet und dabei Leute, die Sklaven bringen konnten, bevorzugt und ihnen kostenlos Land gegeben hatten, und 1845, als die Briten, zehn Jahre nachdem die Sklaverei im britischen Empire abgeschafft worden war, begannen, Inder aus Indien herüberzubringen, die das Land bearbeiten sollten, zusammengezogen. Er hatte eine Geschichtsmischung geschaffen. Doch sie reichte ihm. Menschen brauchen die Geschichte; sie hilft ihnen, eine Vorstellung davon zu bekommen, wer sie sind. Doch wie etwas Heiliges kann Geschichte im Herzen ruhen; es reicht, daß irgend etwas da ist.

Unsere heilige Welt – die heiligen Dinge, die uns als Kindern von unseren Familien vermittelt worden waren, die heiligen Orte unserer Kindheit, heilig, weil wir sie als Kinder gesehen und mit Staunen erfüllt hatten. Mir waren diese Orte doppelt und dreifach heilig, weil ich weit entfernt in England in der Phantasie in ihnen gelebt hatte, während ich viele Bücher darüber las und in der Phantasie an diesen Orten den Ursprung aller Dinge angesiedelt hatte, aus ihnen eine Phantasievorstellung von Heimat entworfen hatte, obwohl ich erfahren sollte, daß der Boden blutgetränkt war, daß es dort einst eine Urbevölkerung gegeben hatte, die getötet oder ausgerottet worden war – unsere heilige Welt war verschwunden. Jede Generation sollte uns jetzt von diesen heiligen Dingen weiter entfernen. Doch wir schufen die Welt für uns wieder neu; jede Generation macht das, wie wir herausfanden, als wir wegen des Todes dieser Schwester zusammenkamen und das Bedürfnis verspürten, sie zu ehren und uns zu erinnern. Wir wurden dadurch gezwungen, dem Tod ins Gesicht zu schauen. Ich wurde dadurch gezwungen, dem Tod ins Gesicht zu schauen, über den ich nachts im Schlaf nachgesonnen hatte; es verankerte einen echten Kummer dort, wo Melancholie eine Leerstelle geschaffen hatte, wie um mich auf diesen Augenblick vorzubereiten. Mir wurde das Leben und der Mensch als Geheimnis gezeigt, die wahre Religion der Menschen, der Kummer und der Ruhm und die Pracht. Und damals, angesichts eines echten Todes und voll von diesem neuen Staunen über die Menschen, schob ich meine Entwürfe und Bedenken beiseite und begann sehr schnell, über Jack und seinen Garten zu schreiben.

Oktober 1984 – April 1986